山雨欲来

“文革”前夜的毛泽东

邱延生——著

CNS | 湖南人民出版社

前言

毛泽东离开我们已经40多年了，但他的思想、他的伟大形象、他平易近人的工作作风和他和蔼可亲、艰苦朴素的生活实践，他呕心沥血、全心全意为人民服务的精神，他的理想、抱负、胸怀、情操、神采和风范，就连他日常生活中的一言一行、一举一动，至今仍留存在亿万人民心中。毛泽东是人，不是神——他有着和普通人一样的喜怒哀乐，有着同我们大家共通的乃至更深一层的感情世界。只是，他不同于常人的艰难的革命经历，他曲折的人生历程，又使他练就和具备了不同于常人的伟大胸怀和无比坚强的意志与性格。他办事果断，认准了的事情决不犹豫，决定了的事情决不退缩。他自己曾经说过这样的话："我毛泽东决不走回头路，也不办后悔事！"——他一生是个强者！

写伟人难，写伟人的传记更难。写毛泽东难，写毛泽东的传记同样难，要想写好毛泽东晚年的许许多多更是难上加难。20世纪60年代在中国农村广泛开展的社会主义教育运动即"四清"运动，加上严重影响了中国社会主义发展进程的"文化大革命"，使人们对晚年的毛泽东无从下笔，总感到不好写或不敢写。起初，许多好心的朋友和同志也曾多次劝我不要写毛泽东的晚年经历，但我按捺不住要写完毛泽东伟大的一生的强烈欲望。于是我决意在写完毛泽东的前 70 多年以后，续写毛泽东的晚年和他领导与发动的农村社会主义教育运动（“四清”运动）和“文化大革命”。这一时期的内容很多，所涉及的范围很广，所牵连的人和事也很多。我想，要写就全面地去写，实事求是地去写，从毛泽东的生活写起，从毛泽东的点点滴滴写起，从他的一言一行写起。从他的诸多大事写他的伟大与正确，也不讳忌写他的失误。只有这样，才能写出历史中真实的毛泽东。纵观中国的“四清”运动和“文化大革命”，包括 1959 年的庐山会议，由于种种原因，毛泽东的重大失误是他推卸不了的。中国有句名言，叫作“前事不忘，后事之师”，这也是将这部书的书名定为《山雨欲来：“文革”前夜的毛泽东》的原因。中国共产党十一届三中全会以后，党中央明确了“文化大革命”运动的性质和毛泽东的重大失误，同时也明确了这也是全党的失误，这是公正的，是符合客观实际的，也是广大的人民群众所能接受的。

在写作过程中，我走访了许多曾经工作和生活在毛泽东身边的老同志，查阅了大量的历史资料和档案，得到了包括毛泽东的家人以及湖南省档案馆、韶山毛泽东故居纪念馆的许多新老同志和朋友们的热忱鼓励与帮助，在此谨向他们表示由衷的感谢！在采访过程中，凡是毛泽东生前到过的地方，我想尽一切办法也要去，有些地方不止一次地去，尽可能多地了解和掌握一点一滴的细节和珍贵的史料。我到过北京的中南海、府右街、万寿路、毛家湾、西郊机场和香山，进过人民大会堂，登上过天安门城楼，到过武汉、南京、上海、广州、杭州、南宁等地，并不止一次去过北戴河、保定、邯郸、济南、郑州、长沙和毛泽东的家乡韶山。以前我还特意到过湘潭和井冈山，到过萍乡、瑞金、遵义、大渡河、延安、西柏坡等地。

这部书分 5 篇 45 个章节，计 50 余万字，总体包括了毛泽东在这段时期内的主要工作经历和部分生活画面。尽管我做了最大努力，但由于自己的水平有限，所掌握的理论知识和所具备的政治水平有限，所了解到的实际情况和搜集到的历史资料有限，肯定还有许多不尽如人意的地方。诚望诸多老一辈革命家和有真知灼见的朋友们给予诚挚的指导和帮助，诚望广大读者朋友不吝指正，不胜感激！

邱延生

目 录

CONTENTS

第一篇　面对困难，毛泽东奋力挽狂澜　实事求是，领袖与人民心连心

第二篇　动员全党调查研究，认真纠正“共产风”　卧薪尝胆上下求索，带领人民闯难关

第三篇　四海翻腾云水怒，国内外形势多变幻　五洲震荡风雷激，毛泽东抗衡帝修反

第四篇　吸取苏联被赫鲁晓夫篡夺权力的教训告诫全党防止中国出现资本主义复辟

第五篇　东风吹战鼓擂，世界革命风起云涌山雨欲来风满楼，毛泽东豪情满怀

第一篇

面对困难，毛泽东奋力挽狂澜
实事求是，领袖与人民心连心

◎ 南京军区司令员许世友来见毛泽东，毛泽东问他："南京方面的事情怎么样啊？"

许世友回答："稳如泰山！"

毛泽东说："你这里哪有泰山？有的只是紫金山。"

许世友随即说："请主席放心，我这里保证稳如——紫金山！"

毛泽东笑了，在座的江渭清也笑了，就连许世友自己也咧开大嘴笑起来……

◎ 毛泽东庄严宣布，"我们就实行'三不'：不吃肉，不吃蛋，吃粮不超定量！"大家都知道，毛泽东历来是"交代了的事情就要照办"。从这天起，毛泽东真的开始不吃肉了。

1. 十大建筑拔地起　毛泽东离京视察

1959年9月1日。

一轮红日从东方升起，万道霞光将中国的首都北京装点得十分壮观而美丽。在宽敞的天安门广场、在长长的东西长安街两侧、在北京城区，已经竣工和即将竣工的十大建筑群体，在灿烂阳光的辉映下，已经显现出了它们那高大、雄伟、壮丽的身姿……

这时，习惯于夜间工作的中共中央主席毛泽东在北京中南海的住地——丰泽园内菊香书屋的紫云轩书房中，提笔给《诗刊》编辑部的臧克家、徐迟写了一封信，信中附有两首七言律诗，即《到韶山》和《登庐山》。

毛泽东的《到韶山》诗写于两个多月前的6月下旬——6月25日至27日，这几天，毛泽东回到了他阔别达32年之久的故乡韶山。感慨之际，他在韶山宾馆利用晚上休息的时间，在卧榻上拿了铅笔，几经修改才写下了这首诗：

七律・到韶山

一九五九年六月

1959年6月25日到韶山。离别这个地方已有32周年了。

别梦依稀咒逝川，故园三十二年前。
红旗卷起农奴戟，黑手高悬霸主鞭。
为有牺牲多壮志，敢教日月换新天。
喜看稻菽千重浪，遍地英雄下夕烟。

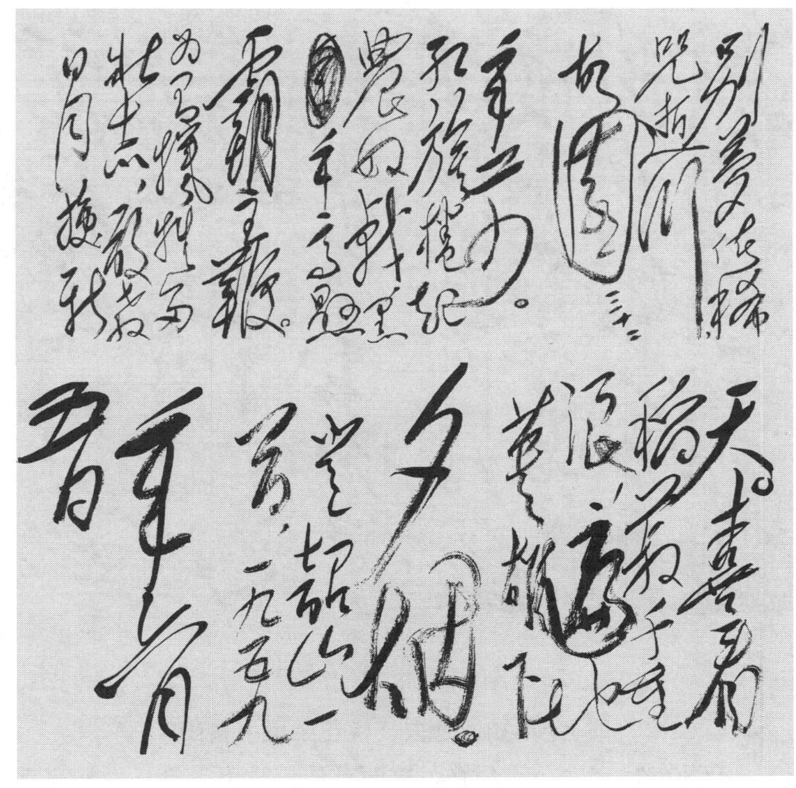

毛泽东手书《七律·到韶山》

毛泽东的《登庐山》诗写于两个月前——即 7 月 1 日，这是他离开韶山 3 天后刚刚踏上庐山的第一天，被安排住进了蒋介石当年曾经住过的一幢二层小楼“美庐”别墅中。沐浴着山间的阵阵凉风和颇显潮湿的空气，面对漫山的淡云薄雾和青山绿树，他诗兴大发，随即挥毫写下了这首律诗：

七律 · 登庐山

1959年7月1日

一山飞峙大江边，跃上葱茏四百旋。
冷眼向洋看世界，热风吹雨洒江天。
云横九派浮黄鹤，浪下三吴起白烟。

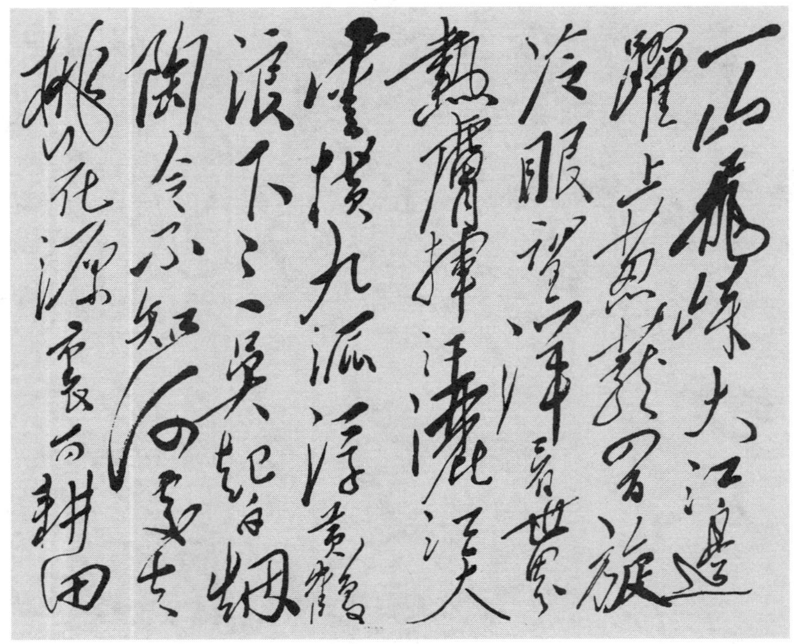

毛泽东手书《七律·登庐山》

陶令不知何处去，桃花源里可耕田？

毛泽东写完信，并写好了这两首诗，放下毛笔，坐在写字台前的木椅上缓缓地伸展了一下双臂，然后对侍卫在书房内的卫士王敬先说：“你去给我拧一把冷毛巾来，我擦一擦脸。”

王敬先去浴室内很快给毛泽东拧了冷毛巾来。等毛泽东擦过脸递还毛巾时，王敬先轻声问：“主席，喝碗麦片粥吧？”

“嗯。”毛泽东答应道，“你去叫李银桥通知胡乔木，让胡乔木来取了我桌上的这封信，给《诗刊》编辑部送去。”

“是！”王敬先答应一声，转身去给毛泽东煮麦片粥了……

9 月 3 日，毛泽东收到了河北省委写给中央的一份报告，报告中说：目前工业战线上已经立竿见影，钢、铁、煤的生产急剧上升，农业生产竞赛运动已进入一个新的阶段。

看了河北省委的报告，毛泽东是高兴的。

9 月 4 日凌晨，毛泽东为中央起草了一份关于团结一切在我国工作的外国同志为总路线和大跃进服务的指示。

下午，毛泽东又在诸多文件上接连写下6份批语：批转上海市委扩大会议的情况汇报；批转贵州省委三线干部会议情况的汇报；批请班禅大师来京参加国庆节；批示注意发表国外对华评论的文章；批示注意发表捷克斯洛伐克等国家报纸对我中共八届八中全会的报道情况；在西藏军区关于印度军队入侵我雅科儿地区的情况报告上写下批语。

9月上旬，中国国内的工农业生产形势表面上看似蓬蓬勃勃、各行各业依然在大张旗鼓地搞“为提前完成”和“超额完成”各自的生产任务而奋斗，处处呈现着“跃进跃进再跃进，决心以优异成绩向国庆十周年献厚礼”“向党中央和毛主席报捷”的热火朝天的场面……

而这时在中国边境地区的邻国——北部的苏联，苏共中央第一书记、部长会议主席赫鲁晓夫正在喋喋不休地指责中国共产党的总路线、大跃进和人民公社“搞糟了”“是狭隘的民族主义在泛滥”和“小资产阶级的狂热病”；西南面的印度，频频派兵越过边界侵入中国境内进行袭扰，其次数越来越多、规模越来越大；南面，印度尼西亚的反华势力猖獗，连续制造了多起大规模的反华、排华事件，大肆欺辱、迫害华人华侨……

台湾海峡对面，盘踞在台湾的国民党也蠢蠢欲动，在美国政府的支持和怂恿下，一面大肆叫嚣要“反攻大陆”，一面派出多股武装人员到福建沿海登陆进行骚扰，同时派了美国提供的高空侦察机不断深入到大陆上空实施侦察袭扰活动；西藏地区的局势虽然已经基本稳定下来，但许多方面的工作才刚刚开始……

驻守福建沿海前线的解放军部队，依照中央军委和毛泽东的命令，依然在向金门、马祖两个小岛上的国民党守军打炮。进驻西藏地区的解放军广大指战员，在西藏地区政府和广大藏族同胞的积极配合下，正在严格按照党中央制定的民族政策，进一步解放农奴、解放生产力、稳定局势、大力协助西藏地区政府和人民进行经济建设……

9 月 6 日傍晚，毛泽东写信给陈伯达，请他组织座谈讨论《驳“国民经济比例失调”的谬论》一文。

9 月 7 日，新华社报道，民族文化宫和民族饭店在北京建成。

次日，毛泽东在中南海颐年堂同国务院总理周恩来一起详谈了有关印度的问题。谈话后，周恩来就中印边界问题给印度总理尼赫鲁复信，阐明了中国政府对中印边界问题的立场。

周恩来离开后，毛泽东听取了陈伯达关于召集有关人士召开座谈会的情况汇报，陈伯达说：昨天下午召集国家统计局 5 位同志和其他一些研究经济问题的同志开了一个座谈会，大家基本上同意统计局提出的关于 1958 年大跃进中比例关系的看法，认为 1958 年国民经济发展的比例关系是相适应的，而不是某些人说的“比例失调”。其中个别的、局部的失调，只是大踏步前进中的暂时性现象，经过调整，已经有了很大改善。

听了这样一个汇报，毛泽东感到欣慰，同时更加相信：中央在庐山会议上所制定的反右倾的决策是完全必要的和正确的。

晚上，毛泽东在自己的书房里审阅周恩来就中印边界问题给印度总理尼赫鲁的复信。稍后，他指着书架一角的一处位置，对他的卫士长李银桥说：“趁这几日天好，明日你把那些东西拿到太阳底下晒一晒吧！”

李银桥答应一声：“是！”

李银桥知道，毛泽东所说的“那些东西”，其实是一个旧皮箱。里面装着毛泽东牺牲在朝鲜的长子毛岸英的遗物，包括毛岸英戴过的一顶棉军帽、穿过的几件旧衬衣、一双旧袜子和用过的一条破旧毛巾。

9 月 9 日上午，李银桥遵照毛泽东的嘱咐，拿了毛岸英的遗物来到丰泽园的后院，找了一处既僻静又能见到阳光的地方，一件一件地晾晒了。在晾晒这几件衣物时，李银桥心想：作为父亲，毛泽东是十分怀念他的这个儿子的；整整 9 年的时间过去了，他一直舍不得“处理”掉岸英曾经用过的这些东西，每

1949年秋，毛泽东和儿子毛岸英在一起。（新华社稿）

年夏天都要人拿到太阳底下晒一晒……

下午，李银桥和卫士封耀松、王敬先等人，跟随毛泽东到天安门广场西侧视察了新建成的人民大会堂。

在人民大会堂，上身穿了一件白色衬衣的毛泽东高兴地打着手势对大家说：“大跃进就是好！有人说大跃进不好，十三陵水库、人民大会堂就是大跃进的产物，没有大跃进，就没有人民大会堂。4 天设计，7 天出方案，建筑面积 17 多万平方米，10 个月竣工。让那些反对大跃进的人来看看，究竟是不是大跃进！”

面对着威严富丽、雄伟壮观的人民大会堂，毛泽东身边的卫士们深感骄傲和自豪……

晚上，毛泽东收到了已被免去中央军委副主席、中央军委常委和国务院副总理职务的彭德怀的一封信。

毛泽东看了彭德怀写给他的信，见彭德怀在信中承认了自己的错误、做了自我批评，便提笔对彭德怀的信写下批示：

1952年，毛泽东和彭德怀。（新华社稿）

我热烈地欢迎彭德怀同志这封信，我建议，全党同志都对彭德怀同志此信所表示的态度，予以欢迎。一面严肃地批判他的错误，一面对他的每一个进步都表示欢迎，用这两种态度去帮助这一位同我们有三十一年历史关系的老同志。

（彭请求到基层边学习边劳动）年纪大了，不宜参加体力劳动，到工厂和农村去作视察和调查研究工作，则是很好的。此事中央将同彭德怀同志商量，作出适当的决定。

9月10日，李银桥和封耀松侍卫着毛泽东视察了北京郊区的密云水库。

站在密云水库东侧松树峪的堤岸上，毛泽东向西面对烟波浩渺的水面，对跟随在他身边的中央办公厅主任杨尚昆和北京市市长彭真等人说："请你们告诉密云县的县委书记和县长，要认真治理和保护好水库四周的环境，搞好绿化，保持水质，这可是关系到北京市近千万人口身体健康的大问题啊！"

彭真认真答应道："是，主席！回去我们就开会，召集密云县委的人也参加……"

杨尚昆也说："中央办公厅也要开个会，尽快拟出一个认真治理环境、搞好绿化的通知草案来……”

毛泽东脚上穿着一双软底布鞋大步向堤岸北侧走去，随行的人们紧紧跟在他的身后。下午的斜阳依然晒得地面发烫，山间不高的几株松树在热风中摇曳着它们稀疏的枝叶。毛泽东在一株松树旁停下来，抬眼望一望山间的沟壑，再回身看一眼被四面山峦环抱的水面，对跟随着他的人们又说了一句话：“一定要搞好绿化，不搞绿化不行呢！”

随行的人都说：“主席说得对，一定要搞好绿化……”

毛泽东再次强调说：“不要停留在口头上，要抓落实呢！”

彭真说：“请主席放心，我们一定认真抓！”

晚上回到中南海丰泽园内的菊香书屋，毛泽东看了吴冷西呈报的一份材料，随即批示吴冷西，请他负责在《内部参考》上发表陈伯达的一封信和国家统计局的近期资料……

这时，周恩来来见毛泽东。侍卫在房间里的李银桥赶紧请周恩来在一张沙发上坐下来，并给周恩来沏好了茶水。

周恩来喝了一口茶，然后对毛泽东说：“彭真同志今天跟主席去了一趟密云，回来就召集北京市委的人开会，传达了主席‘要搞好环境建设’和‘搞好绿化’的指示……”

毛泽东吮着下嘴唇笑道：“前人植树，后人乘凉，这是句老话么！我们共产党人总得为子孙后代多想一些事！”

周恩来喝着茶说：“主席说得对……”放下茶杯后，周恩来又说，“主席，5 个导弹营已奉命进入了阵地，蒋介石的高空侦察机再来，就要吃苦头了！”

“嗯……”毛泽东喝着茶说，“告诉部队的同志们，不打则已，打则必胜，要确有把握！”

“请主席放心！”周恩来笑着，充满信心地说，“我们历来是不打无把握之仗嘛！”

周恩来离开后，李银桥问毛泽东：“主席，敌机飞得那么高，听说有两万米，能打下来吗？”

毛泽东看着李银桥说：“寇能往，我亦能往！虽然美帝国主义和苏联都有导弹，但他们都只是在靶场上打一打，世界上还没有哪个国家用导弹打过真家伙。这次我们要打一打真家伙，打出个样子来给他们看一看！”又说，“我就不相信，我们中国人什么都比别人差！”

李银桥想，台湾利用美帝国主义给他们的飞机，仗着飞得高，已经多次窜入大陆上空了，这次要是真的能把它打下来，那在世界上的影响可就大了……

9月11日，甘肃省委再向毛泽东和中央报告：自从传达八届八中全会精神以来，我省各项工作飞速发展，变化很大，粮食问题也是如此。目前全省夏粮普遍丰收，秋粮生长很好，丰收在望。

也就在这一天，中央军委扩大会议和外事工作会议同时在中南海颐年堂的正中大厅举行，毛泽东、刘少奇、周恩来、朱德、陈云、林彪、邓小平、彭真、贺龙、陈毅、徐向前、叶剑英、罗瑞卿、杨尚昆等人出席了会议。

会议进行中，林彪重点发言，着力批判了彭德怀、黄克诚、

中南海丰泽园，从1949年6月15日到1966年8月18日，毛泽东大部分时间工作、居住在这里。

1959年9月13日，毛泽东、刘少奇、周恩来、朱德等在新建成的北京工人体育场出席第一届全国运动会开幕式。（新华社稿）

张闻天和周小舟等人的“右倾机会主义错误”,并别有用心地“揭发”彭德怀于3个月前访问东欧各国时，曾在阿尔巴尼亚会见了同时到访的苏共中央第一书记赫鲁晓夫，向赫鲁晓夫发泄他对中共中央现行政策中贯彻总路线、大跃进和成立人民公社的不满。刘少奇也在会上做了重要讲话，在讲话中严厉地批判了发生在中国共产党党内的“里通外国”行径……

针对彭德怀、黄克诚、张闻天和周小舟，主要是针对彭德怀，毛泽东在讲话中指出:“有几位同志，据我看，他们从来不是一个马克思主义者，一直到现在，他们从来就没有成为马克思主义者。是什么呢？是马克思主义的同路人。资产阶级革命家进了共产党，资产阶级世界观，他们的立场，没有改变。这样的同路人，在各种紧要关头，不可能不犯错误。”[①]

9月13日，毛泽东和刘少奇、周恩来、朱德在贺龙等人的陪同下，出席了中华人民共和国第一届运动会的开幕式。

看着身姿矫健的体育健儿迈着整齐的步伐列队踏入体育场，

①《毛泽东在中央军委扩大会议上的讲话》（1959年9月11日）。

座无虚席的看台上爆发出了一阵经久不息的热烈掌声。周恩来坐在毛泽东的身旁，兴奋地对毛泽东说：“这就是我们新中国的体育大军啊！”并夸赞道，“贺老总是立了大功的！”

毛泽东也高兴地说：“是嘛！解放前外国人讲我们是‘东亚病夫’，是在侮辱我们。现在，可以再让他们来看看！”说着便站起身来鼓掌，边鼓掌边对他身边的刘少奇和周恩来等人说，“看么，中国人民真正站起来了呢！”

周恩来很有把握地预言：“在我们的运动会上，一定会有打破世界纪录的成绩出现！”

毛泽东笑问身侧的贺龙：“怎么样啊？你是挂帅印的，有没有把握打破一两项世界纪录啊？”

“有把握！”贺龙探身对毛泽东说，“在预赛和选拔赛中，已经有人打破世界纪录了，而且还不止一项哩！”

毛泽东更高兴了：“好嘛！我们就是要让外国人看看，中国人的命运一旦掌握在劳动人民自己的手中，什么样的人间奇迹都可以创造出来！”

李银桥护卫在毛泽东的身后，觉得这是毛泽东多日来最显高兴的一天。

运动会的开幕式在进行中，在看台上，郭沫若向毛泽东递交了他写给毛泽东的两封信，信中详述了他对毛泽东近日发表在《诗刊》上的两首诗的理解和对其中几处诗句的具体看法……

晚上，毛泽东在中南海丰泽园的菊香书屋看过郭沫若的信后，再次提笔给胡乔木写了一封信：

沫若同志两信都读，给了我启发。两诗又改了一点字句，请再送陈[①]沫若一观，请他再予审改，以其意见告我为盼！

“霸主”指蒋介石。这一联写那个时期的阶级斗争。通首

① 送陈，表示送呈、送达之意。

写三十二年的历史。

1959年9月14日，新华社报道，中国第一台每秒钟运算一万次的快速通用电子数字计算机在北京试制成功。毛泽东的案头放有这则报道。

同一天，毛泽东代表中共中央向全国人大常委会提出书面建议，在庆祝中华人民共和国成立10周年之际，特赦一批已经改恶从善的战争罪犯、反革命犯和普通刑事犯。其中，包括晚清的末代皇帝爱新觉罗·溥仪。

9月15日，新华社报道，北京新火车站建成。

下午，李银桥和王敬先侍卫着毛泽东再次进入新落成的人民大会堂，毛泽东在富丽堂皇的人民大会堂北京厅内邀集各民主党派、各人民团体负责人和著名无党派人士举行座谈会，指出："要分批给右派分子摘掉帽子，对国民党战犯实行特赦。"

座谈会中，与会人员纷纷颂扬共产党的政策伟大而英明。毛泽东吸着烟，摆手对大家说："伟大不伟大、英明不英明，要用事实讲话。要说没成绩，不是事实，我们现在就坐在成绩上嘛！人民大会堂就是很好的明证么！"

在众人的颂扬声和笑声中，毛泽东要求大家在共产党的领导下团结起来，横下一条心，搞大跃进，大办钢铁，大办农业，大搞科学技术："让我们的国家尽快富裕、强大起来，让全国的老百姓都尽快过上好日子！"

毛泽东的话，赢得了在座人员的一片热烈掌声……

接下来，毛泽东又对大家讲："知识分子大有进步，民主党派大有进步，工商界也大有进步，但不是什么问题都解决了，比如世界观的问题，洗脑子不容易一下子洗得那么干净，慢慢来，解决世界观的问题不能搞大跃进。"

讲到这里，大家都被毛泽东的话说笑了。讲到"反右倾"时，毛泽东明确提出："在党外人士中现在不搞运动。"

晚上在中南海的南海边散步时，毛泽东对跟随在他身边的

中南海颐年堂。

李银桥说：“这几天的事情不少，全国的体育运动会召开了，我们要下力量发展体育事业，努力增强人民体质，再也不能让外国人讲我们是‘东亚病夫’了！”

“就是！”李银桥说，“有主席关心，贺老总亲自抓，全民动员，一定会有成绩，一定会出成绩！”

毛泽东又说：“我们在国庆节前还要特赦一批战争罪犯，以显示我们的强大，显示人民政权的强大。”

李银桥说：“有些人出来了再捣乱怎么办？”

毛泽东笑一笑，边走边说：“怕么事，再捣乱再抓么！”又说，“一般说来，从牢里出来的人是会小心行事的。我们靠的是人民专政，在人民群众监督的汪洋大海中，什么样的坏人也逃不过人民群众的眼睛么！”

听毛泽东这样一说，李银桥开心地笑了：“主席就是相信群众……”

毛泽东也笑道：“我们共产党就是依靠着群众才发展壮大起来的么！”

晚上，毛泽东出席了正在中南海颐年堂举行的中央军委扩大会议。

会议进行中，解放军的许多高级将领进一步揭发、批判了彭德怀、黄克诚和张闻天以及周小舟等人的所谓“右倾错误”和一系列的“反党罪行”，并揭发、批判了彭德怀、黄克诚联手搞所谓的“军事小集团”，曾多方面排挤和打击原总参谋长粟裕。有人揭发：以前粟裕总参谋长在上报的文件上面写有“彭副主席并转呈中央、主席”的字样时，彭德怀经常扣压文件，还当着粟裕的面大发脾气说“我不是你的通讯员”而拒不向中央转呈。还有人揭发彭德怀和黄克诚曾在 1958 年 5 月 26 日召开的中央军委扩大会议上恶意攻击、诬陷原总参谋长粟裕，给粟裕扣“一贯反领导”“向国防部要权”“告洋状”等听了众人的批判发言后，毛泽东明确表态说：“去年 5 月的军委扩大会议，是彭德怀提出来要搞的。批判粟裕，彭德怀不能说没有责任。”并用手指一指在座的罗瑞卿，“你去对粟裕讲，告诉他，就说是我讲的，下一次中央军委开会请他参加！”

罗瑞卿在自己的座位上欠了一下身子，点头表示：“是！”

接着，毛泽东再次批评了彭德怀、黄克诚、张闻天和周小舟等人：“对于党的事业、阶级的事业、人民的事业，居心不良的人，他就要走到他的反面。他的目的达不到。他们从来就不是马克思主义者，他们只是我们的同路人，他们只是资产阶级分子、投机分子混到我们的党内来……”①

毛泽东断言这些人混进共产党的队伍中是要“进行分裂活动、违犯纪律，其目的，其结果，一定是破坏无产阶级专政，建立另一个专政”，并强调指出“绝对不可以背着祖国，里通外国”，“不许可背着中央去接受外国的挑拨”。②

9 月 16 日，在毛泽东的指示下，中共中央、国务院发出《关

①《毛泽东在中央军委扩大会议上的讲话》（1959 年 9 月）《中共党史资料》。

②《毛泽东在中央军委扩大会议上的讲话》（1959 年 9 月）《中共党史资料》。

于确实表现改好了的右派分子的处理问题的决定》，指出：

> 凡是已经改恶从善、并且在言论和行动上表现出确实是改好了的右派分子，对于这些人，今后不再当作资产阶级右派分子看待，即摘掉他们的右派的帽子。

9月17日，新华社报道，全国农业展览馆在北京落成。

这一天，第二届全国人大常委会第九次会议决定，任命国务院副总理林彪兼任国防部部长职务，免去彭德怀国务院副总理所兼国防部部长职务；同时任命国务院副总理罗瑞卿兼任中国人民解放军总参谋长，免去黄克诚国防部副部长、中国人民解放军总参谋长职务；还任命了谢富治为公安部部长，免去罗瑞卿副总理所兼公安部部长职务。

这时正是建国10周年的国庆前夕，从上报的各种材料来看，全国形势明显地呈现着一派欣欣向荣的景象，但毛泽东并不满足于这些书面报告。形势究竟如何,他要到实际中去走一走、看一看……

第二天，毛泽东带了李银桥和王敬先等人，乘专列离开北京去到天津郊区视察。

9月19日，新华社报道，位于北京天安门广场东侧的中国革命博物馆和中国历史博物馆建成。

这一天，毛泽东在天津郊区的一个农场视察。在稻田边上，看着长势茂盛的水稻，毛泽东问农场的负责人："你们的水稻，亩产能够达到多少斤啊？"

这位农场负责人说："八九千斤！"

毛泽东不大相信地再问："这么多？"

农场负责人肯定地说："这还是保守数字呢！搞好了，有的单产能够达到一万斤……"

毛泽东向稻田地里跨了两步，弯下腰，伸手抚一抚长势茁壮的水稻，随即站直了身子，面向绿油油的稻田笑了……

9月20日至21日，离开天津后的毛泽东逗留济南。

在济南，毛泽东在专列上听取了山东省委第一书记舒同的汇报，并同历城县东郊人民公社党委第一书记郑松进行了长时间的谈话。

当舒同汇报山东省的封山育林时，毛泽东问："你们年年谈造了多少林，封了多少山，我怎么从北京到上海，在飞机上看不到？"

对于毛泽东的这样一个提问，舒同没有正面回答，而是汇报说全省计划组织900万劳动力上阵大搞山水林田。毛泽东再问："能组织这么多人吗？"并说，"一定要实事求是，从实际出发，统筹安排，要注意群众的生活问题。"

舒同说："一定认真落实主席的指示！"

毛泽东将头转向郑松问："东郊公社今年秋季生产如何？玉米、大豆每亩能产多少？"

郑松回答："玉米亩产500至700斤，间作大豆一二百斤。"

毛泽东说："每亩一年增产几成就是很大的成绩了，你们比过去翻一番还多，这是很大的跃进。"

郑松说："我们就是要搞大跃进！"

毛泽东的兴致很高，突然提出来要去游黄河，舒同急忙说："那可不行，现在水冷……"

毛泽东说："全国的大江大河我都渡了，还没有渡黄河，我明年夏天到济南来横渡黄河。"

其他的人也纷纷劝说毛泽东最好不要游黄河，说黄河的水流太急，漩涡太多。毛泽东笑道："漩涡不可怕，你们可以事先勘查一下嘛！"

舒同表示说："我们一定派人勘查。"

毛泽东说："就这样定了，我明年7月下旬8月上旬来，你们先找人做点准备。"并说，"今日我请客，你们就在我这里吃午饭吧！"

午饭过后，毛泽东在舒同等人的陪同下走下专列，去到山

1959年9月20日，毛泽东在山东济南洛口看黄河大堤。（新华社稿）

东省农业科学研究所看棉花试验田……

离开农科所以后，毛泽东提出要去郑松所在的人民公社看一看。途中天降大雨，舒同提议不去看了，毛泽东却说："下雨算什么？你们不去我去！"

在毛泽东的坚持下，一行人只得冒雨来到了东郊人民公社的大辛庄生产大队。毛泽东特意看了那里的玉米田和大豆田，并再次问郑松："亩产多少？"

郑松回答："这是片丰产田，亩产可达800斤！"

毛泽东高兴地说："加上小麦，就是亩产一千好几百斤，这是个大跃进啊！"

这时，也就在毛泽东在山东省视察农田的生产情况时，开了近一个月的中央军委扩大会议在北京结束。

9月22日，毛泽东一行人到了江苏徐州。当天下午，毛泽东指示他的专列驶往河南郑州。

次日下午6时，毛泽东的专列又出现在了河北省南部的邯郸市。

毛泽东已不止一次来到这里了，在专列上，李银桥想起了彭德怀，便有意借邯郸古城说起了《将相和》。

听着李银桥的讲述，毛泽东先是默默地吸着烟，不说一句话。

1959年，毛泽东视察河北邯郸，同采棉姑娘在一起。（新华社稿）

后来，毛泽东熄灭了他手上的烟头，叹口气说："不要讲了呢！彭德怀不是廉颇，我也不是蔺相如。在大是大非问题上，在路线问题上，从来就没有调和的余地。"

李银桥望着毛泽东那沉思中的脸，只得不再说什么了……

9 月 24 日上午，毛泽东走下专列，在河北省委和邯郸地委等同志的陪同下，视察了磁县农村人民公社的棉田。

当毛泽东一行人出现在棉田地头时，正在棉田里劳动的姑娘们沸腾了，一句"毛主席来了"的呼喊，唤起了千万句"毛主席万岁"的欢呼声。这沸腾的欢呼声，久久地激荡在那一大片棉田的上空。穿了一身浅灰色中山装的毛泽东被一大群采棉姑娘们围拢着，毛泽东热情地同大家握手、亲切地同大家交谈，使激动不已的姑娘们感到了极大的幸福……

当天，新华社正式公开报道，首都人民大会堂建成，建筑面积 17 万多平方米，施工时间仅用了 10 个多月。

毛泽东此次离京，所看到的情况几乎都是农业生产上的粮棉的高产和稳产，虽然看到的只是几块试验田和特定的丰产田，但已经让他感觉到了发生在农业战线上的巨大变化。再加上人们向他汇报的“一片丰收景象”和农业生产上的“丰收在望”，当他返回到专列上通知“回北京”时，已经是笑逐颜开了……

当天深夜，毛泽东一行人回到了北京。

2. 首都北京迎国庆　中苏关系起风波

中华人民共和国建国 10 周年国庆前夕，首都北京城里到处张灯结彩、红旗飘飘。天安门广场东西两侧新近落成的中国革命博物馆、中国历史博物馆和人民大会堂，映衬着宽敞的天安门广场北面的天安门城楼，使天安门城楼显得更加庄严、壮丽。

宽敞的东西长安街上，一根根华灯柱上的彩旗迎风招展，一条条醒目的标语横幅高高地悬挂在街心上方，街道两旁整齐地摆放着五颜六色的鲜花，一座座高大的建筑物上也都竖起了鲜艳的五星红旗，行走在街上的人和骑着自行车的人个个脸上都挂着欢欣喜悦的神情，整个北京城里到处呈现着一派迎接盛大节日的喜庆气象……

花团锦簇迎国庆，热情洋溢接外宾。

从 1959 年 9 月 26 日起，先是亚洲各社会主义国家的代表团依次到达北京，前来参加新中国成立 10 周年的庆祝活动。其中有金日成首相率领的朝鲜党政代表团、胡志明主席率领的越南党政代表团、泽登巴尔主席率领的蒙古党政代表团……

从 9 月 27 日起，东欧各社会主义国家的党政代表团也陆续抵京，参加新中国成立 10 周年的庆祝典礼并进行友好访问。他们是匈牙利人民共和国主席伊斯特万率领的党政代表团，阿尔巴尼亚劳动党中央政治局委员、部长会议主席谢胡率领的党政代表团，捷克斯洛伐克共产党中央委员会第一书记、总统诺沃提尼率领的党政代表团，波兰国务委员会主席、统一工人党中央政治局委员萨瓦茨基率领的党政代表团，保加利亚共产党中央政治局委员、国民议会主席团主席加涅夫率领的党政代表团……

连日来，还有许多非社会主义国家的共产党和工人党的代表团先后抵达北京，参加中国的国庆活动和进行友好访问。

28日，毛泽东和刘少奇、周恩来、朱德等人一起出席了在新落成的人民大会堂隆重举行的庆祝建国10周年大会……

刚刚率团正式访问了美国的苏共中央第一书记、苏联部长会议主席尼基塔·赫鲁晓夫和苏联外交部长安德烈·葛罗米柯回到莫斯科后，立即飞往北京参加中国的国庆活动。

赫鲁晓夫在美国期间，同美国总统艾森豪威尔在戴维营进行了3天的个人会谈。赫鲁晓夫在访问期间的公开声明中，多次强调核武器的危险性，呼吁和平共处和普遍彻底裁军，高度赞扬了艾森豪威尔。返回莫斯科后，赫鲁晓夫又表达了他对艾森豪威尔总统“真诚希望结束冷战和改善我们两个大国之间的关系”的信心。消息传到北京，自然引起了毛泽东和中共中央诸多领导人的极大愤怒和强烈不满……

9月30日，毛泽东、刘少奇、宋庆龄、董必武、朱德、周恩来等人在人民大会堂举行盛大国宴，热情招待80多个国家的贵宾和国内的各界人士。

在国宴上，周恩来致欢迎词，代表中国共产党中央、中国政府和中国人民，热烈欢迎各国朋友们的到来。致辞中，周恩来避开了对赫鲁晓夫访问美国的批评，表示祝贺他“作为和平使者访问美国所获得的成功”。

赫鲁晓夫在答词中警告不要企图“用武力去试试资本主义制度的稳固性”。

剃着光头的赫鲁晓夫惯以大国领导人的身份自居，讲话不

1959年10月，毛泽东和中国其他领导人与前来我国参加建国10周年庆典的外国代表团合影。（新华社稿）

顾及场合，自以为是，这时更是信口开河。他说：“社会主义给人们带来了和平——这是最大的幸福。社会主义阵营的力量越壮大，她就越有可能有效地捍卫世界和平事业。现在，社会主义的力量已经十分强大，因此，有了排除以战争作为解决国际争端的手段的可能性。”

穿了一身浅灰色中山装的毛泽东坐在宽大的宴会桌前，默默地吸着烟，一言不发。

赫鲁晓夫继续说：

“现在，某些资本主义国家政府的领导人，开始表现出以现实主义态度来了解世界上既成形势的倾向。我刚从美国回来，在我同艾森豪威尔总统交谈的时候，我有了这样的印象，得到不少人支持的美国总统是明白必须缓和国际紧张局势的……

“因此，我们这一方面也应该尽力排除作为解决争端的手段的战争，而用谈判来解决争端……

“维护和平只有一条道路，这就是不同社会制度的国家的和平共处。”

通过翻译听了赫鲁晓夫的话，在座的毛泽东和周恩来等人的脸上露出了极为明显的不悦……

赫鲁晓夫只顾看着他的发言稿，依然在喋喋不休地讲着：

“社会主义国家拥有种种手段对付帝国主义侵略者的阴谋，帝国主义侵略者企图通过干涉我们这些国家的内政，来把我们从社会主义的道路上拉开，并使我们回到资本主义的时代一去不复返了。但是，这当然绝不是说，既然我们这么强大，就应该用武力去试试资本主义制度的稳固性。这是不正确的，因为人民将不会理解，也绝对不会支持那些想这么干的人。甚至像社会主义这样一种崇高而进步的制度，如果人民不要它，也不能用武力强迫他们接受。因此，一贯执行和平政策的社会主义国家要集中精力来进行和平建设；至于一个国家什么时候走上社会主义道路的问题，这要由该国人民自己来决定，这件事对我们是最神圣的……”

毛泽东、刘少奇、朱德、周恩来等在天安门检阅台上。（新华社稿）

宴会过后，毛泽东带着满肚子的气回到了中南海。

在丰泽园菊香书屋的紫云轩卧室内，毛泽东甩臂脱掉穿在他身上的那件中山装，躺倒在那张他睡习惯了的大木床上久久合不拢眼。躺了一会儿后，他起身下床，依然坐在沙发上连续吸烟、不停地喝茶水。室外的风带着一丝丝凉意吹进室内，侍卫在一旁的封耀松见到毛泽东这副样子，知道毛泽东在生气，但他更知道在毛泽东生气的时候是没有谁能劝得了的也没人敢近前去劝……

1959 年 10 月 1 日，灿烂的阳光照耀着被红旗和鲜花覆盖了的整个天安门广场。在红旗和鲜花的下面，是千万张热情洋溢的笑脸。70 万人的游行队伍从凌晨起便聚集到了天安门广场上和东长安街上，满怀着欢悦的心情等待着伟大领袖毛泽东等党和国家领导人的检阅……

鲜艳的五星红旗在天安门广场上空迎风飘扬。广场北面的观礼台上，参加国庆盛典的各界代表和英雄模范、国际友人早已站满了上上下下的每一个角落。五颜六色的气球飘悬在广场上千万人的手中，广场东西两侧雄伟的人民大会堂和中国历史博物馆、中国革命博物馆楼顶上彩旗招展……

这一天，《人民日报》发表社论——《为第二个十年的更伟大的胜利而奋斗》。

8时30分，天安门城楼上陆续出现了前来我国参加国庆盛典的各国代表团人员的身影。临近9时，众多友好国家的领导人也醒目地出现在了天安门城楼上，其中有朝鲜的金日成、越南的胡志明、蒙古的泽登巴尔、阿尔巴尼亚的谢胡、波兰的萨瓦茨基、捷克斯洛伐克的诺沃提尼，还有苏联的赫鲁晓夫……

9时30分，天安门广场上鼓乐齐鸣，安置在广场周围的广播喇叭里播放出了动人心魄的《东方红》乐曲。毛泽东、刘少奇、周恩来、朱德、宋庆龄、董必武等人健步出现在了天安门城楼上……

整个天安门广场，顿时一片欢腾！

同时登上天安门城楼的还有中国共产党中央委员会政治局委员、国务院副总理和政府各部部长和副部长、全国人大常委会副委员长及常委、中国人民解放军的将帅及战功卓著的一大批功臣模范人物……

新中国成立10周年庆祝大会由北京市市长彭真主持。

彭真讲话后，新任国防部部长林彪向解放军全体陆海空三军发布了国防部命令，随后，盛大的阅兵式和群众游行开始了……

天高气爽翔鸽舞，军威赫赫大阅兵！

就在这时，在天安门城楼上，赫鲁晓夫却不合时宜地通知毛泽东，苏联决定中止帮助中国搞原子弹的协定。毛泽东听后仍然红光满面地谈笑风生，和周恩来、邓小平、陈毅等人指点着游行队伍，好像什么事情也没有发生……

入夜，天安门城楼上灯火辉煌，五颜六色的节日礼花绽放在天安门广场上空。毛泽东、刘少奇、朱德、周恩来等党和国家领导人围坐在天安门城楼上，和首都群众一起观看焰火，每个人的脸上都呈现着无比欢快、喜悦的神情……

1959年10月1日，毛泽东等党和国家领导人同元帅、将军们在天安门城楼上合影。（新华社稿）

1959年10月，中华人民共和国成立10周年之际，许多国家的领导人率代表团应邀前来参加庆祝活动。图为中共中央主席毛泽东、中华人民共和国主席刘少奇、全国人大常委会委员长朱德、国务院总理周恩来在首都机场陪同苏联部长会议主席赫鲁晓夫（右一）检阅仪仗队。（新华社稿）

从天安门城楼上下来，回到中南海内，毛泽东的脸色变了，变得异常严肃起来。封耀松一见毛泽东这副样子，不敢近前去问为什么，便去叫来了毛泽东的卫士长李银桥。

李银桥知道苏联的赫鲁晓夫率团到了北京，也知道不久前赫鲁晓夫和美国总统艾森豪威尔在戴维营会谈的消息。他长期跟随在毛泽东的身边，深知毛泽东的意志和脾气，更知道目前国家经济正陷入困境，是多事之秋。中苏边境、中印边境、台湾海峡、东南沿海都不平静……

社会上，一般干部和普通的老百姓并不知道这些情况。北京的人民群众为了迎接国庆，正在大街小巷张灯结彩，挂红旗，刷标语，歌声、笑声、锣鼓声处处可闻……

深夜，毛泽东、刘少奇、周恩来、朱德、陈云、林彪、邓小平、陈毅、彭真等中央领导人在中南海宽敞明亮的颐年堂会客厅内，同来访的赫鲁晓夫等苏联领导人开始了会谈。

李银桥和封耀松以及刘少奇的卫士长石国瑞、周恩来的卫士长成元功、朱德的卫士长郭仁等人在隔壁值班室，隔着一层薄薄的纱帘，密切地注视着会谈中的一切……

会谈开始时，双方都表现了必要的礼貌，偶尔还能听到一两声笑声。谈入正题后，气氛便越来越紧张了。

赫鲁晓夫通过翻译告诉毛泽东，说他带来了一个“好消息”，他已经“找到解决台湾问题的好方法了”。毛泽东问是“什么样的好方法”，赫鲁晓夫说“台湾应该用列宁处理远东共和国的办法来解决”。

毛泽东当即通过翻译反驳说：“远东共和国是列宁建立的，并且由共产党来控制。请问赫鲁晓夫同志，你想象中是否今天的台湾也能由中国共产党控制呢？”

赫鲁晓夫面对毛泽东的提问，无言以对，便岔开话题，要求中国无条件释放在朝鲜战争期间和其后在东北俘获的 8 名美国空降特务。周恩来说根据他们所犯罪行的轻重程度，已经释放了 3 名。

赫鲁晓夫说：“那么还有 5 名呢？”

周恩来说：“他们的刑期还没有满……”

赫鲁晓夫大声说：“你们完全可以给他们减刑！”

毛泽东毫不迟疑地说：“这个更困难了，你晓得我们中国是有法律的。”

赫鲁晓夫立刻涨红了脸，坚持说这几个人一定要释放，因为他已经答应艾森豪威尔了。中国人民解放军元帅、国务院副总理兼外交部部长陈毅插话说：“尊敬的赫鲁晓夫同志，你把美国空投到苏联的特务全放了，也用不着同我们商量么！”

这件事情没有谈成，赫鲁晓夫转而谈到了中国和印度的边界冲突问题，指责中国“为什么开枪”。毛泽东和周恩来、林彪、彭真、陈毅几个人反复向赫鲁晓夫说明事实真相，赫鲁晓夫就是听不进去，一再责备中国“打死了印度人”。在这样一种情况下，毛泽东只得对赫鲁晓夫说：“在中印边界问题上，你们做得不对、不公平，你们公开地表明我们两党的分歧。”

彭真也说：“我们不知道你们苏联是什么原则，难道别人越境，先开枪达 12 个小时之久，还不还击吗？”

会谈终于发展成了争吵。李银桥等人隔着纱帘见赫鲁晓夫暴跳如雷地吵着、嚷着，毛泽东一脸严肃但神情泰然自若；赫鲁晓夫挥舞着两只手大吵大叫，叽里呱啦地咄咄逼人，毛泽东却不慌不忙地抬手在他和赫鲁晓夫之间画了一横道，像是画楚、汉分界的鸿沟似的说了句什么——赫鲁晓夫又立刻大叫起来，刘少奇、周恩来、邓小平、陈毅、彭真等人立刻作了措辞强硬的插话，苏联方面的葛罗米柯等人也纷纷插话，双方互相指责，吵得一塌糊涂。

争吵中，赫鲁晓夫要起了无赖伎俩，竟然提出要中国偿还在抗美援朝战争中使用的苏联武器的“债务款项”。陈毅听了勃然大怒，喝问在朝鲜战场上牺牲了那么多的中国志愿军战士，这笔“债务”该如何算。

赫鲁晓夫厚颜无耻地让中国去向美国、向朝鲜“讨债”。毛泽东严厉地驳斥了赫鲁晓夫的无稽之谈，说朝鲜是我们的朋友、友好邻邦，支援朝鲜是我们一个共产党国家应尽的神圣的国际主义义务，美帝国主义是我们的敌人，对于敌人只有战斗，决不屈服！

李银桥等人在值班室注意到，苏联方面唯有苏共中央政治局委员苏斯洛夫坐在那里一句话也不讲……

会谈快结束时，赫鲁晓夫挥拳舞臂地摆出一副“老子党”的架势，说出的每一句话都显得盛气凌人。毛泽东将大手在沙发的扶手上轻轻一拍，愤然起身，微挺胸膛，高傲地昂着头，表现出一副凛然不可欺的神姿。在这样的一种态势下，会谈即将破裂，周恩来只得站起身来劝告双方都要冷静、再冷静。毛泽东坐了下来，吸着烟，率先缓和气氛说：“声明已经发表了，不谈了，算了吧！”继而又对赫鲁晓夫说，“我、刘少奇同志和周恩来同志，都说过你们的问题。但这是一小部分的问题，是九个指头和一个指头之比。我们的基本路线是一致的，只是在个别问题上有分歧。现在可否还这样认为？”

赫鲁晓夫也放缓了语气说：“我们一向是这样认为的。”

毛泽东说：“在原则问题上、个别问题上的分歧，不应该影响我们的团结。”

赫鲁晓夫说：“在我们最困难的时候，中国支持了我们，而我们也支持了你们。今后还是这样的。”

至此，会谈总算没有以宣告破裂而结束，双方最后都表示了团结的愿望。

1959年国庆节期间，中国人民解放军的空防部队业已进入了一级战备状态。已经调入北京周围地区的精锐的米格－19歼击机群、口径85毫米的高射炮群和刚刚进行改装训练仅4个月的地空导弹部队均已奉命做好了一切战斗准备……

早在1959年年初的1月至3月间，台湾国民党空军便利用美国提供给它的RB－57 D高空侦察机，多次侵入大陆上空纵深地区进行高空战略侦察活动，其飞行路线遍及福建、上海、江苏、湖北、河北、山东等13个省、市。

RB－57 D为亚音速、双发喷气式单翼高空侦察机，飞行高度可达1.8万至2万米，其续行时间为8至9.5小时，最大航程6800千米，机上配有4部航空照相机，于1.85万米的高空可实施航空拍摄长约4000千米、宽70千米地幅的地面目标。由于该机具有重量轻、升限高、载油量大、续行能力强等特点，一时间得以多次侵入大陆上空从事隐蔽侦察活动而未受到任何惩罚。

6月间，该机又两次飞临北京上空……

为了打击敌人的嚣张气焰，9月初，5个地空导弹营奉命进入北京周围地区实施环形设防，30个导弹发射架直耸蓝天，犹如30支寒光闪闪的利剑直逼长空……

雷达开机织天网，导弹凛凛卫长天！

10月4日，赫鲁晓夫借离开北京之际，在北京首都机场发表了一个简短讲话，重申了他所坚持的信念，即“能够永远地排除把战争作为解决国际争端的工具”，苏联“将利用一切可能来消除‘冷战’”。他这次来北京，中苏双方没有达成任何协议，也没有发表任何公报。

10月7日，星期三。

上午10时03分，情报雷达报告，一架美制敌机从浙江温岭窜入大陆，高度18000米。敌机虽远在浙江上空，但北京地空导弹部队指挥员张伯华已向各导弹营阵地下达了“做好战斗准备”的命令……

11时15分，敌机距北京700千米、高度19500米、航路捷径300米、直行临近；11时50分，制导雷达开机，当敌机距离115千米的时候，二营制导雷达捕捉住了目标！

这时，敌机浑然不觉……

12时04分，“轰——”的一声巨响，一发地空导弹喷射着火焰直射蓝天，紧接着第二发、第三发导弹也相继腾空而起，如火龙、似利剑刺破青天……

在中南海，兴奋中的周恩来给毛泽东打来了电话：“报告主席，美蒋的高空侦察机在通县被我们打下来了！”

毛泽东在中南海丰泽园的菊香书屋接了电话很高兴，对着电话大声对周恩来说：“好嘛！这一下蒋介石要哭鼻子了，美国人会头痛的，赫鲁晓夫也要困不着觉哩！”继而又说，“恩来呀，给导弹部队发贺电，给大家庆功！”

10月上旬末，周恩来几次到丰泽园的菊香书屋来见毛泽东，详细汇报了他所率领的小组同苏联人进行两国科学技术合作谈判的具体内容。

毛泽东听后吸着烟说："辛苦你了，不容易呢！"又说，"要掌握原则，把握分寸，多学技术，少留后患。"

周恩来请示："苏联人要我们表态支持他们搞裁军，我们是否要发一个声明呢？"

毛泽东表态说："声明当然要发，搞裁军么！要裁军，就全面裁军，不搞单方面裁军。发声明，我看以全国人大的名义发为好，不要以我们党和政府的名义发，这叫人民的事情人民办。"

周恩来点头应道："好的！"

交谈中，毛泽东谈到了不久前去世的李济深："李济深是为中国的民主革命和社会主义革命做出过重大贡献的国民党人，我们大家都不能够忘记他。"

周恩来也说："是的，我们共产党人是不会忘记一切为人民的解放事业做出过贡献的人的！"

10 月 13 日晚上，毛泽东在中南海丰泽园的菊香书屋再次与彭德怀谈话，还是要彭德怀多读几本书。彭德怀又一次提出要到农村去参加劳动，毛泽东只得再次对他说："你年纪大了，就不要去人民公社劳动了……"

彭德怀说："总让我在家里待着，我待不住、闷得慌……"

1959年10月，毛泽东和参加中华人民共和国成立10周年庆祝活动的波兰国务委员会主席萨瓦茨基（右二）在颐年堂举行会谈。（新华社稿）

毛泽东说:“下去的事，过几天再说吧！”

彭德怀只得不再说什么了……

10 月 14 日，毛泽东在中南海紫光阁同前来中国参加国庆活动的波兰党政代表团的人进行了长时间的谈话。

在谈话中，毛泽东指出:“即便是兄弟的共产党国家，在一切重大问题上，在原则问题上，也必须要完全依靠自己国家和自己国家人民的力量”,“任何企图依靠别人帮忙过日子的想法，都是错误的，靠是靠不住的……”

听了毛泽东的这些话，萨瓦茨基猜测：这次赫鲁晓夫访问美国后刚刚回到莫斯科，又匆匆忙忙地赶来中国，联想到他在几个公开场合的几次讲话内容，肯定是同中国的领导人之间发生了某些不愉快……

3. 毛泽东带书离京　虑国事忧心忡忡

1959 年 10 月 15 日，毛泽东批示推迟召开全国计划工作会议。

同日，新华社报道：国务院最近发出指示，决定提高大豆、花生、甘蔗、甜菜、菜牛的收购价格和大豆、豆油、花生、花生油、牛肉的销售价格，降低药品青霉素和链霉素的销售价格。

在这期间，中国的北方严重干旱，而往年多雨的南方不少地区如今也是难得见到有几滴雨水从天上掉下来……

10 月中下旬的一天，毛泽东在人民大会堂接见拉丁美洲 17 国共产党代表团时，发表谈话说："我欢迎你们来，中国共产党欢迎你们来，中国政府和中国人民欢迎你们来！"

在谈及中国的建设情况时，毛泽东对朋友们说："过去 10 年内，革命和建设同时进行，头 8 年我们的精力放在革命上，放在扫清社会主义建设道路上。后两年，我们的全部精力放在建设上。今后 10 年或 20 年内，主要精力放在社会主义建设方面。"

10 月 18 日，由野坂参三主席率领的日本共产党代表团抵达北京，参加中国的国庆 10 周年庆祝活动。

当天，毛泽东在人民大会堂同野坂参三和由他率领的日本共产党代表团成员进行了亲切友好的谈话。

在谈话中，毛泽东向日本客人再次表达了他的一个战略思想——争取 10 年、20 年的时间搞建设。他说："整个国际形势是在好转……西方统治集团，比如美国集团、英国集团的大部分，都对打第三次世界大战抱有恐惧……我们利用他们的困难争取和平是可能的，而且和平时间不会是很短的。就是说，争取比较长的和平时间是可能的……我们历来是这样估计的，整个国际形势是向好发展，不是向坏……战争的情况也要估计到……

从总的情况来看，争取到10年至15年的和平时间是可能的。”并说，“我们并不想去解放台湾、金门、马祖，看情况的发展再去解决。澳门也不去解放它，同国际上有关联的地方，要看情况。争取10年、20年的时间搞建设。”

在以后几天的时间里，中日两党代表团在北京举行了会谈，并发表了联合声明。

20日至21日，多事的中印边界发生了比以往更加激烈的枪战。印度武装巡警不顾我方的一再抗议，悍然侵入到中印边界西段我国境内的空喀山口纵深地带，制造事端，并对我方劝阻人员首先开枪开炮。我边防部队在忍无可忍的情况下，被迫自卫还击……

《战地通报》报到中南海，毛泽东看后在颐年堂对周恩来和罗瑞卿等人说：“人不犯我，我不犯人；人若犯我，我必犯人；人先犯我，我后犯人！”又说，“来而无往非礼也！退避三舍，先礼后兵，我想印度的兵是不禁我们打的。”

罗瑞卿说：“我看早就该教训他们一下！”

毛泽东问周恩来：“西藏怎么样？”

周恩来回答：“西藏的局势很稳定，我们党的和平改革政策越来越深入人心……”

毛泽东点头说：“这就好……”

这时远在地球另一端的纽约，联合国大会第十四届会议通过了一项所谓“西藏问题”的非法决议案，对中国政府在西藏地区所实行的和平改革政策横加指责。对此，毛泽东指示周恩来，要国务院发表严正声明，抗议美国又一次挟持联合国中的多数国家粗暴干涉中国内政。

10月22日下午，毛泽东在中南海怀仁堂同来京的西藏班禅大师进行了谈话。

谈话中，班禅大师表示说：“西藏地方政府隶属于中央政府领导，藏族同胞欢迎中央政府制定的和平改革政策，这一点是肯定的。”

毛泽东称赞说:“这就好，中央政府是完全相信西藏人民的。”

晚上，毛泽东在一份文件上对中直机关开展反右倾斗争问题作出批示。

第二天上午，毛泽东就中直机关开展反右倾斗争问题再次作出批示，同时就关于研究广东省对部分副食品实行派购办法作出批示。

午饭后，毛泽东带了李银桥和随身卫士封耀松、王敬先等人，还有国务院副总理兼中国人民解放军总参谋长罗瑞卿、中央办公厅机要处处长叶子龙以及保健医生李志绥和护士长吴旭君等人，一起乘专列离开北京，又一次开始了南下视察。临行前，毛泽东特意向中央办公厅的随行人员逄先知交代，必须带上以下书籍:

马克思恩格斯列宁斯大林的主要著作，包括《资本论》、《马克思恩格斯文选》(两卷集)、《马克思恩格斯通信集》、《反杜林论》、《工资价格和利润》、《哥达纲领批判》、《政治经济学批判》、《自然辩证法》、《列宁文选》(两卷集)、《二月革命到十月革命》、《无产阶级革命和叛徒考茨基》、《国家与革命》、《“左派”幼稚病》、《帝国主义是资本主义的最高阶段》、《俄国资本主义的发展》、《无政府主义还是社会主义?》、《进一步，退两步》、《做什么》、《什么是“人民之友”?》、《列宁主义基础》、《列宁主义问题》、《联共(布)党史》;

《毛泽东选集》全部;

普列汉诺夫:《艺术论》、《历史的一元论》;

黑格尔的著作;

费尔巴哈的著作;

欧文、傅立叶、圣西门三大空想社会主义者的著作;

《西方名著提要(哲学社会科学部分)》;

冯友兰的《中国哲学史》;

《荀子》、《韩非子》、《论衡》、《张氏全书》（张载）、关于《老子》的书十几种；

《逻辑学论文选集》（科学院编辑）；

《耶方斯和穆勒的名学》（严译丛书本）；

米丁的《辩证唯物论与历史唯物论》；

苏联大使尤金等人的《辩证唯物论概要》；

艾思奇的《大众哲学》及其他著作；

杨献珍的哲学著作；

苏联的《政治经济学（教科书）》（第三版）；

河上肇的《政治经济学大纲》；

从古典政治学家到庸俗经济学家的一些主要著作；

近几年间中国经济学界关于政治经济学的论文选集；

《六祖坛经》、《般若波罗蜜多心经》、《法华经》《大涅经》；

《二十四史》（大字本、全部）；

《史记》和《资治通鉴》的标点本；

范文澜的《中国通史简编》；

郭沫若的《十批判书》、《青铜时代》、《金文丛考》；

吕振羽的《中国政治思想史》；

赵翼的《二十四史札记》；

持马克思主义观点的西洋史、日本史；

苏联大百科全书选译；

苏联一位学者给毛泽东的信（讲述社会主义社会的矛盾问题）；

朱熹的《楚辞集注》和《屈宋古音义》；

王夫之关于哲学和历史方面的著作；

《古文辞类纂》、《六朝文絜》；

《鲁迅全集》（包括鲁迅译文集）、《海上述林》；

有关自然科学方面的基本知识书籍；

有关技术科学方面的基本知识书籍；

中国地图和世界地图；

字帖、字画……

所有这些书籍，整整装了8只大箱子。见到这些书籍，随行人员猜测，这次毛泽东南下视察，时间一定会很长……

10月24日，毛泽东的专列正行驶在山东的地面上。隔窗望去，大家见到铁路沿线的土地龟裂，眼前一片白茫茫的盐碱地。毛泽东眼睁睁地望着车外，久久不说一句话……

同一天，中共中央、国务院发布了关于今冬明春继续开展大规模兴修水利和积肥运动的指示。

26日，毛泽东的专列驶入江苏。

这一天在北京，我国外交部就印度武装人员侵犯我国西藏地方的西北边境并且进行武装挑衅发表声明，对印度的侵略行径提出了严正抗议。

当天夜间，毛泽东的专列停在了徐州。

27日，毛泽东的专列驶入安徽。这时，大田里看不到丰收的庄稼，田埂上却插着一面面红旗……

毛泽东一路凝视着，沉思默想，香烟吸了一支又一支，吸得左手的食指和中指都泛黄了，再也没有了前些日子刚听到打下了敌机时的那种兴奋之情。李银桥站在毛泽东的身边，给毛泽东续上了茶水，听毛泽东喃喃地说道："怎么会这样呢？"

李银桥发现，毛泽东在说这句话的时候，眼圈陡然泛红……

入夜，车到合肥。整座城市黑沉沉的，不见一点点光亮、不闻一丝丝笑语。安徽省委第一书记曾希圣和合肥市的领导同志到专列上向毛泽东汇报，说由于长江水流严重不足，只剩主航道有些水……

毛泽东沉默着，依然不说一句话。面对黑沉沉的城市，毛泽东没完没了地吸烟、喝茶。后来，他让李银桥召集了叶子龙、罗瑞卿等人来到他所在的车厢，同大家讲起了中国历史上有名的几次大灾荒，接着又讲了“现在有人趁火打劫，想逼我们屈服”。他问大家：“没骨气的国家是不敢顶的，你们敢不敢顶？”

“敢顶！”

李银桥等人知道毛泽东指的是苏联的赫鲁晓夫。

“他越压我们越要顶！”毛泽东将他的一只大手重重地拍在了车窗前的桌面上，又说，“老子就是不信邪！我相信，嚼得菜根，百事可做！”

李银桥发现，这时的毛泽东有些激动起来：“列宁说过，‘想要革命吗？你们就应当是强者！’”

罗瑞卿插话：“主席，只要你指到哪里，我们这些人一定打到哪里！”

叶子龙也说：“不就是赫鲁晓夫和尼赫鲁吗？我们连美帝国主义都不怕，难道还怕他们？”

毛泽东点点头，随即斜挺了右肩和胸膛，仿佛要挑起大山似的。凡是在毛泽东身边的人，心情都异常地踏实、坚定下来。

这时李银桥想，作为领袖人物，不遇挑战是难以充分表现英雄本色的。即便是在困难面前，由于那与生俱来而又在艰苦复杂的斗争环境中锻炼过的坚强性格、气质，决心和意志，毛泽东在历史的紧要关头总会产生出一种巨大的力量——他一生是强者！

10 月 29 日，毛泽东一行人离开专列改乘汽车经裕溪口、马鞍山到达南京。

在南京，江苏省委第一书记江渭清向毛泽东请示：“在反对党内的错误倾向时，江苏省委考虑应该掌握有右反右、有‘左’反‘左’的原则，即有什么反什么、有多少反多少。”李银桥见毛泽东很赞成这个意见，并听毛泽东说：“这样比较科学，实事求是么！”

南京军区司令员许世友来见毛泽东，毛泽东问他：“南京方面的事情怎么样啊？”

许世友回答:“稳如泰山!”

毛泽东说:“你这里哪有泰山?有的只是紫金山。”

许世友随即说:“请主席放心,我这里保证稳如——紫金山!”

毛泽东笑了,在座的江渭清也笑了,就连许世友自己也咧开大嘴笑起来……

入夜,回到专列上的毛泽东带领着他的一行人离开南京前往上海。陪同毛泽东一同前往上海的人员当中有安徽和江苏两省的负责人曾希圣、刘顺元、惠裕宇、陈光和彭冲。

谈话中,毛泽东又一次问起了农业生产的情况。大家都说情况很好,不但比去年好,而且是“好得多”,让毛泽东“放心”……

时值深秋,江南的夜风已经有些凉了。而在毛泽东乘坐的专列上,保温性能比较好,尽管是在夜里,车厢内的气温和白天比较起来,也不显得有多大变化。列车在行进中,车厢内亮着灯光,毛泽东坐在办公桌前看书。突然间,毛泽东放下书,摆手招呼李银桥:“去叫护士长来!”

不一会,吴旭君挎着个医药箱快步跑了来:“主席,有事?”

毛泽东用手捂着肚子说:“肠子疼呢!”

“我看看!”吴旭君立刻上前给毛泽东检查身体,然后说,“吃几片药吧?”

毛泽东说:“吃嘛!”

吴旭君打开她的医药箱,一边给毛泽东取药,一边说:“这是磺胺剂,四小时吃一次,一次4片……”

李银桥接了药,吴旭君又嘱咐说:“主席得注意休息!”

毛泽东说:“晓得了!”

吴旭君离开后,李银桥催促毛泽东按照吴旭君的嘱咐吃了第一次药,然后盯着毛泽东躺下来休息……

4个小时过去了,李银桥再给毛泽东服了第二次药。这时候,毛泽东感到车厢里边有点儿热,便让李银桥和封耀松等人打开车窗透透空气:“通通风么!”

李银桥有点儿担心："感冒了怎么办？"

毛泽东不容分说地大吼了一声："打开！"

李银桥看了封耀松一眼，封耀松使了一个眼色，表示没办法，两个人只好分头去打开了几扇玻璃窗……

10 月 30 日傍晚 6 点多钟，毛泽东的专列停在了上海市支线徐家汇的顾家花园。上海市的领导柯庆施和陈丕显早已等候在这里了，车一到站，两个人便立刻走上专列迎接毛泽东……

在专列上，柯庆施问毛泽东："现在是不是下去一下？"

毛泽东表示："不下去。"

柯庆施提示说："他们有个晚会。"

毛泽东摆手说："什么晚会也不看。"

陈丕显提议："游泳吧？"

毛泽东依旧摆摆手："现在怕游水。现在我有肠子病，昨天晚上吃了 8 片磺胺剂，把它压了一下，同时又把窗户开开，大吹其风，温度降了，一睡就睡 10 个钟头，直到今天下午 4 点。已经有两个月没有游水了，怕下水，身体搞得不行了。"

听毛泽东这样一讲，柯庆施和陈丕显也就不再多说什么。接下来，毛泽东同前来汇报工作的曾希圣、刘顺元、惠裕宇、陈光、彭冲等人详谈了国家的粮食储备问题，并同柯庆施、陈丕显、曾希圣、刘顺元等人谈了工农业生产计划、粮食生产与政策以及农村社会主义教育等问题。

次日清晨，毛泽东在专列上看了河北省吴桥县王谦寺人民公社关于发展养猪事业的一份简报后，随即提笔给新华社社长吴冷西写了一封尽快在全国范围内大力发展养猪事业的信[①]：

此件很好，请在新华社《内部参考》发表。看来，养猪业

① 《毛泽东文集》第八卷，人民出版社 1999 年版，第 100 页。

必须有一个大发展。除少数禁猪的民族以外，全国都应当仿照河北省吴桥县王谦寺人民公社的办法办理。……

各地公社养猪不亚于吴桥的，一定还有很多。全国都应大办而特办。要把此事看得和粮食同等重要，看得和人吃的大米、小麦、小米等主粮同等重要，把包谷升到主粮的地位。……

苏联伟大土壤学家和农业学家威廉氏[①]强调地说，农、林、牧三者互相依赖，缺一不可，要把三者放在同等地位。这是完全正确的。我认为农、林业是发展畜牧业的祖宗，畜牧业是农、林业的儿子。然后，畜牧业又是农、林业（主要是农业）的祖宗……美国的种植业与畜牧业并重。我国也一定要走这条路线，因为这是证实了确有成效的科学经验。……一人一猪，一亩一猪，如果能办到了，肥料的主要来源就解决了。……一头猪就是一个小型有机化肥工厂……大养而特养其猪，以及其他牲畜，肯定是有道理的。

毛泽东的这封信，促进了全国养猪事业的发展，给全国人民增添了尽可能多地吃到猪肉的机会……

上午，正在上海的国家副主席宋庆龄到专列上来看望了毛泽东……

当天夜间，毛泽东乘车到达杭州。建国后，这已经是他第15 次来杭州了。

1959 年 11 月 1 日，住进了杭州西湖边南屏山疗养地的毛泽东，得到了洛阳第一拖拉机制造厂建成投产的消息，很高兴，手中拿着报上来的材料，对他身边的工作人员说："这就好了呢！中国的老百姓，从此可以用自己生产出来的拖拉机耕田了！"

在杭州的第一个星期，毛泽东带领着他的随行人员，到郊

---

② 威廉氏，即威廉斯。

区的许多地方进行了视察，深入了解当地人民群众的生产生活情况，并多次同人民公社的社员们进行了认真、细致的交谈……

11 月 3 日，周恩来和彭真、王稼祥、胡乔木、雷英夫[①]等人飞到杭州向毛泽东汇报工作，同时请示对发生在中印边界西段空喀山口武装冲突的处理意见。毛泽东认真审视了周恩来和雷英夫展开的军事地图，同他们认真商谈了有关中印边界问题的处理意见。稍后，毛泽东又同周恩来、彭真、胡乔木等人详谈了有关国家经济计划指标等问题。

临离开杭州，周恩来向毛泽东呈递了他写给印度总理尼赫鲁的一封信。

11 月 6 日中午，毛泽东接了周恩来打来的一个电话，周恩来再次向毛泽东通报了最近发生在中印边境上的许多事情。毛泽东在电话上对周恩来讲：

"建议双方立即无条件撤军，东边从'麦克马洪线'，西边从双方的实际控制线；要坚持和平共处五项基本原则，做到有理、有利、有节……"并说，"你写信告诉尼赫鲁，由于中印两国的边界从来没有认真划定过，而且又非常漫长，距离两国的政治中心又都很远或者比较远，如果两国政府不想出一个十分妥善的解决办法，我担心双方都不愿意看到的边境冲突今后还有可能出现；而只要出现了这类冲突，哪怕是很小的冲突，都会被那些敌视我们两国友谊的人所利用，以达到他们不可告人的目的。"

11 月 7 日，周恩来就中印边境问题写信给印度总理尼赫鲁，着重写了毛泽东要他转告的意见，同时代表中国政府建议：中印两国的武装部队立即从中印边界东边的所谓麦克马洪线和西边的双方实际控制线各自后撤 20 公里；在双方撤出武装部队的地区，双方保证不再派遣武装人员驻守和巡逻，但是仍然保留民政人员和非武装的警察，以执行行政任务和维持秩序。

---

① 雷英夫，时任中央军委总参谋部作战部副部长。

同一天，赫鲁晓夫在莫斯科指出：苏联政府将“全力帮助”找到一个解决中印边界争端的办法，这一争端应该在友好的气氛中得以解决。关于发生于10月20日至21日的中国边防战士在自己的国土上自卫还击一事，赫鲁晓夫指出：该地区“荒无人烟，而且毫无特殊价值”。苏联的新闻界对于这件事似乎一律采取了完全“中立”的态度，把中印两国各自的观点在报纸上置于同等地位，不加任何评论。

毛泽东这时在杭州，每天除了看书之外，还要接阅许多由中央办公厅从北京空运来的机密文件和报告。但他对于来自外界的各种报道却不加任何评论、不表态，这使在他身边工作时间久了的许多人都感到：对于中印边界之事，毛主席他老人家已是“成竹在胸”了……

直到11月12日，当毛泽东接到我国第一台靠液压传动的内燃机车在青岛四方机车车辆厂试制成功的内部通报时，才打破了连日以来的“沉寂”，立刻让杨尚昆打电话给新华社，要新华社尽快予以报道。

当天下午，毛泽东在杭州主持工作会议并发表讲话，第一次对美国前国务卿杜勒斯“和平演变”社会主义国家的言论作出评论说：

“杜勒斯的路线，在他在世的时候就有了。比如他在今年1月28日在众议院外交委员会作证时说：‘基本上我们希望鼓励苏联世界内部起变化。’这个所谓苏联世界，并不是讲苏联一个国家，是社会主义阵营，是我们内部起变化。‘从而使苏联世界不再成为对世界的自由的威胁，只管他们自己的事情，而不去设想实行共产主义化的目标和野心。’他在众议院外交委员会另一次发言中讲：‘绝不结束冷战。’看来，冷战全部结束，对他们是不利的。还是这次演说，他说：‘用正义和法律代替武力。’仗不打，要搞法律同正义。他又说：‘在这方面极为重要的，是要认识到，在这种情况下放弃使用武力并不意味着维持现状，而是意味着和平的转变。’和平转变谁呢？就是转变我们这些国家。搞颠覆活动，内部转到合乎他的那个思想。”

并强调说：“就是说，他那个秩序要维护，不要动，要动我们，用和平转变，腐蚀我们。”

谈了这些之后，毛泽东进而说：“对于这样一个问题，我们必须要有所警惕。‘凡事预则立，不预则废’。在中国历史上，老子打下的江山被儿子断送掉的，例子很多嘛！历史的教训必须引起我们的高度注意，我们的党将来会不会变质？杜勒斯的预言会不会在不久的哪一天在中国实现？这是很难预料的。建国 10 年了，我们从现在起就要讲这个问题，要引起全党和全国人民的极大警惕……”

11 月中旬的一天下午，实际上已经是临近傍晚了。毛泽东带了李银桥和封耀松二人，离开南屏山住地，乘船荡入西湖。夕阳西下，西边天际间的红云给荡漾在晚风中的湖面披上了一层飘动的红纱。湖面上没有一条游船，也见不到一个人，整个湖面显得格外清冷……

泛舟湖上，毛泽东吸着烟览观西山，对同船的李银桥和封耀松说：“建国 10 年了，西湖早已是人民的西湖，再不是秦桧和贾似道时的西湖了……”

李银桥听不懂毛泽东话中的意思，他不知道贾似道是谁，只知道秦桧是杀害民族英雄岳飞的刽子手，是被后人唾骂的千古罪人。封耀松像是领悟了毛泽东话中的含意，接口说：“我们共产党人打天下，就是要推翻一切剥削者，为人民谋幸福嘛！”

毛泽东笑了笑，将手中的烟头丢进水中说：“现在的问题是怎样保住人民的江山，这可是千百万革命先烈用鲜血和头颅换来的呀！”继而又说，“共产党要为人民谋幸福，要为老百姓办事情，可如今老百姓的日子不好过，虽然我们努力了，但看来还是不甚得法，还需要我们这些人继续努力，找出一条适合中国国情的办法来……”

封耀松说：“在主席的领导下，和全国人民一起奋斗……”

毛泽东深吸一口气，又轻轻呼出来，说：“我也是鞠躬尽瘁，死而后已呢！”

李银桥大声说：“主席，你瞎说什么呀！”

“人总是要死的嘛！”毛泽东挺了挺胸膛说，“活着就要干，要学习，要奋斗，要为人民多办一些事情、多办一些好事情，将来也好去见马克思！”

当李银桥和毛泽东谈这些话的时候，封耀松有些不爱听。毛泽东像是看出了封耀松不高兴的样子，笑一笑说：“我们在一起讲话随便些好，习惯了，又不是开会……”

封耀松只得随着笑了笑，说：“主席，我们都在努力，全党同志和全国人民都在努力……”

“要快呢……”毛泽东轻叹一口气，说，“大跃进有什么不好？都像小脚女人那样，干社会主义能行吗？”

封耀松犹豫了一下，说：“是要快，但也不能太快……”

“实事求是嘛，”毛泽东打断了封耀松的话，“搞大跃进，我们不能过‘左’，但也不能右。要想尽一切办法，让老百姓的生活尽快好起来，起码先要吃饱肚子嘛！难道我们还不如三国时候的张鲁？”

说话间，船到湖心小瀛洲，毛泽东在李银桥的扶持下，离船登洲……

这时的小瀛洲金桂葱郁，松柏苍劲；“我心相印”亭边的池水中鱼戏浅底，“迎翠”榭前花木扶疏，“闲放”台旁绿茵护绕，整个岛上，人置身其中没有一点已进冬季的感觉。

入冬时节江南暖，西湖侧畔绿如茵。

毛泽东在曲桥边的一条长椅上坐下来，从深蓝色的大衣兜里取出了一盒“中华”牌香烟，李银桥连忙近前去划着了火柴。毛泽东吸着烟，招呼封耀松和李银桥说：“你们讲讲看，我们的政策到底有哪些失误？是我毛泽东真的到了斯大林的晚年？”随即又发出了一连串的问话，“难道我们的大跃进真的是不切合实际的盲目‘冒进’？人民公社办大食堂，到底起了积极作用还是消极作用？真的是钢铁指标太高造成了太多的浪费、助长了全国的浮夸风吗？我这些‘黑话’只在这里讲，你们不要有顾虑，要实事求是。你们都是我身边的人，都长大了，对一些问题总会有一些自己的看法和想法吧？”

这是李银桥第一次从毛泽东的嘴里听到这样的话，他见封耀松犹犹豫豫的样子，像是鼓了天大的勇气才说出了这么两句：“主席看问题比我们全面得多，考虑问题也比我们深刻得多……”

“你怕吗事？”毛泽东不高兴了，站起身来说，“要搞调查研究，认真搞！今年我们先组织学习，明年大兴调查研究之风，一定要找出原因来，找出办法来……”

两天后，毛泽东在南屏山住地召集了来杭州的几位政治局委员和在杭州的几位省市领导同志，同他们进行了一次小范围的谈话。

毛泽东说：“国庆节前我去了一次密云水库，告诉杨尚昆和彭真说要搞好环境建设和搞好绿化，为的是子孙后代。现在看来，搞环境建设，搞绿化，远远赶不上搞思想建设。为什么要这样讲呢？中国有句俗话，说是‘前人栽树，后人乘凉’。搞好绿化固然重要，但也只能是从物质上为子孙后代造福，而解决不了根本问题。因为美国的杜勒斯讲他们要以什么‘法律和正义’来代替武力，又说‘在这方面极为重要的是要认识到，在这种情况下，放弃使用武力并不意味着维持现状，而是意味着和平的转变’。和平转变谁呢？就是转变我们这些社会主义国家，搞颠覆活动，内部转到合乎他的那个思想。美国那个秩序要维持，不要动，要动我们，用和平转变，腐蚀我们。”并说，“杜勒斯搞‘和平演变’，在社会主义国家内部是有其一定的社会基础的。”

事后，毛泽东在西湖边散步时问李银桥：“银桥啊，你是怕打仗呢？还是怕‘和平演变’？”

李银桥随着毛泽东的脚步走着，边走边说：“我什么都不怕！”

又说，“仗咱们打过来了，敌人想‘演变’中国，怕也不那么容易……”

毛泽东却说：“仗我们是不怕打的，帝国主义要想‘和平演变’我们这一代人也难。可下一代、再下一代就不好讲了。中国人讲‘君子之泽，五世而斩’，英国人说‘爵位不传三代’。到我们的第三代、第四代人身上，情形又会是个什么样子啊？我不想哪一天，在中国的大地上再出现人剥削人的现象，再出现资本家、企业主、雇工、妓女和吸食鸦片烟的人。如果那样，许多烈士的血就白流了……”

李银桥说：“我保证我的下一代不会被帝国主义‘和平演变’了！”

“这是个大问题……”毛泽东沉思着，停住脚步开始吸烟，然后折转了身子往回走，又说，“人们在战争年代，大体过着平均主义的生活，工作都很努力，打仗很勇敢。现在有人说平均主义出懒汉，过去22年，出了多少懒汉？我没得看见几个，我也不相信。”

李银桥跟着毛泽东的脚步继续走，毛泽东走离了西湖边停下来，又说：“法国的《快报》评论说‘穷是中国跃进的动力’，‘穷是动力’这句话讲得很对么！因为穷，就要干，要革命；富了事情就不妙了，就会出问题。”

“富了会出什么问题呀？”李银桥问。

“富了就会贪图享受！”毛泽东意味深长地说，“越王勾践卧薪尝胆，10年富国，10年强兵，后代人全忘了。中国现在不富，将来富了，家家吃肉不发愁，也一定会发生问题。”

李银桥笑了说：“主席，现在人们没肉吃想肉吃，将来有肉吃了，不是更好吗？”

“生于忧患，死于安乐。”毛泽东说，“王安石晚年曾经说过，

1959年11月，毛泽东在浙江杭州夕照山仔细观看雷峰塔遗址的介绍。（新华社稿）

‘霸主孤身取二江，子孙多以百城降[①]’。历史的经验和教训，我们是要认真汲取的，要防止被资产阶级思想‘和平演变’了。否则，我们这么多革命烈士的鲜血不是白流了吗？”

听着毛泽东的话，李银桥感到，毛泽东想的不光是当前和现在的事，想得更多的、更担心的似乎是以后子孙后代的事，是中国的将来……

月末的一天，毛泽东在吃晚饭时，发现饭桌上有一小碗红烧肉。他皱了皱眉头，挥手叫来了李银桥：“哪里来的肉啊？拿走！”

李银桥为难地说：“这是他们特意给你做的，又不多，你就……”

“不要讲了！”毛泽东再次挥了挥手，“拿走！”

“你不吃谁敢吃呀？”李银桥说，“这也是人家的一片好心，你就吃了吧！”

毛泽东看着李银桥，然后动手用筷子夹了两块肉放到另一个蔬菜盘中，再将留在碗里的红烧肉推给李银桥说：“拿去，让

① “霸主孤身取二江，子孙多以百城降”——［宋］王安石《金陵怀古四首其一》中的诗句。

大家分吃了吧！”

李银桥知道，凡是毛泽东说了的话就得去执行，不执行是不行的。无奈他只得上前端了毛泽东面前的那一小碗肉，拿去给其他的工作人员吃了……

这时候，毛泽东的夫人江青来到杭州，也住在了南屏山宾馆。

4. 西湖畔组织读书　上海滩开会调研

1959 年 11 月 30 日至 12 月 4 日，毛泽东在杭州南屏山游泳池主持召开了一次中央政治局常委扩大会议，会议的主要议题是集中讨论有关国际问题和国内的经济问题。出席会议的人员包括有刘少奇、周恩来、邓小平、彭真、李富春、李先念、陈毅、薄一波、陆定一、罗瑞卿、胡乔木和各大协作区的主要负责人柯庆施、陶铸、李井泉、王任重、林铁、张仲良、欧阳钦等。

会议进行中，中共中央政治局委员、国务院副总理兼外交部部长陈毅向毛泽东请示汇报了外交部的工作，重点谈了印度尼西亚当局的反华、排华等问题。

12 月 3 日凌晨 3 时，毛泽东写信给刘少奇、周恩来和彭真，请他们召集有关人员讨论国际形势及对策问题：

为了讨论国际形势及我们的对策，拟请林彪、陈毅、康生、稼祥、贺龙、谭政、陈伯达七同志到此一谈。十二月三日（即日）下午到杭州。林彪、陈毅四日到杭。请酌处。

在这封信中，毛泽东分别在“七同志”和“三日”“下午到杭州”“四日”等字样下面加写了点以示重视。

信写好后，毛泽东以他对当前国际形势的基本看法和意见，拟写了一份讲话提纲：

敌人的策略是什么？

（1）和平旗子，大造导弹，大搞基地，准备用战争方式消灭社会主义。这是第一手。

（2）和平旗子，文化往来，人员往来，准备用腐蚀、演变方法消灭社会主义。这是第二手。

保存自己，消灭敌人：是基本原则。

有时和解，有时紧张；这里和解，那里紧张；欧洲和解，亚洲紧张；争取机会主义，孤立马列主义。

修正主义是否已经成了系统，是否就是这样坚决干下去？

可能是这样；可能还可以改变。

可能要坚持一个长时期（例如十年以上）；

可能只坚持一个短时期，例如一、二、三、四年。

中苏根本利益，决定这两个大国总是要团结的。某些不团结，只是暂时的现象，仍然是九个指头与一个指头的关系。

…………

中国将在长时期内，一方面被孤立，一方面得到世界许多共产党、许多国家、许多人民的拥护。在这种困难局面下，中国将在八年内相当强大起来。

八年内，中国完成工业体系的初步建设，完成尖端工业的初步建设；完成技术队伍的初步建设，完成理论队伍的初步建设；完成党与人民政治觉悟的大提高。（或者三者都完不成，或者能完成。）

谨慎小心，摆事实，说道理。

学习苏联优点，拥护苏联一切正确主张。

反动派大反华，有两件好处：一是暴露了反动派的面目，在人民面前丧失威信；二是激起世界大多数人民觉醒起来，他们会看到反动的帝国主义、民族主义、修正主义是敌人，是骗子，是黑货，而中国的大旗则是鲜红的。

全世界极为光明。乌云越厚，光明越多。

马克思主义、列宁主义大发展在中国，这是毫无疑义的。

赫鲁晓夫们很幼稚。他不懂马列主义、易受帝国主义的骗。

他不懂中国达于极点，又不研究，相信一大堆不正确的情报，信口开河。他如果不改正，几年后他将完全破产（八年之后）。

他对中国极为恐慌，恐慌之至。

他有两大怕：一怕帝国主义，二怕中国的共产主义。

他怕东欧各党和世界各共产党不相信他们而相信我们。

他的宇宙观是实用主义，这是一种极端的主观唯心主义。他缺乏章法，只要有利，随遇而变。

苏联人民是好的，党是好的。党与人民中若干不好的作风，若干形而上学作风，若干资产阶级自由主义，是历史遗传下来的。列宁早死，没有来得及改造。

这些自由主义，还有大国主义，总有一天走向反面，变得好起来。世界上一切事物没有不走向反面的。我国也将走向反面，然后又走向反面之反面，即正面。

不断革命。

共产主义竞赛，不平衡是客观规律，不以人的意志而存在。对表论①是反马列主义的。提出对表论，表示了他们的极大恐慌。

12 月 10 日，毛泽东读了重庆白沙沱长江大桥建成通车的简报后很高兴，对当时在他身边的叶子龙和李银桥说："国民党在重庆什么事也干不成，就晓得调兵遣将打我们。如今我们在那里建了桥，在武汉建了桥，将来我们还要在南京、在上海、在重庆建造更多、更大的桥，使大江南北的运输畅通起来，促进国民经济的发展，促进我们的社会主义建设。"

叶子龙说："现在国家正在困难时期，建一座长江大桥，要

---

① 1959 年 12 月 1 日，赫鲁晓夫在匈牙利社会主义工人党第七次代表大会上发表讲话说："我们在明智地利用社会主义制度的伟大优越性，全力加强世界社会主义阵营的同时，应当始终如一地、创造性地运用列宁关于建设社会主义和共产主义的学说，成为列宁主义的能手，不落后也不抢先，形象地说，就是'互相对对表'。如果这个或那个国家的领导人开始骄傲自大起来，这就会合乎敌人的利益。"

花很多钱……”

“嗯……”毛泽东吸着烟说，“是困难些，但我们要努力，要想办法，多花钱要办事，少花钱或者不花钱，我们也要办事。”

李银桥问：“不花钱怎么办事呀？”

“依靠群众，自力更生么！”毛泽东语气坚定地说，“在延安，在西柏坡，那时我们也没得钱，我们还不是照样打出了一个新中国！”又说，“穷则思变么！‘生于忧患，死于安乐’。人们越是在困难的时候，就越能够想出战胜困难的办法来。我们中华民族越是在逆境中，就越能够焕发出一股朝气。富了就不妙了，富了就要出问题……”

听了毛泽东的话，叶子龙和李银桥都感到，毛泽东确确实实是一位在任何时候都不怕困难的人，在他的身上总可以看到一种蓬勃向上、永不言败的朝气……

从这一天开始，毛泽东组织了一个读书小组，包括陈伯达、胡绳、邓力群和田家英，采取边读边议、逐章逐节讨论的方法，阅读苏联的《政治经济学（教科书）》社会主义部分。毛泽东联系中国社会主义革命和建设的实际，开始了进一步地探索如何建设符合中国国情的社会主义……

这时的毛泽东，依然保持着爱看书的嗜好，无论工作多忙、时间多紧，他总要拿了书来看。即便是坐在房间的休息椅上，抑或躺倒在卧室内专门为他准备的大木床上，他也总是拿了本书在那里细细地阅读。有时江青找他，要他到西湖边去散散步，他也总是说：“你去嘛，我在看书……”

这时毛泽东和江青依然是分开吃饭。毛泽东吃的饭菜很简单，饭桌上再也见不到一点点肉了，有时工作了一天只吃一盘煮干马齿菜或炒干白菜。宋庆龄出于对毛泽东的关心，专程从上海赶到杭州，给毛泽东送了一兜螃蟹。

李银桥让宾馆的厨师将螃蟹煮了拿给毛泽东，毛泽东摇摇头就是不吃，吩咐送给了少年文化宫的孩子们，自己没有留下一只。李银桥想给毛泽东留几只，也被毛泽东制止说：“说了的就要办！”

转眼进入 12 月下旬。

这段时间，毛泽东习惯走去西湖岸边丁家山的一处平房读书。毛泽东这样做，用他的话说，是“上上山，走走路，也是一种锻炼”。陪同毛泽东读书的人们也感到，这样做对于毛泽东的身体来说确实有好处。

在一次读书小组会上，毛泽东拍着放在他面前的苏联的《政治经济学（教科书）》，对在座的同志们说：“我们都要认真地读一读，深入进去，边读边议，想一想我们自己身边的事情……”

在大家的发言中，毛泽东提出了在新的形势下要创造新理论：

马克思这些老祖宗的书，必须读，他们的基本原理必须遵守，这是第一。但是，任何国家的共产党，任何国家的思想界，都要创造新的理论，写出新的著作，产生自己的理论家，来为当前的政治服务。单靠老祖宗是不行的。只有马克思和恩格斯，没有列宁，不写出《两个策略》等著作，就不能解决1905年和以后出现的新问题。单有1908年的《唯物主义和经验批判主义》，还不足以对付十月革命前后发生的新问题。适应这个时期革命的需要，列宁就写了《帝国主义论》《国家与革命》等著作。列宁死了，又需要斯大林写出《论列宁主义基础》和《论列宁主义的几个问题》这样的著作，来对付反对派，保卫列宁主义。我们在第二次国内战争末期和抗战初期写了《实践论》《矛盾论》，这些都是适合于当时的需要而不能不写的。现在我们已进入社会主义时代，出现了一系列的新问题，如果单有《实践论》《矛盾论》，不适应新的需要，写出新的著作，形成新的理论，也是不行的。

接下来，毛泽东又谈起了社会主义企业管理中的一些问题，他说：

1959年12月至1960年2月，毛泽东在杭州、上海、广州等地和党的理论工作者研读苏联《政治经济学（教科书）》第三版，结合中国实际研究总结社会主义建设的规律。右二起：邓力群、胡绳、陈伯达、田家英。（新华社稿）

我们的经验，如果干部不放下架子，不同工人打成一片，工人就往往不把工厂看成自己的，而看成干部的。干部的老爷态度使工人不愿意自觉地遵守劳动纪律，而且破坏劳动的往往首先是那些老爷们。不能以为，在社会主义制度下，不用做工作，就自然会出现劳动者和企业领导人员的创造性合作……所有制问题基本解决以后，最重要的问题是管理问题，即全民所有的企业如何管理的问题，集体所有的企业如何管理的问题，这也就是人与人的关系问题……在这方面，我们做了很多文章……对企业的管理，采取集中领导和群众运动相结合，工人群众、领导干部和技术人员三结合，干部参加劳动，工人参加管理，不断改革不合理的规章制度，等等。这些方面都是属于劳动生产中人与人的关系。这种关系是改变还是不改变，对于推进还是阻碍生产力的发展，都有直接的影响。

讲到这里，毛泽东加重了语气说：“社会主义提高劳动生产率，靠技术加政治。”

在谈到反对官僚资本主义的斗争时，毛泽东指出：

一方面，反官僚资本就是反买办资本，是民主革命的性质；另一方面，反官僚资本就是反对大资产阶级，又带有社会主义革命的性质。过去有一种说法，民主革命和社会主义革命可以毕其功于一役。这种说法，混淆了两个革命阶段，是不对的；但只就反对官僚资本来说，是可以的。官僚资本和民族资本的比例，是8比2。我们在解放后没收了全部官僚资本，就把中国资本主义的主要部分消灭了。

毛泽东还谈到了农村的经济体制。他说：“我们在土改中实际上消灭了富农经济，在这点上带有社会主义革命的性质。”并说：“我们过去说互助组是社会主义的萌芽，因为在互助组里面，只有共‘工’，还没有共‘产’；从互助组到合作社的过程，是从集体劳动到集体所有制的过渡，即从个体经济上的集体劳动到集体所有制基础上的集体劳动的过渡。”

1959 年 12 月 26 日，是毛泽东 66 岁生日。

这一天，我国外交部就中印边界问题复照印度政府，阐明中印边界从未划定，中国一贯尊重现状，重申谈判解决边界问题，巩固中印友谊。

下午，杭州市时美理发室的理发师周福明来给毛泽东理发。在理发过程中，毛泽东问周福明：“你是哪里人啊？”

周福明回答说：“江苏。”

毛泽东又问：“是共产党员吗？”

周福明说：“是。”

毛泽东再问：“哪年入的党啊？”

周福明回答：“去年。”

“好嘛！”毛泽东继续问道，“你愿意给我理发吗？”

周福明先说了一句：“愿意！”随后又补充说，“我愿意给主席理一辈子发……”

毛泽东微微一笑，不再问了……

临近傍晚，毛泽东让李银桥请了在他身边工作的人一起吃饭。

当大家来见毛泽东时，发现饭桌上虽然有酒，但却没有肉，只有几盘小菜，只是多放了一点点油和一些盐。

凑巧，读书小组的几位同志来看望毛泽东，毛泽东索性又叫来了江华和吴仲廉[①]，请大家一起陪他吃晚饭。吃饭时，毛泽东打趣说：“各位都是大才，今日这顿饭菜实在是不成敬意，还望各位海涵！”

在座的人们都被毛泽东说笑了……

饭后，毛泽东送给每人一册线装的《毛泽东诗词》，内有毛泽东诗词19首。除此，毛泽东还将他亲笔书写的两首律诗《七律·登庐山》和《七律·到韶山》送给每人一份。对此，大家高兴极了……

这时的杭州，气候虽然比北京暖和一些，但也见冷了。往常“水光潋滟晴方好，山色空蒙雨亦奇”的西湖，水面上早已泛起

1964年5月，毛泽东在湖北武汉宾馆与周福明合影（周福明提供）。（新华社稿）

① 吴仲廉，江华的夫人。

了清冷的波纹，在微风中起伏荡漾着。贴近湖心岛小瀛洲旁的三尊小石塔，更没有了“三潭印月”时的奇景，只是静静地竖立在泛着寒波的湖水中，愈发显出它们在冬季里的孤零与清冷。

临近年终，毛泽东收到了由吴旭君转交的庐山疗养院护士钟学坤写给他的一封信。信中除了向毛泽东问好并祝愿毛泽东身体健康外，还向毛泽东请教了她读毛泽东诗词时所遇到的一些问题，特别写明了对于毛泽东写的诗《七律·登庐山》中“云横九派浮黄鹤，浪下三吴起白烟”的费解。她搞不明白“九派”和“三吴”具体指的是哪些地方。

为此，毛泽东决定给这位曾经护理过他的小护士写一封回信。

12 月 29 日晚上，毛泽东在居室中问李银桥：“银桥啊，你还记得庐山上的那个小护士吗？”

“哪个小护士？”李银桥一时被问愣了，“山上的护士多着呢，主席问的是哪个？”

“给我看过病的那一个……”毛泽东点明了说，“叫小钟的，她来信了呢！”

李银桥笑了：“我当是哪个，原来是她呀！”

毛泽东又说：“她爱好学习，这就好，我要给她回封信。”

当日晚，毛泽东果真给钟学坤回信了：

九派，湘、鄂、赣三省的九条大河。究竟哪九条，其说不一，不必深究。三吴，古称苏州为东吴，常州为中吴，湖州为西吴。我甚好，谢谢你的关心。你的工作和学习如何？尽心工作，业余学习，真正钻进去，学一点真才实学，为人民服务，是为至盼！

12 月 30 日，入夜，毛泽东又写了两封信：一封给病中的中共中央副主席、国务院副总理陈云，另一封给他在北京放了寒假的小女儿李讷。

他这样给陈云写道：

信收到。病有起色，十分高兴。我走时，约你一叙，时间再定。心情要愉快，准备持久战，一定会好的。

给女儿的信是：

要读浅近书，由浅入深，慢慢积累。大部头书少读一点，十年八年渐渐多读，学问就一定可以搞通了。我甚好。每天读书、爬山。读的是经济学。我下决心要搞通这门学问。

1959年过去了。

这一年，全国的粮食产量只有3400亿斤，比1958年减产600亿斤，只完成国家计划的64%。棉花、油料、生猪等主要农副产品都大幅度减产。工业生产呈畸形发展，其中重工业总产值比1958年增长48%，占工农业总产值的43%，而农业则由上年的34%下降到25%。基本建设投资比大跃进的1958年又增加了30%，总规模达到350亿元。积累率也随之异常膨胀，由上年的39%猛增到43.8%，成为建国以来最高的年份。积累率的膨胀，导致消费额比上年大量下滑，全国人均消费水平由上年的83元降到65元。粮食总产量猛跌15%，而粮食征购量却比上年增加了14%。收获季节刚过，全国的粮食市场就出现了紧张的情况，到了冬季，普遍的灾荒开始蔓延起来……

这一切表明，1959年的形势明显地恶化了！

毛泽东感到了这场灾难的威胁。他下决心要找出造成这场灾难的根源，他要调整国家明年的投资比例，他要与天奋斗，与地奋斗，与人奋斗！他寄希望于明年的气候好转，更寄希望于明年的新跃进！

1960 年 1 月 1 日，杭州西湖南屏山宾馆。

这里，工作人员自发地组织起了一个小型迎新年晚会。

毛泽东出席了这个晚会，并信心百倍地讲：

“在人类历史中，资产阶级的 300 年，是一个大跃进。无产阶级为什么不能大跃进？我们的任务是把大跃进继续下去，在 1960 年来一个更大更好的跃进！”

毛泽东的话讲得宏伟响亮，气势非凡！

这不仅充分反映了他对大跃进的固定认识和对社会理想目

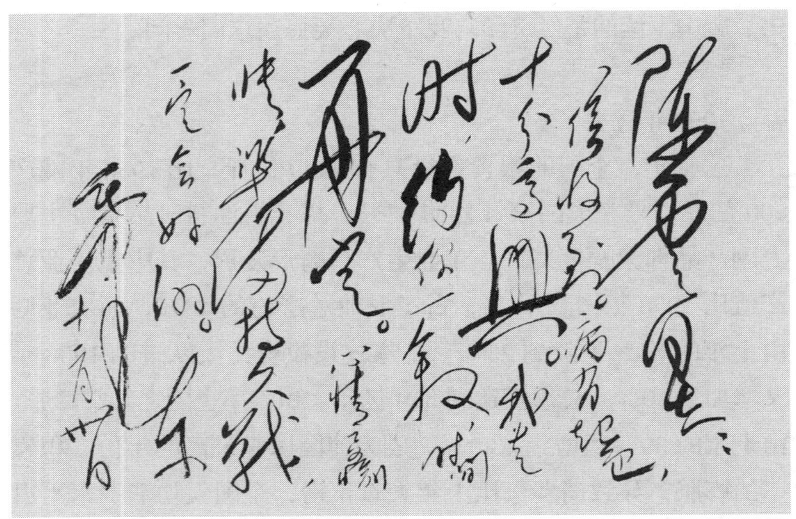

陈云同志：信收到。病有起色，十分高兴。我走时，约你一叙，时间再定。心情要愉快，准备持久战，一定会好的。

毛泽东

十二月卅日

1959年，陈云因患心脏病，一边工作，一边休养。12月，陈云正在杭州养病，毛泽东来到杭州。19日，陈云给毛泽东写信汇报了身体恢复的情况。信中说：“我是十月一日到杭州的，已经快要八十天了。身体情况比之九月初在北京见你时有了进步，现在可以走两千米远（四华里），但是与今年四月下旬上海会议后在杭州休息半个月时比较起来，还没有恢复到那时的康健情况。……今年五月廿三病复发到现在已经休息六个多月，目前还不能工作，只能待我身体能工作时再工作，特此报告。在你离开杭州前，如果你有空，我来看你一次，何时有空请通知我。”30日，毛泽东给陈云回信说：“信收到。病有起色，十分高兴。我走时，约你一叙，时间再定。心情要愉快，准备持久战，一定会好的。”图为毛泽东与陈云这次来往信件的手迹。

标模式的执着追求，同时也反映了他对待挑战永不服输的顽强性格。他要战胜一切艰难险阻，带领全中国人民去迎接新的胜利！

毛泽东的话，给了在场的每一个人以极大的鼓舞、勇气和信心！

这一天，新华社报道，兰（州）新（乌鲁木齐）铁路在1960年元旦前夕通车到新疆哈密。至此，兰新铁路全线通车的里程已达1315公里。

同日，新华社还报道说，黄河刘家峡水利枢纽工程胜利截流。

看了新华社的这两则报道，毛泽东说："一个交通，一个水利建设，这两样搞好了，国家的发展就快了呢！"

1月4日晚，毛泽东离开杭州启程前往上海。

次日凌晨，毛泽东抵达上海。

这时的黄浦江上汽笛声声，一艘艘货轮和拖船往来于江面，显示着江航运输的繁忙。延安路上的时钟大厦依然故我地耸立在江畔，大厦上的大钟按时敲响着报时的钟声……

毛泽东在雪后的西湖边留影（新华社稿）

1月7日至17日，毛泽东在上海的锦江饭店主持召开了中央政治局扩大会议。

锦江饭店位于闻名遐迩的南京西路南侧，东侧不远处即是上海市政府的办公大楼，交通畅通，人们来这里开会很方便。而且，这里的服务设施齐备，便于人员集中开会和休息。毛泽东来上海，大多数时间都是选择在这里下榻。

会上，毛泽东在主席台前再次就读苏联《政治经济学（教科书）》向大家谈了他的一些看法之后宣布暂时休会，要求大家在会议期间认真学习，认真思考，在学习与思考中密切联系中国的实际，拿出解决当前问题的具体办法来。

毛泽东在会上的讲话，得到了出席会议的刘少奇、周恩来、陈云、林彪、邓小平等人的赞同与支持……

1月15日，一直关心、记挂着大儿媳刘松林的毛泽东，在锦江饭店给刘松林写了一封充满亲情的信：

不知道你的情形如何，身体有更大的起色没有，极为挂念。要立雄心壮志，注意政治、理论。要争一口气，为死者，为父亲，为人民，也为那些轻视、仇视的人们争这一口气。我好，只是念你。

1月17日，毛泽东在即将结束的政治局扩大会议上，提出了他既定的一个建议：

中央各部门的党组，各省、市、自治区党委，应组织起来读《政治经济学（教科书）》，先读下半部（社会主义部分）。现在1月差不多还有半个月，还有2月、3月、4月，以第一书记挂帅，组织个读书小组，把它读一遍。至于上半部（资本主义部分），也要定个期限。今年主要精力恐怕是读经济学。国庆节以前，把苏联经济学教科书读完。读的方法是用批判的方法，不是用教条主义的方法。这么一个建议，如果可行，就这么做。

当天，进行了11天的政治局扩大会议结束。

1月18日，毛泽东离沪返杭。

在返杭途中的专列上，毛泽东问李银桥："你说说看，怎样才能使老百姓都过上好日子啊？"

李银桥不假思索地说："有主席和党中央的领导，全国人民一条心，黄土也能变成金……"

毛泽东摇了摇头："现在有黄金不顶用，主要是要有粮食啊！"并说，"我们要自力更生！"

李银桥附和道："对，我们要自力更生！"

毛泽东说："这是我们共产党人的传统么！越穷，腰杆子越要硬……"

车到杭州后，毛泽东依然住进了南屏山宾馆。

1月22日，新华社发布了关于1959年国民经济发展情况的新闻公报，宣布第二个五年计划提前3年胜利完成。

1月23日，毛泽东对北京、上海、天津、辽宁、广东、四川、陕西7省市和14个重点企业一季度工业生产安排情况作出批示，同时批示转发太原市委关于开展技术革新和技术革命运动的决议。

随后，毛泽东让叶子龙通知北京中南海，从即日起凡报送来的文件一律发往广州。

次日凌晨，毛泽东带了他的一行人，乘专列离开杭州前往江西视察。

这时候天还没有亮，列车行进在江南大地一片漆黑的夜色中……

在专列上，心系天下的毛泽东在电灯光下毫无倦意地审阅了中国政府给印度政府的一份照会，并在照会书上写下批示，要求广泛阅读这份照会书上所写的内容……

1月25日，毛泽东离开江西向塘到达湖南株洲。

在专列上，毛泽东对随行的人说："缅甸的奈温来了，这是个典型的资产阶级，但也要团结呢！"

有人说："资产阶级还团结他干什么？"

毛泽东说："资产阶级当中也有左派和右派呢！就算他是一个人，在不同的时期、不同的形势下，思想上也会发生或左或右的变化。我们团结他，就是要团结左派，团结一个人的革命的一面；反对右派，反对一个人的不革命的一面。"

第二天一早，毛泽东到达衡阳。

1 月 27 日傍晚，毛泽东的专列停在广州车站。

在广州，毛泽东继续组织他的读书小组，学习苏联的《政治经济学（教科书）》。

这时的广州城正值春暖花开，城郊处处繁花似锦、绿荫环绕，一片峥嵘。流经市区的珠江上船行如梭，沿江两岸绿树成荫，横亘江面的大铁桥上人来人往、川流不息。江北岸的南方大厦高高地耸立着，大幅的红布标语从大厦的两侧直垂下来，标语上醒目地写着：

鼓足干劲，力争上游，多快好省地建设社会主义！

增产节约，艰苦创业，为全面完成国家计划而奋斗！

毛泽东又一次住在了濒临珠江的小岛宾馆，人们习惯地称这里为珠岛，这里几乎是他每次来广州的必居之地。此地三面环水，一面靠山近路，四处树高叶茂、空气清爽，景色宜人。

在小岛宾馆，毛泽东在他组织的读书小组会上，向人们分析了事物成功与失败的原因。从马克思主义哲学的基本原理出发，他很认真地对大家说：

马克思能够写出《资本论》，列宁能够写出《帝国主义论》，因为他们同时是哲学家，有哲学家的头脑，有辩证法这个武器。当作一门科学，应当从分析矛盾出发，否则就不能成其为科学。

在社会主义时代，矛盾仍然是社会发展的动力。生产力和生产关系的矛盾，经济基础和上层建筑的矛盾仍然是社会主义社会的基本矛盾。要以生产力和生产关系的平衡和不平衡，生产关系和上层建筑的平衡和不平衡，作为纲，来研究社会主义社会的经济问题。

自由是对必然的认识并根据对必然的认识成功地改造客观世界。这个必然不是一眼就能看穿看透的。世界上没有天生的圣人。到了社会主义社会，也还是没有什么“先知先觉”……拿我们自己的经验来说，开始我们也不懂得搞社会主义，以后在实践中逐步有了认识。认识了一些，也不能说认识够了……反复实践，反复学习，经过多次胜利和失败，并且认真进行研究，才能逐步使自己的认识合乎规律。只看见胜利，没有看见失败，要认识规律是不行的。

量变和质变是对立的统一。量变中有部分的质变，不能说量变的时候没有质变；质变是通过量变完成的，不能说质变中没有量变。质变是飞跃，在这个时候，旧的量变中断了，让位于新的量变。在新的量变中，又有新的部分质变。

在一个长过程中，在进入最后的质变以前，一定经过不断的量变和许多的部分质变。这里有个主观能动性的问题。如果我们在工作中，不促进大量的量变，不促进许多的部分质变，最后的质变就不能来到。

毛泽东以上所讲，是要大家能够充分认识客观事物发展的必然规律。

在又一次读书小组会上，毛泽东结合实际谈起了他所肯定的大跃进和合作化道路：

价值规律作为计划工作的工具，这是好的，但是，不能把价值规律作为计划工作的主要根据。我们搞大跃进，就必然得出“得不偿失”的结论，就必然把去年大办钢铁当成无效劳动、土钢质量低、国家补贴多、经济效果差，等等。从局部、短期看，大办钢铁好像是吃了亏，但是从整体、长远来看，这是非常值得的。

先要改变生产关系，然后才有可能大大地发展社会生产力，这是普遍规律。东欧一些国家，农业合作化搞得慢，主要不是因为他们没有拖拉机，而是因为他们的土改是靠行政命令，是从上而下地恩赐的。他们在土地改革以后，又没有趁热打铁，实行集体化。我们则与他们相反，实行群众路线，发动贫下中农展开阶级斗争，夺取地主阶级的全部土地，分配富农的多余土地，按人口平分土地，这是农村的一个极大革命。土改之后紧接着开展了广泛的互助合作运动，由此一步一步地、不断前进地把农民引向合作化的道路。

讲到这里，毛泽东又谈起了《红楼梦》：

“我国很早以前就有土地买卖。”他说，“《红楼梦》里有这样的话：‘陋室空堂，当年笏满床。衰草枯杨，曾为歌舞场。蛛丝儿结满雕梁，绿纱今又在篷窗上。’这段话说明了在封建社会里，社会关系的兴衰变化，家族的瓦解和崩溃。这种变化造成了土地所有权的不断转变，也助长了农民留恋土地的心理。”

他还说：

“我国家长制度的不能巩固是早已开始了。《红楼梦》中就可以看出家长制度是在不断分裂中。贾琏是贾赦的儿子，不听贾赦的话。王夫人把凤姐笼络过去，可凤姐想各种办法来积攒自己的私房钱。荣国府的最高家长是贾母，可是贾赦、贾政各人又有各人的打算。”

毛泽东的话，加深了人们对封建制度下家长制的瓦解和土地私有制之所以崩溃以及现在搞合作化、办人民公社的认识与理解……

2 月 15 日，毛泽东写批语给他的秘书罗光禄，请他购买《哲学研究》1959 年 11 月至 12 月综合号。

一天，毛泽东在读书小组会上，第一次用批评的态度讲起了苏联的《政治经济学（教科书）》这本书：

这本书很多地方一有机会就讲个人物质利益，好像总想用这个东西来引人入胜，似乎离开了它，就什么事也办不成；这样强调个人物质利益原则，反映了他们不重视政治思想工作，政治太弱。教科书中不强调政治挂帅，只是反复强调物质刺激，引导人们走向个人主义，等等。

2月22日，周恩来给毛泽东打来电话，详细讲了印度总理尼赫鲁就两国关系问题于2月5日给中国政府来信的内容，毛泽东当即表明了自己的态度和意见……

次日，毛泽东在《关于山东六级干部大会的情况报告》上写下批示：

纠正共产风、浮夸风、命令风和一平二调[①]。

由此可以看出，毛泽东已经认识到了广泛存在的过“左”行为，并开始着手加大力度予以克服……

2月24日，毛泽东看《通讯简报》，知道了黄河青铜峡水利枢纽工程拦河大坝胜利合龙截流的消息。该工程于1958年8月26日动工兴建，它位于宁夏回族自治区青铜峡县境内，是一个发电、灌溉、调节黄河水量的综合利用水利枢纽工程。大坝合龙后，可控制宁夏、内蒙古等地区的黄河凌汛，并使宁夏地区形成一个面积1000万亩的黄河平原灌溉网和山区扬水灌溉网。

毛泽东很高兴，拿着《通讯简报》问侍卫在他身边的李银桥：“银桥，你还记得我们在陕北葭县时的情形吗？”

“记得！”李银桥回答说，“在黄河边上，我还跟着你去看过

① 一平二调，人民公社运动中“共产风”的主要内容。

黄河呢！”

“现在好了！”毛泽东说，“现在黄河上游修建了一座很大的水库，可以变黄河水为宝，又浇地又发电，为人民造福了！”

“那敢情好多了！”李银桥也很高兴地说，“主席，你不是很想游黄河吗？哪天，我跟你一起去游游那个大水库！”

毛泽东像是陷入了沉思，缓缓地说：“现在没得时间呢，以后找机会再说吧……”

5. 操国事废寝忘食　与人民同甘共苦

1960 年，中国在大跃进的轨道上继续运行。

3 月 1 日，毛泽东在广州致信刘少奇和邓小平，建议讨论转发中共广东省委 1960 年 2 月 25 日关于当前人民公社工作中几个问题的指示。

次日，毛泽东写批语给他的机要秘书高智，嘱他将广东省委关于人民公社工作中几个问题的指示印发给在从化的周恩来等 9 位同志。

同一天，毛泽东还将他前一天写给刘少奇和邓小平的那封信修改成中央转发广东省委文件的指示，并嘱印 9 份发给各同志阅看。

稍后，毛泽东看了贵州省委 2 月 24 日向中央呈报的《关于目前农村公共食堂情况的报告》,《报告》中提出了公共食堂是必须固守的社会主义阵地的观点。

毛泽东随即在这份报告上写下批示，嘱印 9 份转发给各同志阅看。

3 月 3 日，毛泽东再次修改了中央转发广东省委文件的指示，然后又以中央名义起草了一份转发广东省委关于技术革新和技术革命运动情况的报告，并写了批示。

下午，毛泽东在叶子龙、李银桥等人的随卫下，离开小岛宾馆前往南端的临海石崖看海。眼前的大海一望无际，海浪滔滔，海风正起。从南向北吹来的海风卷着海浪直拍海岸，往常海上的一艘艘渔船早已不见了踪影，映入眼帘的尽是一派海的世界……

好在是晴天，且初春的气候宜人，只是海浪在海风的助威下像是有恃无恐地放肆地咆哮着、翻滚着，在毛泽东的眼前掀起一波巨浪又一波巨浪。穿了一件深蓝色风衣的毛泽东背了双手伫立在岸边的石崖上，放眼海浪翻滚。静观海上，但见浪借风势，风逐浪涌，一道道如二层楼房高的海浪吐着无数泛白的浪花翻卷而至，前浪扑过后浪又起，簇拥着、喧嚣着，像是千万匹脱了缰的野马在奔腾、在咆哮……

毛泽东的风衣被海风吹得掀起了衣摆，叶子龙和李银桥担心毛泽东被海风吹得着凉，便一起近前劝说毛泽东早一点回去。毛泽东却张开双手，面对大海说："看嘛，这就是大自然的力量啊！"并说，"总待在房间里有什么意思？要放眼看世界！你们看，海浪再大，也奈何不了我们脚下的这些岩石么！"

面对大海，面对毛泽东，叶子龙和李银桥都深深感到，毛泽东的心胸之宽阔就像是这眼前的大海啊……

第二天，毛泽东再以中央名义批语转发了贵州省委 2 月 24 日的报告：

贵州省委的报告写得很好，各地要一律仿照执行，不应有例外。这篇报告是一个科学总结，可以使我们在从社会主义向共产主义过渡的事业中，在五年至十年内，跃进一大步。因此，应当在全国仿行，不要例外。

他还致信刘少奇、邓小平，请他们审阅并提交中央会议讨论中央转发广东、吉林、贵州省委报告的 3 个批示。

在此期间，毛泽东差不多每天都要离开宾馆外出，到近郊的一处名叫鸡颈坑的别墅审读《毛泽东选集》第四卷的文稿。

随同毛泽东一起审读文稿的人员当中主要有田家英、胡乔木和康生。

3月9日，毛泽东带领着他的随行人员乘专列离开广州前往湖南视察。

当日，毛泽东到达郴州。

3月10日，毛泽东到达衡阳。

当日，毛泽东又到了株洲，而后前往长沙。

在专列上，毛泽东总是隔着车窗玻璃向外观望，看着从他眼前掠过的山山水水，凝视着，久久地不说一句话……

两天后，毛泽东离开长沙再次到了江西向塘。

3月13日下午5时，毛泽东的专列停在了浙江金华。

当天晚上，毛泽东住在了金华招待所的一个简陋的房间里。一张极普通的单人木板床，床上挂了一顶粗织的单人蚊帐。靠窗的双屉木桌上只有一只喝水用的深色小搪瓷杯，糊了白灰泥皮的屋顶上垂着一盏25瓦的电灯泡。

夜深了。毛泽东依然未眠。他穿着风衣坐在床边，头上戴着帽子，在昏暗的灯光下聚精会神地看着《金华日报》……

3月14日凌晨，毛泽东乘专列北上杭州。

一路上，毛泽东面对车窗外的大好春光，几度陷入沉思。工作人员们见毛泽东许久不说一句话，也都将目光投向车窗外，沿途春光明媚，山清水秀。工作人员们想，毛泽东作为全中国人民的伟大领袖，频

1960年春，毛泽东在浙江金华地区视察时，在一个简陋的招待所里看《金华日报》。（新华社稿）

频视察、一路操劳，真是太辛苦了……

中途，毛泽东命令临时停车，下车去视察了当地驻军的一个连队。指战员们做梦也没有想到他们的伟大领袖毛主席会来，一个个高兴得不得了，许多人的脸上都挂满了激动的热泪……

毛泽东热情地同指战员们谈话，鼓励大家："你们要好好学习，要艰苦朴素。你们要好好训练，提高警惕，保卫祖国……"

指战员们激动地挥着攥紧的拳头高喊：

"好好学习，好好训练！"

"提高警惕，保卫祖国！"

……

临近傍晚，毛泽东到达杭州。

晚上，中南和华东一些省、市的主要负责人和驻地解放军的一些高级将领前来看望了毛泽东。这些人当中有陶铸、柯庆施、谭震林、许世友、曾山、叶飞、江渭清、陈丕显……

谈话中，毛泽东主要谈了国内的工业问题、农业问题和三反问题，另外还谈到了除四害问题。毛泽东说："最近一两年，除四害，除麻雀之外比较放松了。麻雀遭殃……"

柯庆施插话说："现在又有麻雀了。"

毛泽东说："麻雀不要打了，现在我建议把麻雀恢复党籍，拿臭虫代替。"

说笑声中，毛泽东继而谈了增产节约和综合利用等问题，进而谈到了党内的路线斗争："我们这个社会的主要矛盾是什么？我认为，主要矛盾还是阶级斗争，就是资本主义道路和社会主义道路两条道路的斗争。几十年还是这个问题。在生产关系、所有制方面，是资本主义所有制，还是社会主义所有制？在上层建筑方面，是猖狂进攻的那些意识形态，唯心论哲学，形而上学的宇宙观，还是唯物论辩证法的宇宙观？这是所有这些问题当中的最大问题。"

对于毛泽东的话，大家表示一定认真思考、认真领会……

众人离去后，毛泽东让叶子龙打电话给文学研究所的何其芳，催问选编《不怕鬼的故事》的情况。

李银桥同叶子龙一起谈话时，知道了毛泽东要人写《不怕鬼的故事》这本书，是作为政治斗争和思想斗争的工具，启发和号召人们天不怕、地不怕、鬼不怕，大鬼、小鬼、新鬼、旧鬼都不怕，不信天、不信地、不信神，只信共产党，团结一心干社会主义……

3月15日，毛泽东在杭州稍事休息后，下午又带领众人一起乘专列到了绍兴。

下车后，众人冒着蒙蒙细雨，在绍兴市委负责人的引导下，跟随毛泽东去参观了东湖农场。

在稻田边，毛泽东脚下沾着泥土，站在田埂上征求大家对农村办公共食堂的意见。李银桥侍卫在毛泽东的身边，见这些省、市委书记们一个个你看看我、我看看你，谁也不先说一句话……

毛泽东开始点名了，首先问江渭清："食堂到底怎么样？"

江渭清显得有些为难地说："主席，我不能讲……"

毛泽东问："为吗事不能讲？"

李银桥见江渭清鼓了鼓勇气说："我讲，要讲反对的意见……"

在场的几位省、市委书记都替江渭清捏了一把汗，而毛泽东却一再鼓励说："讲吗，怕什么？现在不是开会，随便讲。一不抓辫子，二不打棍子，三不戴帽子！"

江渭清的胆量似乎开始壮了起来，讲了江苏省委集体研究过的关于公共食堂在一些地方不能办的道理。毛泽东听了，表示说："讲得有道理嘛！"

柯庆施表示说："可以派人到各地详细调查一下，然后再决定办不办嘛！"

毛泽东跺了跺脚，对在场的人们说："嗯，详细调查一下。看哪些地方该办、哪些地方不该办，是大办还是小办，是多办还是少办，是继续办还是停办……"

回到专列上，毛泽东看过几份文件，边吸烟边思索，随即为中央批示全国各地须加强对公共食堂的领导，同时为中央批示转发了山东省委关于生活安排情况的报告，并且为中央批语转发了湖南省关于农业生产情况的综合报告。

接下来，毛泽东给刘少奇、邓小平二人写了一封信，请他们审阅中央转发湖南、山东、江苏省委报告的 3 个批示稿……

3 月 16 日，毛泽东一行人乘专列抵达宁波。

在宁波，毛泽东为中央起草了关于卫生工作的指示，同时为中央关于加强技术革新和技术革命运动的领导写下批示，并且批示修改李富春、李先念二同志将向全国人民代表大会提交的国民经济计划预算（草案）报告和国家财政决算及预算（草案）报告。

稍后，毛泽东又写信给刘少奇和邓小平，请他们审阅中央关于技术革新和技术革命运动、公共食堂问题、卫生工作的批示稿和指示稿。

次日，毛泽东继续乘专列由宁波返回杭州。

深夜，周恩来赶到了杭州。

在西湖边，周恩来陪同毛泽东在冷月下散步，两个人谈起了遭迫害的印尼华侨回国的事。毛泽东说：“在广州，我感到了南边刮来的那股风……”

周恩来说：“那是一股排华风，许多华侨都回来了……”

毛泽东问：“恩来，你看我们安排得了吗？”

周恩来说：“国务院已经发了通知，各省、地、市都要安排一些，分散安置，问题不难解决。”

“东南亚的华侨最多呢……”毛泽东感慨道，“战争年代，他们出去了。现在遇到了困难，遭到迫害，又跑了回来，孩子总离不开娘么！”又说，“尽管我们很穷，但再多些人也还是能养活的。”

跟在一旁的李银桥插话说：“这叫‘儿不嫌母丑，狗不嫌家贫’！”

周恩来淡淡地一笑：“对华侨，前半句可以讲，后半句就不能讲了。”

毛泽东也笑了：“道理是一样的。”

回到房间，毛泽东为中央批示转发了江苏省委关于召开六级干部大会部署的报告……

3月18日，毛泽东在杭州对全国的卫生工作发出指示：

凡能做到的，都要提倡做体操，打球类，跑跑步，爬山，游水，打太极拳及各种各色的体育运动。

把卫生工作看作孤立的一项工作是不对的。卫生工作之所以重要，是因为有利于生产，有利于工作，有利于学习，有利于改造我国人民低弱的体质，使身体康强，环境清洁，与生产大跃进，文化和技术大革命，相互结合起来。现在，还有很多人不懂这个移风易俗、改造世界的意义。

同一天，毛泽东在杭州还同来访的尼泊尔首相柯伊拉腊进行了友好的谈话。

这时，周恩来已经离开毛泽东返回北京。

3月19日，毛泽东一行人离开杭州前往上海，江青和她的医务人员随专列同行。

3月21日，毛泽东的专列由上海抵达江苏徐州。

22日，在由徐州开往济南的专列上，毛泽东代表中共中央在《鞍山市委关于工业战线上的技术革新和技术革命运动开展情况的报告》上写下批示，提出了“鞍钢宪法”，要求“实行伟大的马克思列宁主义的城乡经济技术革命运动”。

同时，毛泽东还为关于中国驻巴基斯坦大使馆的一个情况报告写下批示：

如果给我们四十年时间的话，那时候世界情形将起大变化，那百分之十的坏人或半坏人的多数或大多数很有可能被他们自己的人民所推翻，而我国则很有可能平均每人有一吨钢，平均每人有两千斤至三千斤粮食和饲料，多数人民有大学的文化程度，那时人们的政治觉悟水平和理论水平将提高到比现在高得多，整个社会很有可能在那时过渡到共产主义社会。

到达济南后，毛泽东稍事停留，对山东省六级干部会议秘书处 1960 年 3 月 21 日编印的《会议情况》第一期作出批语。同时致信秘书田家英，谈了《毛泽东选集》第四卷所需收录的内容……

下午，专列离开济南继续北上了。入夜，毛泽东的专列抵达天津。

这次，毛泽东在天津逗留了 4 天。

在天津，毛泽东同河北省委第一书记林铁、省长刘子厚、天津市委第一书记万晓塘等人进行了认真的谈话，详谈了河北社有制过渡和城市人民公社等问题，同时讲了他在杭州时讲过的党内的路线斗争问题。

这时，《人民日报》发表了毛泽东对“鞍钢宪法”的批示：

鞍钢宪法在远东，在中国出现了。

现在把这个报告转发你们，并请你们转发所属大企业和中等企业，转发一切大中城市的市委，当然也可以转发地委和小城市，并且当作一个学习文件，让干部学习一遍，启发他们的脑筋，使他们想一想自己的事情，在一九六〇年一个整年内，有领导地、一环接一环、一浪接一浪地实行伟大的马克思列宁主义的城乡经济技术革命运动。

在天津，毛泽东为中央批示转发山东省六级干部会议的情况简报，并为中央起草了转发山东省六级干部会议秘书处编写的第二期《会议情况》，指示坚决制止重刮“共产风”等违法乱纪行为。

其间，毛泽东在天津会议上提出了 17 个议题。

3 月 26 日，离开北京 5 个多月的毛泽东返回中南海。

毛泽东此次离京外巡时间之长、活动范围之广、活动频率之高，都是新中国成立以来所少有的。在 5 个月零 3 天的时间里，毛泽东在专列上停车开会、找人谈话 59 次，视察工厂、农村、部队 7 次，审定《毛泽东选集》8 次，研究政治经济学 30 次，接见外宾 5 次，与军委扩大会议全体同志会见、合影 1 次，看戏 9 次，爬山 36 次，游泳 14 次。可以毫不夸张地说，毛泽东把分分秒秒的时间都用上了……

返回中南海的当天晚上，毛泽东向卫士组的人和他身边的工作人员郑重宣布两条：

第一，要自力更生；

第二，要艰苦奋斗。

毛泽东对大家说："全国人民都在吃定量粮，我也应该定量。是不是肉不吃了？你们愿不愿意和我一起带这个头啊？"

李银桥深知毛泽东是最喜欢吃红烧肉的，为这事还和江青分开了吃菜。但在国家经济困难面前，要带头不吃肉了，卫士们还有什么好说的？便带头回答："愿意！"

大家也都说："愿意！"

"那好！"毛泽东庄严宣布，"我们就实行'三不'：不吃肉，不吃蛋，吃粮不超定量！"

大家都知道，毛泽东历来是"交代了的事情就要照办"。从这天起，毛泽东真的开始不吃肉了。

1960 年 3 月 27 日下午，刘少奇、朱德、周恩来、陈云、邓小平等人到菊香书屋来看望毛泽东，周恩来向毛泽东递交了国务院起草的 1960 年国民经济计划主要指标（草案）……

3 月 30 日至 4 月 10 日，第二届人大第二次会议在北京人民大会堂举行。

在这期间，毛泽东指示党的干部要反对官僚主义，必须反对官僚主义。

在第二届人大第二次会议上，李富春做了《关于1960年国民经济计划（草案）》的报告，李先念做了《关于1959年国家决算和1960年国家预算（草案）》的报告，谭震林做了《为提前实现全国农业发展纲要而奋斗》的报告。

大会进行中，刘少奇到会讲了话，要求代表们对以上3个报告进行认真讨论……

大会结束前，代表们通过了以上3个报告的决议。

周恩来就目前国际形势和我国的对外关系问题讲了话。

大会还通过了关于全国人大常委会工作报告的决议和《1956年到1967年全国农业发展纲要》。

4月11日，国家主席刘少奇发布命令，公布了《1956年到1967年全国农业发展纲要》。

当天下午，周恩来、陈毅和刘少奇、朱德、陈云等人一起到钓鱼台来见毛泽东，再次共同商谈了周恩来即将率领中国政府代表团出访东南亚5国和北部邻邦蒙古人民共和国的诸多有关事宜……

1960年4月13日，周恩来总理首访缅甸。

4月14日晚上，毛泽东批阅了准备以《红旗》杂志编辑部名义发表的政论文章《列宁主义万岁》。

文章强有力地论述了中国共产党在国际共产主义运动中所坚持的鲜明观点。文章在承认和平共处五项原则的同时，坚定地认为只要资本主义存在，战争的危险就依然存在。文章明确否认关于核战争会毁灭文明的观点，并断言，“胜利的人民，他们在帝国主义死亡的废墟上，将会以极其迅速的步伐，创造出比资本主义制度高千百倍的文明，创造起自己真正美好的未来”。

文章还区分了由革命运动所引起的国外战争和国内战争，而国外战争和国内战争只会促进革命的发展。文章在引用列宁所支持的关于没有革命的暴力就不可能过渡到社会主义的观点时，明确指出应当“坚定而毫不动摇地”支持世界各国人民的一切革命运动。

北京的春天多风，肆虐的季风裹着沙尘掠过蒙古高原，无情地吹过中国的长城，吹向北京……

饥饿风也一股一股地在中国的大地上流窜，从东到西、从南到北一片食不饱腹的景象。人们寻找了一切可以吞下肚里去的东西，用来维持一个民族的生存，以求“有朝一日”中华巨龙的腾飞……

4 月 14 日夜间，毛泽东在北京对全国民兵代表会议筹备情况和安排意见做出批语。

4 月中下旬的一天，毛泽东的大儿媳刘松林通过中央办公厅来向毛泽东请求将毛岸英的遗体迁回祖国。毛泽东却表示说：“青山处处埋忠骨，何必马革裹尸还。不是还有千千万万的志愿军烈士安葬在朝鲜吗？”

刘松林又提出要到朝鲜去为岸英扫墓，毛泽东同意了，让李银桥从他的稿费中拿出钱来给刘松林做路费，并安排她的妹妹张少华陪同姐姐一起到朝鲜为岸英扫墓，以尽妻子之情。

为了不惊动朝鲜政府，刘松林姐妹俩在任荣同志的带领下，以普通工作人员的身份去了朝鲜，在驻朝大使馆的安排下，到平安道桧仓郡的“中国人民志愿军烈士陵园”里，给“毛岸英同志之墓”献了鲜花。刘松林伏在碑前痛哭失声，经久不起，妹妹少华好不容易才拉起了姐姐，并在墓地拍了照片……

回国后，刘松林又通过中央办公厅向毛泽东汇报了在朝鲜的经过。当毛泽东看到儿子墓地的照片时，禁不住老泪纵横……

侍卫在侧的李银桥和封耀松想劝又无法劝，两个人站在毛泽东的身边只是默默地陪着流眼泪……

这时毛泽东在中南海丰泽园的菊香书屋，每当太阳从东方升起来的时候，劳累了一夜的他便会习惯性地躺倒在他那张简朴但又合乎中国国情的大木床上，身上搭一条补了又补的灰毛毯和有好几块补丁的毛巾被，倚靠在床栏上继续看文件。

李银桥近来发现毛泽东明显地老了，他眼角开始出现细密的鱼尾纹，头发在不知不觉中白了许多。每当用木梳给毛泽东篦头发，想起他老人家在西柏坡指挥三大战役时发现白了一根头发的情形，想起他说的“白了一根头发，胜了三大战役，值得”的话，看着他现在头上已经是数不过来的白发，李银桥心中只觉得一阵阵酸楚……

这期间，已在北京大学历史系读书的毛泽东的小女儿李讷只有星期六下午能够回家来。学校在距离市中心很远的海淀区，一旦校内有什么集体活动，直到天黑了才能离校。

李银桥担心一个不满20岁的女孩子独自走夜路不安全，便总是瞒了毛泽东派车去接。汽车停在校外的僻静处，然后李银桥进校园去找，出校园后再悄悄坐上车回中南海。

李银桥认为，这样做学校里的老师和同学们都不会知道，不会造成什么不良影响……

不料，这事不知怎的竟被毛泽东察觉了，他严厉地批评了李银桥。李银桥争辩说：“天太黑，一个女孩子走夜路不安全……”

毛泽东严肃地说：“别人家的孩子就不是孩子？别人家的孩子能自己回家，我的孩子为什么就不能自己回家？以后不许用车接！说过的话就要照办，让她自己骑车子回来。”

李银桥只好用毛泽东的积蓄从天津给毛泽东的两个女儿李敏、李讷每人都各买了一辆“飞鸽”牌坤式自行车。

由于不许接送，李敏、李讷常常两三个星期才回家一趟。恰在这时，在北京师范大学读书的李敏因身体有病，在家里休息，李讷仍在北京大学吃住。

李讷是李银桥的妻子韩桂馨从小看大的，她不放心李讷，便让李银桥想办法到学校去看看李讷。李银桥派了卫士尹荆山到北京大学去看望李讷，尹荆山见李讷的脸色不大好，问她是不是病了。李讷忸怩了半天才小声说：“尹叔叔，我确实很饿……”

尹荆山回来向李银桥汇报，李银桥听了心里又急又难过。韩桂馨知道后，心疼得掉了好几次眼泪……

李银桥夫妇商议，且不说她是毛泽东的女儿，单凭当年一起在陕北转战的情谊，想起她小小年纪举着小搪瓷碗和战士们一样排队吃大锅饭、吃了黑豆不叫苦、走在行军路上还要为大家表演节目和唱京剧的情形，也不能不管哪！

韩桂馨去买了一大包饼干，被自己的小女儿嫒嫒看见了闹着要吃。韩桂馨硬是没有拿给女儿半块，而是全部交给了李银桥，让他悄悄给李讷送去。

李银桥带了饼干去北京大学找李讷，见她面黄肌瘦的样子，心里老大地不好受。李讷的眼睛骨碌碌转着，察看附近没人，忙把两块饼干塞进嘴里，匆匆嚼了咽进肚里。吃这么点儿东西就像做贼似的，生怕被人发现了……

李银桥看在眼里，疼在心上，鼻子一阵阵发酸。李讷还舍不得多吃，忙把手中的饼干小心翼翼地藏好，准备留着再慢慢吃。

李银桥关切地对她说："吃吧，我再给你送。"

没料到，这事很快被江青知道了。江青倒不是嫌李银桥给李讷送饼干，而是嫌他事先没有跟她打招呼，于是狠狠地批评了李银桥一顿。李银桥不服，顶了她几句。

江青不便像批评别的卫士那样批评李银桥，担心他跟她吵架，因为李银桥已经跟她吵过几次架了。江青见李银桥不服，便跑去报告了毛泽东。

毛泽东把李银桥叫进紫云轩的书房，声色俱厉地说："三令五申，为什么还要搞特殊化？"

李银桥不怕江青生气，但是害怕毛泽东发脾气，便小声嘀咕："别的家长也有给孩子送东西的……"

毛泽东严厉地说："别人可以送，我的孩子一块饼干也不许送！"

李银桥不敢再讲话，也不敢再给李讷送饼干了……

1960 年 4 月 22 日下午，毛泽东看了新华社的另一篇通讯稿，报道说郑州黄河大桥建成通车，大桥全长近 3 公里，是中国目前黄河上最大的一座铁路复线桥。大桥是在大跃进的 1958 年 5 月动工兴建的，因此毛泽东高兴地对站在他身边的护士长吴旭君说："小吴呵，黄河大桥长近 3 公里，这也是大跃进的一项成果啊！"

吴旭君高兴地说："主席，我听说你总想着游黄河呢？"

毛泽东笑道："黄河上有了桥，哪天你陪我去走走吧？"

"行！"吴旭君说，"下次跟你出去，陪你去过黄河！"

"12 年了……"毛泽东似有所思地说，"离开陕北时过黄河，我真想游过去呢！"

吴旭君知道，毛泽东对陕北有着深厚感情，他总忘不了那里的人民、那里的山山水水……

入夜，毛泽东对冶金工业部关于继续大办钢铁"小洋群"和"小洋群"升级问题的报告做出批示。

同日，新华社播发了陆定一在列宁诞辰 90 周年纪念大会上的报告：《在列宁的革命旗帜下团结起来》。

3 篇重要文章的连续播发，毛泽东意在向全中国乃至全世界的人民旗帜鲜明地亮出自己和中国共产党在国际事务中所一贯坚持和奉行的原则、立场、方针和路线……

4 月 23 日，又一件事使毛泽东感到了振奋和高兴，他拿着手中的《新华社通讯简报》对身边的人们说："谁说我们的大跃进搞糟了？你们看嘛，我们自行设计、自行建造的第一艘万吨级远洋货轮'东风'号下水了！"

大家的脸上也都洋溢着兴奋的神情。人们不仅是为着中国自行设计、自行建造的第一艘万吨级远洋货轮下水而高兴，更是为着毛泽东能有今天如此愉悦的心情而高兴……

4 月 25 日，已经由杭州市调来北京中南海工作的周福明再次给毛泽东理发。毛泽东很和蔼地对他说："你来北京给我理发，我很高兴。"

周福明激动地说："我也很高兴，很幸福……"

同日，一直惦念着湖南板仓的毛泽东，给杨开慧的堂妹杨开英写了一封家信：

杨老太太（岸英的外婆）今年九十寿辰，无以为敬，寄上二百元，烦为转致。或买礼物送去，或直将二百元寄去，由你决定。劳神为谢！

4 月中下旬的一天，刘松林带着她的妹妹少华到中南海来看望毛泽东，并提出要同去大连看望在那里疗养的毛泽东的次子毛岸青，毛泽东很高兴地答应了。

李银桥将这件事告诉了韩桂馨，韩桂馨敏感地意识到刘松林的妹妹可能要和岸青处对象，李银桥想了想也觉得有那么些意思，便又去告诉了毛泽东。毛泽东说：思齐[①]很懂事呢！少华也是个好孩子，希望他们好。"

江青知道后，竟当着毛泽东的面说："刘思齐早就不是我们毛家的人了！现在又把她妹妹领了来，干吗硬要攀这门亲？"

"你晓得什么事？"毛泽东生气地说，"岸青的事你莫管！"

江青讨了个没趣，看了毛泽东一眼，甩手而去。

毛泽东对站在一旁的李银桥和叶子龙说："唉，她真是个是非窝子呢！"

4 月 28 日凌晨 1 时 52 分，夜色朦胧中，毛泽东带了杨尚昆再次乘专列离开北京南下视察，他对全国的情况不放心……

---

① 思齐，刘思齐，即刘松林，毛泽东的大儿媳、毛岸英的妻子。毛岸英于 1950 年 11 月 25 日牺牲于朝鲜战场。

6. 了解国情再南下　中国朋友遍五洲

1960 年 4 月 28 日，天未亮，毛泽东的专列已抵达天津。

5 月 1 日，毛泽东在河北省省长刘子厚和天津市委第一书记万晓塘等人的陪同下，出席了天津市人民隆重举行的庆祝“五一”国际劳动节大会。

在庆祝大会上，毛泽东身穿浅灰色的中山装，红光满面，热情地向欢腾中的天津市人民鼓掌致意。李银桥也紧紧地跟随着毛泽东上了主席台，他不想离开毛泽东半步……

第二天，毛泽东离开天津前往济南。

5 月 3 日，毛泽东在济南接见了来自拉丁美洲和非洲 14 个国家和地区的工会和妇女代表团，并同他们进行了亲切友好的谈话。在谈话中，毛泽东对国际友人们说：

我们共同的敌人是美帝国主义，我们大家都是站在一条战线上，大家需要互相团结互相支持。全世界人民包括美国人民都是我们的朋友。

在专列上，毛泽东知道了刘松林和她的妹妹少华已经到了青岛的消息，便给他在大连疗养的次子岸青写了一封长信：

听说你的病体好了很多，极为高兴。仍要听大夫同志和帮助你的其他同志们的意见，好生静养，以求痊愈。千万不要性急。你的嫂嫂思齐和她的妹妹少华来看你，她们十分关心你的病情，你应好好接待她们。听说你同少华通了许多信，是不是？你们是否有做朋友的意思？少华是个好孩子，你可以好好同她谈一谈。有信，交思齐、少华带回。以后时时如此，不要别人转。此外娇娇①也可以转。对于帮助你的大连市市委同志，医疗组织各位同志，一定要表示谢意，他们对你是很关怀的，很尽力的。此信给他们看一看，我向他们表示真诚的谢意。

毛泽东和亚非拉各国青年朋友在一起。（新华社稿）

5月5日，毛泽东离开了济南。

第二天，毛泽东到达郑州。

次日，毛泽东在郑州接见了来自非洲12个国家和地区的朋友，指出世界和平的取得主要靠各国人民的团结与斗争。他说：

全世界各国人民的正义斗争，都是互相支持的。

5月8日，又有包括古巴在内的8个拉丁美洲国家的朋友要求见一见毛泽东。接见时，毛泽东同大家交流了中国人民革命斗争和社会主义建设的经验。交谈中，毛泽东说：

中国人民和拉丁美洲人民一样，长期受着帝国主义的压迫和剥削。中国人民依靠自己的团结，依靠各国人民的支援，进行了长期艰苦的斗争，终于推翻了帝国主义、封建主义和官僚资本主义在中国的统治，现在正在建设着自己的国家，改变着“一穷二白”的面貌。中国人民完全有信心把自己的

① 娇娇，即李敏，毛泽东的大女儿，贺子珍所生。

国家建设好，因此需要时间，需要和平，需要朋友。古巴的人民，拉丁美洲的人民，全世界的人民都是中国人民的朋友；帝国主义以及他们的走狗则是我们的共同敌人，但是他们的人数很少。世界和平的取得，主要依靠各国人民的斗争。古巴人民和拉丁美洲各国人民的斗争帮助了中国人民，中国人民的斗争也帮助了古巴和拉丁美洲各国的人民。人民是决定的因素，依靠人民的团结和斗争，必能战胜帝国主义和他们的走狗，取得世界的持久和平。

5 月 9 日，毛泽东在郑州又接见了伊拉克、伊朗和塞浦路斯的朋友，并同他们进行了长时间的谈话。毛泽东在谈话中说：

当前世界上最大的帝国主义是美帝国主义，在很多国家有它的走狗。帝国主义所支持的人，正是广大人民所唾弃的人。世界各国人民的正义斗争，都得到并将继续得到六亿五千万中国人民的坚决支持。帝国主义的寿命不会很长了，他们做尽了坏事，全世界一切受压迫的人民绝不会饶恕他们。为了战胜帝国主义的反动统治，必须结成广泛的统一战线，必须团结不包括敌人在内的一切可以团结的力量，继续进行艰巨的斗争。

从 5 月 10 日起，毛泽东开始到郑州郊区的农村视察。

每到一处，他总是很认真地同人民公社的干部们座谈，同社员们拉家常，从吃、穿、住、用到定工分、男女劳力的分工分配、公社食堂给每个人的定量、乡村孩子上学，人们的种粮、养猪、喂鸡、种蔬菜，他都一一详细地询问……

5 月 12 日，毛泽东乘专列离开郑州前往武汉。

当日晚，毛泽东一行人住进了毛泽东往常来武汉时住习惯了的东湖宾馆。

这里，面临碧波荡漾的东湖水，背靠松涛阵阵的珞珈山。东湖水水深且清，每每散发着一股股山水相间而特有的清新气息。珞珈山巍峨横亘，一眼望去，从山腰到山顶林深草密、摇苍飞翠，花木葱茏中巨岩层现、奇石峭陈、小径曲绕、时鸟争鸣……

晚上，不顾一路视察的疲劳，毛泽东又在灯下写起了他在中华人民共和国建立10年来所做工作的《总结》……

第二天，湖北省委第一书记王任重带了湖北省委和武汉市委的一班人到东湖宾馆的一号平房看望毛泽东。

谈话中，毛泽东对大家说："离开北京，走了一路，会见了许多国际友人。现在国际上是有那么一小撮人反对我们，爪哇[①]的一个什么三马林达竟敢扣押我们的领事，真是岂有此理！但更有人支持我们、称赞我们，愿意同我们交朋友。怎么看这个问题呀？要晓得，反华的人只是极少数，今后会有更多的外国朋友来访问我们，这对那些反华的人来说，是不祥之兆呢！"

毛泽东的话把大家都说笑了。毛泽东在众人的笑声中又说："笑么！应该笑，我们的朋友遍天下！"并强调说，"帝国主义分子想封锁我们，而我们要想办法打破他们的这种封锁，怎么办啊？我们的策略就是'近守远交'。团结好周围的朋友，走出去广交远方的朋友，以我们有限的实力和财力，去支援那些受帝国主义欺负的弱小国家和人民，从而提高我们的国际地位和声望，彻底打破帝国主义的政治封锁和经济封锁！"

毛泽东的话，使大家都觉得：作为领袖，毛泽东的目光就是看得远，胸怀就是宽广、伟大……

晚上，习惯于夜间办公的毛泽东看了几份材料后，对侍卫在侧的李银桥说："这一次赫鲁晓夫做对了，帝国主义是不能相信的呢！"

李银桥问："赫秃子做对了什么？"

毛泽东笑道："他把美国的U－2飞机打下来了！"

李银桥想了想之后说："要是美国人把U－2飞机送给蒋介石，我们也能打下来吗？"

---

① 爪哇，意指印度尼西亚。

“总会打下来的！”毛泽东确有把握地说，“我们现在有大口径的高射炮、有新型的歼击机，还有导弹，就怕他蒋介石不来嘛！”

这一天，中国驻印尼大使馆就印尼三马林达军事当局武力软禁中国领事事件，向印尼外交部提出了严重抗议照会。

5 月 14 日，毛泽东乘坐一辆伏尔加汽车到洪山宾馆，接见了等候在那里的日本、古巴、巴西、阿根廷等国家的朋友，并同他们谈话，说：

美帝国主义是中日两国人民的共同敌人，是亚洲、非洲和拉丁美洲人民的共同敌人，是全世界爱好和平人民的共同敌人……中国人民过去、现在和将来都坚决支持日本人民的爱国正义斗争……

最近美国派U-2型飞机侵入苏联，进行间谍活动，被苏联击落，苏联人做得很正确。这件事再一次暴露出美帝国主义在虚伪和平的幌子下所进行的准备侵略战争的真面目，进一步向全世界证明了这样的真理：对帝国主义不应当存有不切实际的幻想……

我们支持首脑会议的召开，不管这种会议有无成就和成就的大小。但是世界和平的取得，主要应当依靠各国人民的坚决斗争。

帝国主义最怕的是亚洲、非洲、拉丁美洲人民觉悟，怕世界各国人民的觉悟。

我们要团结起来把美帝国主义从亚洲、非洲、拉丁美洲赶回它的老家去。

1960 年 5 月 15 日，星期日。

下午，毛泽东的老朋友、中共一大代表、曾被毛泽东称之为“共产党的政治理论家”而当时在武汉大学担任校长职务的李达，来东湖宾馆看望毛泽东。

两个人一见面，没谈几句便谈到了大跃进和人民公社。李达似乎接受了以前同毛泽东争论的教训，避重就轻地不大愿意往深处谈。毛泽东很失望，吸着烟说：“你是理论界的泰斗，连你也不敢同我讲真话了……”

“我……”李达支吾着说，“我对农村的情况了解不多，没得发言权……”

李达走后，毛泽东在晚风中漫步山间，他无心思观览珞珈山上的美丽景色，只是边走边吸烟，胸中像是有不尽的心事。李银桥紧随其后，罗瑞卿和王任重跟得稍后一点，几个人就这样不说话地慢慢走着……

突然，毛泽东收住脚步，回头对王任重说：“我已经请何其芳同志为《不怕鬼的故事》写序，你再看一看，看还有哪些意见……”

王任重紧走两步，上前说道：“主席，我看了，写得很好！”

5 月 17 日，毛泽东在东湖宾馆同来华访问的阿尔及利亚共和国临时政府代表团战员进行了亲切友好的谈话。

5 月 17 日深夜，毛泽东乘专列离开武汉继续南下，次日凌晨到达长沙。

5 月 19 日，毛泽东乘专列前往南昌。

在南昌，毛泽东让杨尚昆通知下放在江西省担任副省长职务的原中央办公厅副主任、保卫处处长汪东兴，让他结束在江西省的工作仍回北京中南海。

第二天，毛泽东离开南昌前往杭州。

5 月 21 日，毛泽东到达杭州。此次到杭州，毛泽东依旧下榻在南屏游泳池。

在南屏游泳池，毛泽东亲切会见了秘密来中国的朝鲜劳动党领袖金日成，并同金日成就有关的国际问题举行了会谈。中国方面参加会谈的有刘少奇、周恩来、邓小平、柯庆施、康生、陆定一、陈伯达、王稼祥、杨尚昆、江华。

在谈到苏共中央领导人赫鲁晓夫极力主张的对美政策时，金日成透露了这样一个情况：赫鲁晓夫早在 1955 年就叫他们不

毛泽东在武汉会见早年的老朋友、马克思主义哲学家李达，右一为湖北省委第一书记王任重。（新华社稿）

要反对美帝国主义。

毛泽东感谢金日成透露了这样一个“消息”给中国共产党，并说：“美国在巴基斯坦、土耳其、西德、英国、法国、意大利、希腊都有军事基地。去年10月3日，赫鲁晓夫在中国放了一炮，说我们不应该拿武器去试验资本主义政权是否稳固。他在匈牙利党代表大会上骂我们不战不和是托洛茨基。5月1日苏联打下美国间谍飞机，5月2日艾森豪威尔就说U－2飞机是他们派的，而且说今后还要派，逼得赫鲁晓夫再无考虑余地，这才下决心。我们开群众大会支持苏联，这样可以迫使美国规矩点。”

毛泽东还说：“意大利共产党说，大战就要爆发了，陶里亚蒂他们悲观起来了。当然，也有可能打起来，但是，英、法不愿意打，西德、日本还没有武装好，此外，还有拉丁美洲和非洲人民的斗争。我看不必悲观，自然也要警惕。”

次日，金日成离开杭州前往北京。

当天下午，毛泽东在杭州主持召开了中央政治局常委扩大会议。

5月25日，毛泽东离开杭州前往上海。

这期间，中共中央办公厅和国务院办公厅联合报请毛泽东同意，紧急调拨了粮食分运京、津、沪……

5月27日，毛泽东在上海锦江饭店同来华访问的原英国陆军元帅蒙哥马利进行了长时间的谈话。

在同蒙哥马利的谈话中，毛泽东说：“现在的局势我看不是热战破裂，也不是和平共处，而是第三种：冷战共处。”

5 月 28 日，毛泽东同来华访问的丹麦共产党主席耶斯佩勒进行了同志式的交谈。

在同耶斯佩勒的谈话中，毛泽东说：“我国也有修正主义者，以政治局委员彭德怀为首的修正主义者，去年夏季向党进攻。我们批评了他，他失败了。跟他走的有 7 个中央委员和候补中央委员，连他自己 8 个。”

李银桥侍卫在侧，听毛泽东把彭德怀说成了修正主义者，心中很不理解，但不敢说也不敢问。因为这时候的李银桥在思想上还不清楚究竟什么人算是“修正主义者”……

这一天，周恩来总理开始访问蒙古。

同日，新华社报道，中国登山队 3 名运动员王富洲、贡布（藏族）、屈银华，于 5 月 25 日北京时间 4 时 20 分，从北坡集体安全地登上了世界第一高峰——珠穆朗玛峰。

在锦江饭店，毛泽东自豪地对陶铸和柯庆施说：“我们中国人也有站得最高的时候！”

陶铸说：“相信我们的经济工作和军事实力也能够尽快赶上去……”

毛泽东赞同道：“发展经济很重要，只有有了雄厚的经济基础，才能够真正提高我们的军事实力，但这需要时间呵……”又说，“大家要想办法，尽快改变中国一穷二白的落后面貌……”

5 月 30 日，毛泽东离沪返杭。

6 月 2 日，苏共中央给中共中央来信，建议举行一次国际会议来解决两党之间的分歧。毛泽东接电后表示同意，打电话通知已在上海的刘少奇、周恩来、陈云、邓小平和彭真等人，要他们通知苏共中央，中共中央需要时间为会议做准备……

在杭州，毛泽东打电话给周恩来说：“希望阿尔巴尼亚的朋友能够到中国的南方来。”并对工作在他身边的人们说，“看嘛，中国的朋友遍天下！”

在接下来的时间里，毛泽东一连几天认真审阅了许多从北京和上海送来的文件。这些文件主要包括中央书记处和各省、市、自治区报送来的各类材料，中央办公厅和国务院各部委准备近期批发的一系列《通知》文稿，新华社的《通讯简报》，还有全国总工会报送的准备近日参加在北京召开的世界工会联合会理事会第十一次会议的诸多文本……

6月7日，苏共中央向中共中央建议，即将召开的罗马尼亚工人党代表大会可以为共产党间的国际预备会议提供机会。毛泽东接电后表示同意，并即刻动身前往上海。

6月8日，毛泽东在上海主持召开了一次中央政治局常委扩大会议，并对外交部编写的《有关美国军事生产的一些资料》作出批语。

6月9日，毛泽东再次主持召开中央政治局常委扩大会议。

就在这一天，毛泽东在锦江饭店的房间内写信给苏共中央第一书记赫鲁晓夫，请他阅读中国外交部编写的《有关美国军事生产的一些资料》。

6月10日，毛泽东致信苏共中央，提出了召开各国共产党和工人党代表会议的两点建议。

同日，中央政治局扩大会议在毛泽东的主持下，在锦江饭店召开，中心议题是讨论第二个五年计划后3年的补充计划。

6月11日下午，毛泽东同在上海的其他中央领导人商定了代表中国共产党出席即将在罗马尼亚首都布加勒斯特召开的罗马尼亚工人党代表大会暨欧亚社会主义国家共产党国际会议的人选，由中央政治局委员、书记处书记彭真率团前往……

7.《十年总结》诚责己　领袖发奋北戴河

1960 年 6 月 14 日，中共中央政治局扩大会议在毛泽东的主持下，在上海市茂名南路锦江饭店的会议室内继续进行。

会上，毛泽东就钢铁、粮食指标要留有余地、生活安排、基本建设投资、副食品供应等问题发表了长时间讲话……

黄浦江的水浩浩荡荡地流淌、涌泄着，黄浦滩头时钟大厦鸣响的时钟声依然如常地向人们报时。只是南京路上的行人少了，呈现在人们脸上的面容多显饥黄色，人们确实在挨饿……

会议当天，毛泽东为中央转发广东省委关于农村“三反”问题的两个文件做出批示。

6 月 15 日，毛泽东在锦江饭店对印发的 4 个文件写下批示：

事物是按照自己固有的规律发展的，不依帝国主义、各国反动派、修正主义和半修正主义的意志为转移。阶级斗争如此，生产斗争也如此。

一切反动派和机会主义者总是脱离人民群众，违反客观规律，因而他们迟早要失败。这一点还有疑义吗？完全没有了。全世界的胜利都是我们的。

这时上海的晚风较为凉爽，从黄浦江口涌向内陆的海洋季风给生活在这里的人们带来了一股股清爽宜人的海的气息……

在锦江饭店的毛泽东的休息室内，刘少奇、周恩来、朱德、陈云、林彪、邓小平等人，还有陈毅、罗瑞卿以及解放军驻福建前线部队总指挥叶飞，一起在听毛泽东的最后决定：

“台湾是中国人民的，台湾海峡是中国人民的。他美国总统艾森豪威尔要来，那么好嘛，我们打炮以示‘欢迎’！”

朱德也说：“要得，打炮以示威嘛！”

叶飞表示：“请毛主席和中央首长放心，我们一定打出个样子来！”

6月17日，解放军福建前线司令部发布命令并发布了《告台、澎、金、马同胞书》：按照单日打炮的惯例，在6月17日、19日美国总统艾森豪威尔到达台湾的前夕和离开台湾的时候，在金门前线举行反美武装示威，集中打炮“迎送”。

即日，福建前线万炮轰鸣、声震寰宇……

这期间，中央政治局扩大会议仍在进行中。

6月18日，在中央政治局的扩大会议上，毛泽东进行了建国10年来的工作总结，并针对各方面存在的问题做了诚恳的自我批评：

“前8年照抄外国经验。但从1956年提出十大关系起，开始找到自己的一条适合中国的路线……”

接着，毛泽东从1958年的大跃进谈起，一直谈到秋冬季节号召全民“大办钢铁”“出了乱子”，又谈到1959年的5、6、7三个月“出现了一个小小的马鞍形”，继而谈到了1960年的上海会议……

毛泽东在讲话时，整个会场静得出奇，简直没有一点儿别的声音，讲到后来，毛泽东特别提高了嗓音，并举目环视、挥手以示：“我本人也有过许多错误。有些是和当事人一同犯了的。”

他说，高指标要下决心改，改过来就完全主动了：“主动权是一个极端重要的事情。主动权，就是‘高屋建瓴’‘势如破竹’。这件事来自实事求是，来自客观情况在人们头脑中的真实的反映，即人们对于客观外界的辩证法的认识过程。”

接下来，毛泽东谈起了对于错误和真理认识的辩证法：

“真理不是一次完成的，而是逐步完成的。我们是辩证唯物论的认识论者，不是形而上学的认识论者。自由是必然的认识和世界的改造。由必然王国到自由王国的飞跃，是在一个长

1960年6月，毛泽东在上海举行的中共中央政治局扩大会议上讲话。（新华社稿）

期认识过程中逐步地完成的。对于我国的社会主义革命和建设，我们已经有了10年的经验了，已经懂得不少的东西了。但是我们对于社会主义时期的革命和建设，还有一个很大的盲目性，还有一个很大的未被认识的必然王国。我们还不深刻地认识它。我们要以第二个10年时间去调查它，去研究它，从其中找出它的固有的规律，以便利用这些规律为社会主义革命和建设服务。对于中国如此，对于整个世界也应当如此。”

最后，毛泽东说：

“我试图做出一个10年经验的总结。上述这些话，只是一个轮廓，而且是粗浅的，许多问题没有写进去，因为是两个钟头内写出的，以便在今天下午讲一下。”

又补充说：

“对《十年总结》你们怎么看？这是从历史说明问题，使我们认识事物，主动性多一点。主要是来源于对客观事物的准确性，要主动，就要对客观实际认识准确。要盲目性少一点，自由多一点，就是主动多一点，被动少一点。我写这篇文章的意思就是如此。”

毛泽东的讲话，使与会同志深深感到毛泽东提出的是关于如何建设符合中国情况的社会主义的许多重要思想，强调的是要充分认识社会主义革命和建设的规律性。毛泽东做自我批评，更对人们认识和纠正大跃进以来存在于实际工作中的诸多错误有着十分积极的意义。

6月19日，福建前线的炮声更激、更猛……

1960年6月20日，罗马尼亚工人党代表大会在布加勒斯特举行。除南斯拉夫外，来自欧亚各个社会主义国家的代表团出席了这次代表大会。苏共代表团由赫鲁晓夫率领，中共代表团的团长是彭真。

6月21日，赫鲁晓夫在代表大会上发言时，重申了他曾为之广为宣扬的“战争可以用和平的手段避免”的观点，并为他5月16日至17日在巴黎举行的流产的最高级会议[①]上的行为辩护。

他说：“在现代条件下，当存在着两个世界体系的时候，必须这样来安排这两个体系之间的相互关系。要排除在国家之间爆发战争的可能……应该看到，帝国主义各国，对和平共处问题的态度是不一样的。我在巴黎同戴高乐总统和联合王国的麦克米伦首相谈话时，我觉得他们表现出对和平共处的必要性有一定的了解，他们甚至向我证明，在社会制度不同的国家之间的关系中，今后也需要遵循共处政策……”

这时在中国的上海，毛泽东正在接见一个由日本文学家组成的代表团。在接见时，毛泽东讲出了他与赫鲁晓夫截然不同的观点：

“看来，日本人民已经找到了一个在目前情况下反对‘日美

---

① 流产的最高级会议，指1960年5月中旬苏美英法四国首脑在巴黎举行的预备会议。赫鲁晓夫在会上谴责美国的U－2型间谍飞机对苏联的挑衅，要求美国保证不再发生类似事件，遭到拒绝，于是四国首脑会议宣告流产。

安全保障条约’、反对美国军事基地、赶走美帝国主义侵略势力的好办法，这就是团结一切除了美帝国主义及其代理人以外的最广泛的力量，对美帝国主义及其代理人进行全民性的群众斗争。”

6月22日，在布加勒斯特，彭真在罗马尼亚工人党代表大会上发言。彭真的发言，与赫鲁晓夫头一天的讲话形成了鲜明的对比。他在赞同1957年《莫斯科宣言》的同时,坚持认为:“只要帝国主义存在，就总会有侵略战争的危险。”并补充说，只有当“社会主义阵营”和亚非国家及拉丁美洲国家联合起来时才能阻止战争。他明确表示:“这就有必要同玩弄帝国主义游戏的‘铁托集团’搞的‘修正主义’作斗争……”

布加勒斯特会议期间，秘密讨论同时也在各代表团之间“悄悄”地进行着。苏联代表团散发了一封1960年6月21日苏共中央对中国共产党立场进行严厉批评的信件。该信特别谴责中国共产党在承认和平共处和向社会主义和平过渡的可能性之后，又改变了态度。并谴责中国共产党把战争看作不可避免的，以此引起一种绝望精神来“瓦解革命斗争”……

在会议激烈的讨论中，赫鲁晓夫还指名道姓地攻击了毛泽东，称毛泽东是“一个极‘左’分子，极端教条主义者，彻头彻尾的‘左’倾修正主义者”，并指责中国在对待印度关系方面是“大国沙文主义”……

赫鲁晓夫的言论，遭到了以中共代表团团长彭真为首的全体中共代表团团员们的猛烈抨击……

6月下旬的一天，毛泽东对来上海参加中央政治局扩大会议的部分同志说：

“把质量提到第一位，恐怕到时候了。一九五八、五九年讲数量，今年要讲质量、规格、品种。要把品种、质量放在第一位，数量放在第二位。各省、市、自治区在公布数字的时候，总是要少一点。要做的多一点，说的少一点。”

6月28日，出席在布加勒斯特举行的罗马尼亚工人党代表大会的中国共产党代表团在彭真的率领下回到北京。

6 月 29 日，毛泽东离开上海，经蚌埠、济南到达天津。

7 月 2 日，毛泽东在天津，已经回到北京的彭真专程赶来天津向毛泽东详细汇报了布加勒斯特会议的情况……

7 月 3 日，毛泽东离开天津前往北戴河。

1960 年 7 月初，毛泽东在北戴河住地找来了中央政治局委员、中央书记处书记、主管国家工业的国务院副总理李富春谈话。

谈话中，他明确指示说："办钢铁要大搞小土群、小洋群。浙江的情况只有 4 个钢铁厂，小洋群不够。各省都要布置一批小洋钢铁厂、小洋铁路。今冬要动员 7000 万人来干。1962 年搞到 3500 万吨，可能更多一些。今年可能搞到 2200 万吨，如果今年有 2200 万吨，后年可能达到 3800 万吨。第二个 10 年可能搞到一亿吨……"

毛泽东还不无幽默而又充满信心地说："实力政策，实力地位，世界上没有不搞实力的。手中没得一把米，叫鸡都不来。我们处在被轻视的地位，就是钢铁不够，要继续跃进。不仅资本主义国家看不起我们，社会主义国家也不给技术，憋一口气有好处——10 年搞一亿吨，上天！"

在毛泽东身边工作的人都注意到了，毛泽东这些天来的精神格外振奋……

一天晚上，毛泽东想找一些书籍给他身边的工作人员看，想到了华东师范大学教授、上海社科院哲学研究所副所长冯契的《怎样认识世界》，便给他的秘书兼英语辅导员林克写了一张字条：

冯契著《怎样认识世界》一书，中国青年出版社印行，一九五七年版，我想找四、五、六、七、八本送给我接近的青年同志阅读。请你找一找。如找不到此书，则找别的青年人能够阅读的哲学书，要薄本小册子，不要大部头。

北戴河坐落在渤海之滨，有着天然形成的大面积的平缓沙滩。这里的海岸线漫长曲折，沙软潮平，海水清澈，实为一处天然的海滨浴场。更因为此处受海陆风的影响，春无风沙，冬无严寒，夏无酷暑，盛夏时节日平均温度仅 23℃，温和湿润，凉爽宜人……

7 月 5 日，毛泽东在北戴河海滨一号别墅的平房内主持召开了中央工作会议。

会前，朱德致信党中央、毛泽东，以他到上海、广东、湖北、陕西、贵州、四川、山东、浙江、安徽等省市视察的结果，提出农业生产一定要因地制宜，不能强求一律。

对于朱德的这封信，毛泽东批示印发给与会的每一位领导同志……

会议期间，毛泽东利用休息时常带领着他身边的工作人员扑向大海、扑向涨潮的涌浪，满怀豪情地在海浪中舒腿展臂、勇搏激涛。李银桥等人紧紧地护游在毛泽东的周围，虽然他们都是很会游泳的年轻人，但也总是被毛泽东那从不畏惧险涛恶浪的气势激励、更为毛泽东的健壮体魄和舒展的泳姿所折服……

有时在傍晚，在洒满了霞光的山与水之间，漫步海滨，毛泽东会问跟在他身旁的李银桥："银桥呵，你说是有人援助我们好还是自力更生好？"

李银桥的回答总是让毛泽东感到满意："'爹有娘有不如自己有'，有援助更好，没援助自己干！"

每当这时，毛泽东就会感慨地说："是嘛，我们要自力更生。在延安，我们就是靠了自力更生过来的……"

北戴河会议期间，财政部发布了关于国家经济建设公债还本付息的公告。

7 月 10 日晚，在北戴河一号别墅内，毛泽东就新的国际局势同其他中央领导人进行了谈话，同时指出："印尼杀害华侨的事，中国政府绝不能坐视不管！"

1960年，毛泽东在北戴河游泳后小憩。（新华社稿）

第二天，中国政府就西爪哇军事当局杀害华侨暴行向印度尼西亚政府提出了严重抗议。

7月16日，中国政府突然接到苏联政府的一个“通知”：苏联决定从1960年8月起，撤回所有在中国工作的苏联技术专家。这，激起了所有在北戴河开中央工作会议的人的强烈不满……

当天，毛泽东以极大的气愤对中央其他领导同志说：“什么是苏联‘老大哥’？又是‘牢不可破’啦，又是‘亲如兄弟’啦，全是屁话！如今看我们有了困难，他们偏偏在这个时候要撤走专家，分明是要我们的好看么！怎么，就因为我们不同意出让国家主权，不同意他们的某些政治观点，就向我们下黑手了？这同帝国主义有什么两样？”

朱德说：“赫鲁晓夫是挂羊头卖狗肉，打着社会主义的红旗反红旗，把列宁的教导全忘了！”

毛泽东继续说：“就凭这一点，赫鲁晓夫同斯大林同志差远了！也可以说简直不能比么！10年前我到莫斯科去见斯大林，尽管那时的斯大林也有‘老大哥’的架子，也不想放弃他们的在华利益，但他毕竟同我们签订了友好同盟互助条约，给了我们3亿美元的贷款，后来又在抗美援朝战争中给了我们很多、很大的援助，在整个国际共产主义运动中的功劳远比赫鲁晓夫大得多！赫鲁晓夫算什么？‘变色龙’还是‘跳梁小丑’？”

彭真插话说：“他在布加勒斯特，说‘列宁关于帝国主义的原理已经过时了’……”

周恩来说：“这是明显的修正主义嘛！”

刘少奇忧郁地说：“这样一来，343个技术援助合同将全部报废，我们正在进行中的许多工程不得不停下来，一些正在试产的工厂和矿山也将无法按期投入生产……”

“怕什么事？”毛泽东果断地说，“你们都晓得，我是从来不信邪的！40年前我就相信，‘嚼得菜根，百事可做’！有菩萨天要下雨，没得菩萨天也要下雨！我们这么大个国家，还怕这点困难吗？只要大家一条心，团结全国人民一起艰苦奋斗，就没有过不去的火焰山！”

毛泽东铿锵有力、沉着坚毅的话语，给了他身边的每一个人以勇气、智慧和力量……

7月18日，毛泽东在中央工作会议上对大家说：

“1917年到1945年苏联一个国家建设社会主义，我国也要走这条道路。

“我们要走自力更生的道路，苏联人民过去10年给我们的援助，不要忘记。要下决心，搞尖端技术。赫鲁晓夫不给我们尖端技术，极好！如果给了，这个账是很难还的。”

毛泽东的话，引起了与会人员的一片热烈掌声……

毛泽东明确指出：

“农村以生产队为基本核算单位的三级所有制，至少5年不变，死死地规定下来，再不要讲3年5年从基本队有制过渡到社基本所有制。要有部分的个人所有制，总要给每个社员留点自留地，使社员能够种菜，喂猪喂鸡喂鸭。在自留地问题上，中央批转贵州食堂问题的指示，有毛病，要改过来。”

7 月 20 日，毛泽东在北戴河主持召开政治局常委扩大会议，听取了各地完成今年生产任务情况的汇报。

会后，毛泽东暂时离开北戴河回京……

7 月 25 日，毛泽东返回北戴河，继续主持仍在进行中的中央工作会议。这次，已经由下放到江西而返回北京中南海担任了中央警卫局局长职务的汪东兴跟随毛泽东到了北戴河。

7 月 28 日，在中央政治局常委扩大会议上，毛泽东以凛凛正气对大家说：

“我们中国人是有骨气的！天不怕，地不怕，鬼不怕，帝国主义不要怕，修正主义我们也不怕！过去日本帝国主义打了进来，蒋介石不抗日，专门找我们的麻烦，他要‘剿共’。那时我们在延安，要什么没得什么，有的只是团结抗日一条心！我们靠着自力更生，靠艰苦奋斗，靠着全国的老百姓，我们不是闯过来了吗？建国初期，国家一穷二白，那时我们还没得工业，又赶上抗美援朝，我们也是靠了全国上下一条心，艰苦创业，我们也过来了！现在，赫鲁晓夫要我们服从他们的战略利益，要我们围着他的指挥棒转，指责我们炮击金门、马祖给苏美关系造成了困难，要求我们放弃以武力解放台湾的主张，指责我们平定西藏叛乱，单方面撕毁两国间签订的新国防技术协定，在中印边界问题上袒护印度，以‘老子党’自居，动不动就指责我们，粗暴地干涉我国的内政，要在我国建什么无线电长波电台,还要建什么联合舰队。这一切,统统被我们顶回去了！他恼羞成怒，在国际上攻击我们，谩骂我们，现在又胁迫我们，妄想让我们屈服；中国人是那么好欺负的吗？难道要我们放弃总路线？放弃大跃进？放弃人民公社？向帝国主义、向现代修正主义者卑躬屈膝、乞求施舍吗？不——老子就是不信邪！现在不信，将来也不信！永远不信！”

毛泽东的话，所表现出来的坚强无比的民族骨气，极大地鼓舞着参加会议的每一位中央领导同志……

毛泽东继续说；

“还有，赫鲁晓夫当初是率先提出‘赶超’英美的，而且最早宣布苏联要向共产主义过渡。现在却指责我们的大跃进和人民公社，岂非咄咄怪事？人民公社全世界很多人反对，说是不行，说是‘强迫劳动’，说是‘拆散家庭’。首先反对的是美国的杜勒斯，然后有铁托，还有社会主义国家的某些朋友，他们说人民公社不行，世界上无此先例。无先例的事多得很！巴黎公社有先例吗？十月革命有先例吗？为什么人民公社就不好？我说好得很！”

毛泽东最后说：

“农业是国民经济的基础。我们要全党动手，大办农业，大办粮食！”

此时此刻，整个会议充满了一种团结奋进、拼搏图强的精神……

7 月 30 日，毛泽东主持召开政治局常委扩大会议，讨论答复苏联撤走专家照会的复照。

次日，在毛泽东的主持下，周恩来就苏联撤走专家和外贸问题，向出席中央工作会议的全体同志做报告，会议将中国政府答复苏联撤走专家的复照印发给了全体同志，同时交送苏联驻华大使馆。复照中指出：苏联撤回专家的行动，违反中苏友好同盟互助条约，违反社会主义国家之间友好关系的准则，希望苏联政府重新考虑并且改变召回苏联专家的决定。

8 月的北戴河海风习习、海浪依旧。

8 月 4 日，毛泽东以中央名义发出指示，要求各省市区及时向中央报告雨情……

8 月 10 日，北戴河中央工作会议结束。

当天，毛泽东批阅发出了中共中央关于全党动手，大办农业，大办粮食的指示。中共中央指出：

当前的中心任务是：鼓足革命干劲，掀起一个群众性的增产节约运动的高潮，缩短基本建设战线，保证生产，保粮，保钢。农业是国民经济的基础，粮食是基础的基础。粮食生产是比工业生产还要费力的事情，粮食问题的解决，不仅直接关系到人民的生活，而且直接影响到工业的发展。因此，加强农业战线是全党的长期的首要任务。

8 月 17 日，毛泽东离开北戴河返回北京。

8. 率子女吟诗解饿　笑语中会见斯诺

1960 年 8 月，中央决定对全国人大常委会副委员长、国务院副总理、中央军委副主席、全国政协副主席、最高人民法院院长、最高人民检察院检察长等高级干部实行食品特殊供应。

中央对国家高级干部实行食品特殊供应的具体标准是：

1.四副二高：每户每天供应肉1斤，每户每月供应鸡蛋6斤、白糖2斤、甲级香烟2条。

2.正副部长：每人每月（只限本人）供应肉4斤、白糖1斤、鸡蛋2斤、甲级香烟2条。

3.正副局长：每人每月（只限本人）供应肉2斤、白糖1斤、鸡蛋2斤、甲级香烟2条。

在这期间，李富春在讨论冶金工业、交通运输业、农业和经济计划问题时集中大家的意见，向中央提出了对经济应当实行整顿、巩固、提高的方针，以解决 1958 年以来经济比例失调、通货膨胀、物资供应紧张、人民生活困难等问题。一连几天，毛泽东认真地审阅了李富春的这个建议，认为是积极的和及时的，并很快批转给了刘少奇和周恩来，让他们进行进一步的认真研究并尽快拿出一个具体的方案来……

这一时期，毛泽东的生活更加俭朴了，日常饮食也更加节省了……

工作之余，毛泽东就是读书。他读书，经常是手不离卷、废寝忘食。在读书中，对于中国历史上年轻有为的诗人及其作品，他总是热情称赞，给予高度评价。他对初唐青年诗人王勃的《秋日登洪府滕王阁饯别序》，曾表示过由衷的喜爱。

这时还是学校放暑假期间。一次，毛泽东在丰泽园内菊香书屋的紫云轩书房中同女儿李敏、李讷、侄儿毛远新和江青姐姐的儿子王博文一起谈话时，问大家是否都吃得饱。

两个女儿先是你看看我、我看看你，谁也不吱声，王博文的年龄大一些，也不说什么。只有毛远新的年龄最小，什么也不顾及地说："吃不饱，都是姐姐们让着我吃……"

毛泽东疼惜地拉了毛远新[①]的手，说："现在国家正处在困难时期，我们要和全国的人民同呼吸、共命运，共渡难关；要看到，困难是暂时的，一时的乌云是不会永远遮住太阳的……"

这时李讷说："爸，这我们懂……"

李敏也说："爸爸，一切困难我们都能克服。"

王博文说："现在比我和妈妈在济南时强多了！"

李讷说："你那是什么时候？那都是解放前的老皇历了！"

毛泽东说："你们都晓得克服困难就好，你们都是我的好孩子！"又说，"这样吧，我们现在来背文章吧！看看我们谁背得最熟、最快。"

"我赞同！"李敏首先表态说。

"背哪篇？"李讷接问。

"背《木兰辞》吧？"毛远新提议。

"你这么大了还背《木兰辞》？"李讷否定了毛远新的提议。

"博文呵，你说呢？"毛泽东问。

"您说吧！"王博文请毛泽东决定。

"那好！"毛泽东满带幽默地说，"把'王博文'三个字去掉一个'文'字,我们就背'王勃'的《秋日登洪府滕王阁饯别序》吧！"

毛泽东一句话，把他身边的孩子们都说笑了。笑声中，毛泽东又说："我年长，我先背，这也叫'起模范带头作用'呢！"

---

① 毛远新，毛泽东的弟弟毛泽民和朱旦华之子，1941 年 2 月生于新疆迪化（1954 年 2 月改名为乌鲁木齐市）。

说着，便兴致勃勃、神采飞扬地吟诵起了王勃的《秋日登洪府滕王阁饯别序》：

豫章故郡，洪都新府；星分翼轸，地接衡庐。襟三江而带五湖，控蛮荆而引瓯越。物华天宝，龙光射牛斗之墟；人杰地灵，徐孺下陈蕃之榻。雄州雾列，俊采星驰。台隍枕夷夏之交，宾主尽东南之美……

吟罢一段后，毛泽东意犹未尽，接着又悠然自得地吟诵第二段：

时维九月，序属三秋；潦水尽而寒潭清，烟光凝而暮山紫。俨骖騑于上路，访风景于崇阿。临帝子之长洲，得天人之旧馆。层峦耸翠，上出重霄；飞阁流丹，下临无地。鹤汀凫渚，穷岛屿之萦回；桂殿兰宫，列岗峦之体势。披绣闼，俯雕甍，山原旷其盈视，川泽纡其骇瞩。闾阎扑地，钟鸣鼎食之家；舸舰迷津，青雀黄龙之舳……

毛泽东吟诵到此处，被小女儿李讷接了过去：

云销雨霁，彩彻区明。落霞与孤鹜齐飞，秋水共长天一色。渔舟唱晚，响穷彭蠡之滨；雁阵惊寒，声断衡阳之浦。

遥襟甫畅，逸兴遄飞。爽籁发而清风生，纤歌凝而白云遏。睢园绿竹，气凌彭泽之樽；邺水朱华，光照临川之笔。四美具，二难并。穷睇眄于中天，极娱游于暇日。天高地迥，觉宇宙之无穷；兴尽悲来，识盈虚之有数。望长安于日下，目吴会于云间。地势极而南溟深，天柱高而北辰远。关山难越，谁悲失路之人；萍水相逢，尽是他乡之客……

这时，毛泽东含笑示意大女儿李敏接着吟诵：

怀帝阍而不见，奉宣室以何年？嗟乎！时运不齐，命途多舛；冯唐易老，李广难封。屈贾谊于长沙，非无圣主；窜梁鸿于海曲，岂乏明时。所赖君子见机，达人知命。老当益壮，宁移白首之心；穷且益坚，不堕青云之志。酌贪泉而觉爽，处涸辙以犹欢。北海虽赊，扶摇可接；东隅已逝，桑榆非晚。孟尝高洁，空余报国之情；阮籍猖狂，岂效穷途之哭？……

至此，不甘落后的毛远新大声打断了两个姐姐的吟诵，扬脸高咏：

勃，三尺微命，一介书生。无路请缨，等终军之弱冠；有怀投笔，慕宗悫之长风。舍簪笏于百龄，奉晨昏于万里……

“博文还没背呢，留几句给博文背……”毛泽东微笑着说，“远新就不要背了，伯父晓得你会背。”

王博文即刻续背诵道：

非谢家之宝树，接孟氏之芳邻。他日趋庭，叨陪鲤对；今兹捧袂，喜托龙门。杨意不逢，抚凌云而自惜；钟期既遇，奏流水以何惭。呜呼！胜地不常，盛筵难再；兰亭已矣，梓泽丘墟。临别赠言，幸承恩于伟饯；登高作赋，是所望于群公。敢竭鄙怀，恭疏短引；一言均赋，四韵俱成。请洒潘江，各倾陆海云尔。

“好嘛！”毛泽东称赞道，“你们都背得好，我像你们这个年岁，就很喜欢王勃的诗文呢！”

“哈……”李讷依偎着爸爸，调皮地笑了……

毛泽东也孩子般地笑了，抚摸着小女儿的头说：“我像你们这个年岁在长沙读书，也是常常饿肚子的。那时候还有蔡和森、

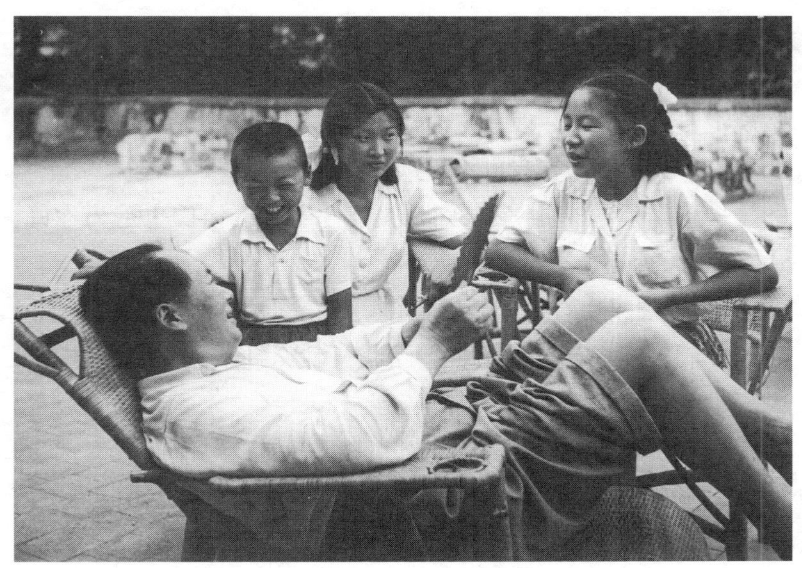

毛泽东和孩子们在一起。（新华社稿）

罗学瓒、萧子升、周世钊等人，都是穷学生。怎么办呀？大家就读书、背诗文，直到完全忘记了饥饿、忘记了时间……”

毛泽东的话，像是把孩子们引向了他年轻时的岁月，使孩子们都静静聆听着他的每一句话。这时候，毛泽东又说：

“王勃这个人，很不简单呢！以一个28岁的人，写了16卷诗文作品，与王弼的哲学、贾谊的历史学和政治学，可以媲美。都是少年英发……”

李讷接口背诵了苏轼《念奴娇·赤壁怀古》中的词句：

遥想公瑾当年，小乔初嫁了；雄姿英发，羽扇纶巾；谈笑间，樯橹灰飞烟灭……

毛泽东又笑了，起身走到写字台前，欣然命笔，挥毫写了王勃诗文中的两句千古名句：

落霞与孤鹜齐飞，秋水共长天一色。

这时候，李银桥领了毛泽东医疗组的一名护士进来，说是按规定要给毛泽东注射一支葡萄糖液，被毛泽东“驱逐”走了：“谁的规定？我不晓得，我也不打这个针！”

护士走后，李银桥对毛泽东说：“主席，他们也是为你好，说是总理的嘱咐……”

“那让恩来去打吧！”毛泽东苦笑了一下，对李银桥说，“给总理和尚昆打电话，以后不要给我打什么针，我的身体好得很呢！”

李银桥无奈，只得去给周恩来和杨尚昆打电话了……

接下来，毛泽东又兴致不减地对孩子们讲起了他对青年人的一些看法：

“青年人比老年人强，贫人、贱人、被人们看不起的人，地位低的人，大部分发明创造，占70%以上，都是他们干的。30%的中老年人而有干劲的，也有发明创造。这种三七开的比例，为什么如此？值得你们深深地想一想。结论就是因为他们贫贱低微，生命力旺盛，迷信较少，顾虑少，天不怕，地不怕，敢想敢说敢干。如果党再对他们加以鼓励，不怕失败，不泼冷水，承认世界主要是他们的，那就会有很多的发明创造……”

一年一度秋风爽，又近香山红叶时。

1960年9月7日，毛泽东、刘少奇、周恩来、朱德、邓小平、彭真在一起，就苏共中央通知中共中央派代表团赴莫斯科参加两党会谈一事进行讨论，并就中共中央做出的《答复书》的送审稿进行了复议。

9月8日，傍晚，毛泽东穿了他习惯穿的一身旧了的浅灰色中山装，在卫士的陪伴下走出丰泽园，到中南海的南海边散步。中央办公厅的人走来请他为工作人员们写几个字，毛泽东很高兴地答应下来……

9月9日，毛泽东让秘书打电话通知邓小平和彭真，就中苏关系问题到毛泽东的住地游泳池来谈话。

次日，毛泽东在中南海游泳池同邓小平、彭真、吴冷西谈话，就苏联的《通知书》的《答复书》最后定稿。

离开毛泽东后，邓小平、彭真立刻约见苏联驻华大使契尔沃年科，把《答复书》转交给他，并通知他：中共中央决定派出自己的代表团去莫斯科，代表团将于9月15日离开北京。

9月12日，毛泽东在欢迎几内亚总统杜尔的宴会上讲话，指出：

什么都靠别人，靠不住。自己要有志气，有干劲。外国援助和帮助是可以的，但不能干涉内政。

9月13日傍晚，毛泽东在中南海颐年堂主持召开中央政治局常委扩大会议，研究中苏两党会谈方针。会议进行中，确定了中共代表团的全体组成人员名单和团长邓小平、副团长彭真的人选。

9月中旬的一天，中国的相声大师侯宝林来中南海勤政殿给中央首长们说相声。李银桥等人知道毛泽东很爱听相声，尤其是侯宝林和郭启儒合说的相声，毛泽东最爱听。

毛泽东听相声，虽然喜欢，但总努力克制自己不大声笑出来，有时憋红了脸也难得开怀大笑。这次听相声，当侯宝林说了一段七拼八凑的打油诗时，毛泽东竟哈哈大笑起来，而且笑得前仰后合、几乎喘不过气来了……

李银桥虽然不懂诗，但听了侯宝林说的四句歪诗——“胆大包天不可欺，张飞喝断当阳桥，虽然不是好买卖，一日夫妻百日恩”，竟也笑了个不亦乐乎！

侯宝林见毛泽东高兴，索性又将毛泽东四首诗词中的各一句凑到一起，煞有介事地说：“‘红军不怕远征难’，‘天兵怒气冲霄汉’；‘国际悲歌歌一曲’，‘百万雄师过大江’！”

此语一出，引得人们大笑不止，毛泽东更是险些笑岔了气……

进入9月下旬，周恩来根据毛泽东的指示，在听取了国家计委的详细汇报后，认为李富春近期提出的国家经济应当进行整顿、巩固、提高的方针是正确的，并在此基础上添加了“充实”二字，将“整顿”改为“调整”，由此形成了“调整、巩固、充实、提高”的八字方针，然后将这个方针写进了国家计委向中央呈报的《关于1961年国民经济计划控制数字的报告》中……

9月28日，缅甸总理吴努率领的缅甸政府代表团，奈温将军，以及中缅边界联合委员会缅方代表团，缅甸军事友好、文化、体育、新闻和贸易各代表团共370多人访问中国，并参加新中国成立11周年庆典。

次日，毛泽东同缅甸总理吴努进行了谈话。

9月30日，《毛泽东选集》第四卷出版，并在10月1日发行，包括毛泽东从1945年8月抗日战争结束至1949年9月中华人民共和国成立前夕的70篇著作。

对此，中共中央批发了中宣部关于《毛泽东选集》第四卷的宣传和学习问题的报告。中宣部在报告中写道：

《毛泽东选集》第四卷，是第三次国内革命战争时期我国人民革命斗争的伟大记录，是我国人民革命胜利经验的结晶，是马克思列宁主义的重大发展，是反对现代修正主义最好的教科书。

同日，中共中央批转了国家计委呈报的《关于1961年国民经济计划控制数字的报告》，并且根据毛泽东的指示，指出“1961年要把农业放在首要地位，使各项生产、建设事业在发展中得到调整、巩固、充实和提高”。同时确定了1961年计划安排的具体方针是：

以农业为基础，全党全民要大办农业，大办粮食；工业的发展，要着重注意增加品种，提高质量，做到填平补齐、设备维修和产品配套；基本建设以中小为主，缩短战线，集中力量搞重点工程；要全面安排劳动力和人民生活，安排生产和建设，保证群众过好日子，保证灾区人民休养生息；有重点有计划地发展科学技术力量。

与此同时，《人民日报》报道了四川省合川县一个4年级的小学生刘文学，在为保卫人民公社大田里的辣椒不被一个老地主偷摘时，竟被这个老地主丧心病狂地用镰刀砍死。刘文学的事迹很快传遍全国，中小学校及时地开展起了“学习刘文学，做毛主席的好孩子”的活动，使他成为家喻户晓的小英雄，也使全国的青少年们更加增强了爱集体、爱社会主义祖国的自觉性……

10月10日，毛泽东给李富春写了一封信：

湖北沔阳县一平二调问题至今未解决，粮食减产，问题严重文件一件；福建闽侯县委第一书记在该县城门公社一个社即坚决压下两千多人（占总劳力百分之四十五）下去生产文件一件。以上两个文件极好。请你即令书记处某一位懂事、能文的同志日内即为中央起草一个有力的指示（要有几百字，几句话太少，不足以引起省、地、县、社的注意）。

在毛泽东身边工作久了的人都知道毛泽东的脾气和性格，凡是拿准了的事，绝不迟缓、绝不拖延。

10月14日，毛泽东致函刘少奇、朱德、周恩来、邓小平、陈毅、彭真、薄一波等人，约谈中苏关系和国际形势……

这期间，不断入侵中国边境的印度军队再一次越过“麦克马洪线”，向中国边防部队发动了“试探性”的进攻。军情迅速报到了中央军委，周恩来按照毛泽东的指示，要求中国的边防部队“认真做好一切打的准备”。

毛泽东稳坐中南海，中国军队严阵以待……

这时，毛泽东得到消息，他的老朋友、美国著名新闻记者、作家埃德加·斯诺到北京来了。

10 月 22 日，毛泽东在中南海颐年堂很高兴地会见了斯诺。

老朋友见面，没有任何拘束，无话不谈，相互间完全没有一点儿顾忌。斯诺喝着茶水说："我很喜欢喝中国茶。"又说，"比在延安时好多了。"

毛泽东笑道："很久不见了，事情确实好转一点。不过，你没有变，我也没有变。"

斯诺说："但是，中国却是大变样了！"

毛泽东感慨地说："是变样了，这也有你的功劳么！21 年前你不就已经预言红星要普照中国吗？"

斯诺笑了，很自然地问起了中国的现行政策，并且问到了中国的"百花齐放"和反右派斗争。毛泽东对他讲：

"你说我们停止了百花齐放，那是传言，事实上我们并没有停止。我们主张社会主义的百花齐放。我们从开始就是这样的，不是说社会主义、资本主义都可以'齐放'。

"将来财富应该集中在公共事业。个人的生活要比现在有所

有朋自远方来，不亦乐乎？中国人民在战争年代结交的老朋友斯诺又来到了中国，毛泽东与其在中南海颐年堂欢聚。（新华社稿）

1960年6月，毛泽东在会见美国作家斯诺后，为他签名。（新华社稿）

提高，要提高一倍、两倍、三倍、四倍，或者更多一点。太多就对身体不利，对人也不利。”

谈话中，斯诺又讲起了毛泽东在长江游泳的事。他说：“我在外边看了报道，记得那时掀起了一场群众性的游泳运动。在上海，由于参加游泳的人数太多，以至于外界又传起了中国大陆准备攻打台湾。”

毛泽东哈哈大笑起来：“那个报道也太夸大了嘛！我们也没有落后到用游泳的力量去解放台湾，外国的舆论也真是不可信哩！”

斯诺把握时机说：“你在延安的时候，曾告诉我说渴望到美国一游，看看大峡谷和黄石公园，现在还有这个兴趣吗？”

“我仍希望在不太老之前，能有机会到密西西比河和波托马克河中畅游一番。但这是一厢情愿。我想你不反对，华盛顿就可能反对。”毛泽东边说边将他的大手一摆，做了个表示拒绝的手势。

“如果他们同意呢？”斯诺问。

“如果那样的话……”毛泽东很显兴奋地说，“我可以在几天之后就去美国，完全像一个游泳者。我们不谈任何政治，只在密西西比河游泳，并且在河口游游而已。”

斯诺笑了，侍卫在一旁的李银桥也笑了。当翻译人员向斯诺翻译毛泽东的这些话时，李银桥心想，要是毛泽东真的到美国去一趟，非得震惊世界不可！

在谈到中美关系时，毛泽东说：

“我们要维持世界和平，不要打世界大战。我们主张国与国之间不要用战争来解决问题。但是，维持世界和平不但中国有责任，美国也有责任。”

对于毛泽东所说的这一切，斯诺表示理解和赞同。

最后，毛泽东又说：

“台湾是中国的事情，我们坚持这一点。”

9. 香山红叶情不已　小李讷回家充饥

北京秋天的风是凉爽的。北京的秋天也是最美丽的。

1960 年的北京之秋，凉风仿佛比往年来得早一些。西郊香山的栌叶和枫叶红了，红得诱人。

一个星期天的下午，毛泽东带了李敏、李讷、毛远新、孔令华①和王博文一起游香山，江青和叶子龙、林克、高智②，还有李银桥、孙勇③、封耀松、王敬先等人也一同前往。

放眼香山：重峦叠嶂，清泉潺潺，亭楼处处，黄栌放丹，漫山红遍，风光无限……

漫步山间，孩子们玩得很开心；毛泽东也显得神采奕奕、兴奋不已。

几近 20 岁的毛远新闲不住，总要一个人跑东跑西地去摘那红了的栌叶，几次被只比他大 6 个月的小姐姐李讷喊回来："就你淘气，你也不小了！"

"跑跑好嘛！"毛泽东不在意地说，"男孩子就应该有个男孩子的样子，莫学《红楼梦》里的贾宝玉。"

"怎么样？"毛远新扬了脸对李讷说，"伯父都支持我呢！"

"我不管！"李讷抓了毛远新的胳膊说，"你再乱跑，看我不使劲揍你！"

"好姐姐……"毛远新挣扎着胳膊求饶说，"我不乱跑了还不行吗？"

---

① 孔令华，李敏的丈夫。中国人民解放军炮兵副司令员孔从周之子，在"八一"小学读书时与李敏同学，后来是北京航空学院的高才生。

② 高智，时任中央办公厅机要处秘书。

③ 孙勇，时任中央首长卫士一组副卫士长，负责毛泽东的外卫工作。

“不行！”李讷得意地说，“再叫三声‘好姐姐’！”

说笑声中，李敏谈起了唐朝诗人的一些诗句。毛泽东鼓励孩子们多学习、多锻炼身体，要有一个健康的体魄和一身真本领，将来好为人民服务。并说他很羡慕年轻人，世界上的许多事情都是年轻人干的，中国历史上就出了很多的少年英杰……

李敏说：“中国历史中的女英雄也不少呢！有花木兰、荀灌娘，都是少年英发、女中豪杰呢！”

毛泽东说：“我们红军中的女英雄也很多……”

“我妈妈就是……”话一出口，李敏用眼角扫了不远处的江青一眼，赶紧收住了话。

毛泽东知道女儿要说什么，不在意地笑了笑，说：“男女一样嘛！”并说青年人比老年人强，敢想敢说、敢作敢为……

这时毛远新比画着小拳头对李讷说：“天不怕，地不怕，碰上猛虎打三架……”

李讷揪住了毛远新的脖领子说：“你姐姐我就是花木兰、替父从军！”说着，抓了毛远新的胳膊一使劲，感到了疼的毛远新

毛泽东同李敏、李讷、刘思齐等在玉泉山上散步。（新华社稿）

立刻喊叫起来，引得人们都笑起来，毛泽东笑得最开心。是江青喊了李讷一句，李讷才松了手。在毛泽东身边工作的人们都知道，江青很喜欢毛远新，视如己出，毛远新也很听江青的话，甚至当面直呼“妈妈”。平日里江青对毛远新关怀备至，甚至比对她亲生的女儿李讷还要好。李讷有时有什么“特殊要求”，自己不敢贸然向江青开口，就叫毛远新帮忙。这一招竟屡试不爽，因为江青对毛远新从来都是有求必应。今天，当李讷“欺负”她弟弟时，江青又“站出来”干涉了……

李银桥和高智等人看了这一切，都觉得这是毛泽东长时间以来难得的一次由衷的开心、一次真情放纵的欢笑……

晚上回到中南海丰泽园的菊香书屋，毛泽东简单洗了个澡，便又开始工作了。

10 月 24 日，于 9 月 14 日召开的中央军委扩大会议结束。

在这次历时 40 天的会议中，作为中央军委副主席兼国防部部长的林彪，提出了要在军队中特别树立毛泽东思想的绝对领导地位和在军队中突出政治思想工作的重要性和必要性。他在这次会议上所做的报告中说:“现在的马列主义就是我们毛主席的思想。他今天在世界上站在最高峰，站在时代的顶峰。”他说“毛泽东的思想就是阶级斗争的思想”，并说，“思想工作，主要是抓活的思想”，还提出了“人的因素第一，政治工作第一，思想工作第一，活的思想工作第一”等四个第一的口号。

林彪的这些提法，得到了毛泽东的默许，很快在全军乃至在全国各条战线上推广开来……

当日晚，毛泽东在中南海颐年堂召开中央工作会议，听取了邓小平和彭真等人有关国际问题的情况汇报。

月末时，毛泽东远在湖南的几位老朋友来北京看望他，有周士钊、乐天宇和武汉大学的李达。

老朋友们见面都很高兴。在中南海内的菊香书屋，周士钊送了一件九嶷山产的物品给毛泽东，并呈送了一幅内有东汉文学家蔡邕文章的墨刻；李达送了两支斑竹毛笔和一首咏九嶷山的诗；乐天宇送了一段粗壮笔直、罗泪分明的斑竹，并说：“这是我在九嶷山上特意为主席选的。”

毛泽东很高兴地收下了朋友们的礼物，并对侍卫在一旁的卫士说：“来，把这几件礼物拿到紫云轩去。这是朋友所赠，不要上交了。”

11 月 3 日，经毛泽东亲自审阅并多次修改的《关于农村人民公社当前政策问题的紧急指示信》12 条，以中共中央文件的形式发出——

信中针对农村中仍然普遍存在的“共产风”、浮夸风、命令风等，对人民公社中的一系列政策问题做了明确的规定。包括实行三级所有、队为基础，是现阶段人民公社的根本制度，至少 7 年不变；一平二调的“共产风”严重地破坏了以生产队为基础的公社三级所有制，破坏了农村生产力，必须坚决反对，要彻底纠正；允许社员经营少量的自留地和家庭副业；人民公社在今后 20 年内还是实行按劳分配，收入的分配实行少扣多分，扣留比例不能过大，积累不能过多，社员消费部分应占 65%左右，扣留部分占 35%左右，尽力做到 90%的社员增加收入；保证农业生产第一线有足够的劳力，以保证粮食生产的需要，各方面要节约劳动力，加强农业第一线；在农村应有领导有计划地组织集市贸易，便于交换自己的产品，活跃农村经济；要放手发动群众，开展整风整社，把农村的“三反”进行到底，彻底纠正“共产风”、浮夸风和命令风。反对干部特殊化、徇私舞弊、打骂群众的作风。

中央认为：必须把这封指示信的内容原原本本地向干部和群众宣读，做到不折不扣地贯彻执行……

1960 年 11 月 6 日，“十月革命”纪念日前夕，毛泽东、刘少奇、朱德、周恩来联名致电苏共中央和苏维埃社会主义共和国联盟政府，表示了对“伟大的十月社会主义革命 43 周年”的祝贺。

这时，由中共中央副主席、国家主席刘少奇和中共中央政治局常委、中央书记处总书记邓小平率领的中共代表团已经（11 月 5 日）乘飞机前往莫斯科。

下午，毛泽东在人民大会堂小会客厅里，同一个来自阿拉伯国家的代表团谈到人世间纷争不断的问题，客人们十分感慨。忽然间，毛泽东转移了话题问客人：“伊斯兰教的真主是谁？”

翻译之后，客人们的脸上纷纷流露出了惊讶之色。毛泽东开始吸烟，并笑着连连发问：“谁是佛祖？谁是基督教的上帝？”

毛泽东所具有感染力的笑容和优雅的神态，深深地吸引着每一位客人。大家似乎都知道，这时的毛泽东一定是在思考着什么更深奥的问题了……

当客人们回答了毛泽东的问话以后，毛泽东对客人们说：“按照中国道教的看法，天国里面还有位众神之王，叫‘玉皇大帝’。如此看来，‘天堂’也不会那么安宁了，因为天上也要划分‘势力范围’呀！”

翻译将毛泽东的话对客人们讲了，引得客人们个个鼓掌叫好，纷纷称赞毛泽东是一位具有丰富想象力而又很幽默、含蓄的人。一句普普通通的话，从他的嘴里说出来，就能赋予新的意义，打开人们不尽的思路……

11 月 15 日，毛泽东为中共中央起草了《关于彻底纠正“五风”问题的指示》，指出：

必须在几个月内下决心彻底纠正十分错误的“共产风”、浮夸风、命令风、干部特殊风和对生产瞎指挥风，而以纠正“共产风”为重点。

指示要求全国各省、地、县、社各级干部下决心纠正“五风”的错误，明确指出：

现在是下决心纠正错误的时候了，只要情况明，决心大，方法对，根据中央十二条指示让干部真正学懂政策（即十二条），又把政策交给群众，几个月时间就可把局面转过来。

同时，毛泽东还给参加由 81 个共产党和工人党代表团在莫斯科举行的会议的中共代表团团长刘少奇、副团长邓小平发去了有关事宜的指示电。

当叶子龙回到毛泽东的身边时，笑着问毛泽东："主席，我们又要释放战犯了？"

"再放一批。"毛泽东说，"该放的就放，这不仅是个影响问题，也是让这些人自食其力，出来以后为新中国的建设贡献一份力量嘛！"

叶子龙再问："他们有的人要是跑去台湾怎么办？"

"让他去嘛！"毛泽东坦荡而又诚挚地说，"就是蒋介石现在过来，我毛泽东也会热烈欢迎的！"

11 月 25 日，下午时，毛泽东走出中南海丰泽园的菊香书屋，先是在院落中那几株高高的大松树下散步，然后止住脚步，突然脱口唱出了京剧《李陵碑》中杨继业的几句唱词：

金乌坠玉兔升黄昏时候，
盼娇儿不由人珠泪双流。
七郎儿回雁门搬兵求救，
为什么此一去不见回头。
……

只唱了这么几句，毛泽东发出的声音便开始哽咽起来而不再继续往下唱了。侍卫在毛泽东身边的李银桥知道，这一天是毛泽东的长子毛岸英在朝鲜战场牺牲 10 周年的纪念日。毛泽东为什么唱了几句《李陵碑》中的唱词而又不再唱了，却是李银桥所不知道的……

同一天，毛泽东又对浙江省委关于重点商品粮地区存在问题的报告做出批示。

11 月 27 日，毛泽东在各中央局汇报工作时做重要插话，指出：

“大家必须认真思考，我们搞的是社会主义，现在出了这么多问题，原因究竟在哪里？第一个五年计划完成以后，全国实行了彻底的工商业改造，人民生活水平提高了嘛，这是全世界都公认的事实。前几年粮食增产，丰收了，钢铁指标也降下来了，为什么还会出现饿死人的现象？八届八中全会制定的各项方针、政策，是经过认真考虑的，是全会通过了的。现在出了问题，也很正常，事物总是在变化，我们要积极想办法，和全国人民一道共闯难关，不要再搞‘共产风’了！实事求是，因地制宜，不要瞎指挥，不要搞浮夸，干部不可以搞任何的特殊化！但是可以搞点自由市场，调整价格，注意抓轻工业……

“生我者父母，养我者人民。人民群众的每一件小事，都应当是我们共产党人的大事。我们共产党人干革命、搞社会主义，为什么？为的是全国的老百姓。从土改到互助组，到初级社、高级社，再到人民公社，我们走的是集体化道路。我们要把全国人民的喜怒哀乐、冷暖饥饱时时刻刻挂在心上。我们的责任是向人民负责，我们的宗旨是为人民服务。我们这些人都是全国人民大众的公仆，不是老爷。凡是那些一心想当官做老爷的人，不关心老百姓疾苦的人，应当从共产党人的革命队伍中开除出去……

“中央定的政策，我是领头的，有缺点，有错误，第一个要负责任的是我。北戴河会议决议，有些内容写过了头，我向大家、向全国人民做自我批评，大家也可以批评我的每一个缺点和每一个错误，关键是改正。凡是愿意接受批评并愿意改正错误的人，我和他们是坐在同一条板凳上的……”

毛泽东的讲话沉重而严肃，使在场的许多人眼睛里都含上了泪花。看到在场的人的心情都很沉重，毛泽东又鼓励大家说：

“应当看到，我们的缺点错误，是前进中的缺点和错误，成绩还是主要的。现在的问题，是我们要尽快地改正这些缺点，改正这些错误，和全国人民一道战胜各种各样的困难！想想那些为革命牺牲了的烈士们，难道还有什么缺点错误不能改正，还有什么困难能够阻挡住我们在社会主义的道路上前进吗？”

话说到此，会场上响起了一片热烈的掌声……

11月28日，毛泽东看了甘肃省委第四个关于贯彻中央紧急指示“进一步纠正‘共产风’”的报告后，代表中央写了很长的一个批示。在这个批示中，毛泽东把自己当作“第三者”写了进去，并进行了认真的自我批评：

甘肃省委在作自我批评了，看起来批评得还算切实、认真。看起来甘肃同志开始已经有了真正改正错误的决心了。毛泽东同志对这个报告看了两遍，他说还想看一遍，以便从其中吸取教训和经验。他自己说，他是同一切愿意改正错误的同志同命运、共呼吸的。他说，他自己也曾犯了错误，一定要改正。例如，错误之一，在北戴河决议中写上了公社所有制转变过程的时间，设想得过快了。在那个文件中有一段是他写的，那一段在原则上是正确的，规定由社会主义过渡到共产主义的原则和条件，是马列主义的。但是在那一段的开头几句规定过程的时间是太快了。那一段开头说：“由集体所有制向全民所有制过渡，是一个过程，有些地方可能较快，三、四年内就可以完成；有些地方可能较慢，需要五、六年或者更长的时间。”这种想法是不现实的。现在更正了，改为从现在起，至少（同志们注意，说的是至少）七年时间公社现行所有制不变。即使将来变的时候，也是队共社的产，而不是社共队的产。又规定从现在起至少二十年内社会主义制度（各尽所能，按劳付酬）坚决不变，二十年后是否能变，要看那时情况才能决定。所以说“至少”二十年不变。至于人民公社队为基础的三级所有制规定至少七年不变，也是这样。一九六七年以后是否能变，要看那时情况才能决定，也许再加七年，成为十四年后才能改变。总之，无论何时，队的产业永远归队所有或使用，永远不许一平二调。公共积累一定不能多，公共工程也一定不能过多。不是死规定几年改变农村面貌，而是依情况一步一步地改变农村面貌。

这天，毛泽东还给中共哈尔滨工业大学机械系机床及自动化专业分总支委会写了一封热情洋溢的信，对他们的技术钻研干劲给予了充分的肯定和赞扬，并给予了进一步的鼓励和鞭策。

中共中央《关于农村人民公社当前政策问题的紧急指示信》即农村政策 12 条传达后，受到了广大农民群众的欢迎，对于稳定农村经济、克服困难，起了重要的积极作用……

转眼到了 1960 年 12 月，在莫斯科举行的共产党和工人党国际会议已经结束。虽然这次会议是在绝对秘密的条件下进行的，但是会议的许多详细过程和具体内容，还是被某些“神通广大”的人泄露了出来。

在这次莫斯科会议上，中共代表团副团长邓小平在 11 月 24 日的第二次发言中，旗帜鲜明地阐述了中国共产党在对待和处理国际间事务与问题时所一贯坚持的原则和立场，强烈谴责了苏联共产党在赫鲁晓夫领导下所奉行的“老子党”作风，严厉指责了苏联在中印关系问题上明显地偏袒入侵中国领土的印度一方，并指责苏联政府在中国“平定西藏武装叛乱”中粗暴地干涉中国内政，指出各共产党国家之间根本不存在“高贵”与“卑贱”、各共产主义政党间的关系必须是完全独立的和平等的，苏联共产党“无权用其代表大会通过的决议来约束其他党”……

阿尔巴尼亚劳动党第一书记恩维尔·霍查在会议上坚决支持了中国共产党代表团，同时揭露不久前在布加勒斯特会议上，苏联领导人猛烈谴责中国共产党时采用了“令人无法忍受的压力”来迫使阿尔巴尼亚加入他们的反对中国的“集团”中去……

这次会议虽然在结束时发表了《各国共产党工人党代表会议公报》《各国共产党工人党代表会议声明》和《各国共产党工人党代表会议告世界人民书》，但却导致并“公开”了中国和苏联两党间关系的进一步恶化，中国共产党和阿尔巴尼亚劳动党之间的关系得到了明显的加强……

这时北京的天气已经很冷了。人们走在街上要穿上很厚的棉衣，甚至要戴口罩、围围巾、戴棉帽，骑自行车的人们还要戴手套。出现在市区大街小巷的人们大都穿着色调单一的服装，无论男女老少，几乎都是深灰色或藏蓝色抑或是黑色，只有解放军官兵穿的是一身绿军装……

12 月上旬的第一个星期天，一直在学校食宿的小李讷回中南海来了。

卫士尹荆山在菊香书屋给毛泽东倒茶水时，提醒说："主席，李敏和李讷今天都在家，两三个星期不见，一起吃顿饭吧？"

正在看文件的毛泽东抬起眼皮，目光柔和地说："嗯，那好，那好。"

临吃饭前，东厢房小餐厅内的餐桌上摆了四菜一汤，有盐水煮萝卜、素炒豆芽菜、空心菜和清蒸芋头，汤是菠菜汤。另外还有辣椒、霉豆腐等四样小菜。

厨师侯贵友在院子里得意地对李银桥说："我今天多下了一倍的米……"

李银桥来看李讷。李讷在毛泽东的卧室里向她爸爸汇报学习情况，末了委婉地说："爸，不是我意志不坚决，我的定量真的老不够吃，菜又少，全是盐水煮的，没有一点儿油水，上课时肚子里老是咕噜噜叫……"

毛泽东教育女儿："困难是暂时的，要和全国人民同甘共苦，共渡难关。你是我的好女儿，要带头，要做宣传，要相信共产党，相信父亲……"

正说着，尹荆山进屋来招呼说："主席，饭好了！"

"嗯，今日一起吃饭。"毛泽东起身拉了女儿的手，一起走向东厢房。

这时候，江青已经进了餐厅。餐桌上已经摆好了掺了芋头的红米饭。李讷进来后直奔餐桌，抓起筷子，鼻子伸到腾着热气的米饭上，深深地、深深地吸吮着米饭的气息："啊，真香！"

孩子望着父母，江青望着女儿，再看一眼毛泽东，想说什么，因为有卫士们侍卫在侧，便忍住了。她勉强一笑，夹一筷子菜先给了身边的李敏，再夹一筷子菜放到了李讷双手捧着的饭碗里……

毛泽东坐下以后，用筷子示意："吃嘛，快吃。"又对坐在对面的李敏说一句，"吃，和妹妹一起吃。"

李敏点点头，看一眼妹妹。李讷看一眼姐姐，开始大口大口地往嘴里拨饭……

"吃慢些，着什么急？"毛泽东尽量平静地说，"没人跟你争么……"他笑着，但笑得越来越不自然。

李讷再看一眼姐姐，不自然地笑一笑，又瞟一眼侍卫在旁边的尹荆山，腼腆地说："在学校吃饭都快，习惯了。"

"现在是在家里么，吃慢些……"毛泽东说话的声音很低，已经变成了苦笑。

"吃菜，吃饭，多吃饭。"江青不停地往两个女儿的碗里夹菜、拨饭。

李讷在父母面前不拘束，没慢吃几口，便又变得狼吞虎咽起来，几乎嚼都不嚼就把一口口饭菜吞下去了……

开始时，毛泽东还陪着女儿慢慢地吃，一边吃，一边有一句没一句地说些什么。渐渐地，他不说话了，只是默默地夹一筷子菜或饭往嘴里送，慢慢地嚼着。后来，毛泽东停下了筷子，停止了咀嚼，怔怔地望着小女儿吃饭的样子出神……

这时江青早已经停了筷子，看看女儿，又看看毛泽东。她接连几次大口地喘气，想说什么又咽了回去，最后便盯着毛泽东……

李银桥在一旁看得清楚，他知道，江青有时候心里有想法并不直接说，而是希望毛泽东能够理解、能够先说。

李讷好不容易把嘴离开了饭碗："唉，你们怎么都不吃了？"

毛泽东不着边际地笑了笑："老了，吃不多，我很羡慕你们年轻人……"

饭后，江青进了毛泽东的卧室，让卫士们都退了出去。半小时后，江青红着眼圈走了出来，显然哭过……

李银桥和尹荆山明白是怎么一回事，便一前一后地走进了毛泽东的卧室。李银桥说：“主席，李讷也太苦了，你看是不是可以……”

“不可以！”毛泽东什么都明白，“和全国的老百姓比起来，她还算好的。”

尹荆山忍不住说：“可是……”

“你们不要讲了。”毛泽东挥了一下手，说，“还是恪守本分的好，现在这种形势尤其要严格！我不能眼看着老百姓家的孩子饿肚子，而让自己的孩子吃得饱；要挨饿大家一起挨，同甘共苦，一起奋斗……”

10. 古今小说纵横谈　搞调查人员下放

1960 年 12 月上旬的一天，毛泽东和薄一波在中南海颐年堂谈话，两个人讲起了中国历史上的几部著名小说。

毛泽东说，《水浒传》要当作一部政治书看。它描写的是北宋末年的社会情况。中央政府腐败，群众就一定会起来革命。当时农民聚义，群雄割据，占据了好多山头，如清风山、桃花山、二龙山等，最后汇集到梁山泊，建立了一支武装队伍来抵抗官军。这支队伍，来自各个山头，但是统帅得好。又说，“我们领导革命也要从认识‘山头’、承认‘山头’、照顾‘山头’，到消灭‘山头’，克服山头主义。”

谈到《西游记》时毛泽东很感慨，他说：“一是要看孙悟空对玉皇大帝的造反精神，二是要看到唐僧师徒的坚强信念。他们一起上西天取经，虽然中途闹了点不团结，但是经过互相帮助，团结起来，终于克服了无数的艰难险阻，战胜了众多的妖魔鬼怪，到达了西天圣地，取来了真经。这里主要讲的是不要怕有不同意见，不要怕有争论，只要朝着一个目标，团结一致，坚持奋斗，最后总会成功的。”

接下来又谈到了《三国演义》。毛泽东对这部书的评价很高，说：“看这部书，不但要看战争，看外交，而且要看组织。”说到这里，毛泽东指一下薄一波，习惯性地用上嘴唇吮一吮下嘴唇，“你们北方人刘备、关羽、张飞、赵云、诸葛亮，组织了一个班子南下，到了四川，同‘地方干部’一起建立了一个很好的根据地，干出了一番事业。”还说，“曹操下江南，东吴谁当统帅成了问题，结果找了一个‘共青团员’周瑜，29 岁当了大都督，众将不服，后来加以说服，结果打了胜仗呢！所以我们选拔干部，不能统统按资历，要按能力。”

再谈到《红楼梦》，毛泽东的话就更多了。他首先指出“第四回”是个纲，说是“书中写了‘贾不假，白玉为堂金作马；阿房宫，三百里，住不下金陵一个史；东海缺少白玉床，龙王来请金陵王；丰年好大〈雪〉，珍珠如土金如铁’，实际上是当时社会关系和社会现实的一个缩影。”他还说《红楼梦》是一部很好的社会政治小说，大家都应当认真地读一读；并说，“你不读《红楼梦》，怎么晓得什么叫封建社会呢？这部小说描写的是乾隆年间，清朝开始走下坡路，曹雪芹借贾、史、王、薛‘四大家族’的兴衰，揭示了封建制度的腐败。”他还批评了书中贾宝玉、林黛玉、贾珍、贾琏以及王熙凤等人的性格和生活作风，指出这些封建社会里的老爷、太太、少爷、小姐们，他们既是维护封建统治的剥削者，又是瓦解封建制度的蛀虫和催化剂……

谈了以上这些以后，毛泽东又饶有兴趣地谈起了元代前期王实甫的《西厢记》。他讲了《西厢记》中张生和惠明的一段故事，说孙飞虎带兵围了普救寺，张生要找人出寺送信请他的朋友白马将军前来解围，可是一时间无人肯去，于是召开了群众会议，会上惠明挺身而出，把张生写的信送了出去，搬来了救兵，解了普救寺之围。他说“惠明见义勇为，勇敢胆大，是个坚定的人，希望中国多出些惠明”；又说“红娘是个有名的人物，她是个青年，是个奴隶，为了成全别人，自己受拷打，不屈服，反过来把老夫人责备了一顿”。他问薄一波，“你说，究竟是红娘的学问好。还是老夫人的学问好啊？”

薄一波笑着回答：“当然是红娘的学问好。”

“是嘛！”毛泽东说，“所以我们不要小看了地位低的年轻人。”

1960 年 12 月 24 日，毛泽东在人民大会堂接见了古巴妇女代表团和厄瓜多尔文化代表团，详谈了对中国的文化遗产应该如何继承和发展的问题。他说：

对中国的文化遗产，应当充分地利用，批判地利用。中国几千年的文化，主要是封建时代的文化，但并不全是封建主义的东西，有人民的东西，有反封建的东西。要把封建主义的东西和非封建主义的东西区分开来。封建主义的东西也不全是坏的。我们要注意区别封建主义发生、发展和灭亡不同时期的东西。当封建主义还处在发生和发展的时候，它有很多东西还是不错的。反封建主义的文化也不是全部可以无批判地利用的，封建时代的民间作品，也多少都还带有封建统治阶级的影响。我们应当善于进行分析，应当批判地利用封建主义的文化，而不能不批判地加以利用。反封建主义的文化当然要比封建主义的好，但也要有批判、有区别地加以利用。我所了解的是这样，我们现在的方针是这样。至于充分利用文化遗产，我们现在还没有做到。中国古典著作多得很，现在是分门别类地在整理，用现代科学观点逐步整理出来，重新出版。

12 月 24 日至次年 1 月 13 日，中共中央在北京召开工作会议。

12 月 25 日，朱德委员长再次致函中央和毛泽东，提出农业生产一定要因地制宜，不能强求一律……

1960 年就要过去。这一年，虽然人们在大跃进的轨道上继续前行，期冀着国民经济会实现新的“跃进”，然而当寒冷的冬天再一次降临到中国的大地时，真实的情况又一次无情地将更严重的苦果抛在了六亿五千万中国人民的面前！

固然，由于苏联背信弃义撕毁援助协定、撤走援建专家，中国的受援项目大部分报废或停工、停产，造成了中国经济发展的严重受挫，再加上各种严重的自然灾害，愈发阻碍了中国经济向前发展的速度和脚步。但更主要的原因是，中央政策和国家经济建设指导方针的脱离实际与失误。

农业继续大幅度减产，粮食总产量降到 2870 亿斤，比 1959 年减少 530 亿斤；棉花比上年减少 1292 万担，油料减少 52%，生猪减少 32%，轻工业产值也下降了近 10%。唯独重工业比上年增长了26%，其中钢铁增产近500万吨，总产达到1860万吨。

面对现实，中国人民是努了力的，中央和政府也是想了许多办法的，毛泽东更是夜以继日、废寝忘食地工作。赫鲁晓夫却在中国经济发展严重受挫的紧要关头，逼迫中国偿还外债。毛泽东咬紧牙关，带领全国人民勒紧裤带，将中国的大量生猪和其他农产品运往苏联，以偿还抗美援朝时所用苏联武器的大笔折款……

朔风凛冽雪飞纷，长城内外云低沉；
北京街头车瑟瑟，中南海里柏森森。

1960年12月26日，是毛泽东67岁的生日。临近中午时，躺在丰泽园菊香书屋紫云轩内大木床上的毛泽东虽然眼睛还在看文件，脸上却流露出一副若有所思的神情。后来，他将文件放在床头的书籍堆上，低声招呼值班卫士："小封，我起来吧。"

封耀松照顾毛泽东穿衣起床后，毛泽东破例没有到屋外去散步，而是直接走到沙发那里坐下来，仍然心事重重地沉思默想，时而呼出一两口沉闷的粗气。

封耀松给毛泽东沏了茶水，小声问："主席，给你煮点儿麦片粥吧？"

毛泽东摇摇头，靠坐在沙发上，用手指一指办公桌上的香烟盒。封耀松知道毛泽东要吸烟，便拿了烟盒递给他，并划着了火柴。

毛泽东吸着烟，想了想才说："小封，你去把子龙、银桥、高智、敬先、林克和东兴同志叫来，今日在我这里吃饭。"

下午，叶子龙、李银桥等7人同毛泽东围坐在菊香书屋东厢房内的一张饭桌旁吃饭。没有酒，没有肉，只是几个菜里多放了一点油。毛泽东将拿在手中的筷子伸向菜盘，没等夹起菜来又忽然放下，用目光扫视着身边的人们……

汪东兴、叶子龙、李银桥他们也都放下了筷子。

毛泽东语气沉重地说："今日是我的生日，我已经 67 岁了。今日请你们来，你们都是我身边的人，大家在一起吃一顿饭。可是现在老百姓遭了灾，衣食无着，受冻挨饿，我心里难受啊……"

毛泽东的话充满了悲伤和苍凉，坐在他身边的人都感到了一种巨大的无形的压力……

毛泽东继续说："我建议你们都去搞些调查，那里到底有什么问题啊？为什么会是这个样子啊？把情况反映给我。"

大家都静静地听着，毛泽东又缓慢地说："我在中央工作会议上公开讲了，要大兴调查研究之风，明年要成为实事求是年。你们是我身边的人，人民公社、大跃进、大办食堂，到底好不好？你们下去，听听群众有什么意见。告诉我，要讲真话。"

众人都无声地点着头，一个个神情肃然。

毛泽东先用手指向叶子龙，又指一指李银桥："子龙、银桥，你们带头下去，先去山东，开展广泛调查研究，把真实情况反映给我。"

叶子龙和李银桥说："是，主席。"

毛泽东转脸又问封耀松："小封呵，你去不去？"

封耀松应道："去！"

毛泽东点头："那好，那好。"

汪东兴表示："主席，我们都去……"

"你刚上来，这次就不要去了。"毛泽东重新环视他身边的每一个人，目光忽然变得锐利、声音变得很严厉："要讲真话，不许讲假话，不许隐瞒欺骗！"

叶子龙等人用力点头："主席放心吧，我们讲实话。"

1958年，毛泽东和身边工作人员在武汉东湖宾馆散步。左起：李连成、罗光禄、张仙朋、毛主席、封耀松。

这时，李银桥蓦然想起了毛泽东批评那些有意无意说了假话的省委书记和某些地方领导同志："你们是放'卫星'还是放空炮？你们那个10万斤，我当时就讲了不可能，你们还是在报纸上捅出去了！"

这一顿饭，毛泽东没吃几口便放下了筷子，他吃不下去。大家也吃不下去，纷纷放下了筷子……

夜里，封耀松用电炉子给毛泽东煮了一茶缸麦片粥，劝他喝下去，然后劝他睡一觉。

"困不着啊！"毛泽东的说话声带了悲凉的音调，"全国人民遭了灾，我哪里困得着么……"他又讲起了中国历史上的一些大灾荒，讲了当年红军在井冈山、在长征路上吃草根、啃树皮的艰苦斗争生活，讲他的理想、抱负和追求……

夜很深了，毛泽东放下手中的文件，用铅笔写了一封信：

林克、高智、子龙、李银桥、王敬先、小封、汪东兴七同志认真一阅：

除汪东兴外，你们六个人都下去，不去山东，改去信阳专区。那里开始好转，又有救济粮吃，对你们身体会要好些。我给你们每人备一份药包，让我的护士长[①]给你（们）讲一次，如何用药法。淮河流域气候暖些，比山东好。一月二日去北京训练班上课两星期，使你们有充分的思想准备。请汪东兴同志作准备。你们如果很饥饿，我给你们送牛羊肉去。

信阳报告一件，认真一阅。

毛泽东

十二月二十六日，我的生辰，明年我就有六十七岁了，老了，你们大有可为。

12 月 27 日，叶子龙和李银桥等人传看了毛泽东写的信和

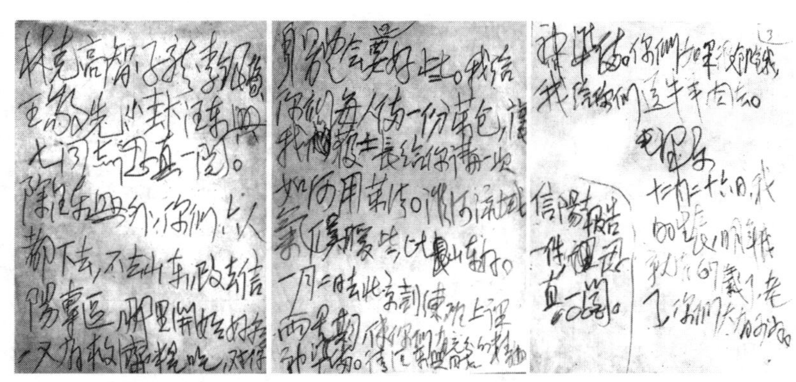

1961年毛主席给身边工作人员的一封信的手迹。

河南信阳地区写给中央的一份报告，然后就各自开始准备行装

① 护士长，指吴旭君。

了……

李银桥和王敬先、封耀松都不在身边了。晚上的时间，毛泽东特意对留下来的张仙朋说："我不吃猪肉了，也不吃鸡了……"

张仙朋说："主席，我不赞成你这样！"

毛泽东却说："这不是要你赞成不赞成的问题，是要你执行呢！"并说，"猪肉和鸡要出口换机器……"

张仙朋问："那你吃什么？"

毛泽东说："我看有米饭、有青菜、有盐有油，就可以了。"

张仙朋心疼毛泽东，但他更知道，毛泽东说了的就要办、就要严格执行……

12 月 30 日晚饭后，中央政治局的同志到毛泽东的住处来开会。毛泽东在各中央局汇报工作时再次做了重要插话，内容主要涉及城乡经济建设中的价格问题、退赔问题、等价交换问题、自由市场问题和注意抓轻工业……

夜深了，张仙朋和服务人员商量：趁着开会，给中央领导同志做些包子，多少放点猪肉，这样也能使毛主席吃上几口……

服务人员这样做了。当张仙朋把包子送去以后，没多长时间，周恩来走出来悄悄问张仙朋等人："主席说了不吃猪肉，包子里怎么放肉了？"

张仙朋说："主席几天没有吃肉了，今天开会，我们想让主席和政治局的同志一起吃点儿……"

周恩来听了，先是点点头，随后又很严肃地说："以后没有主席的话，可不要搞了！"

张仙朋等人只得答应下来。

12 月 31 日晚，中央在北京饭店举行"辞旧迎新"聚餐会。毛泽东特意请了外地来京的一些省委的主要负责人张平化、刘建勋、江渭清、江华、叶飞、周林、黄岩、黄火青、杨尚奎、陶鲁茄、阎红彦和他坐在一起，听取他们的汇报，了解各地情况，边吃边谈，直至深夜……

这一年，毛泽东的次子毛岸青和刘松林的妹妹少华结婚了；也就在这一年，毛泽东的大女儿李敏生了一个男孩，很得毛泽东的喜爱。

第二篇

动员全党调查研究，认真纠正“共产风”
卧薪尝胆上下求索，带领人民闯难关

◎ 刘少奇在讲这些话的时候，整个会场上鸦雀无声。毛泽东听得非常清楚，但也只是默默地吸烟，脸上没有流露出任何表情变化。但许多人都知道，拿九个指头和一个指头的关系，来比喻工作中的成绩和缺点错误的关系，是毛泽东第一个提出来的，而且经常这样讲……现在，刘少奇一改毛泽东的这个说法，并且是在有 7000 人参加的扩大的中央工作会议上这样尖锐地提出问题，特别是讲了“三分天灾，七分人祸”这样颇带刺激性的话，使许多人不同程度地感到“惊讶”，同时也或多或少地预感到了问题的某种“严重性”……

11. 开八届九中全会　毛泽东再次离京

1961 年 1 月 1 日夜。

北京天安门广场上华灯闪烁，天安门城楼上的八盏硕大的红灯笼在一面面飘动着的红旗的映衬下熠熠生辉。向西不远处，在西长安街北侧，中南海的新华门前，夜光下凛凛肃立着认真执勤的中央警卫团的解放军战士。他们，在保卫着党和国家领导人的安全……

这时，中南海内各处的灯光有的已经熄灭了。毛泽东居住的丰泽园中，菊香书屋院内东西厢房里的灯也熄了，北面正房毛泽东的办公室里也不见了光亮，只有作为毛泽东书房兼卧室的紫云轩房里的灯还亮着。凡是在中南海里工作的人都知道，毛泽东书房里的灯每每会亮到东方红、太阳升……

因为明天就要去集中学习了，毛泽东的卫士长李银桥怎么也睡不着觉，便从丰泽园内菊香书屋的后院房中起身，轻步走向了紫云轩。中途，他碰上了也是来看望毛泽东的叶子龙和高智。这时候 3 个人见了面谁也不说话，只是彼此间相互微微一笑，便一同走进了毛泽东的书房……

“你们来了？”依然坐在办公桌前工作的毛泽东似乎知道他们要来，放下手中的文件，微笑着招呼他们在沙发上坐下来，“我晓得你们要来，白天不好来，夜里肯定要来的……”

“主席，我们再陪陪你……”叶子龙首先说，“这么多年了，从延安到西柏坡，再到北京，我们没有离开过你呀……”

“主席……”李银桥的眼睛里含了泪花，“我不是不想下乡，我是舍不得离开你……”

“我也是……”没等高智把话说完，毛泽东便挥手打断了他

1962年4月19日，毛泽东与身边工作人员合影。左起：李银桥、沈剑心、毛泽东、刘栩然、叶子龙。

们的话："我也晓得呢！但是我讲了，今年要成为实事求是年，要成为调查研究年。你们是我身边的人，你们不下去谁下去？连我也要下去呢！"又说，"又不是不回来了。下去以后要做认真调查，把各方面的真实情况记录下来，看看到底发生了哪些问题，回来向我汇报。"

"我们一定认真去做！"叶子龙说，"按照主席的指示，把下面的真实情况如实地反映给主席。"

"这就好。"毛泽东吸着烟说，"我就不相信中国的事情办不好！只要下决心，只要情况明，只要大家一条心，天塌下来扶之直，地陷下去也能抚之平么！"

毛泽东的话，给了3个人比以往任何时候都更大的勇气和信心。

毛泽东又说："你们也晓得，我们国家现在的情况很困难，也很复杂。不像当年同蒋介石打仗，那时比较注意搞调查，情况比较清楚，搞革命那一套我们比较熟悉，问题也比较单纯。

解放后开头几年还可以，第一个五年计划也还比较成功，后来这几年虽然也做了一些调查研究，但是不够，对情况不甚了解。庐山会议以后，又刮起了‘共产风’，急于过渡，搞了几个大办。大办水利、大办钢铁、大办铁路、大办农业、大办社有企业，怎么能大办？这次中央工作会议上情况比较明了，决心逐渐大了。当然也有参差不齐，有的同志说搞‘共产风’是破产还债。听起来这句话不好听，实际上就是要破产还债。我们是马列主义者，用平调的办法，建立社有、公有经济，这是剥削农民。国营经济用不等价或降价的方式收购农民的东西，也就是剥削了农民，必须要改过来……”

“主席太辛苦了……”叶子龙不想再继续打扰毛泽东，便一边感叹着，一边说道，“现在经济困难，各方面条件差，你得多增加些营养，平时多注意休息……”

高智也说：“主席，你不同我们年轻人……”

李银桥说：“请主席多保重，我都交代好了，你的工资、稿费、衣服、饮食起居……”

“我都晓得……”毛泽东说，“你们下去以后，这里还有汪东兴呢！这样吧，天亮以后你们要下去的几个人都来，我们在一起照张相……”

这一夜，毛泽东和叶子龙、李银桥、高智等人，谁也没有合一下眼。叶子龙和李银桥、高智离开后，毛泽东又对中央转发河南信阳地委关于整风、生产救灾情况报告的指示稿写出批语并进行了修改……

1 月 3 日，毛泽东在李富春汇报计划问题的会议上做了重要插话，认真讲了关于发展农业、搞好计划和经济体系、炼钢等问题。谈及 1961 年国内的基本形势，毛泽东说：“今年可能是就地踏步，休养生息。”

1 月 4 日，毛泽东与中国社会科学院社会科学部文学研究所所长何其芳一起讨论了《不怕鬼的故事》一书的“序言”。

在菊香书屋，毛泽东对何其芳说：“我还是那几句话，我们共产党人是代表广大人民群众的根本利益的，因此我们不怕天、不怕地、不怕神、不怕鬼，什么帝国主义、修正主义、各国的反动派，统统奈何不得我们！让国内的一切右派分子和世界上的一切反华势力都跳出来表演吧，我断定，他们这些人最终都是要失败的……”

次日，毛泽东乘飞机离开北京到了杭州。

到杭州后，毛泽东特意嘱咐他身边的工作人员和服务人员，在他吃的饭菜里不许放肉、不许放鸡蛋。随行人员实在不忍心看着毛泽东这样严格地约束自己，便一起去向毛泽东说：“主席，您这样下去，会把身体弄垮的，全国人民每人省下一口也愿意让您吃得好一点……”

毛泽东坚决不答应，并说：“全国的老百姓都是这样，我一个人吃了不舒服啊！”

1 月 8 日，毛泽东在杭州听取了江华、林乎加等人的工作汇报。在听取汇报时，毛泽东多次插话，着重讲了农村工作中的退赔问题、瞎指挥问题、自留地问题和调查研究等问题。

次日，毛泽东在杭州主持召开中央工作会议。在听取各方面同志的工作汇报时，毛泽东多次做重要插话，主要讲了党政干部三大纪律、八项注意的问题，还讲了计划问题、生活问题和钢的产量等问题。

当河北省的刘子厚汇报了河北省在整风整社中发现了两个县存在的严重问题时，毛泽东强调：“在三类县、社、队不能依靠原来的干部，这些人是假共产党、真国民党。前年庐山会议，没有意识到有 20% 的县、社、队烂掉，被夺了领导权。”同时指出，“河南 1959 年就说有 450 亿斤粮食，实际只有 240 亿斤，210 亿斤是假象，我们被这种假象弄得迷糊了。事物反映到我们脑子里，要加以分析，去伪存真，去粗取精，由表及里，由此及彼，抓住本质。我们要透过现象看本质，不要被假象所迷惑，要反映真正的客观实际。这几年，我们在许多工作中缺乏一种谨慎的和实事求是的态度。为某些假象所迷惑，值得我们注意。当然，我们的认识只能大体上接近客观实际，力求缩小同客观实际的距离。”

在此期间，毛泽东继续认真筹备着即将召开的党的八届九中全会……

1 月 11 日，是太平天国起义 110 周年的纪念日。

这天，经毛泽东多次关注的太平天国历史博物馆，在曾经作为太平天国首都的南京成立。

次日，在返回北京的飞机上，毛泽东给他的秘书、中央政治研究室副主任田家英写了一封信，要他组织三个组分别到浙江、湖南、广东省的农村去搞调查研究。

飞机在飞行中，透过舷窗向外望去，万里天空一片白云缭绕。毛泽东坐在窗前默默地吸着烟，心潮起伏犹如机舱外缭绕的云海，久久不能平静……

1 月 14 日至 18 日，回到北京后的毛泽东在人民大会堂主持召开了党的八届九中全会。

会上，毛泽东多次讲话。他说：

“做工作要有三条：一要情况明，二要决心大，三要方法对。这里情况明是第一条，这是一切的基础。情况不明，一切都无从谈起，这就是要搞调查研究。

“我们党有实事求是的传统，就是将马列主义的普遍真理跟中国实际相结合。过去抗日战争时期、解放战争时期，调查研究比较认真，实事求是，从实际出发，情况明了，决心就大，方法就对，解决的措施也较有力。这些年来，这种调查研究工作不大做了。我们的同志不做调查研究工作，没有基础，没有底，凭感想和估计办事。只有正确的方针政策，但情况不明，决心不大，方法不对，还是等于零。郑州会议讲不能一平二调，方法是对的，说不算账，不退赔，这点不对。上海会议十八条讲了要退赔，紧接着我批了浙江、麻城的经验报告。1959 年三、四月，我批了两万多字的东西，现在看来，光打笔墨官司，不那么顶用。他封锁你，你情况不明，有什么办法？那时省委地

1961年1月，毛泽东在北京举行的中共八届九中全会上讲话，要求全党大兴调查研究之风，1961年要搞个实事求是年。会议正式批准对国民经济实行“调整、巩固、充实、提高”的八字方针。（新华社稿）

委的同志也不那么认识‘共产风’的危害性。有的同志讲郑州会议是压服，不是说服，思想还有距离，所以决心不大，搞得不够彻底……

“请同志们回去大兴调查研究之风，一切从实际出发，没有把握，就不要下决心，调查研究这种事极为重要，要教会许多人。1961 年要成为调查研究年，搞一个实事求是年。

“搞社会主义建设不能那么急，十分急搞不成，要波浪式前进。明后年，搞几年慢腾腾，搞扎实一些，然后再上去，指标不要搞那么高，把质量搞上去……

“要提高管理水平，提高劳动生产率。要缩短工业战线，重工业战线，特别是基本建设战线。要延长农业战线，轻工业要发展。重工业除煤炭、矿山、木材、运输之外，不搞新的基本建设。”

会议进行中，毛泽东把发生在农村里的一些事情上升到了“阶级斗争”的高度：

“凡是问题比较大的地方，领导权被地、富、反、坏分子篡夺了，实际上是打着共产党的招牌，干国民党地主阶级的事情，是国民党、地主阶级复辟。对政权被敌人篡夺的，要进行夺权斗争。”

毛泽东还讲了以下的话，更为在座的一些人始料未及：

“我们党内也有代表地主、资产阶级和小资产阶级利益的人！”

全会听取和讨论了李富春做的《关于1960年国民经济计划执行情况和1961年国民经济计划重要指标的报告》，正式批准了“调整、巩固、充实、提高”的方针。

全会审议的1961年国民经济计划重要指标，农业总产值为655亿元，粮食产量为4100亿斤，棉花产量为3200万担，钢产量为1900万吨，煤产量为43600万吨。

会议进程中，中央为了加强对地方的统一领导，决定成立6个中央局。陶铸任中南局第一书记，宋任穷任东北局第一书记，李井泉任西南局第一书记，刘澜涛任西北局第一书记，李雪峰任华北局第一书记，柯庆施任华东局第一书记。

1月18日，中央八届九中全会结束。临闭会前，毛泽东再一次对大家说：

“一九六一年，劝同志们大兴调查研究之风，一切要从实际出发。”

中共八届九中全会结束了。整个会议总的使人们感到，毛泽东的思想认识又回到了庐山会议以前的状态了。他在挫折和失败中看到了问题，不断地检查错误，总结经验教训，重新制定党的方针政策，特别是想解决农民的问题。他主张在1961年搞一个调查研究年，从根本上做起，以便做出符合中国社会主义建设实际的决策。大家同时共同认识到，这是毛泽东在国家经济困难时期勇敢地带领全党和全国人民努力发展自己国家独特的经济建设而继续前进的一个重大步骤，也是一位伟大的马克思主义思想家、政治家的真知灼见。

1月20日，在毛泽东的亲自领导下，中共中央做出了关于调整管理体制的若干暂行规定。规定的目的是要实现集中统一，以利于克服经济困难。

规定的主要内容有：经济管理大权应集中到中央、中央局和省、市、自治区党委三级；1958 年以来各省及中央各部下放给地、县、公社和企业的人权、财权、商权和工权，放得不适当的一律收回；中央各部直属企业的行政管理、生产指挥、物资调度、干部安排的权力，要统归中央主管部门，国防工业一律由国防工委直接领导，全国铁路由铁道部统一管理和集中指挥；在全国范围内组织平衡的重要物资，均由中央统一管理和统一分配；财权必须集中，各级都不许搞赤字预算，货币发行权归中央；国家规定的劳动计划，各部门各地方都不许突破；所有生产、基建、收购、财务、文教、劳动等各项工作任务，都必须执行全国一盘棋、上下一本账的方针，不得层层加码……

在调整管理体制的同时，国家计划委员会对 1961 年基本建设计划也进行了调整。原定投资为 167 亿元减为 129 亿元，比 1960 年减少 216 亿元，施工的大中型项目由 900 个减为 771 个，加上已施工的 325 个，共 1096 个，比 1960 年减少 739 个。

这些规定应该说是很有必要和具有积极意义的，但是各种制度一旦实际形成后，自然会明显地表现出权力过分集中的现象，将使地方和企业没有了必要的自主权，不利于调动地方和企业自身的积极性，这又给国家新的经济计划实施留下了隐患……

当天晚些时候，毛泽东将他早年写的一篇文章《调查工作》[①]让田家英负责重新打印好之后，又给田家英写了一信：

田家英同志：

（一）《调查工作》这篇文章，请你分送陈伯达[②]、胡乔木各一份，注上我请他们修改的话（文字上，内容上）。

---

①《调查工作》，毛泽东 1930 年所写，1964 年收入《毛泽东著作选读》时，题目改为《反对本本主义》。

②陈伯达，时任毛泽东的政治秘书、中央政治研究室主任。

（二）已告陈胡，和你一样，各带一个调查组，共三个组，每组组员六人，连组长共七人，组长为陈、胡、田。在今、明、后三天组成。每个人都要是高级水平的，低级的不要。每人发《调查工作》（一九三〇年春季的）一份，讨论一下。

（三）你去浙江，胡去湖南，陈去广东。去搞农村。六个组员分成两个小组，一人为组长，二人为组员。陈、胡、田为大组长。一个小组（三人）调查一个最坏的生产队，另一个小组调查一个最好的生产队。中间队不要搞。时间十至十五天。然后去广东，三组同去，与我会合，向我作报告。然后，转入广州市做调查，调查工业又要有一个月，连前共两个月。都到广东过春节。

毛泽东

一月二十日下午四时

此信给三组二十一人看并加讨论，至要至要！！！

毛泽东又及

至此，中央任命的毛泽东身边的 5 大秘书除叶子龙、江青外，便都在毛泽东的分派下离开了北京，分头到毛泽东指定的省份去做农村调查了……

1961 年 1 月 22 日，毛泽东在中南海颐年堂的西小厅与西藏班禅大师谈话，称佛教的《金刚经》很值得一看，很想研究一下佛学……

次日，毛泽东对何其芳写的《〈不怕鬼的故事〉序》做出修改。

24 日，毛泽东再看了何其芳编著的《不怕鬼的故事》一书的样稿，认为可以了，便给何其芳写了一封信：

此件看过，就照这样付印。付印前，请送清样给刘、周、邓、周扬、郭沫若五同志一阅，询问他们是否还有修改的意见。出书的时候，可将序文在《红旗》和《人民日报》上登载。另请着手翻成几种外文，先翻序，后翻书。序的英文稿先翻成，登在《北京周报》上。此书能在二月出版就好，可使目前正在全国进行整风运动的干部们阅读。

第八页第一、第二行有一点修改。

晚上，毛泽东会见了来华访问的日本社会党国会议员黑田寿男。

1 月 26 日，下大决心要搞实际调查的毛泽东再次乘专列离京南下。与此同时，刘少奇、朱德、陈云和已经回国的周恩来也分别率领着各自的调查组离开北京去外省调查……

离开了北京的毛泽东于 1 月 26 日当天首抵天津。在听取刘子厚的汇报时，毛泽东插话说："今年这一年要大兴调查研究之风，没有调查研究是相当危险的。"并说，"水是浑的，有鱼没鱼不知道。要大兴调查研究之风，要把浮夸、官僚主义、不摸底这些东西彻底克服掉。过去几年不大讲调查研究了，是损失。不根据调查研究来制定方针、政策是不可靠的，很危险。心中也无数，数字也许知道，实际情况并不知道。"同时指出，"成绩、缺点要两面听，两点论嘛！成绩、缺点，正面、反面，光明面、黑暗面，已经认识了的世界和未被认识的世界等等，一万年也是这样。"

次日，毛泽东到达济南，第 3 天抵达蚌埠。

毛泽东一路视察，一路做调查研究，认真听取各省、市同志的汇报。

1 月 29 日，毛泽东乘专列到达南京。

在听取江苏省委第一书记江渭清等人的汇报时，毛泽东督促大家尽快到基层去，到群众中去搞调查研究，以克服官僚主义，克服盲目性、片面性。他言简意赅地对江渭清等人说：

"水是浑的，有鱼无鱼不晓得。要大兴调查研究之风，要把浮夸、官僚主义、不摸底这些不是共产党的坏作风彻底克服掉。过去几年里不大讲调查研究了，是个损失，不根据调查研究定出来的方针政策是不可靠的，很危险。”

又说：

“上级的局限性，是不易了解下情，比较空。下级的局限性，是比较片面，不了解全局。领导不可能样样清楚，要抓典型，弄清楚个把县、公社、生产队。”

1月30日至31日，毛泽东在上海。

2月1日，毛泽东乘专列又一次到达杭州……

2月6日，毛泽东在杭州汪庄住地听取了浙江省委负责人江华、霍士廉、林乎加和李丰平等人的工作汇报。

林乎加是浙江省调查组的负责人。在听取了他对农村工作情况的汇报后，毛泽东说：“县、社规模太大，大了搞不好，管不过来。几年来并县、并社，都是从上面方便着想的，不是从群众要求、从生产有利出发的。浙江有600个公社，一分为二，1200个就好办了。”

林乎加说：“主席想得全面。”

毛泽东又说：“生产队的规模也大了。我们中央有几个调查组，在你们浙江就有一个，让他们调查一个最好的生产队和一个最坏的生产队，不要只钻到一头，好就好得不得了，坏就坏得不成话，应该有好有坏，这样才能全面。关于生产队规模问题，他们反映，生产队管的小队太多。田家英同志调查的那个队就管11个小队，有几十里宽。这里的农民不知道那里的农民搞些什么事情，这怎么行呢？我看一个生产队管不了这么多，太大了。在一个基本核算单位里，有富的、中的、贫的，这就有问题，群众就不满意。小队就是过去的初级社。我看把小队改成生产队，把生产队改成大队，明升暗降。原来的小队变成生产单位和消费单位。”

对于这次谈话，江华等人认真做了谈话笔录。毛泽东最后说：“你们省委认真研究一下，把核算单位放在过去的初级社好，还是放在过去的高级社好？就是说，放在生产小队好，还是放在生产队好？”

接下来，毛泽东又谈到了农民吃大食堂的问题：“食堂划小为好，几户人家办一个，大了恐怕对生产不利。要多样化，有长期食堂，有农忙食堂，也有自己烧饭。办食堂一定要适合群众的要求。总而言之，不论办什么事一定要适合情况，适合情况了就能增产，适合情况了群众就高兴。”

这次在杭州，毛泽东没有去西湖边散步，没有去爬玉皇山，也没有再到钱塘江，而是又一次去了无锡农村，并对随行的江渭清、江华等人说：“尽快组织人员下去调查，摸一摸改变基本核算单位的问题……”

2 月 8 日，毛泽东再次与浙江省委的几位领导同志谈话。这次谈话，有田家英和浙江省委的副秘书长薛驹参加。

人都到齐以后，毛泽东问：“有没有希望？整好社，去掉‘五风’，能不能达到你们的指标？”

江华说：“今年浙江全省的粮食产量争取达到 160 亿斤。”

毛泽东说：“落后的地方要找落后的原因，是天灾？是人祸？嘉兴魏塘公社和合生产队亩产量只有 291 斤，主要是‘五风’瞎指挥，要去掉这些因素，恢复大概要两三年。”

江华说：“快的话，一两年也行。”

毛泽东说：“退赔，有没有决心？”

林乎加说：“决心退赔，破产退赔，哪一级决定的，哪一级负责。”

毛泽东说：“这个办法好，谁决定的，谁负责赔。问题是中央、省、地、县四级有没有决心。单是中央和省有决心还不行，地、县有没有决心就搞不好。地、县有了决心，即使有些公社、生产队没有搞好，也是时间问题。要使他们真正懂得共产主义和社会主义的区别，全民所有制和集体所有制的区别，等价交换，不能剥夺农民。我们只讲过剥夺地主，哪里讲过剥夺农民？”

江华说：“这种思想是反动的。”

毛泽东加重了语气说：“是的，是最反动的，不是建设社会主义，而是破坏社会主义。”

接下来，毛泽东又同大家谈了反“五风”和农民的“自留地”问题、改变农业生产的基本核算单位问题、社会主义革命和社会主义建设问题。在谈及社会主义革命和社会主义建设的问题时，毛泽东追述了中国革命的历史，并说：“民主革命经过了长期艰苦的道路，从鸦片战争算起，到1949年，有109年，中间犯了许多错误，到‘七大’才一致起来。转入社会主义革命，很多人没有思想准备，很多人不是为社会主义而参加我们队伍的。有些人为了个人目的，为了发财，分土地，为了逃命。逃命的人不一定都是共产主义者。总是要变的，现在正在变化，到了一定时期又要变化。像细胞分裂一样，不断变化。要抓紧干部的教育，使他们懂得什么是共产主义，什么是社会主义。全民所有制，集体所有制，这都是社会主义性质的。自留地是个人所有制的尾巴，并不危险。不懂得社会主义革命和社会主义建设这些道理，就会死人的。今年、明年两年，要搞好一点，事情就好办了。”

谈话中，田家英提出最好能搞一个人民公社工作条例，毛泽东说：“这个建议很好。”

2月9日，毛泽东乘专列离开杭州。

次日，毛泽东再次到江西向塘。

在专列上，毛泽东同上专列来汇报工作的江西省委领导杨尚奎、邵式平、方志纯、刘俊秀等人进行了长时间的谈话。

2月11日，毛泽东停车长沙。在专列上，毛泽东听取了张平化、胡继宗、周礼和中央派往湖南进行农村工作调查的胡乔木的联合汇报。

谈到人民公社的体制问题时，毛泽东说：“我看，你们几个社也大了，队也大了。大体上一个社划成三个社比较恰当，就是以乡为单位。”

在谈到基本核算单位的问题时，毛泽东说：“究竟是队为基础好，还是下放到小队为基础好，有人提出这样的疑问。因为现在队底下管的小队多，而小队就是过去的初级社。有三种方案：一种方案就是现在的这种方法，队为基础，比较大的队平均三四百户。这种方案在一些地方是否适宜还值得研究，这么大，从东到西，从南到北，老百姓自己不清楚。小队里边又分三种情况，比较富的，比较自保的，比较穷的，统一分配，结果就是吃饭拉平，工分拉平。第二个方案，就是把现在这个队划成三个队，使经济水平大体相同的小队组成一个基本核算单位，不要肥的搭瘦的。肥瘦搭配，事实上是搞平均主义，吃饭平均主义，工分平均主义。山区还要小，只有几十户，二三十户，三四十户一个生产队……"

第二天下午，毛泽东在张平化、罗瑞卿、汪东兴等人的陪同下，带了随身卫士张仙朋，几个人一起登临岳麓山。

在山顶，毛泽东抖掉了披在他身上的深蓝色呢大衣，放眼吐着微微寒气的湘江水，伫立风中，大口地呼吸着清新的空气，许久才说出了一句话："湘江北去，时光不再，岁月不饶人啊！"

面对毛泽东的感叹，罗瑞卿一时不知说什么。汪东兴上前一步，笑着对毛泽东说："主席身体健康得很，还能领导我们这些人继续革命 40 年！"

"老了！"毛泽东不自然地笑了笑，说，"可我又不服老，30 年不行，再干 20 年、10 年总可以吧？我总希望在我有生之年，多为人民办些事情，多为党做些工作……"又说，"这也叫'老骥伏枥，志在千里'吧！要想办法把中国的事情办好，把老百姓的事情办好……"

登山归来，毛泽东没有直接返回到专列上，而是在张平化和胡乔木等人的陪同下，到了长沙郊区几个人民公社的生产队，亲自了解那里的生产情况和社员们对吃"大食堂"的意见。在同社员们的座谈中，毛泽东了解到了社员们的一些真实想法和实际中存在的诸多问题。办公共食堂，家里的老人和孩子没人照顾和料理，吃不饱，干部们多吃多占，本来就没有多少粮食，吃的全是"瓜菜代"，个别生产队就连预留的一些种子粮也被干部们偷着分吃了，有的社员为了生存倒腾一点儿自留地里生产的东西，也被说成是"投机倒把"挖社会主义墙脚，东西没收人挨斗……

听了这些，毛泽东怅然了……

当天夜间，毛泽东在专列上，又同张平化和胡乔木两个人进行了长时间的个别谈话。

在谈话中，胡乔木提出了一个大胆的设想："可以考虑把现在的公社变成区联社，恢复区委，大队变成公社。"

毛泽东问："那么小队变成生产队？"

胡乔木说："叫小队也可以，叫生产队也可以。"

毛泽东纠正说："不要叫小队，叫生产队。"

谈话后，毛泽东命令立即开车。汪东兴问："往哪儿开？"

毛泽东说："去广州！"

列车在行进中，周恩来给毛泽东打来电话，通报了刚果（利）总理卢蒙巴被杀害的消息。毛泽东带着一路的思考乘专列抵达广州。

2 月 15 日，是中国农历的大年初一。

在广州，毛泽东听取了陈伯达、胡乔木、田家英和陶铸、廖鲁言等人的农村调查报告，开始主持起草人民公社工作条例。

1964年10月，毛泽东、周恩来在北京机场同女民兵合影。（新华社稿）

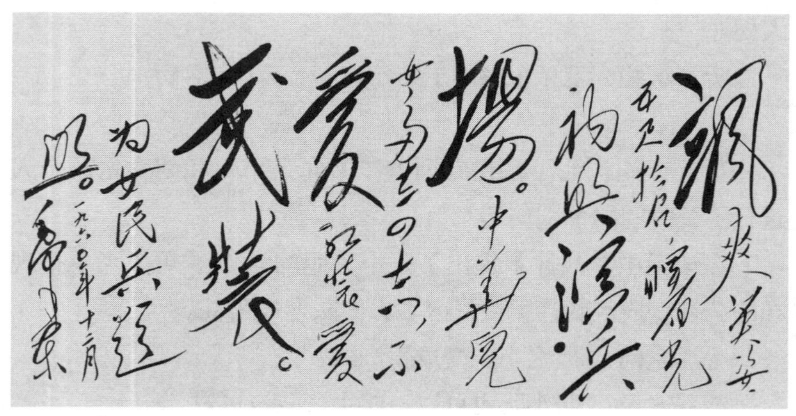

毛泽东手书《七绝·为女民兵题照》

他下决心要把中国农村的事情办好!

胡乔木参加了人民公社工作条例的起草工作。

在起草人民公社工作条例的同时，毛泽东主持召开了中央工作会议。出席这次会议的人员除了中央的一些领导同志之外，还包括：陶铸、陈伯达、胡乔木、田家英、廖鲁言、赵紫阳、邓力群、许立群和王力等人。

在中央工作会议上，毛泽东再一次对大家说：

“省、地、县、社的第一书记，都要亲自动手。不做好调查工作，一切工作都无法做好。第一书记亲身调查很重要，足以影响全局。”

临近月末的一天，毛泽东看了放在他办公桌上的一张女民兵习武的照片，很感兴趣，随即坐在桌前提笔写了一首《七绝·为女民兵题照》：

飒爽英姿五尺枪，曙光初照练①兵场。

中华儿女多奇志，不爱红装爱武装。

① 练，此诗1963年12月发表时将“练”字改为“演”。

12. 制定《农业六十条》　日理万机不辞劳

1961 年 3 月。

这时的广州城风貌依旧。流经市区的珠江水还像往常一样，负载着一艘艘货轮和一只只扬起了风帆的渔船悠然地由西向东倾泻着。坐落在珠江北岸海珠广场上的解放纪念碑，栉风沐雨，在明媚阳光的照射下巍然屹立，向前来瞻仰和走过这里的人们展示着它那造型粗犷而威武的身姿和风采……

广州，曾经是中华民族抵御外侮的前沿阵地，民族英雄林则徐在虎门焚烧过英国人用来麻痹、毒害中国人的鸦片；它又是中国现代史上大革命的发祥地，震惊中外的北伐战争就是从这里开始的；这里，也是中国共产党人曾经为之英勇奋斗过的地方，这里有中国共产党广东区委员会的旧址，有中华全国总工会的办公故地，还有毛泽东当年举办过的农民运动讲习所……

浩浩珠江东逝水，又是春暖花开时。

这时毛泽东在广州，除积极组织人员抓紧时间认真起草人民公社的工作条例外，还多次亲自主持召开了中央工作会议。

在中央工作会议上，毛泽东再次讲起了调查研究的重要性：

"我们大部分人，包括我自己在内，都是调查研究不够。民主革命阶段，要进行调查研究，社会主义革命、社会主义建设阶段，还是要进行调查研究，一万年还是要进行调查研究工作，这个方法是可取的。

"凡是忧愁没有办法的时候，就去调查研究，一经调查研究，办法就出来了，问题就解决了。打仗也是这样，凡是没有办法的时候，就去调查研究。在第二次反'围剿'的时候，兵少党得很不好办，开头不了解情况，每天忧愁。我跟彭德怀两个人到白云山上跑了一天，察看地形，看了很多地方。我对彭德怀说，红一军团的四军、三军打正面，打两路，你的红三军团全部打包抄，敌人一定会垮下去。如果不去看呢？就每天忧愁，就不知如何打法。”

3 月 5 日，毛泽东在广东省委 3 号楼主持召开中央政治局常委扩大会议。出席会议的人员包括周恩来、朱德、林彪、邓小平、彭真、陈伯达、胡乔木和陶铸。

会议一开始，毛泽东首先回顾了郑州会议以来的一些情况，指出：

在庐山会议之前，我们对情况的了解还是比较清楚的，但在庐山会议之后就不大清楚了。因为庐山会议之后一反右，有人讲真实话，讲困难，讲存在的问题，讲客观实际情况等，都被认为是右的东西。结果造成一种空气，不敢讲真实情况了。相反就产生了另外一种情绪，不讲实际了，例如河南本来粮食产量只有240亿斤，他们说有400多亿斤，这都是反右反出来的。右是要反的，也不得不反，不反，对我们的工作就不利。庐山会议是要反右的，但是接着就在群众中反右，这就坏了。郑州会议的召开，是为了反“左”。凡是贯彻郑州会议精神比较彻底的省，工作就比较实一些。从3月到6月只反了4个月的“左”，如果继续反下去，那就好了。谁知道彭德怀在中间插了一手，我们就反右。右是应该反的，反右是正确的。但是带来一个高估产、高征购、高分配。这个教训值得我们吸取，这件事也教育了我们，反“左”中间插了一个反右，在群众中间一反，结果就反出一个浮夸风。庐山会议反右这股风把我们原来的反“左”割断了。

看来十二条下去以后，现在我们比较摸底了，粮食产量也落实了。去年北戴河会议以后，各省都注意安排生活了，那时就提出低指标、瓜菜代的方针。可是有些省就抓迟了，如安徽就抓迟了，山东就抓迟了，河南就抓迟了，甘肃就更抓得迟了，结果问题就多。这些省都抓得太晚了，对自己本省的问题估计不足。

反革命复辟、掌权，这也是一个经验教训。

还有几千万人搞工业，是个大问题。

会议中，周恩来汇报了有关钢、煤的生产情况和市场的供应问题，而毛泽东所讲的话题依然围绕着人民公社、粮食、食堂和农村工作条例……

3 月 7 日，毛泽东与湖北省委第一书记王任重谈话，内容涉及湖北省农村情况、整风整社和人民公社的体制等问题……

3 月 11 日，毛泽东在广州再次主持召开了有华东、中南、西南三个中央局和这三个中央局所属的省、市、区党委负责同志参加的会议。这次会议也被称为“三南会议”。

会上，毛泽东集思广益，要求大家进一步讨论人民公社的工作条例草案。

同日，毛泽东决定将他以前写的一篇《调查研究》的文章更名为《反对本本主义》，重新刊印了发给参加“三南会议”的人们。这篇文章，是毛泽东于 1930 年春季在福建龙岩搞调查时所写，他认为还适合当前的形势，便嘱人印发给了大家。

3 月 13 日，“三南会议”结束。

当天，毛泽东写信给正在北京主持召开东北、华北、西北 3 个中央局和 3 局所属省、市、区党委主要领导人参加的“三北会议”的刘少奇和周恩来，就人民公社内部严重存在的平均主义问题，严肃地向他们，并通过他们向参加“三北会议”的每一位同志指出：

大队内部生产队与生产队之间的平均主义问题，生产队（过去的小队）内部人与人之间的平均主义问题，是两个极端严重的大问题。希望在北京会议上讨论一下，以便各人回去

1961年3月，毛泽东在广州举行的中共中央工作会议上讲话。会议讨论制定《农村人民公社工作条例（草案）》。在此之前，毛泽东组织和领导三个调查组，深入浙江、湖南、广东农村调查研究。（新华社稿）

后，自己并指导各级第一书记认真切实调查一下，不亲自调查是不会懂得的，是不能解决这两个重大问题的（别的重大问题也一样），是不能真正地全部地调动群众的积极性的。我看你们对于上述两个平均主义问题，至今还是不甚了了。省、地、县、社的第一书记大都也是如此，总是不甚了了，一知半解。其原因是忙于事务工作，不作亲身的典型调查，满足于在会议上听地、县两级报告，满足于看地、县两级的书面报告，或者满足于走马看花的调查。建议研究一下我一九三〇年写的《关于调查工作》一文，那里提出的问题是做系统的亲自出马的调查，而不是老爷式的调查。我希望同志们从此改正，我自己的毛病当然要坚决改正。

3 月 15 日，毛泽东在广州继续主持召开了中央工作会议。

会议传达了毛泽东 13 日写给刘少奇、周恩来和参加“三北会议”的人员的信，审议通过了《农村人民公社工作条例（草案）》（即《农业六十条》），再一次印发了毛泽东 1930 年写的

《调查工作》(即《反对本本主义》)。会议还根据毛泽东的提议，通过了中共中央《关于认真进行调查工作给各中央局、各省、市、区党委的一封信》。

3 月 16 日，中共中央委员、国防部副部长陈赓因病在上海逝世。

惊闻噩耗，在广州的毛泽东坐在住所室内的办公桌前长时间默默地吸烟，侍卫在他身边的几名工作人员谁也不敢近前说什么。后来，田家英进来了，用很缓慢的语气劝慰毛泽东："请主席节哀，上海方面是尽了最大努力的……"

直到这时，毛泽东才熄灭了他手上的烟头，站起身来说："你不晓得，陈赓同志是位有德有智有勇的战将，在红军时期就出了大名，蒋介石也拿他没办法。抗战时期，他打日本很有一套战术，后来转战陕北，他也是能独当一面的……"

见到毛泽东开始说话了，卫士张仙朋才敢走上前去给他换掉了桌上杯中的凉茶，倒掉了烟灰缸里几乎盛不下的那些烟蒂……

毛泽东开始在室内踱步，继续说陈赓："在越南，法国人被他打跑了，胡志明几次向我要陈赓……"说着说着，他的眼睛陡然泛红，神情愈发显得悲怆激昂起来，"他才 58 岁么，不该这么早就死了么……"

"是病……"田家英没有别的办法，只得再劝，"党和国家还有好多事……"

"人世间的事，有很多是很难预料的……"毛泽东重新振奋了精神，很快恢复了他往常坚毅的面容，十分铿锵有力地说，"我比他整整大了 10 岁呢！要加紧奋斗才行，一定要把中国的事情尽快办得好一些，多办一些实事，让中国在世界上尽快地站立起来，站得高一些、更高一些！"并说，"看来不仅要大力发展农业，大力发展工业，还要大力发展科学教育事业。要想办法进一步解放生产力，努力提高人民的科学文化水平，办什么事情都要有知识……"

听了毛泽东的这些话，田家英的眼睛反而湿润了……

“好了……”毛泽东正面对着田家英，说，“虽然现在我们有困难，过去一段时间犯了错误，但也不是没得一点成绩。我们的同志越是在困难的时候，越要提高我们自己的勇气，看到光明，增强改正错误和克服困难的决心，想办法战胜困难，去夺取胜利！”

田家英笑了……

毛泽东也笑了：“珠江三角洲可以发电了，以后还要发更多的电！”

当天晚上，毛泽东对关于农村人民公社若干问题的一次座谈会记录做出修改，并对南海县沥西大队试行生产队上调任务包干办法做出批语……

3 月 17 日，毛泽东对“三南会议”的情况简报第三号写出批语，并对《华东几个同志关于当前农村人民公社需要解决的几个问题的意见》写出批语。

3 月 18 日，毛泽东批示印发了有关农村见闻的两份材料。

次日，毛泽东又批示印发了南充市火花人民公社 1960 年决算分配经验的报告材料，同时还批示印发了《关于东北地区农村人民公社和农业生产的若干问题》。

3 月下旬初，毛泽东带人去登了白云山……

3 月 22 日，毛泽东批示印发了《一些社员和干部对于按劳分配问题的意见》。

3 月 23 日，毛泽东对中央关于认真进行调查工作问题的指示信做了修改，并在中央工作会议上讲了话……

当天，中央工作会议在广州结束。

中央工作会议结束后，毛泽东再次住进了可以览望珠江风景的秀丽的小岛宾馆。

在小岛宾馆，毛泽东几次离开住所，面向珠江的入海口，喃喃地对跟在他身边的人们说：“珠江可以发电了呢……”

汪东兴问毛泽东："我们在广州还需要住多少天？"

毛泽东说："等陶铸和陈伯达回来了再说。我还要了解一下人民群众对《六十条》的意见。"

第二天，陶铸和陈伯达从番禺大石人民公社调查回来，认真向毛泽东做了农村工作情况的调查汇报……

3 月 29 日，毛泽东在山东省召开公社体制问题座谈会的情况简报上写了批语。

当日，毛泽东乘专列离开广州一路北上……

此时正是"春风又绿江南岸"的时节，候鸟北归，紫燕衔泥。几乎清澈见底的湘江江面上，一只只独帆渔船在明媚阳光的照射下撑杆下网，更有无数的鱼鹰嬉游江上，那是人民公社组织的集体作业队……

在长沙，毛泽东的专列停靠在了离长沙不远处的支线上。停车以后，毛泽东带着他心中的思考，再一次去乡间调查。

3 月 31 日，毛泽东在专列上，再一次听取了张平化有关湖南省贯彻《农村工作六十条》的情况汇报。

张平化临离去时，毛泽东对他说："以下乡为主。"并告诉说，他需要到湖北去接见几个客人，过几天就回来。这时候，已经是下午 4 点多钟了……

晚上，毛泽东依旧是夜不能寐地赶写材料、看文件，抑或躺倒在专门为他在专列上铺设的那张大木板床上看书。书，对他来说总是舍弃不了的，无论什么时候、走到哪里，他都要带在身边，一看起来又总是爱不释手。这段时间人们注意到，他看的书多是苏联有关经济理论和经济建设的书，也有翻译过来的法国、美国和日本的有关发展国家经济方面的书……

4 月 1 日，毛泽东乘专列前往武汉。

4 月 3 日，第二届全国人大常委会在北京人民大会堂举行第 37 次会议，听取了周恩来总理关于国内外形势和当前任务的报告。这个报告，周恩来事先征询了毛泽东的意见并得到了毛泽东的同意。

4 月 4 日，第 26 届世界乒乓球锦标赛在北京举行。毛泽东在武汉给予极大关注，亲自打电话给国家体委主任贺龙，详细询问了中国参加赛事的有关情况。

在武汉逗留期间，毛泽东不仅游了两次泳，还跳了两次舞。这表明，毛泽东的身体状况比前些日子好多了，心情也变得明显开朗起来……

4 月 6 日，周恩来赶来武汉同毛泽东谈了当年的经济计划问题。由于缅甸总理吴努和夫人要来中国的云南省休假，毛泽东就此让周恩来去云南，同缅甸总理会谈两国间的一些相关事宜。

4 月 8 日下午，毛泽东返回了长沙。在长沙，毛泽东亲切会见了秘密来访的越南劳动党主席、越南民主共和国主席胡志明，两个国家的最高领导人、两个友好邻邦的老朋友在一起进行了毫无拘束的彻夜长谈。

4 月 15 日，毛泽东批示印发了胡乔木报送的关于解决人民

毛泽东会见越南民主共和国主席、越南劳动党中央主席胡志明。右为黄文欢。（新华社稿）

公社大食堂问题的调查材料。

4 月 16 日，毛泽东突然日有所思，命张平化等人跟他上了专列直下湘南郴州，而后改乘汽车向西去了宁远县的九嶷山……

次日返回长沙，毛泽东写下了一首七言律诗：

九嶷山上白云飞，帝子乘风下翠微。
斑竹一枝千滴泪，红霞万朵百重衣。
洞庭波涌连天雪，长岛人歌动地诗。
我欲因之梦寥廓，芙蓉国里尽朝晖。

诗写了两三遍，总算写完了，毛泽东又将写有诗句的纸拿在手上，在房间里站起身来“平平仄仄”地吟咏开来。田家英早就知道毛泽东很爱写诗赋词，这时见他又来了诗兴，便上前问道：“主席，你这又是给谁写的呀？”

“哦……”毛泽东回答说，“去年秋天，我的几个老同学、老朋友到北京去看我，给我送了东西，还写了诗，这也算是回答他们的吧！”

田家英问：“是周世钊和李达、乐天宇他们吧？要不要寄给他们？”

毛泽东想了一下说：“过几日吧……”

当毛泽东有事离开了房间的时候，田家英收拾毛泽东的办公桌，发现字纸篓里有毛泽东写了又扔掉的诗稿，便小心翼翼地收起来自己保存了……

4 月 18 日，毛泽东乘专列离开长沙前往南昌。

在南昌，毛泽东接见了古巴文化代表团，并同他们进行了诚挚的谈话。毛泽东说：“在一些不是帝国主义的国家中，都有一些帝国主义的走狗。我们不但要反对帝国主义，也要反对帝国主义的走狗。”

当天，毛泽东离开南昌再次到达杭州。这次到杭州，毛泽东住在了刘庄招待所。

1961 年 4 月 25 日，毛泽东在杭州写信给邓小平，请他为中央起草一个通知，提议 5 月下旬在北京召开中央工作会议，讨论修改《农业六十条（草案）》，要求与会同志利用会前的时间，对农村中若干关键问题进行调查研究，向群众寻求真理。信中，毛泽东还嘱邓小平同田家英合作，田家英会将修改草案的一些主要意见用电报及时地传达给他：

请你起草一个召开中央工作会议的通知，各中央局，各省、市、区党委的负责同志于五月十五日到达北京，农村人民公社工作条例起草委员会的委员们（列举名单，照广州原样）则于五月九日到达北京。此次会议的任务是继续广州会议尚未完成的工作：收集农民和干部的意见，修改工作条例六十条和继续整“五风”[①]，不讨论工业和城市整风问题，或者只在会议

1960年，毛泽东和邓小平在北京。（新华社稿）

① 五风，指大跃进和人民公社运动中发生的“共产风、浮夸风、命令风、干部特殊风和对生产的瞎指挥风”。

末尾略为讨论一下，这个问题留待七月会议上去讨论。为此，到会各同志，应利用目前这一段时间，对农村中的若干关键问题（食堂问题，粮食问题，供给制问题，自留山问题，山林分级管理问题，耕牛、农具大队有好还是小队有好问题，一、二类县、社、队全面整风和坚决退赔问题，反对恩赐观点、坚决走群众路线问题，向群众请教、大兴调查研究之风问题，恢复手工业问题，恢复供销合作社问题）进行重点调查，下十天至十五天苦工夫，向群众寻求真理，以便五月会议能比较彻底地完成上述任务。

此通知，请你找田家英同志合作起草。今天晚上我们谈好，明天用电报发出，是为至盼。

4月27日，毛泽东在杭州看了即将刊出的《人民日报》的大样说："我们的事业是正义的事业，正义的事业从来都是被大多数人民所支持的。"

当天，毛泽东在西湖边接见了来自亚洲、非洲的一些朋友，并同他们进行了亲切友好的谈话：

"革命政党和力量，在开始时都是处于少数地位的，但最有前途的就是他们。

"中国人民把亚洲、非洲、拉丁美洲人民的反帝国主义斗争的胜利看作是自己的胜利，并对他们的一切反帝国主义、反殖民主义的斗争给以热烈的同情和支持。

"在与帝国主义进行斗争时，采取正确的路线，依靠工人、农民，团结广大的革命知识分子、小资产阶级和反对帝国主义的民族资产阶级以及一切爱国反帝力量，紧紧地联系群众，就有可能取得胜利。"

当西部空中的晚霞映红了半边天际的时候，毛泽东带着他的随行人员离开了杭州，乘专列直抵上海……

"五一"国际劳动节期间，柯庆施和陈丕显等人到毛泽东下榻的锦江饭店看望了毛泽东，并向毛泽东汇报了工作。

交谈中，毛泽东谈到了老挝这个国家：“老挝是个小国，但是中国的邻国，我们要支持他们的民族独立，不能让美帝国主义控制了。美国已经在插手越南南方，不能再容忍它把脚伸到老挝来。现在老挝国内也有美帝国主义的走狗，我们要支持正义的一方，反对美帝国主义和它们的一切走狗……”并说，“亚洲人民的事情，应当由亚洲人民自己来解决。”

5 月 6 日，毛泽东收到了农业机械部部长陈正人的一封来信，很高兴，看完信后立刻给西南局第一书记李井泉并陈正人写了一封信：

陈正人同志五月一日给我的信收到，很高兴。再去简阳做一星期，最好是两星期的调查，极为有益。井泉同志，你为什么不给我写信呢？我渴望你的信。你去调查了没有？中央列举了一批调查题目，是四月二十五日通知你们的。五月四日又发了一个通知，将会期推迟到五月二十号，以便有充分调查研究的时间，将那批问题搞深搞透，到北京会议时，比起广州会议来，能够大进一步。我在这里还有一个要求，要求各中央局，各省、市、区党委第一书记同志，请你们在这半个月内，下苦功去农村认真做一回调查研究工作，并和我随时通信。信随便写，不拘形迹。这半个月希望得到你们一封信。如果你们发善心，给我写信，我准给你们写回信。

此信并告中央。

你们来信，用保密电话直达我的住地及火车上，勿误为要。

5 月 7 日，身在河北邯郸进行农村工作调查的周恩来给毛泽东打来电话，详细汇报了有关农村工作方面的四个主要问题。毛泽东批转了周恩来关于人民公社大食堂等问题的调查汇报，同时将军委报送的关于高级领导干部下连队调查问题的请示报告批给林彪……

5 月 8 日，毛泽东收到了胡乔木写的一份关于农村工作情况的调查报告。

这一天，《人民日报》报道了中国举重运动员陈镜开于头一天在全国举重分区比赛太原赛区，以 148.5 公斤的成绩打破了次轻量级挺举的世界纪录。

毛泽东看了《人民日报》的报道，脸上挂着明显的笑容，对身边的人说："哦，我们中国今日不但有站得最高的人，还有举得最重的人，真的不再是'东亚病夫'了呢！"

看着毛泽东这副喜形于色的样子，卫士张仙朋跟着笑了，就连值班护士小朱也放开了胆量"咯咯"地笑起来……

5 月 9 日，毛泽东在锦江饭店批转了李井泉关于粮食问题的一封来信，同时批转了胡乔木关于湖南调查的最近一封来信；并且批语给胡乔木，推迟返京继续调查。

5 月 11 日，毛泽东乘专列离开了上海。

5 月 13 日，毛泽东乘专列抵达济南。

在济南，毛泽东批转了邓小平、彭真关于调查农村人民公社几个问题的一封来信。

次日，毛泽东离开济南到达天津。

在天津，毛泽东详细询问了华北局第一书记李雪峰和河北省委第一书记林铁等人的农村调查情况，并对他们说："有了调查才好办事。你们要晓得，没有调查就没有发言权……"

当天晚上，毛泽东回到了北京。

5 月中旬的北京已经充满了夏天的气息。中南海里的大柳树绿得正浓，中海和南海的湖水在微风中荡漾，波漪涟涟。每当夜深人静时，湖水在微风的吹拂下便发出一阵阵轻微的声响，伴随着树叶发出的声响，一同传向毛泽东居住的地方……

在中南海丰泽园的菊香书屋，毛泽东收到了张平化搞农村调查的一封来信，信中详细汇报了他到一个生产大队所作的调查。毛泽东很认真地看完了信，顾不得休息，立刻给张平化写

1961年5月，毛泽东与身边的工作人员及专列乘务员合影。

了回信：

你的这封信，可发湖南全省各地、市、县、社党委研究，仿照办理。都要坚决走群众路线，一切问题都要和群众商量，然后共同决定，作为政策贯彻执行。各级党委，不许不作调查研究工作。绝对禁止党委少数人不作调查，不同群众商量，关在房子里，作出害死人的主观主义的所谓政策。

5 月中旬的一天，夜深了。

已经回到了中南海的叶子龙、李银桥等 5 人，一起到菊香书屋来向毛泽东汇报他们这些人不是在河南信阳，而是去了许昌地区下乡搞调查的情况，并上交了他们每个人亲自写的调查报告。毛泽东很高兴，同时要求他们带着新的问题再下去，到江西贵溪县深入基层，边参加劳动边做调查研究……

夜很深、很深了。

叶子龙和李银桥等人离开后，周恩来到丰泽园的菊香书屋来看望毛泽东，交谈中谈起了陈毅要去日内瓦开会的事。毛泽东说：“要去，老挝问题应当和平解决……”

周恩来离去后，江青让孙勇督促毛泽东休息，孙勇却颇感为难地说：“主席的脾气你又不是不知道，我要去说准得挨批评……”

江青想了想，也没有再说什么。

天，渐渐亮了……

13. 和人民共渡难关　带头嚼咽苦苦菜

1961 年 5 月 15 日，毛泽东在北京中南海批转了李井泉关于恢复供销合作社试点工作的一封来信，同时对王任重关于湖南三级干部会议情况的一封来信作出批示。

5 月 21 日下午，中共中央工作会议在中南海内的颐年堂召开了。

几天来，中央工作会议在有条不紊地进行。

会议根据进一步调查研究的成果，开始重新修订《农村人民公社工作条例（草案）》即《农业六十条》。毛泽东几次到会讲话，从毛泽东的讲话中，人们感到他对大跃进的另一个指导思想,即“穷过渡”的社会模式有了新的认识,改变了最初把“供给制”和“公共食堂”当作社会主义重要特征的观点。

会上，陈云就精简职工和城市人口下乡问题做了讲话，指出目前必须下决心动员城市人口下乡，并说这个决心早下比晚下好，只有这样才能稳定全局，保证农业生产有较多的劳动力。

会议通过讨论，修订了《人民公社六十条（草案）》，取消了供给制和公共食堂制度，规定了增产不增购，减产不减购的原则。

毛泽东在会上说:“我们只有总路线还不够，还必须有一套具体的政策，现在就要逐步地把各方面的政策制订出来。”

5 月 28 日，毛泽东对戚本禹《关于“调查研究”的调查》一文写了批语。

次日，毛泽东批转了一份《关于农村商业要办活一点》的调查材料。

进入 6 月，中央工作会议决定把修改了的《农村人民公社工作条例（草案）》发给各省市试行贯彻。会议还根据毛泽东的提议，拟订了关于改进商业工作的40条（草案）规定，拟订了关于城乡手工业问题的35条（草案）规定。

6月3日，毛泽东对中央工作会议第二、第三阶段的日程安排写了批语。

次日，毛泽东对中央关于举办“抗大”式的政治学校，训练一批知识青年到农村工作的指示稿写了批语。同时批示同意邓小平关于中央工作会议宜推迟3天结束的建议……

会议进行当中，刘少奇结合党在过渡时期急于求成所造成的损失和教训，在发言中沉痛地说：“再也不能继续这样搞下去了！”

毛泽东多次就自己前一阶段的诸多决策失误向大家做了诚恳的自我批评，并提出要为1959年8月庐山会议后被错整的干部、党员甄别平反。他说：

“1959年不该把反右倾斗争搞到群众中去。要对几年来批判处分的干部、党员甄别平反，重新教育干部。”

6月11日，毛泽东对中央关于讨论和试行农村人民公社工作条例的修正草案指示稿作出批语，同时批示印发关于王国藩公社西铺大队粮食生产与畜牧业生产相结合的调查材料。

6月12日，中央工作会议即将结束。会议临结束前，毛泽东再一次发表讲话，提出要彻底纠正农村人民公社化以来的“五风”错误。并说：

“社会主义谁也没有干过，没有先学会社会主义的具体政策而后搞社会主义的。我们搞了十一年，现在要总结经验。客观规律，把社会科学的这种客观真理，同自然科学的客观真理并提，你违反了它，就一定要受惩罚。我们就是受了惩罚，最近三年受了大惩罚。”

开了22天的中央工作会议结束了。

随即，中央作出的关于减少城镇人口和压缩城镇粮食销量办法的通知下发了。要求1961—1962年度内压缩城镇粮食销量，总销量为480亿～490亿斤，比上年度减少30亿～40亿斤；

在3年内减少城市人口2000万以上，1961年为1000万，1962年为800万，1963年为200万。精简的对象为1958年1月以来参加工作的来自农村的新职工。

通知一经传达，被精简的广大职工连同他们的家属，真正做到了以大局为重，招之即来、挥之即去，使中央的整体战略部署得以顺利地贯彻落实……

6月13日，印度尼西亚总统苏加诺率团访问我国。毛泽东、刘少奇、周恩来、朱德等党和国家领导人出席了欢迎仪式和招待宴会。

终日操劳为民众，又值夜深人静时。

毛泽东终于有时间坐下来给刘松林写信了。他关心她，劝她尽早结婚：

哪有忘记的道理？你要听劝，下决心结婚吧，是时候了。五心不定输得干干净净。高不成低不就，是你们这一类女孩子的通病。是不是呢？信到，回信给我为盼！

父亲

六月十三日

6月中旬的一天下午，毛泽东带了随身卫士和护士小朱，乘汽车一起到海淀区的人民公社去看农田里庄稼的长势。

在田间，毛泽东弯腰仔细察看着出土的玉米苗，边看边叉开了手掌量一量玉米苗的高度。还不时地用手扒开土，看一看土地的干湿情况，再把土放到鼻子下嗅一嗅粪肥的轻重程度……

小朱忍不住笑他："主席，你都成了老社员了！"

"老社员怎吗了？老社员好嘛！"毛泽东抖掉了手上的粪土，笑着说，"没得社员种田，全国人民吃什么呀？"又说，"庄稼一枝花，全靠肥当家。只要有了肥、有了水，再加上管理，就可以丰收了！"

小朱说："那你也得注意卫生呀！我可是护士，专门负责看着你……”

毛泽东不在意地说：“你看嘛，哪个妨碍你了？”说着又像是发现了什么，很快蹲下身子再去挖土……

小朱实在忍不住了，嗔怪道：“主席，你可真不自觉！”

毛泽东手上拿了他挖出的野菜，直起腰来说：“这叫苦苦菜，可以吃哩！”

几名卫士和小朱都走近前，去看毛泽东手上拿着的苦苦菜。毛泽东抖一抖苦苦菜上的土，对大家说：“你们都去挖，再多挖一些，拿回去给我吃。”

小朱和卫士们都有些犹豫，毛泽东说：“野菜可是救过我们好多人哩！不能忘记它，不能忘本哩！”

在毛泽东的带领下，众人分开来四下里去挖了满满的一挎包苦苦菜……

回到中南海，厨师侯贵友和毛泽东身边的工作人员都认为苦苦菜太苦、难吃，便先用冷水洗干净了，然后用开水烫了，再加上许多调料，晚上送给毛泽东去吃。

没想到，毛泽东在菊香书屋的东厢房一见他们端来的苦苦菜被搞成了这个样子，便皱起了眉头说：“这样搞不对呢！这样搞法，味道全变了！”

卫士张景芳问：“味道怎么变了？”

毛泽东说：“哪能用开水烫呢？也不用放什么调料，只要洗干净了，拌一些盐，就可以了。”

张景芳再问：“那怎么吃？太苦……”

毛泽东说：“我是吃过的，当年就是这么个吃法。”

第二天早上，张景芳去找护士小朱，对她讲了毛泽东说过的话，并请她再去挖一些苦苦菜来……

又是吃晚饭的时间，毛泽东吃上了按他说的做法做的苦苦菜。在菊香书屋东厢房的餐桌上，毛泽东对侍卫在他身边的人们说：“来，大家一起尝尝这苦苦菜的味道。”

人们近前去吃了苦苦菜，没有一个说不苦的。只有毛泽东满不在意地大口嚼着，边吃边说:“过去，我们吃野菜，打败了国民党反动派，打败了侵略我们的帝国主义。今天，我们能让困难挡住吗？”又说，“吃嘛——我自信嚼得菜根，百事可做！”

1961年6月19日，中国和苏联经济合作和科学技术合作协定在莫斯科签订。这标志着中苏两党间在政治思想领域和意识形态上的分歧暂时缓和下来。

6月21日，毛泽东看了习仲勋写给中央的一份《关于中央机关精简情况的报告》，认为很好，便让田家英把中央直属机关下放人员的名单拿来，他要亲自看一下……

第二天，毛泽东就习仲勋的报告给邓小平写了一封指示信:

此件很好，应当批发给各中央局，各省、市、区党委，照此报告，坚决执行。如果中央二十四万人中，已减三分之一，即八万人，并且还可以减去几万人，我想再减四万人，不知行不行？如能共减十二万人，占总数二十四万人的一半，肯定工作效率会大为提高。各省、市、区一级，专区一级，县一级，这地方三级均照此计划，坚决精简，则将在全国范围内大为减少官僚主义，提高工作效率。另外工人减二千万，人民公社三级人员已有规定，如能坚决妥善实行，则一个人浮于事的严重问题就可解决了。

6月即将逝去，这时全国人民的生活依然处于极度困难的境地中。城市人口吃粮一律定人定量，就连吃油、吃菜也要定人定量，更不要说吃肉了，人们排长队挨个购物的现象已很常见。在农村，人民公社社员们的生活水准比城市人口还要低，好在取消了“大食堂”，有了不多的一点自留地，可以自家种些粮食和蔬菜，勉强维持着一家人的最低生计。就是这样，全国人民始终同党、同党中央保持着一条心，没有怨言，没有涣散，没有向困难低头，没有在逆境中屈服。亿万人民在党中央、毛泽东的领导下，众志成城，艰苦奋斗，向着党所指引的目标，在社会主义的道路上继续向前迈进……

7月6日，毛泽东再次乘专列离开北京，开始了又一次南下视察。

1961年7月8日，毛泽东在专列上听取了李雪峰、林铁和天津市委第一书记万晓塘等人的工作汇报，并对他们说：

“我们有了这几年的经验教训，一定要牢记不搞调查研究的苦果，下大力气把人民的事业办好。我们的人民是热爱党的，是真心诚意走社会主义道路的，我们要对得起自己的衣食父母！中国有句古语，叫作‘有难同当，有福同享’，我们要下决心把社会主义建设好……”

毛泽东在天津没有停留多长时间，便又继续南下了。

毛泽东一天一个省份、一天一个地方。专列经济南而下蚌埠，由蚌埠而达上海，再由沪而抵杭。

7月11日，毛泽东再次落脚西子湖畔。

这时的杭州正值风和日丽，碧波荡漾的西湖更是凌烟浩渺；三面环山山吐翠，一岸护水水傍堤。小南湖和西里湖的湖面上荷花争妍，苏堤和白堤上岸柳成荫；一道晚风吹来，荡起外湖湖面的万顷涟漪，给散步在滨湖大道上的人们带来沁人心脾的不尽清香……

7月中旬的一天中午，中南局第一书记陶铸到杭州来看望毛泽东。一见面，毛泽东就说：“欢迎你来看我，只是我这里不管饭！”

陶铸也风趣地说：“我自带口粮，在车上吃过了。”

毛泽东笑了：“这就好！现在是按人定量，忙时多吃，闲时少吃。忙时吃干，闲时半干半稀，杂以番薯、青菜、萝卜、瓜豆、芋头之类，总比红军时期强嘛！”

陶铸深感愧疚地说：“主席，现在国家遇上了这么大的困难，这都怪我们这些人没有做好工作，辜负了你的重托……”

毛泽东摆了一下手，吮一吮下嘴唇说：“话不能这样讲，责

毛泽东在繁忙工作之余研习书法。（新华社稿）

任主要在我！我们都没得搞过社会主义，马克思以前没搞过，列宁以前没搞过，斯大林以前也没有搞过。斯大林后来搞了，他搞了工业国有化、集体农庄化，但好多地方不适合我们的国情。工业国有化，我们学了，现在赫鲁晓夫要拆台，我们还是要坚持独立自主、自力更生地办工业；农业我们先搞了土地改革，紧接着搞了互助组，后来搞了合作社，现在又搞了人民公社，也是在走集体化道路，但不同于苏联的集体农庄……"

陶铸坐在沙发上，认真地听毛泽东继续讲："不搞集体化怎么行啊？不搞集体化，就没得办法搞大生产，也没得办法实现农业机械化和农业现代化的管理，一家一户也抵御不了大的自然灾害……"

陶铸说："我们的底子太薄……"

毛泽东说："是啊！当初我们图快，脱离了实际，脱离了群众，吃了大苦头，但人民没有埋怨我们。现在我们拿起了调查研究的武器，实践证明，这是个法宝哩！世界上哪有不打败仗的常胜将军啊？关键是要善于总结经验，打了败仗要找原因、找教训，拿出打下一次胜仗的具体办法来。俗话说‘吃一堑长一智’，我们要‘吃一堑长两智、长三智’，把以后的仗打好，把社会主义建设好！”

1961 年 7 月 17 日晚，毛泽东乘专列到了江西庐山。

第二天晚上，毛泽东从“美庐别墅”到招待所的大饭厅吃饭时，途中碰上了给他写过信的疗养院护士钟学坤。

毛泽东很高兴，一见面就说：“小钟啊，我的信你收到了吗？”

“收到啦！”钟学坤更是高兴得不得了，急忙上前紧紧握了毛泽东的手说，“接了您的信，我都哭了……”说着，眼睛里已经充满了泪花……

“哭吗事？”毛泽东说，“你很爱学习我很高兴，你们年轻人就是要多学一些知识，多掌握一些本领，更好地为人民服务。”

“我记着您的话……”钟学坤又破涕为笑了……

入夜，庐山上的风凉，医务护理员小郑到“美庐”来看望毛泽东。她是毛泽东的老熟人了，毛泽东身边的卫士封耀松和她处对象，就是毛泽东托江西省委书记杨尚奎的夫人水静当的“红娘”。

这次又在庐山见面，毛泽东对她说：“小封来你们江西搞调查研究了，你晓得了吗？”

“晓得了，他常来信。”小郑红了脸笑着回答说，“我们都感谢主席呢！”

毛泽东也满意地笑道：“是这样啊？这我就放心了，希望你们好！”

这次小郑特意给毛泽东带来了古巴糖：“主席，这是我分得的那份，送给主席……”

“哦，古巴糖……”毛泽东看了看小郑放在桌上的糖，说，“我有我的定量，你拿回去吧！”

小郑不拿：“小封来信说，主席的生活可苦了，卫士们都心疼您，难过得背地里常哭呢……”

“哦……”毛泽东动容道，“他还讲些什么？”

小郑回答：“他还说主席的孩子们也很苦，经常吃不饱……”

毛泽东安慰说：“莫信他的，我很好，孩子们也好。”又说，“这糖你拿回去，可以送给你的父母，我这里不缺糖吃。哦，真的谢谢你，谢谢你和小封！”

无奈，小郑只得拿回了那包古巴糖……

这里所说的古巴糖，是中国政府年初时以每磅 4 分古巴币的价格从古巴购进的，总计 100 万吨。

上山几天，杨尚奎、江西省人大主任方志纯等人前来看望了毛泽东。在庐山，毛泽东继续深思着国家经济计划的实施方案……

7 月 30 日，毛泽东在庐山致信江西共产主义劳动大学，赞扬了他们“半工半读，勤工俭学”的做法。

8 月 2 日，中央人民广播电台播报，我福建前线空军部队击

1961年，毛泽东在庐山寓所读书。（新华社稿）

落美制蒋机 R F – 101 型侦察机一架。

毛泽东听了广播，笑道："蚍蜉撼树么！"

卫士张景芳说："如果没有美帝国主义撑腰，他蒋介石也没这个胆儿！"

毛泽东却说："蒋介石有蒋介石的想法，他来我打，很合情理么！"

8 月 8 日，我国当代卓越的戏曲艺术家、中国戏曲学院院长、中国京剧院院长梅兰芳同志在北京逝世，终年 67 岁。

毛泽东得到消息后很惋惜，随即发电报给北京，对梅兰芳的不幸逝世表示了沉痛的哀悼。

晚上洗澡时，毛泽东对张景芳说："一代京剧大师，在国际上也很有影响。他是位很有骨气的艺术家，在怀仁堂，我听过他的戏……"

8 月 12 日，毛泽东在庐山又得到消息：政协全国委员会副主席、人大常委会委员、国家侨委委员、全国侨联主席陈嘉庚先生逝世，终年 88 岁。

毛泽东说："陈嘉庚爱国，一片丹心！"

8 月 13 日，毛泽东离开了庐山。

14. 庐山召开工作会　武汉见蒙哥马利

1961 年 8 月 14 日，毛泽东乘专列重返杭州。

8 月 18 日，毛泽东带了张景芳、张仙朋等不多的几个人，轻装简从，驱车到了西湖西南面的五云山。

这里，峰高入云，绿树满山，濒临钱塘江，俯瞰西湖水。上山途径弯弯曲曲 70 余折，踏蹬而攀千余石级。毛泽东已是近 70 岁的人了，脚上穿了胶底黑面布鞋，敞披了件浅灰色的中山装上衣，一路攀登，毫无倦意。就连张景芳、张仙朋这些比毛泽东年岁小得多的人的脚步，也比不上毛泽东的坚实有力……

登临山顶，俯瞰四野，但见钱塘一线，西湖一泓。毛泽东在一株千年老银杏树下傍石而立，临风说道："江山如此，我们能不奋斗么！"

刚刚上山尚未立稳足的张景芳、张仙朋两个人互相看了一眼，谁也没有多说话；毛泽东又说，"壮哉！你们这些年轻人，要经常锻炼呢！我年轻的时候，虽然是在战争年代，也不忘记锻炼身体呢……"

直到这时，张景芳才喘过气来说："主席是在长沙读书的时候打下的根底，身体比我们强……"

毛泽东笑了："那个时候，我在冬天里还坚持冷水浴哩！"

张仙朋问："你不冷吗？"

毛泽东开始吸烟，然后说："开始总要冷的，冲一冲就不觉得冷了。这里面有个道理，就是要有意志，还要有毅力才行啊！"

张景芳说："我们要向主席学习。"

毛泽东又说："干什么事情都要有一个好的身体。我们搞社会主义，搞经济建设，道路长得很，比长征还长，要有充分的准备。但只有有了健康的体魄，才能与天奋斗、与地奋斗、与人奋斗，与世间的万物去斗！”

张仙朋喃喃地说：“那你也得注意身体呀……”

毛泽东扭转了脸，面向远处，再一次笑了：“生命不息，奋斗不止，这是我做人的哲学……”

张景芳和张仙朋感到，毛泽东说的是心里话……

这次毛泽东在杭州一共住了7天，只去登了一次五云山。

8月21日，毛泽东乘专列再返庐山。这次，毛泽东是来开会了。

酷爱爬山的毛泽东。（新华社稿）

两天后，众多的中央领导人聚会庐山，在毛泽东的主持下召开了中央工作会议。

临开会前，朱德委员长致函中央和毛泽东，详谈了他到上海、浙江、福建、江西、广东、四川、陕西、河南、河北等省市视察的情况，建议停办农村人民公社的公共食堂，尽快恢复广大农村的集市贸易。

看了朱德写的这份材料，毛泽东再一次认识到了发生在广大农村人民公社中的诸多问题的严重性……

在中央工作会议进行中，毛泽东讲话说：

“问题暴露出来了，将走向反面，现在是退到谷底了，形势到了今年，是一天天向上升了……”

8 月 25 日，毛泽东收到了胡乔木因身体状况欠佳而请长期病假的来信。毛泽东看了信，十分关切地给胡乔木写了回信：

你须长期休养，不计时日，以愈为度。曹操诗云：盈缩之期，不独在天。养怡之福，可得永年。此诗宜读。你似以迁地疗养为宜，随气候转移，从事游山玩水，专看闲书，不看正书，也不管时事，如此可能好得快些。作一、二、三年休养打算，不要只作几个月打算。如果急于工作，恐又将复发。你的病近似陈云、林彪、康生诸同志，林、康长期休养，病已好了，陈病亦有进步，可以效法。问谷羽[①]好。如你转地疗养，谷宜随去。以上建议，请你们二人商量酌定。

自从毛泽东上庐山后，庐山上的工作人员都高兴得不得了。在一次为中央领导同志组织的晚会上，江西省农垦文工团的女演员邢韵声陪毛泽东跳舞，发现毛泽东手腕上戴的一块手表已经很老、很旧了，便问毛泽东：“主席，这表这么旧了，您怎么不换一块呀？”

---

① 谷羽，胡乔木的夫人。

毛泽东连连摇头说:“哦，这可不能换！这块表跟了我十几年了，为我立下了大功呢！”

原来，毛泽东戴的是一块老式的奥米茄手表，那还是在1945年8月28日毛泽东赴重庆同国民党谈判时，郭沫若在重庆九龙坡机场迎接毛泽东时送给毛泽东的，至今毛泽东已经戴了整整16年了……

8月29日，毛泽东在林彪关于解放军总政治部选用《毛泽东选集》部分文章的请示报告上写下批语。

进入9月，毛泽东的夫人江青也上了庐山。

中央工作会议仍在进行中。

会议在讨论工业、粮食、财贸、教育等问题中发现，自从“调整、巩固、充实、提高”八字方针提出以来，由于情况不明，认识不足，经验不够，对八字方针贯彻不力，没有按实际情况降低指标。会议认为，这个情况已造成了严重损失，丧失了一年多的时间，现在再不能犹豫了，再不能丧失时机了，必须当机立断，该退的要坚决地退下来，该压的要坚决地压下来，并且必须退够、压够。

会议讨论了工业调整的方针，确定在今后三年内必须以调整为中心，认真贯彻八字方针，认为“只有经过一系列的调整，才能建立新的平衡，才能逐步地巩固、充实和提高，为工业和整个国民经济的进一步发展做好准备”。

会议制定了《国营工业企业工作条例（草案）》《教育部直属高等学校暂行工作条例（草案）》（即高教六十条）和《关于轮训干部的决定》等文件。这些文件是对1958年以来工作经验教训的总结，也是大兴调查研究的成果。因此，这些文件的制定和贯彻，是党自1959年庐山会议以来重新系统地纠正“左”的错误，实事求是地指导工农业生产和文化教育事业发展的标志。

毛泽东的“大兴调查研究之风”和“要使1961年成为实事求是年”的号召与带头身体力行的模范作用，不仅使得这次庐山会议获得了显著的成果，同时使各级领导在调查研究中真正掌握了第一手材料，了解了不少真实的情况，看到了群众的切实困难，增强了党群、干群关系，促使领导和群众一起，同甘共苦，努力奋斗，克服困难，还使党的各级领导干部在人民中发扬了优良的传统和作风，感召和凝聚了人心、民心，团结和调动了亿万民众在极度的艰难困苦中不抱怨、不涣散、不丧失信心而心甘情愿地同党和政府一起奋发向上的勇气和誓夺胜利的坚强信念！

毛泽东就是毛泽东！他，在党、国家和人民遭受严重损失和承受严重经济困难的危难时刻，首先以大无畏的勇气和科学的态度承认自己的错误，并诚挚地检讨自己所犯的错误，进而认真改正，总结经验教训，以郑重的马克思主义政党领袖的姿态出现在全党和全国人民面前，折服了在他身边工作的每一个人和党的其他领导同志乃至全党、全国人民，使他们感到由衷的钦佩；正是他的言论和行动，教育和带动了全党，党和人民从领袖的身上看到了前途和光明，党的优良作风进而产生了无穷的力量，使人民相信，中国共产党是全心全意为人民的利益奋斗到底的党！毛泽东是党和国家制定各项政策的指路人，唯有在他的指引下和在紧紧围绕在他周围的党的众多精英们的共同努力下，全党才能形成正确的路线和方针政策，才能团结和带领全国人民，不断克服困难，在建设具有中国特色的社会主义大道上向着既定的目标继续迈进！

事实证明，毛泽东不愧是一位在历史性的关键时刻，给人民指明方向、叱咤风云的伟大领袖！

会议进行中，宁夏回族自治区的同志恳托董必武请毛泽东写一首诗词。董必武将宁夏同志的意思对毛泽东讲了，毛泽东满口答应下来。

9月8日，毛泽东将他以前写过的一首《清平乐·六盘山》词重写一遍后，又给董必武写了一信：

清平乐·六盘山

一九三五年十月

天高云淡，望断南飞雁。不到长城非好汉，屈指行程二万。

六盘山上高峰，红旗漫卷西风。今日长缨在手，何时缚住苍龙？

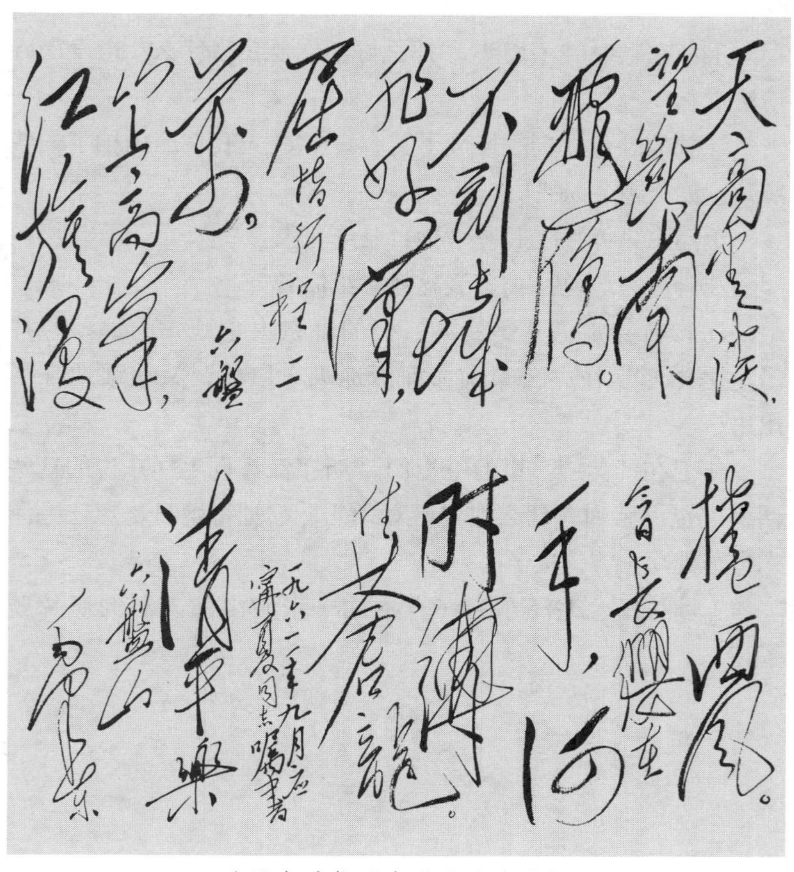

毛泽东手书《清平乐·六盘山》

遵嘱写了六盘山一词，如以为可用，请转付宁夏同志。如不可用，可以再写。

毛泽东

一九六一年九月八日

毛泽东在写词、写信时，江青在一旁说："谁让你写你都写。顺便也给我写一首吧！"

"你要诗做什么？"毛泽东放下手中的毛笔，直面江青说，"宁夏的同志要我写，我能不写吗？"

江青显得有些不高兴的样子："你不是也给那个李淑一写过吗？"

毛泽东顿时皱了眉头："那么好，你要我写什么？也没得诗境诗意么！"

江青的脸色立刻改换成了笑容："这些天我在庐山拍了一些照片，你给题个词吧！"

毛泽东只得答应下来："你自己选一张。"

江青高兴地说："好，我这就拿给你看！"

江青转身走进"美庐"二楼的卧室去拿她拍的那些照片了。毛泽东坐在办公桌前，深深地吸一口气，又缓缓地呼了出来……

侍卫在"美庐"里的卫士们，听了江青同毛泽东说的这些话，谁也没感到有什么地方不对劲儿，都觉得她只是想让毛泽东也给她写一首诗罢了……

9月9日，毛泽东为江青拍的一张庐山仙人洞的照片题了诗：

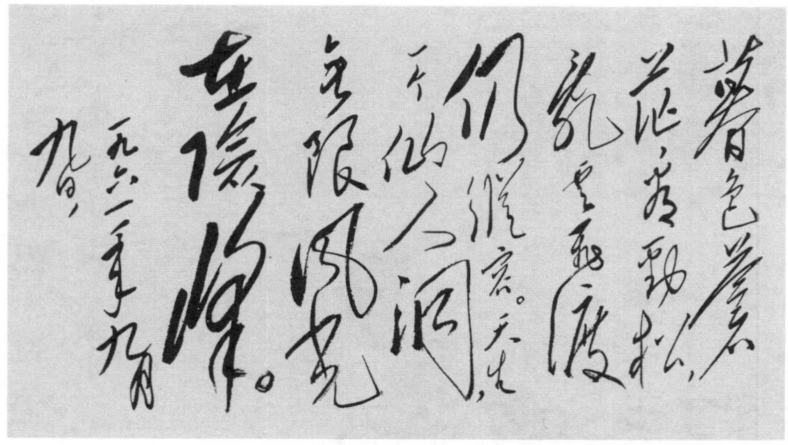

毛泽东手书《七绝·为李进同志题所摄庐山仙人洞照》

七绝

为李进[1]同志题所摄庐山仙人洞照

暮色苍茫看劲松，乱云飞渡仍从容。
天生一个仙人洞，无限风光在险峰。

9月14日，参加中央工作会议的薄一波到“美庐”来见毛泽东。毛泽东很热情地接待了他，并称赞说：“这次会议开得很好，大家的工作做得也很好，辛苦了！”

“工作是我们应该做的。”薄一波也说，“主席历来比我们辛苦，我们只是跑跑龙套，主席是挂帅人。”

“话不能那么讲！”毛泽东请薄一波喝茶，“我毛泽东一不是诸葛亮，二没得长三头六臂，具体工作都是你们这些人干的嘛！”又说，“诸葛亮在蜀中事无巨细，事必躬亲，害得他六出祁山，一次也没得成功。我们共产党人要有他鞠躬尽瘁的精神，但不能学他徒劳无益的做法。我们的事业要成功，因为我们的事业

① 李进，即江青。

1961年，毛泽东在庐山。

是人民的事业！”

侍卫在一旁的张仙朋看着毛泽东心情舒缓的样子，自己的心里也感到舒畅起来。这是毛泽东很少有过的情形呢！

9 月 15 日早晨，又是工作了一整夜的毛泽东简单地吃了一些东西后，便在江青的一再要求下，披了风衣随她一起走出“美庐”，到外面去踏山了。

张景芳立刻快步跑去通知了负责外卫工作的孙勇，然后急步回身，和张仙朋一起紧跟在毛泽东和江青的身后，4 个人分两部分，一前一后地踏入了云雾缭绕的万绿丛中……

巍巍庐山，奇峰高耸，花木成林。更有烟波缥缈，鸟语声声，涧流潺潺。浩浩长江水沿山麓涌涛泻浪，茫茫鄱阳湖傍山势更显辽阔。走在山间，脚下朝露湿鞋，身前晨雾扑面。踏青山顶，视野顿开，头上万道曦光普照，四下里云海翻卷。这时江青的兴致很高，拿了照相机对毛泽东说："来，我给你照张相！"

毛泽东也显得很高兴，抖掉身上的风衣递给快步上前的张仙朋，然后踏步走到一条四周长满了蓬草的长石凳上坐下来，将左腿抬起放在右腿上，双手叠膝，微侧了身躯，笑脸面对江青手中的照相机。瞬间，一张毛泽东留影庐山顶峰的历史性照片，随着江青手中相机快门的按动，完成了……

江青的兴致不减，又将相机递给孙勇，让他给她和毛泽东好好照几张合影。镜头中，孙勇见毛泽东依然是那副很自然的神态坐在长石凳上，江青斜依了毛泽东的肩头，两个人目视远方。孙勇抓稳时机，很快按动了照相机的快门……

踏山归来，江青找人去冲洗照片了。毛泽东在"美庐"二楼，换了脚上的布鞋，开始同张仙朋聊天："仙朋啊……"毛泽东饶有兴趣地说，"你晓得吗？我有三大志愿呢！"

张仙朋问："是哪三大志愿？"

毛泽东说："一是要下放去搞一年工业，搞一年农业，搞半年商业，以便多调查研究，了解情况，不当官僚主义，对全国干部也是一个推动；二是要骑马到黄河、长江两岸进行实地考察，因为对地质方面缺少知识，所以要请一位地质学家、一位历史学家和一位文学家一起去；三是最后写一部书，把自己的一生写进去，把缺点、错误统统写进去，让世界人民去评论自己是好人还是坏人。"

张仙朋说："主席当然是好人了！你是中国人民的大救星，是我们党的伟大领袖！"

毛泽东却说："我这个人啊，好处占70%，坏处占30%，就很满足了。我不隐瞒自己的缺点，我不是圣人。"

听了毛泽东这样说，张仙朋从心眼儿里感到毛泽东就是谦

毛泽东与卫士张仙朋合影。

虚、伟大……

9月16日，毛泽东在《社会主义建设的几个问题（学习材料）》上写下批语。这一天，开了24天的中央工作会议在庐山终于结束了。

就要离开庐山了，毛泽东手书了唐朝大诗人李白《庐山遥寄卢侍御虚舟》一诗中的四句，赠送给了庐山管理局党委的同志们：

登高壮观天地间，大江茫茫去不还。
黄云万里动风色，白波九道流雪山。

毛泽东就要离开庐山了，邢韵声知道后，特意将她自己的一块英纳格手表送给了毛泽东，并说：“主席，没什么东西送给您，这块表就给您作个纪念吧！”

毛泽东见小邢一副很认真的样子，很感动，略微迟疑了一下，还是收下了。邢韵声很高兴，又说：“主席，我有个要求……”

毛泽东和蔼地问：“什么要求呀？”

邢韵声说：“主席到了北京，不要忘了江西还有我这个老百姓。还有，主席不要忘了给这块表上弦……”

毛泽东一边点头，一边说：“不会，不会！”随即拍一拍自己的上衣口袋，又说，“这表我放在这里呢！”

邢韵声高兴地说：“这我就放心了！”

毛泽东看着小邢一脸高兴的样子，继续说：“你是个大方人哩，我也不能小气……”说罢，竟自走到办公桌前，从他写的一摞诗词墨迹中抽出几张看了看，一并递给小邢，“就送几首诗给你吧！”

邢韵声更高兴了，伸了双手去接，毛泽东又从自己的衣袋里掏出一块手绢来，将诗稿包好，很认真地嘱咐小邢说：“好好放好，不要让人家看见，我是作为朋友送给你的。大家都没有，你有，人家会嫉妒你的……”

邢韵声收了毛泽东的诗稿，见内中有一首《长征》诗，激动得连连点头说：“我一定好好收着，一定！”

毛泽东看着小邢笑了……

1961 年 9 月 17 日，毛泽东走下庐山到江西视察。

在专列上，毛泽东在中央关于讨论和试行国营工业企业工作条例草案的指示稿上写下批语。

第二天，毛泽东乘专列到达长沙。

9 月 21 日深夜，毛泽东离开长沙继续北上。

次日凌晨 5 时 37 分，毛泽东的专列抵达武昌。

上午，已在东湖宾馆一号平房内休息的毛泽东被孙勇唤醒，说是周恩来总理派了熊向晖专程赶到武汉来，向他当面汇报有关英国陆军元帅蒙哥马利来中国想要向他请教几个问题。

“我同他见过一次面了。”毛泽东起身问，“这个英国元帅，去年 5 月下旬在这里我同他谈过话。这次来中国，他又有什么事情要问呀？”

孙勇说：“熊向晖已经到了，请主席问他。”

“他在哪儿呀？”

“在客厅。”

“让他进来。”

“是！”

一会儿，一身戎装的熊向晖已经站到了毛泽东的面前。

“主席好！”熊向晖立正了向毛泽东敬礼，“总理派我来向毛主席汇报……”

“来了就好，我们也该谈谈了。”已经起床的毛泽东坐在靠窗的沙发上，招呼熊向晖也坐下来，“你坐下。总理让你来同我谈什么事情呀？”

“报告主席，”熊向晖正襟危坐，毕恭毕敬地说，“这次蒙哥马利访华，由李达副总长率领陪同小组负责接待，我是陪同小组成员之一。昨天凌晨，总理让我到西花厅[①]去，向我询问了蒙哥马利的情况……”

“总理怎么问你呀？”

“总理问我蒙哥马利的脑子里对我们还有什么疑问。”

“你是如何回答的呀？”

---

① 西花厅，周恩来在北京中南海内的住所和办公地。

“我对总理说，他似乎想探询您的继承人是谁？”

“哦……”毛泽东抬了眼皮，问，“有迹象吗？”

“有一些……”熊向晖回答，“我觉得，他很想知道……”

“谁是我的继承人？”毛泽东微微一笑，“为什么他不敢问呀？是不是也像我们中国人那样怕犯忌讳？”

熊向晖说：“也许是。”

毛泽东说：“我看，他对我们的观察不敏锐。共产党没有王位继承法，但也并非不如中国古代皇帝那样聪明。斯大林是立了继承人的，就是马林科夫，不过呢，他立得太晚了。”

毛泽东说着，开始吸烟，熊向晖坐在那里静静地听着。

“我们比苏联有远见。”毛泽东继续说，“在延安，我们就注意了这个问题。1945 年‘七大’就明朗了。‘八大’通过新党章，里头有一条：必要时中央委员会设名誉主席一人。必要时谁当名誉主席呀？就是鄙人。前年，中华人民共和国主席改名换姓了，不再姓毛名泽东，换成姓刘名少奇。以前两个主席都姓毛，现在，一个姓毛，一个姓刘，过一段时间，两个主席都姓刘，我随时准备见马克思。”

“主席……”熊向晖欠了欠身子想说什么，见毛泽东打手势又重新坐好了。

毛泽东很坦然地说：“没有我，中国照样前进，地球照样转。”

对于毛泽东的豁达，熊向晖早就熟知、深领了……

9 月 23 日晚 6 时 30 分，毛泽东在东湖宾馆会见了蒙哥马利。只是这次见面，蒙哥马利没有向毛泽东提出有关继承人的问题，毛泽东也没有主动说。

在谈到中国的经济建设时，毛泽东说：

“建设强大的社会主义经济，在中国，50 年不行，会要 100 年，或者更多的时间。”

蒙哥马利告辞后，毛泽东通知孙勇：“告诉武汉方面的人，我明天下午去长江游泳。”

“是！”孙勇立刻应道，“我去负责安排！”

9 月 24 日上午，毛泽东同蒙哥马利进行了第二次谈话。蒙哥马利问：“主席对解放 12 年后的中国的看法如何？以及主席现在考虑的是哪些问题？”

毛泽东吸着烟说：“我们对搞社会主义没有经验，包括社会主义革命、社会主义经济建设。要取得经验需要一个过程。我们过去搞反帝反封建，或者说资产阶级民主革命，也没有经验。后来才有了经验。我们搞社会主义，情况也大体相同。”毛泽东向蒙哥马利简要地介绍了中国民主革命的情况。

蒙哥马利又问了中国建国初期的情况，毛泽东说：“在 1949 年，全国很困难，首先是恢复经济的问题。那时候，革命的性质由民主革命转变为社会主义革命。”

蒙哥马利再问哪些问题占首要地位，毛泽东说：“首先必须解决土地问题，还有经济恢复问题，其中包括工业。扫除帝国主义的残余问题，就是这些问题。怎么干社会主义革命、社会主义建设，我们没有干过，没有经验。过去那一套我们会办的事情没有了。要办的是社会主义革命和社会主义建设，而我们没有经验。”

毛泽东会见来访的英国蒙哥马利元帅，与这位第二次世界大战期间的著名将领纵论国际形势的发展和中英关系的前景。（新华社稿）

蒙哥马利又问：“主席能否告诉我，在什么时候你们才开始看到‘黎明’？”

毛泽东说：“一开始就看到了。”

蒙哥马利说：“我用的是一句英国成语，

意思是在什么时候你们才感到前途明朗了，找到一条道路了？”

毛泽东说：“对我们来说，前途一直是明朗的，至于道路，那是人走出来的。小路是人走出来的，大路也是人开辟出来的。逐步取得经验，逐步看到光明。”

接下来，毛泽东又同蒙哥马利继续谈了中国的社会主义革命和社会主义建设问题。蒙哥马利说：“你们在 12 年内所做的工作已经很可观了。各方面都在行动，人民对祖国感到自豪。再过 50 年，你们就应该很不错了。”

毛泽东说：“可能会好一点，但是我看不到共产主义了。”

谈话结束后，毛泽东同蒙哥马利共进午餐。

下午 1 时 30 分，毛泽东临时改变了要去游泳的计划，说他要再见一见蒙哥马利。

下午 2 时整，蒙哥马利出现在了毛泽东的面前。

交谈中，毛泽东很幽默地对蒙哥马利说：“元帅是特别人物，相信能活到 100 岁再去见上帝。我不能，我现在只有一个 5 年计划，到 73 岁去见上帝。我的上帝是马克思，他也许要找我。”

蒙哥马利说：“马克思可以等一等，这里更需要你。”

毛泽东吮一吮自己的下嘴唇说：“中国有句古话，七十三、八十四，阎王不请自己去。”

蒙哥马利借机提出：“主席现在是否已明确你的继承人是谁？”

毛泽东明确地告诉说：“很清楚么，是刘少奇。他是我们党的副主席，我死后就是他。”

蒙哥马利问：“刘少奇死后是周恩来吗？”

毛泽东说：“刘少奇之后的事我不管。”

蒙哥马利诚恳地说：“中国现在还有许多事情要做，你不能离开这条船放下不管。”

毛泽东微微一笑：“暂时不离，将来学丘吉尔的办法，随时准备灭亡。”

蒙哥马利说："丘吉尔的办法或许不可取。"

毛泽东继续说："我可能会有 5 种死法：被敌人开枪打死，坐飞机摔死，坐火车翻车被压死，游泳时淹死，生病被细菌杀死。"

"这样的事情我都不希望发生。"蒙哥马利直率地对毛泽东说，"现在的科学很发达，医疗技术也很先进，人是能够长命的。一旦主席生病在中国医治不了，可以到英国去。"

"谢谢元帅！"毛泽东说，"我哪里也不去，就死在中国了！"

蒙哥马利疑惑地问："主席的意思是……"

"哦……"毛泽东解释说，"我是说我要死的话，一是死在我的家乡韶山，二是死在北京，别的地方不大可能。"

蒙哥马利再问："如果能够选择的话，主席选择哪里呢？"

毛泽东微微一笑："我选择韶山。"又说，"别人可能会为我选择北京……"

毛泽东和蒙哥马利的谈话进行了很长时间。在谈到核武器时，毛泽东说："我对核武器不感兴趣。这个东西是不会用的，越造得多，核战争就越打不起来。要打还是用常规武器打。打常规武器还可以讲点军事艺术，什么战略、战术，指挥官可以临时按照情况有所变化。用核武器的战争就是按电钮，几下子就打完了。"

蒙哥马利说："刘主席告诉我，因为美国、英国、法国、苏联都有，你们也要搞一点。"

毛泽东说："是，准备搞一点。哪年搞出来，我不知道。美国有那么多，是 10 个指头。我们即使搞出来，也只是一个指头。这是吓人的东西，费钱多，没有用。"

下午 5 时，毛泽东邀请蒙哥马利同他一起乘坐游轮，看他在长江里游泳……

毛泽东上岸后，蒙哥马利问："为什么不去游泳池里游？"

毛泽东说："哪里能修那么多游泳池，要利用江水河水，长江就等于几万个游泳池。多游几次胆子就放大了。"并说密西西比河是世界上的第一大河，他想去游一次，还有亚马孙河，不过恐怕不好游，太热……

9月25日凌晨1时，毛泽东乘专列离开了武汉。

天亮时，毛泽东到达郑州。在郑州，毛泽东没有下车。

晚10时，毛泽东的专列驶离了郑州。

9月26日凌晨4时，毛泽东抵达河北邯郸。

毛泽东上午休息。下午，他让人通知河北、山东两省的部分省、地委书记到专列上来见他。

一连两天，毛泽东在邯郸同前来见他的河北、山东两省的部分省、地委书记在专列上座谈，讨论了农村的大包干、三包一奖、积累、按劳分配、队为基础等一系列基本核算问题。

9月28日，天蒙蒙亮，毛泽东返回了北京。

不想一回到中南海，毛泽东就在丰泽园菊香书屋的房间里大发雷霆……

原来，工作人员趁毛泽东这次离开北京之际，擅自给他修缮了房间，并重新布局了房间里物品的摆放位置。毛泽东恼怒了，他极其严厉地批评说："现在正是国家困难时期，谁叫你们这么干的？老百姓还在挨饿，你们却在这里给我修房子，这还像是共产党人干的事情吗？"

人们被他批评得心惊肉跳，谁也不敢多说一句话……

盛怒之下，毛泽东命令将他所有的东西统统搬出丰泽园的菊香书屋，他不再住在这里了。他顾不得吃一口已经为他准备好的早餐，只是匆匆换了一身中山装，便带着满脸的怒气，又乘汽车出去了……

15. 周恩来提前回国 毛泽东又下江南

1961 年 9 月 29 日，也是毛泽东刚刚回到北京的第二天，他感到已经颁发的《农村人民公社工作条例（草案）》即《农村工作六十条》还少一条，就是“生产权在小队，分配权在大队”，这个问题不解决，群众的积极性要受影响。他考虑到“三级所有，队为基础，基本核算单位应该是队而不是大队”。

为此，毛泽东给中央常委和有关同志写了一封信：

我们对农业方面的严重平均主义的问题，至今还没有完全解决，还留下一个问题。农民说，六十条就是缺了这一条。这一条是什么呢？就是生产权在小队，分配权却在大队，即所谓“三包一奖”的问题。空虚问题不解决，农、林、牧、副、渔的大发展即仍然受束缚，群众的生产积极性仍然要受影响。如果我们要使一九六二年的农业比较一九六一年有一个较大的增长，我们就应在今年十二月工作会议上解决这个问题。我的意见是：“三级所有、队为基础。”即基本核算单位是队而不是大队。要调动群众对集体生产的积极性，要在明年一年及以后几年，大量增产粮、棉、油、麻、丝、茶、糖、菜、烟、果、药、杂以及猪、马、牛、羊、鸡、鸭、鹅等类产品，我以为非走此路不可。在这个问题上，我们过去过了六年之久的糊涂日子（一九五六年，高级社成立时起），第七年应该醒过来了吧。

国庆节期间，来华访问的尼泊尔国王马亨德拉和王后出席了我国政府举行的盛大宴会和招待会，并参加了我国首都群众和各界人士热烈欢度国庆的活动。

10月4日，毛泽东在中南海游泳池住地写信给邓小平和彭真，就关于召集中央局书记讨论“队为基础”的问题作出指示……

10月6日，毛泽东对胡耀邦呈报的一份农村考察报告写了批语。

晚上，毛泽东在中南海主持召开中央局第一书记会议，专门讨论以生产队为基本核算单位的问题。

10月7日，毛泽东在人民大会堂小会客厅，同日本朋友进行了长时间的友好谈话：

“日本除了亲美的垄断资本家和军国主义军阀之外，广大人民都是我们的真正朋友。你们也会感到中国人民是你们的真正朋友。朋友有真假，但通过实践可以看清谁是真朋友，谁是假朋友。

“中国有句古话，物以类聚，人以群分。日本人民同中国人民是好朋友。

“是美帝国主义迫使我们中日两国人民联合起来的。我们两国人民都遭受美帝国主义的压迫，我们有着共同的遭遇，就团结起来了。我们要扩大团结的范围，把全亚洲、非洲、拉丁美洲以及全世界除了帝国主义和各国反动派以外的90%以上的人民团结在一起。

“尽管斗争道路是曲折的，但是日本人民的道路是光明的。中国革命经过无数次的曲折，胜利、失败、再胜利、再失败，最后的胜利属于人民。日本人民是有希望的。”

谈话结束后，毛泽东书赠日本朋友一首鲁迅的诗：

万家墨面没蒿莱，敢有歌吟动地哀。
心事浩茫连广宇，于无声处听惊雷。

同一天，中共中央根据毛泽东9月29日的建议，发表了《关于农村基本核算单位问题给各中央局，各省、市、区党委的指示》，要求各级党委就此问题认真调查研究，以便中央作出决定。

10 月 10 日，缅甸总理吴努访问中国。

针对吴努来访，毛泽东在中南海颐年堂对周恩来说：“在世界范围内，我们要同世界各国人民紧密地团结在一起，首先要同亚洲各国人民紧密地团结在一起，同我们国家周围的友好国家和这些国家的人民紧密地团结在一起。”并说，“世界各国人民的正义斗争，从来都是互相支持的。”

谈话中，周恩来谈起了苏联共产党即将在莫斯科召开第 22 次代表大会和来电邀请中国共产党派代表团参加的事，毛泽东指示说：“去还是要去的。”

10 月中上旬的一天，毛泽东在中南海游泳池的活动室里做健身活动。他先是很放松地扭动身体，然后甩手、扩胸，继而和他身边的工作人员一起打起了乒乓球。

在打球过程中，毛泽东横握球拍，边打球边说：“人总是要活动的，我们就拿了三项世界冠军么！以后还要多拿！”还说，“打球和办事情是一样的。来而无往非礼也！打就狠打，给你个迎头痛击，打你个落花流水，打你个顾头不顾尾……”

10 月 17 日，苏共第 22 大在莫斯科召开。

赫鲁晓夫代表苏共作政治报告。他在报告中对苏联广大党员和人民所敬爱的领袖斯大林进行了前所未有的猛烈批评，批评斯大林的“个人崇拜”和诸多“罪行”，同时指责阿尔巴尼亚领导人“开始离开整个共产主义运动关于当代一些最重要问题的共同的、一致同意的路线……他们自己重复着我国在个人迷信时期曾经有过的那种方法”……

19 日，周恩来在苏共第 22 大上首先宣读了中共中央主席毛泽东签署的贺词：

中苏两党和两国人民之间存在着亲密的团结和友谊。我们两党和两国人民这种建立在马克思列宁主义和无产阶级国际主义基础之上的团结和友谊，对于全世界人民反对帝国主义、保卫世界和平、争取人类进步的共同事业的胜利，具有极其重要的意义。我们两党和两国人民的团结和友谊是永恒的，是久经考验的，是牢不可破的。

在接下来的大会发言中，周恩来明确提出："兄弟党、兄弟国家之间，如果不幸发生了争执和分歧，应当本着无产阶级国际主义的精神，平等和协商的原则，耐心地加以解决。把兄弟党、兄弟国家之间的争执公开暴露在敌人的面前，不能认为是马克思列宁主义的郑重态度。"

20日，周恩来头一天"声明"式的发言受到了阿尔巴尼亚劳动党中央委员会的欢迎，他们强烈谴责了赫鲁晓夫的"反马克思主义谎言"……

这一天，印度政府悍然派出了10个旅的兵力，同时在中印边界东西两段发动了新的大规模进攻，中国的边防部队遭到了严重伤亡。至此，中国只有进行边界自卫反击战，以保卫自己国家的领土与安全……

而在莫斯科接下来的会议上，赫鲁晓夫及其党内的追随者们继续对斯大林进行"批判"，他们对自己党和国家以前的最高领导人进行了令人无法容忍的恶毒的人身攻击，代表大会并决定将斯大林的遗体从列宁墓中移出。

整个会议，苏共提出要同资本主义国家"和平共处""和平竞赛"，以期资本主义国家"和平过渡"为社会主义。并宣称苏联已经是"全民国家"，苏联共产党是"全民党"……

10月23日，周恩来没等苏共的代表大会结束就离开了莫斯科，提前回国以示"抗议"。

对于周恩来的这一行动，毛泽东给予了高度评价和赞赏。

第二天，毛泽东亲自到首都机场迎接周恩来的提前归来。到机场迎接周恩来的党和国家的领导人当中还有刘少奇、朱德、邓小平、陈毅、彭真、薄一波……

从机场归来，在中南海颐年堂，毛泽东笑对周恩来说："好嘛！在原则问题上，我历来的态度就是完全、彻底、干净地没有调和的余地！"

在座的刘少奇也说："恩来这次提前回国，回得很好，回得很正确嘛！完全表现出了我们中国共产党人在重大原则立场问题上，是从来不向任何人屈服的！"

交谈中，陈毅谈起了中印边境近来发生的诸多不愉快事件，并说："赫秃子在北面搞我们，印度在西南边也趁火打劫加紧入侵，没得一副好心肠！"

毛泽东说："搞一个东西，把印度的侵略行径公布于天下！"

贺龙插话说："蒋介石在美国人的支持下也加紧了台湾海峡的活动。"

听了这些，毛泽东很爽朗地一笑："让帝修反一起来么，我们什么时候怕过他们？"并说，"我们中华民族是有骨气的民族，我们的党是有着坚强意志和力量的党！"

在座的人们都随着毛泽东的笑声一起笑了，双手抱怀的周恩来笑得最开心……

恰值这时，浙江省绍剧团来京演出根据中国古典小说《西游记》第27回改编的绍剧《孙悟空三打白骨精》。郭沫若看了此剧，遵从剧团的意见，于10月25日写了一首七言律诗《看〈孙悟空三打白骨精〉》送给了剧团。

事后，郭沫若又将他写的这首诗拿给了毛泽东看：

人妖颠倒是非淆，对敌慈悲对友刁。
咒念金箍闻万遍，精逃白骨累三遭。
千刀当剐唐僧肉，一拔何亏大圣毛。
教育及时堪赞赏，猪犹智慧胜愚曹。

毛泽东看了郭沫若写的诗后，当下没说什么，只是微微一笑，便将诗笺放在他的办公桌上了……

进入 11 月，北京的天气已经见冷了……

11 月 3 日凌晨，又是工作了整整一夜的毛泽东离开办公室到户外散步。这时的天色刚蒙蒙亮，游泳池边的甬道上还尽显着夜露的潮湿。竖立在甬道边上的电线杆上亮着不大明亮的电灯，朝雾中，昏暗的灯光照射着毛泽东颀长的身影。毛泽东边走步边伸展了双臂，随着脚步的移动做起了扩胸运动……

机要秘书田家英跟在毛泽东的身后一步步慢慢走着，他不想因为自己走近了而影响了毛泽东的动作。做了几下扩胸运动之后，毛泽东突然说："家英啊，你去把电灯关了！"

田家英上前几步说："主席，天还没亮……"

毛泽东不容置疑地说："天已经亮了，省一些电么！"

田家英只得转身去关电灯了……

1961 年 11 月 6 日，毛泽东在中南海再次主持召开了中央局第一书记工作会议。会议内容，主要商讨了召开扩大的中央工作会议问题。

这一天，我防空部队设伏在辽东半岛地区的口径为 85 毫米的高射炮群击落美制蒋军 P－2 V型飞机一架。

毛泽东得知捷报，立即指示主持军委日常工作的贺龙和罗瑞卿："打得好嘛！给部队发贺电！给战士们庆功！"

这一天，毛泽东显得比往常高兴，3 次致信田家英。先是请田家英找一找宋人林逋的诗集《林和靖诗集》，随后又请田家英查找一首七言律诗的全诗；再后来又写了一张条子给田家英，请他问一问文史馆的老先生，《咏梅》诗是否是清人高士奇所作……

傍晚，毛泽东手书了高启的《梅花》诗 9 首中的一首。

11 月 10 日，中央局第一书记工作会议结束。

次日，毛泽东在新华社《内部参考》上刊登的《我歌舞剧院演出轰动了列宁格勒》和《保加利亚人民敬仰毛主席热爱中国》两篇文章上加写了批语，并将两篇文章的大标题改为《苏联和保加利亚的两件事》。

11 月 12 日晚，毛泽东听取了中央局第一书记工作会议的情况汇报，然后表示说：“全国人大决定不开了，召集县委书记来开个会。时间在中央工作会议之后。一个县来两个人，地委来 3 个人，省市来 4 个人，中央局也来 4 个人。”并说，“要把这次会议当作小整风。几年来中央在工作上犯了什么错误，要讲。全局观念、纪律、先整体后局部后个人，要讲。现在小天地太多，一个县也是小天地。中央的账要讲清楚。我们交了心，才能要求他们交心。”

毛泽东说这番话的时候，在座的每一个人都静静地听着，谁也不插言、不讲话。毛泽东继续说：“我也要在会上讲话，带头做自我批评。中央各同志和中央局的同志也要讲一讲。各省只讲自己的错，不讲中央的错，要用这次会讲清楚。不要怕鬼。现在气不壮，很沉闷。收购不到东西，粮食状况不好，要两三年转过来。庐山会议说两三年转，明年要改观。现在不是没有东西，猪是少，但其他有，就是收不上来。要鼓气，‘总结经验、鼓足干劲’八个字。总结经验就是讲清道理，好坏经验都找。”

毛泽东讲话后，在座的人们心里有了一个最起码的底数，明年要开一个规模不同寻常的党的特别大会……

11 月中旬的天气已经很冷了，但是平时就非常喜好游泳的毛泽东几乎每天都要下到游泳池去游一次泳。他不怕水凉，不怕冷。

他常对他周围的人们讲：“游泳是一项很好的运动，是一项很能增强人们体质的好的锻炼方法。大家都要学会游泳。”

11 月 16 日，中共中央发出《关于召开扩大的中央工作会议的通知》。通知指出：1958 年以来，在中央和地方的工作中间，发生了一些缺点和错误，并且产生了一些不正确的观点和作风，妨碍着克服困难，必须召开一次较大规模的会议来统一思想认识。

11 月 17 日，毛泽东终于就郭沫若写的那首《看〈孙悟空三打白骨精〉》的诗写了一首和诗：

七律

和郭沫若同志

一从大地起风雷，便有精生白骨堆。
僧是愚氓犹可训，妖为鬼蜮必成灾。
金猴奋起千钧棒，玉宇澄清万里埃。
今日欢呼孙大圣，只缘妖雾又重来。

郭沫若读了毛泽东的诗后，表示完全同意毛泽东诗中的看法。

11 月 23 日，毛泽东批发了主抓农业工作的邓子恢同志的一个报告，指出：

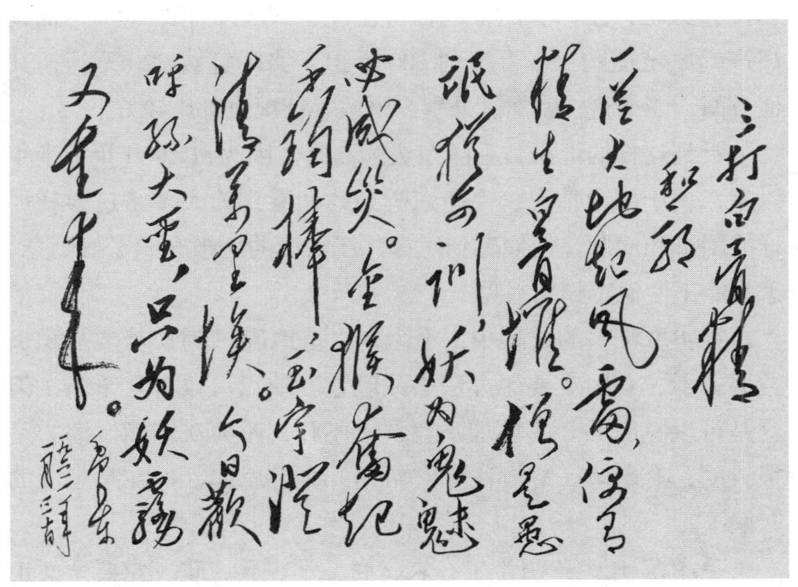

毛泽东手书《七律·和郭沫若同志》

对具体问题作出具体分析，是马克思主义的灵魂。

11 月 30 日，毛泽东再次乘专列离开了北京。

两天后，毛泽东到达上海。

1961 年 12 月 3 日，毛泽东的专列由沪抵杭。

12 月 8 日，毛泽东乘专列离开杭州抵达上海。

5 天后，12 月 13 日下午 3 时许，毛泽东乘专列离开上海前往无锡。

傍晚，毛泽东到达无锡。

次日，在专列上，毛泽东听取了赶来无锡的江苏省委第一书记江渭清、安徽省委第一书记曾希圣和南京军区司令员许世友等人的工作汇报。

12 月 15 日，身在无锡的毛泽东又找来曾希圣和江渭清，听取他们的汇报。江渭清说：今年农村粮食计划分配比去年少，但加上自留地和十边田，估计 70% 的地方比去年好，15% 差不多，15% 有困难；江苏省的征购任务已经完成了全年的 94%，棉花超产，原定征购 150 万担到 200 万担，实际完成 220 万担；其他方面，诸如猪、家禽、外贸、财政等情况也都比较好。

听到这样的汇报，毛泽东极为高兴。因为自 1960 年下半年以来，关于国内情况，毛泽东听到的和看到的大多是这样或那样的困难和问题，使他感到压抑。江渭清的汇报充满了好消息，怎么能不使他感到高兴呢？

在听取汇报的过程中，毛泽东兴奋地说："对形势要从积极方面去看，有困难要想办法去战胜它。缺点可以有几千条，但这是可以克服的。不可理不直、气不壮，不要灰溜溜。潜力是很大的，有困难，有办法，有希望。久卧思起，现在是起床的时候了。"

毛泽东还说："明年工、农、商、学、兵、政、党要全面走上轨道。党是领导一切的。要搞个几十条，大家遵守。明年要开会，开个大动员的会议。明年1月开中央工作会议，无论如何要抓好工作，争取主动。要识大体，顾大局，要加强纪律性。”

曾希圣和江渭清两个人都看得出来，毛泽东的高兴是从心底里发出来的……

同日，毛泽东在专列上收听中央人民广播电台的新闻广播，报道说一部新的《藏汉大辞典》已在最近编纂完成，辞典共收集了7万多个词汇。毛泽东很高兴地对站在他身边的杨尚昆说：“好嘛！藏汉文化源远流长，原本一家么！”

在专列上，毛泽东抑制不住兴奋的心情，致信李先念、姚依林，请他们了解和总结江苏省经济工作的经验……

12月16日下午，毛泽东结束了这次来无锡的调研，乘专列北上。

一路上，毛泽东的专列风驰电掣。沿途，透过车窗望去，南方的山山水水依显葱绿。临近河南省，大地开始呈现出一派冬季里的苍茫，群树落叶，一望无垠的大平原上万物凋零，唯有越冬的小麦在大田里蜷伏着身躯，在朔风中坚强地抵御着铺天盖地的寒冷……

次日，毛泽东车停济南。

在专列上，毛泽东听取了山东省委领导谭启龙、裴孟飞、白如冰、苏毅然等人的工作情况汇报。

12月19日，毛泽东车停天津。

李雪峰、林铁、刘子厚、阎达开、万晓塘等人到专列上来向毛泽东汇报工作。毛泽东对他们说：“今年比去年好，形势已经在向好的方面转。农村在向好的转。工业有了70条，也在向好的方面转。商业也搞出了100条。困难不要好久就可以克服，再有一年就过去了，还是大有希望。要弄清总的形势，开会时要讲讲形势，恐怕需要。”并说，“你们要把华北、河北的事情办好。为官一任，造福一方，是我们每个共产党人的责任和义务。要眼睛向下，真心实意地向群众请教；要晓得，群众中蕴藏着无穷无尽的智慧和创造力，一旦迸发出来，我们的社会主义事业将会迅速地得到发展……”

谈话中，毛泽东还说：“我们共产党人是为人民办事情的，是为人民服务的，不能做官当老爷。我总是说：生我者父母，育我者人民；如果不为人民办事情，还要我们这些共产党人干什么？中国几千年来，真正为老百姓办事情的政府和官吏不多；新中国成立以后，我们为人民办了几件事，但还远远不够，要想方设法为人民多办事、办实事……”

当天，毛泽东返回了北京。

12 月 20 日晚，毛泽东在中南海颐年堂主持召开了有中央政治局常委和各大区第一书记参加的工作会议。

讲到开会的议题和形式，毛泽东说：“有形势，才有气。会议不要开得太紧，上午休息，下午开会，晚上看戏。”并补充说，“白天出气，晚上看戏。”

周恩来将对当前形势的估计概括为四句话：“形势好，成绩大，困难多，任务重。”

毛泽东肯定了周恩来的看法，同时指出：

对于过去走弯路的看法，应该首先由中央负责，然后是省委，然后才是地委、县委。我到下边一看，省委说错误主要由他们负责，也说到中央，但是说中央总是正确的英明领导，这不符合事实嘛。这就不能真正得到经验教训。这几年的高指标、高估产、高征购、高分配和几个大办，大办水利、大办交通、大办养猪场等，都是中央的。虽然材料是由你们来的，但是谁叫你相信呢？谁叫你购买呢？

我们头脑这个加工厂，没有了解实情。四高，几个大办，供给制，食堂，这些都是错误的，做了有损于人民利益的事，为人民服了不好的务。

服务服得不好，这是一方面。还要看到，有了这些错误，这是我们的宝贵财产。人的认识总有个过程的。问题是认识得慢了，时间长了一点。比如，“三包一奖”，今年我才看到耿长锁的信、山东的材料、广东大荔公社一个大队的材料，开始怀疑这个办法，找胡乔木、廖鲁言谈。他们都说以大队为基本核算单位好，这是中国的创造，苏联没有的。胡乔木还给我举了韶山的例子。那时，河北的同志在北京、在广州都讲了他们的主张。但是经过了大半年，我们才了解。人们对于事物的认识，就是这样子奇怪。有了这样错误的经验，我们就可以不再犯了。

这12年，恐怕还是做对了的是主要的，占第一位，错误占第二位。我们12年，已经有了两方面的经验，这就更强了，而不是更弱了。

会议进程中，刘少奇说他利用休息时间看了《红楼梦》，并说这部书写得很好，这又引起了毛泽东的极大兴趣。毛泽东说："《红楼梦》不仅要当作小说看，而且要当作历史看。他写的是很精细的社会历史，他的书写了几百人，有三四百人，其中有33人是统治阶级，约占1/10。其他都是被压迫的，牺牲的死的很多，如鸳鸯、尤二姐、尤三姐、司棋、金钏、晴雯、秦可卿和她的一个丫鬟，秦可卿实际是自杀的，书上看不出来。贾宝玉对这些人都是同情的。中国小说写社会历史的只有三部:《红楼梦》《聊斋志异》《金瓶梅》。你们看过《金瓶梅》没有？我推荐你们都看一看，这部书写了宋朝的真正社会历史，暴露了封建统治，揭露统治和被压迫的矛盾，也有一部分写得很细致。《金瓶梅》是《红楼梦》的祖宗，没有《金瓶梅》就写不出《红楼梦》。但是《金瓶梅》的作者不尊重女性，《红楼梦》《聊斋志异》是尊重的。"

在座的都是党和国家的领导人以及各大区的第一书记，会议商讨的内容都是党和国家的大事，而毛泽东在这种情况下却兴致勃勃地谈起了他对古典小说的一些看法，顿时使整个会议气氛变得轻松起来……

12月22日，新华社报道：我国农村出现了一批新的电力灌溉区，其中有著名的产稻区广东珠江三角洲，江苏南部和北部地区，浙江杭（州）嘉（兴）湖（州）等地区。有重要的粮棉产区河北天津、唐山、保定、张家口地区，陕西关中地区，河南豫北和郑（州）洛（阳）三（门峡）地区，安徽史（河）淠（河）杭（埠河）地区，山西南部、中部地区等。

毛泽东在中南海看了新华社的报道，面带微笑地对他身边的卫士张仙朋说："中国有朝一日都发展得像这些地方，都能够用电力浇田，人民的日子就好过多了！"

张仙朋说："那也得有水呀！我们那地方，打多么深的井也没水……"

"是嘛，要有水……"张仙朋的话引起了毛泽东的沉思，他想了一下，然后像是自言自语、又像是对张仙朋说，"天不下雨自己调，下力量把淮河、黄河、海河的事情办好，还要充分、合理地利用黄河、长江等大江大河的水利资源，想办法南水北调……"

张仙朋问："南水北调，怎么调？"

毛泽东依然像是自言自语道："是啊，怎么调？要想办法，要有计划……"稍后，突然又向张仙朋提出一个问题，"你说说看，什么叫思想呀？"

张仙朋说："就是脑子呗！"

毛泽东再问："那么。人的正确思想是从哪里来的？"

张仙朋想了想，没有回答上来……

毛泽东笑了笑，挥一挥手说："这么简单的问题，有些人并不懂得……"

张仙朋请求说："那请主席给解释一下吧？"

毛泽东说："人的正确思想并不是从天上掉下来的，也不是自己头脑里本来就有的，而是从社会实践中得来的。"

张仙朋认真地听着，毛泽东继续说："我正在考虑，在我写的那本《实践论》的基础上，根据社会主义时期的实际情况，再写一篇哲学方面的文章。"

张仙朋说："学哲学，太难了……"

毛泽东说："也不是什么难事，在人们的日常工作和日常生活当中，就有很多哲学哩！"并说，"现在搞社会主义，这还是一个未被认识的必然王国。要想使人们的认识从必然王国飞跃到自由王国，这里有很多条件，就像你们游泳也有个规律，也要有条件……"

张仙朋似懂非懂地说："学游泳总得喝几口水……"

毛泽东笑了，说："对嘛！学游泳必然要喝几口水，只有喝上几口水，才能认识水的特点和掌握游泳的规律，搞社会主义也是这个道理。"随即又意味深长地说，"人们常说，'虎死了留皮，人死了留名'。我这个人啊，只要为人民留点文就行了！"

看着毛泽东那爽朗的笑容，张仙朋随着也笑了……

一场冬雪过后，北京更像是北方的冬天了。

毛泽东爱雪。他喜欢雪的洁白，喜欢雪的晶莹；李银桥在他身边的时候，曾多次陪他去看雪，并知道他有时竟不让工作人员扫掉他院中的积雪……

这次北京下雪，引得毛泽东来了诗兴。他借南宋诗人陆游的《卜算子 · 咏梅》词调，填写了一首词：

卜算子 · 咏梅

读陆游咏梅词，反其意而用之。

风雨送春归，飞雪迎春到。已是悬崖百丈冰，犹有花枝俏。

俏也不争春，只把春来报。待到山花烂漫时，她在丛中笑。

然后，他又在刚刚写好的这首词的后面续写了南宋诗人陆游的《卜算子 · 咏梅》词：

驿外断桥边，寂寞开无主。已是黄昏独自愁，更著风和雨。

无意苦争春，一任群芳妒。零落成泥碾作尘，只有香如故。

临近年终。毛泽东收到了他湖南朋友周士钊的一封来信。他和周士钊常有书信来往，这次也很及时地给周士钊写了回信：

很赞成你的意见。你努力奋斗吧。我甚好，无病，堪以告慰。“秋风万里芙蓉国，暮雨朝云薜荔村”①。“西南云气来衡岳，日夜江声下洞庭”②。同志，你处在这样的环境中，岂不妙哉？

1961年12月26日

12 月 26 日，又值毛泽东的生日。

他很忙，一直很忙。凡是在他身边工作过的人都知道，他简直没有空闲的时候，每每工作到深夜，直至凌晨。他习惯于上午休息，早晨经常散散步，然后吃下一两片安眠药，这才躺倒在他的大木床上倚了床头看书、看报、看文件，渐渐进入睡境……

这一天，毛泽东依然很忙。他接到了臧克家要求他谈诗的来信，没有心境谈，也没有心境写，只得给这位当代诗人、《诗刊》编辑部的主编写了一封回信：

所谈之事，很想谈谈。无奈有些忙，抽不出时间来。而且

---

① “秋风万里芙蓉国，暮雨千家薜荔村”，见《全唐诗》中谭用之的《秋宿湘江遇雨》诗。

② 这是长沙岳麓山云麓宫望湘亭上的一副对联。

我对于诗的问题，需要加以研究，才有发言权。因此请你等候一些时间吧。

冀北朔风舞飞雪，江南山水犹泛青。

这一年，毛泽东的长子毛岸英在朝鲜战场上牺牲已经 10 年了。毛岸英的妻子刘松林已经 29 岁，仍是孤身一人。毛泽东一直很关心她，希望她注意身体，写点日记，尽早成立一个新的家庭。

就在这一年，刘松林认识了空军学院强击机教研室的教员杨茂之。刘松林早些年在莫斯科大学读书时，杨茂之早她一年到苏联红旗空军学院学习指挥。他们在中国留学生的集会上见过面，但没有说过话，更没有想到对方有一天会成为自己的终身伴侣……

对于亿万中国人民来说，艰难困苦的 1961 年即将过去，努力奋斗的 1961 年即将载入史册。这一年，是中国共产党人深入调查研究的一年，是中国共产党人领导全国人民与天奋斗、与地奋斗、与人奋斗而战胜困难继续在社会主义道路上向前迈进的一年！

这一年，党中央除了制定出《农村人民公社工作条例（草案）》（农村工作六十条）外，还颁发了我国第一个工业企业管理试行条例《国营工业企业工作条例（草案）》，也叫“工业七十条”。

“工业七十条”是在党中央、毛泽东的直接领导和邓小平的主持下制订的。条例系统地总结了新中国以来，特别是 1958 年“大跃进”以来企业管理的经验教训，并根据实际情况提出了我国社会主义工业企业管理工作的一些指导原则。

这个条例的颁布，对于提高企业管理水平，改变由于高指标、瞎指挥造成的管理混乱，对于贯彻执行“调整、巩固、充实、提高”的方针，开创我国工业欣欣向荣的大好局面，将起到非常重要的作用……

也就在这一年，一个叫翦伯赞的人在学术界公开提出了他对历史主义认识的一个观点。他认为研究历史，既要重视阶级观点，又要注意历史主义的研究方法。他反对一味片面性地强调“以论带史”的提法，反对片面性地理解历史是为政治服务的提法，主张从历史的实际出发，在研究和考证大量历史史料的基础上，得出符合马克思主义的结论。

16. 召开七千人大会　团结民主共探索

1962 年 1 月初的一天，已经下乡调查归来的叶子龙、李银桥、高智、封耀松、王敬先等 5 人相约一起来到毛泽东居住的游泳池看望毛泽东。

一见面，毛泽东即热情地招呼大家："你们来了，坐，都坐！"

5 个人在客厅里围着毛泽东各自找位置坐下来后，毛泽东对大家说："你们下去了一年，脸都被太阳晒黑了。这样好，既了解了情况，又锻炼了身体，还增长了才干，三全其美，何乐而不为呀？"

5 个人都笑了。笑声中，毛泽东又说："你们写的调查报告和心得体会，我都看过了，写得很好。子龙写得比较全面，高智写得比较具体，银桥写得大有进步。小封和敬先写得很认真，错别字也比以前少多了！林克虽然没有来，但也写了材料。他是秀才，写得最多。"

受到毛泽东的夸奖，大家心里都很高兴，一个个脸上挂着喜悦的神情。这时叶子龙说："在下边，我们别的都好说，就是天天想主席……"

一句话就像打开了放水的闸门，引得大家把这一年来在外边对毛泽东的思念全都倾泻了出来：

"夜里睡不着觉，我总看着窗户愣神……"叶子龙说，"总想主席这会子准是又在办公，要么就是在看文件，说不准也许在练习着念英语……"

"我白天想主席想得最多，"封耀松说，"老是挂念主席吃不好……"

"我也是……"王敬先说，"我还担心张仙朋和张景芳他们熬不好麦片粥呢！”

毛泽东说：“他们做得都很好。”

“我夜里想主席想得最多……”高智说，“有时一觉醒来，就再也睡不着了……”

这时毛泽东说：“你是想你媳妇了吧？”

一句话，说得大家哄堂大笑起来。笑声中，毛泽东问李银桥：“银桥，你都想什么事呀？”

李银桥眼里含了泪花说：“我就是想你……”

毛泽东再问：“你想我什么事呀？”

“什么都想……”李银桥说，“就连主席拉屎放屁我都想……”

又是一阵笑声，笑声中只有毛泽东的神情显得不大自然。在大家的你一言、我一语中，毛泽东摆了一下手说：“我也想你们啊……”

1月3日，毛泽东在人民大会堂接见了来华访问的日本禁止原子弹氢弹协议会理事长安井郁，并同安井郁一行人进行了谈话。

在此期间，刘少奇和邓小平亲自主持起草的扩大的中央工作会议报告稿已经完成了前两部分：关于目前的形势和任务、关于集中统一，并下发各小组讨论。

也就在参加会议的人们分组讨论中央工作会议的报告稿时，毛泽东在中南海让他的厨师破例做了几样湖南的家乡菜，邀请了爱新觉罗·溥仪和章士钊、程潜等人来吃饭。

临开饭时，毛泽东请大家进入餐厅，并热情地拉了溥仪的手，让他坐在自己的身边，风趣地对他说：“你是我的顶头上司哟，我做过你下面的老百姓呢！”

说着话，毛泽东亲自动手给溥仪夹菜，并说：“尝尝我们湖南的苦瓜吧！”

“好，好！”溥仪连忙说，“我自己来，自己来……”

见溥仪吃了这口菜，毛泽东问：“味道怎么样？还不错吧？”

溥仪连声说：“好吃！好吃！”

毛泽东又对章士钊和程潜说：“请！都吃，都吃！”

章士钊和程潜也拿起了筷子：“好，好……”

1月9日，刘少奇和邓小平又写出了报告稿的第三部分：关于党的问题。

同日，毛泽东收到了小女儿李讷从北京大学给他寄回家来的一张贺年片，令他高兴之余又引起了他对女儿的思念。晚上的时间，他给尚未放寒假的女儿写了一封信：

贺片收到，高兴。你为什么不写信给我呢？为什么那样吝啬呢？你不爱爸爸了，是不是呢？我希望不是，你是爱我的，只因我对你帮助太少，缺乏长谈，互不交心，所以如此。你给我来封信吧。

1月10日上午10时，毛泽东看了报告稿的前两部分后写下批语：

田家英同志并告刘少奇、邓小平：

觉得好，但还没有细想，提不出不同意见。须要看第二遍，才有可能想一下。第三部分还没有看。

毛泽东

一月十日

稍后，毛泽东又找来邓小平、陈伯达和田家英进行商量，并决定将报告稿立即印发大会全体同志，分组讨论3天，允许所有与会人员发表不同意见……

1月11日，扩大的中共中央工作会议在毛泽东的主持下，在人民大会堂召开了。参加这次大会的人员包括了县委书记以上的县委、地委、省市委和中央党的各级领导同志，总计7000余人，所以又被称为“七千人大会”。

1962年1月11日至2月7日，扩大的中共中央工作会议（又称“七千人大会”）在北京举行。图为毛泽东、刘少奇、周恩来、朱德、陈云、邓小平在大会主席台上。（新华社稿）

次日凌晨，久难入睡的毛泽东提笔给他的儿子毛岸青写了一封信，嘱他遵照医嘱治病；同时，毛泽东又给康生写了一信，谈了一些有关诗词的写作问题……

曙光微露，旭日东升，冬日里的霞光映红了北京城的每一座高大建筑。但是在中南海游泳池的房间内，辛劳了一夜的毛泽东依然没有睡意。在晨曦中，他又对《宣教动态》上登载的《关于列宁“遗嘱”的一些材料》写了批语……

1月13日上午，毛泽东提议会议延期，讨论提前印发给每个人的大会报告。

1月16日晚，毛泽东在钓鱼台12号楼内召集刘少奇、邓小平、陈伯达和田家英等人开会。会议反映了各小组对报告稿的不同意见，毛泽东没有表态，而是鼓励把不同意见充分发表出来。因此，他决定成立一个报告起草委员会，吸收各中央局第一书记参加，先谈主要矛盾，统一思想，然后再写报告稿。

1月中下旬，扩大的中共中央工作会议在毛泽东的主持下继续分组进行……

大会主要讨论形势和任务问题、民主集中制问题、党的作风与群众路线问题。大会的目的是要总结大跃进以来的经验教训，以便客观地认识形势，统一全党思想，部署今后的工作。

1 月 22 日，毛泽东对《毛泽东军事文选》外文版的一条注文写了批语……

1 月 24 日，毛泽东修改了刘少奇将在扩大的中央工作会议上讲的报告稿的部分内容。

1 月 26 日下午，毛泽东在钓鱼台主持召开中央政治局常委会议，主要讨论了“七千人大会”的安排问题，继而讨论了刘少奇口头陈述的大会报告提纲。会议决定第二天下午召开全体大会。

1 月 27 日下午，“七千人大会”正式开幕。毛泽东主持会议，刘少奇作口头报告。

在报告中，刘少奇主要讲了 4 个问题——国际形势、国内形势、集中统一问题和党的作风问题。

在谈到国内形势时，刘少奇提到了 1959 年以来农业生产上的 3 年连续减产，并说：

两三年以前，我们原来以为，在农业和工业方面，这几年都会有大跃进。在过去几年中，的确有一段时间是大跃进的。可是，现在不仅没有进，反而退了许多，出现了一个大的马鞍形。这种情况是不是应该承认呢？我想，要实事求是，应该承认事实就是这样。这种困难的形势是怎样出现的呢？为什么没有增产，吃、穿、用没有增加，而且减少了呢？原因在哪里？原因不外乎两条：一条是天灾。连续三年的自然灾害，使我们的农业和工业减产了。还有一条，就是从一九五八年以来，我们工作中的缺点和错误。这两个原因，哪一个是主要的呢？到底天灾是主要原因呢？还是工作中的缺点、错误是主要原因呢？各个地方的情况不一样。应该根据各个地方的具体情况，实事求是地向群众加以说明。有些地方的农业和工业减产，主要的原因是天灾。有些地方，减产的主要原因不是天灾，而是工作中的缺点和错误。去年我回到湖南一个地方去，那里也发生了很大的困难。我问农民：你们的困难是由于什么原因？有没有天灾？他们说：天灾有，但是小，产生困难的原因是“三分天灾，七分人祸”。

刘少奇还说：总的讲，是不是可以三七开，七分成绩，三分缺点和错误。书面报告里没有这样讲，那里只说成绩是第一位的，缺点和错误是第二位的。过去我们经常把缺点错误和成绩，比之于一个指头和九个指头的关系。现在恐怕不能到处这样套。

刘少奇在讲这些话的时候，整个会场上鸦雀无声。毛泽东听得非常清楚，但也只是默默地吸烟，脸上没有流露出任何表情变化。但许多人都知道，拿九个指头和一个指头的关系，来比喻工作中的成绩和缺点错误的关系，是毛泽东第一个提出来的，而且经常这样讲，尤其是在工作失误和遇到困难的时候，毛泽东更爱这样讲，以此来鼓舞大家的士气。现在，刘少奇一改毛泽东的这个说法，并且是在有 7000 人参加的扩大的中央工作会议上这样尖锐地提出问题，特别是讲了“三分天灾，七分人祸”这样颇带刺激性的话，使许多人不同程度地感到“惊讶”，同时也或多或少地预感到了问题的某种“严重性”……

关于党的作风问题，刘少奇重点谈了实事求是的问题。他说：要实事求是，就要调查研究，就要充分发扬党内民主和人民民主，就要从实际出发来拟订政策，拟订计划，拟订措施。要实事求是还要有勇气。没有勇气，就不敢实事求是。

刘少奇报告之后，毛泽东做了简短发言，他说：“明天[①]不放假，因为我们准备这次会议在这个月底搞完。明天是 28 号，我们争取 30 号搞完。还留有余地，留了一个 31 号。如果 30 号搞不完，那么我们加一个 31 号。总而言之，31 号无论如何要搞完，31 号晚上就可以离开北京。”

①明天，即 1962 年 1 月 28 日，星期天。

1月29日，大会全体会议继续举行。毛泽东主持会议，林彪讲话。林彪在极力颂扬毛泽东领导正确的同时，把各方面所犯错误的主要责任统统推卸到了毛泽东以外的其他人身上。在谈及这几年所遇到的各种困难时，他说："这些困难，在某些方面，在某种程度上，恰恰是由于我们没有照着毛主席的指示、毛主席的警告、毛主席的思想去做。"

他还说："毛主席的优点是多方面的，不是一方面的。我个人几十年来体会到，毛主席最突出的优点是实际。他总比人家实际一些，总是八九不离十。"

听林彪这样讲，毛泽东坐在主席台上只是吸烟，并不插话。刘少奇、周恩来、朱德、陈云、邓小平等人也都不插话，整个大会都在听林彪一个人讲："我深深感觉到，我们的工作搞得好一些的时候，是毛主席的思想能够顺利贯彻的时候，毛主席的思想不受干扰的时候。如果毛主席的意见受不到尊重，或者受到很大的干扰的时候，事情就要出毛病。"

林彪歌功颂德式的发言，赢得了会场上一阵阵热烈的掌声。这掌声，给了毛泽东支持与力量，也给了毛泽东更大的自信。

接下来，林彪详细阐述了党的有关军事方针……

林彪讲话后，毛泽东接着讲话。他说："林彪同志讲了一篇很好的讲话，关于党的路线，关于党的军事方针。我希望把它整理一下。"说着将脸转向林彪一侧，"给你一个星期、半个月搞出来。"继而又说，"还有少奇同志的口头报告，口说无凭，也请他整理一下。他已经答应了。"

毛泽东为了总结1958年大跃进以来的经验教训，纠正错误，充分地调动人民群众的积极性，以克服1959年庐山会议以来存在的严重问题，他在这次大会上以身作则地再一次做了自我批评，承担了责任，解除了与会者的顾虑：

"我相信能解决上下通气的问题。有一个省的办法是，白天出气，晚上看戏，两干一稀，大家满意。我建议让人家出气。不出气，统一不起来。没有民主，就不可能有集中。因为气都没有出嘛，积极性怎么能调动起来？到中央开会还不敢讲话，回到地方就更不敢讲话了。我们几个常委商量了一下，希望解决出气的问题。有什么气出什么气，有多少气出多少气。不管是正确之气、错误之气，不挂账，不打击，不报复。你骂了我，我整你一下，这是不许可的。要建立民主集中制。讲了几十年马克思主义，我们党内生活的民主集中制没有很好建立起来，民主集中制的思想在有些同志的脑筋里面没有产生，他们脑海里没有民主。”

毛泽东还说：

“横直是有错误就要改，谁的错误谁就改。是我的错误我要改。中央的错误，有些我要直接负责，间接的我也有责任。你当主席嘛，谁叫你当主席？你怎么官僚主义？搞了这么多文件，煤炭部下了那么一个命令，直到这次少奇同志报告搞出来我才知道。可见我的官僚主义相当可观了。总之，要解决上下通气的问题……”

毛泽东的讲话，语言生动，有声有色，讲话经常被人们的热烈掌声所打断：“实际上，我们现在开的是五级干部会议：县委、地委、省委、中央局、中央。如果你们赞成，就按照这个方法去做，改正我那一天说的办法。如果你们不赞成，一定要明天结束，我也可以接受，我们明天就可以散会。如果你们想解决上下通气这个问题，就趁此机会，就在这里解决，舒舒服服回去。如果你们赞成，就这样做。每天下午有一个同志讲话，上午讨论，开出气大会。”

“发扬民主，让人讲话”，这是毛泽东在1月30日下午的大会上讲的一句名言。他说：“要使全党、全民团结起来，就必须发扬民主，让人讲话。在党内是这样，在党外也是这样，省委的同志、地委的同志、县委的同志，你们回去，一定要让人讲话。在座的同志们要这样做，不在座的同志们也要这样做。一切党的领导人员都要发扬党内民主，让人讲话。”

在讲话中，毛泽东一共谈了6个问题：有关这次会议的开会方法；有关民主集中制问题；我们应当联合哪些阶级、压迫哪些阶级；关于认识客观世界的问题；关于国际共产主义运动；要团结全党和全国人民。其中，主要是讲民主集中制问题。

他说：

“不论党内党外，都要有充分的民主生活，就是说，都要认真实行民主集中制。

“这有什么可怕的呢？我们的态度是：坚持真理，随时修正错误。我们工作中的是和非的问题、正确与错误的问题，是属于人民内部矛盾。解决人民内部矛盾，不能用咒骂，也不能用拳头，更不能用刀枪，只能用讨论的方法，说理的方法，批评与自我批评的方法。一句话，只能用民主的方法，让群众讲话的方法。

“没有民主，不可能有正确的集中，因为大家意见分歧，没有统一的认识，集中制就建立不起来。

“没有民主，意见不是从群众中来，就不可能制定出好的路线、方针、政策和办法。

“如果没有民主，不了解下情，情况不明，不充分搜集各方面的意见，不使上下通气，只由上级领导机关凭着片面的或者不真实的材料决定问题，那就难免不是主观主义的，也就不可能达到统一认识，统一行动，不可能实现真正的集中。

“我们的集中制，是建立在民主基础上的集中制。无产阶级的集中，是在广泛民主基础上的集中。

“我们的国家，如果不充分发扬人民民主和党内民主，不充分实行无产阶级的民主制，就不可能有真正的无产阶级的集中制。没有高度的民主，不可能有高度的集中，而没有高度的集中，就不可能建立社会主义经济。”

在这里，他批评了发生在共产党内的一种现象：

“现在有些同志，很怕群众开展讨论，怕他们提出同领导机关、领导者意见不同的意见，一讨论问题，就压抑群众的积极性，不许人家讲话……

“我们有些同志，听不得相反的意见，批评不得，这是很不对的。在我们这次会议中间，有一个省，会本来是开得生动活泼的，省委书记到那里一坐，鸦雀无声，大家都不讲话了。这位省委书记同志，你坐到那里去干什么呢？为什么不坐到自己的房子里想一想问题，让人家去纷纷议论呢？平素养成了这样一种风气，当着你的面不敢讲话，那么，你就应当回避一下。有了错误，一定要做自我批评，要让人家讲话，让人家批评。

“不负责任，怕负责任，不许人讲话，老虎屁股摸不得，凡是采取这种态度的人，10个就有10个要失败。人家总是要讲的，你老虎屁股真是摸不得吗？偏要摸！”

接下来，毛泽东诚恳地做了自我批评：

“去年6月12号，在中央北京工作会议的最后一天，我讲了自己的缺点和错误。我说，请同志们传达到各省、各地方去。事后知道，许多地方没有转达。似乎我的错误就可以隐瞒，而且应当隐瞒。同志们，不能隐瞒。凡是中央犯的错误，直接的归我负责，间接的我也有份，因为我是中央主席。我不是要别人推卸责任，其他一些同志也有责任，但是第一个负责的应当是我。”

在这里，毛泽东要求大家勇敢地承担责任，不要不敢承认错误。他要求各级领导同志要真正地发扬民主，要启发人家批评，要听取不同意见，接受正确的批评。他引经据典地说：

“刘邦同项羽打了好几年仗，结果刘邦胜了，项羽败了，不是偶然的。我们现在有些第一书记，连封建时代的刘邦都不如，倒有点像项羽。这些同志如果不改，最后要垮台的。不是有一出戏叫《霸王别姬》吗？这些同志如果总是不改，难免有一天要‘别姬’就是了。”

他还说：

“各人有各人的账，应当争取主动，首先要做自我批评。有什么错误就检查什么，要争取主动，过去不民主，现在陷于被动，那也不要紧，就请大家批评吧！白天出气，晚上看戏，两干一稀，大家欢喜，白天晚上都请你们批评。在这个时候，我们坐下来，冷静地想一想，两三天晚上睡不着觉，想好了，想通了，然后诚诚恳恳地做一篇检讨，这不就好了吗？总之，让人讲话，天不会塌下来，自己也不会垮台，不让人讲话呢？那就难免有一天要垮台。”

在讲到怎样认识客观世界的问题时，毛泽东详细回顾了中国共产党在民主革命时期，经过了24年的漫长岁月的艰苦卓绝的斗争和磨难之后，才使全党的认识逐渐地完全统一起来。他很认真地说：

“我讲我们中国共产党人在民主革命时期艰难地但是成功地认识中国革命规律这一段历史情况的目的，是想引导同志们理解这样一件事：对于建设社会主义的规律的认识，必须有一个过程。必须从实践出发，从没有经验到有经验，从有较少的经验，到有较多的经验，从建设社会主义这个未被认识的必然王国，到逐步地克服盲目性、认识客观规律，从而获得自由，在认识上出现一个飞跃，达到自由王国。”

继而他又十分坦诚地说：

“在社会主义建设上，我们还有很大的盲目性。社会主义经济，对于我们来说，还有许多未被认识的必然王国。拿我来说，经济建设工作中间的许多问题，还不懂得。工业、商业，我就不大懂。别人比我懂，少奇同志比我懂，恩来同志比我懂，小平同志比我懂。陈云同志，特别是他，懂得较多[①]。对于农业，我懂得一点。但是也只是比较地懂得，还是懂得不多。

“我注意得较多的是制度方面的问题，生产关系方面的问题。至于生产力方面，我的知识很少。社会主义建设，从我们全党来说，知识都非常不够。我们应当在今后一段时间内，积累经验，

① 别人比我懂，少奇同志比我懂，恩来同志比我懂，小平同志比我懂。陈云同志，特别是他，懂得较多。1966年2月，中共中央将毛泽东在“七千人大会”上的讲话印发党内领导干部阅读时，经毛泽东本人同意，删去了这段内容。

努力学习，在实践中逐步地加深对它的认识，弄清楚它的规律。”

许多人都知道，毛泽东在发动“大跃进”初期，曾经信心十足地提出在“十几年、甚至几年的时间里”，中国的钢产量“就可以赶上和超过世界上最发达的资本主义国家”。现在毛泽东冷静多了，改变了原先那种对于“大跃进”的不切合实际的认识和“很快就可以建设社会主义并且向共产主义过渡”的估计。他说：

“要赶上和超过世界上最先进的资本主义国家，没有100多年的时间，我看是不行的。也许只要几十年，例如有些人所设想的50年，就能做到。果然这样，谢天谢地，岂不甚好。但是我劝同志们宁肯把困难想得多一点，因而把时间设想得长一点。三百几十年建设了强大的资本主义经济，在我国，50年内外到100年内外，建设起强大的社会主义经济，那又有什么不好呢？”

毛泽东的讲话引起了整个大会的强烈反响，受到了与会同志们的热烈拥护。这是多么大的变化和多么鼓舞人心的情景啊！大会开得很活跃，也很轻松。毛泽东的讲话不时被热烈的掌声所打断，整个会场充满了宽松的民主气氛……

在毛泽东的讲话中，提出了这样一个思想——有了总路线还不够，还必须在总路线指导之下，在工、农、商、学、兵、政、党各个方面，有一整套适合情况的具体的方针、政策和办法，才有可能说服群众和干部，并且把这些当作教材去教育他们，使他们有一个统一的认识和统一的行动，然后才有可能取得革命事业和建设事业的胜利，否则是不可能的[①]。

毛泽东讲话后，周恩来和邓小平也都做了重要发言，林彪也讲了话。大会通知，刘少奇将代表中共中央向大会作报告。

大会的民主气氛，使大家对1958年以来党在指导思想上的错误的认识，比过去前进了一大步。在总结经验教训的同时，会议动员全党和全国人民为全面地实现国民经济的调整和恢复

① 《毛泽东文集》第8卷，人民出版社1999年6月版，第304页。

而奋斗。

刘少奇在代表中央所作的报告中指出：

1962年，我们在经济建设方面必须做好以下几项工作：第一，从各方面加强农业战线，力争多生产一些粮食、棉花、油料和其他经济作物。要保证粮食、棉花、油料和其他农副产品的收购任务的完成。为了保证农业生产的发展，必须切实保护和发展大牲畜，必须认真保证制造和修配中型农具所需材料的供应。第二，积极地增加轻工业和手工业的生产，保证实现国家计划规定的生产指标，并且力争超过。第三，坚决实行“精兵简政”的方针，继续压缩城镇人口、精简职工。尽可能在春耕以前，至迟在夏收以前，完成今年上半年的减人任务，并且进一步地规定下半年的精简任务。对于减下去的人，应该妥善地加以安排。这是加强农业战线、缓和城市供应紧张状况的最重要的一项措施，必须坚决保证完成。第四，继续缩短基本建设战线，绝对不允许再有国家统一计划以外的建设项目。列入国家计划的项目，也应该按照轻重缓急，分期分批地进行。一切停建、缓建项目的设备、材料和建筑物，必须采取切实措施，妥善保护，不许损坏。第五，调整工业企业的生产任务，坚决压缩或者停止那些原料、材料消耗多和产品质量低的企业的生产，使那些原料、材料消耗少和产品质量高的企业，尽可能增加生产。第六，认真地做好商业工作，发展城乡交流，采取各种适当的措施和正确的物价政策，改善市场状况，努力保证大中城市居民的必不可少的生活需要。第七，保证完成国家计划规定的重工业产品的生产指标。要尽可能地多生产一些煤炭、木材和其他原料、材料、燃料，尽可能地多增加一些钢材的品种。要切实地加强交通运输工作，特别是短途运输工作。第八，所有工业企业，都必须切实地改进管理工作，把提高产品质量、增加品种、提高劳动生产率、降低成本，当成首要任务。坚决扭转某些企业亏本赔钱的状况。

会议原计划在2月4日农历的年三十前结束，让大家回去过春节，然后抓工作；但大家都感到会议开得不过瘾，有许多话还没有说完，要求延长会议时间，不回去过春节，继续开会……

当天晚上，毛泽东召集中央常委和中央负责人会议，决定常委几个人分别参加几个省的会议，再用三四天的时间开小组会，放手让大家提意见。少数气氛沉闷的省份，由刘少奇等几位中央领导人去亲自坐镇揭盖子，目的在于把前几年存在的严重的问题暴露出来。

宽松的民主气氛，使大家真正做到了敞开思想。在分组讨论中，人们慷慨激昂地批评了这几年上上下下出现的种种不正之风，对中央提出的基本方针，大多数人都表示了完全同意和基本同意，但也有少数同志提出了不同的意见。大家对 1959 年以来经济困难的原因做了认真和比较客观的分析与估计。过去人们一直把它归咎于自然灾害，这次会议上人们认为就全国来说，一方面是受自然灾害的影响，另一方面是由于工作上的错误所引起的，有些地方甚至是像刘少奇所说的是“三分天灾、七分人祸”……

在分组讨论中，个别同志甚至对党的总路线、大跃进和人民公社这三面红旗提出了大胆的否定意见。说缺点错误不是路线性的，只是执行中的问题，为什么全国都执行错了？这几年所造成的各种损失，不次于 3 次“左”倾路线造成的损失，难道都是执行中的问题？全国到底死了多少人？直接的经济损失又是多少？这几笔账应该算清，不能笼统地说三面红旗是正确的，缺点错误只是执行中的问题……

各个小组的讨论纪要，毛泽东都一一过目。来自个别中层干部的尖锐批评，已经引起了毛泽东在一定程度上的不安。而作为中央最高领导核心成员刘少奇的一段即席讲话，尽管口气显得很缓和，但也使得毛泽东的心绪起伏难安了：

“三面红旗，我们现在都不取消，都继续保持，继续为三面红旗而奋斗。现在有些问题还看得不那么清楚，但是再经过 5 年、10 年以后，我们再来总结经验，那时候就可以更进一步地作出结论。”

刘少奇讲这几句话，以他的身份和在党内的地位，他自然知道这几句话讲出去的分量。虽然他首先讲了要继续保持三面红旗，但也使得一些与会人员感到震惊……

毛泽东的思想活跃，有着极其敏锐的洞察力和深广的分析能力，他的思维方式是在长期的、复杂的斗争环境中孕育和锻炼出来的，也是常人难以比拟的。他并不注重推敲刘少奇这几句极其明白的话语，而是深入思考、仔细琢磨其话中的潜台词。他感到刘少奇的话中隐含着对三面红旗的否定，至少可以说是怀疑。他相信自己的判断，觉得刘少奇已经不那么“坚定”了，在绝对不能动摇的党的路线问题上“动摇”了……

这使他自然而然地联想到了刘少奇即席讲的另一段话：

“现在我们不能再用过去常说的一个指头和九个指头的关系来乱套大跃进的缺点和成绩。这几年，造成困难的原因不是天灾，而是人祸！”

毛泽东愈发感到刘少奇思想问题的严重性，这使得他在会议上表现得心事重重。林彪似乎觉察到了什么，在同一个场合对同一个问题讲出的话与刘少奇讲的竟大相径庭：

“我们党所提出的总路线、大跃进、人民公社这三面红旗，是正确的，是中国革命发展中的创造，人民的创造，党的创造。当然，三面红旗在开始提出来的时候，是不那么完整的，可是它在发展中已经逐步地完整起来，逐步地具体起来，而且今后还会继续地完整，继续地具体化，继续地发挥作用。”

这自然引起了毛泽东的充分注意，并使他的神情明显地为之一振。随之，在对待大跃进得失问题的看法上，林彪讲出的话更与刘少奇讲的有天壤之别：

“这几年我们物质方面减少了一些收入，可是我们精神上却得到很大的一笔财富。现在失的方面看得很清楚，而得的方面的作用暂时还看不清楚。我们应该相信，我们所得到的经验，将要发挥很大很大的作用。所以我们付出一点学费是完全值得的。”

林彪的话固然有他的某些道理，但同刘少奇讲的内容相比，很是违背了实事求是的原则。然而，毛泽东却很赞同林彪的说法。整个会场，从下看向主席台，毛泽东坐在主席台的正中位置，刘少奇坐在毛泽东的左侧，周恩来坐在毛泽东的右侧。从主席台向下看，刘少奇是坐在了毛泽东的右肩首，周恩来坐在毛泽东的左肩首。再向左，坐着身为中共中央副主席的林彪……

当刘少奇讲了以上的这些话时，毛泽东的面部表情明显地显露出了不悦的神情，并几次向讲话中的刘少奇投去直视的目光。但当林彪讲话时，人们见到毛泽东的脸色开始变得舒缓开来，并且慢慢地点燃了一直拿在他手上的香烟……

当毛泽东和杨尚昆、罗瑞卿在一起谈及此事时，毛泽东明确地告诉他们说："林彪的讲话很有水平，不是一般人能够讲得出来的。"

无独有偶，就在毛泽东为刘少奇的讲话而深切思考时，发生在大会报告写作班子会议上的另一件事情，更加引起了毛泽东的高度警觉：

在讨论大跃进中的缺点错误究竟应该由谁来负责任的时候，作为中央政治局委员的彭真也同刘少奇一样，说出了几句举座皆惊的话：

"我们的错误首先是中央书记处负责，包括不包括主席、少奇和中央常委的同志？该包括就包括，有多少错误就多少错误，毛主席也不是什么错误都没有。如果毛主席的哪怕是百分之一、千分之一的错误不检讨，都将给我们留下恶劣的影响。"

大会报告写作班子成员之一的陈伯达立即站直了身子反驳彭真：

"彭真同志的话值得研究。我们做了许多乱七八糟的事情，是不是要毛主席负责？是不是要检查毛主席的工作？"

彭真愕然了……

分组讨论的各种情况自然会如实地传递到毛泽东的耳朵里。

毛泽东、周恩来、刘少奇、朱德共聚中南海怀仁堂。（新华社稿）

这使他更加细心地再一次去琢磨、去考虑林彪在大会上的那些发言：

“这些困难，在某些方面，在某种程度上，恰恰是由于我们没有照着毛主席的指示、毛主席的警告、毛主席的思想去做。

“我们的同志对待许多问题，实际上经常出现三种思想：一种是毛主席的思想，一种是‘左’的思想，一种是右的思想。当时和事后都证明，毛主席的思想总是正确的。可是我们有些同志不能够很好地体会毛主席的思想，把问题总是向‘左’边拉，向‘左’边偏，说是执行了毛主席的指示，实际上是走了样。当然右的思想也是有的，党内、党外都有。

“我个人几十年来体会到，毛主席最突出的优点是实际，他总比人家实际一些，总是八九不离十的。围绕着实际，不脱离实际。”

这也使得他在思想上对刘少奇、彭真等人更加戒备和不满……

恰在这时，会议讨论中又有人提出了彭德怀等人的问题。说是既然对1959年庐山会议以及后来开展的“反右倾机会主义运动”所造成的错误基本上都纠正了，为什么作为当时“右倾机会主义的首要人物”的彭德怀、张闻天、黄克诚和周小舟等人的问题还得不到解决？

刘少奇听了发生在会议上的种种议论和综合他所得到的各种信息后，便在他的口头报告中进行了这样的解释：

“这里要附带说明一个问题。彭德怀同志在1959年庐山会议中间，写过一封信给毛主席。我们在庐山会议上进行了反对彭德怀同志的右倾机会主义反党集团的斗争。书面报告中说到，这场斗争是完全必要的。我们展开这场斗争是不是只是因为彭德怀同志写了这封信呢？不是的，仅仅从彭德怀同志那封信的表面上来看，信中所说到的一些具体事情，不少是符合事实的。一个政治局委员向中央的主席写一封信，即使信中有些意见是不对的，也并不算犯错误。问题不是彭德怀同志这封信写错了，问题不在这里。庐山会议之所以要开展反对彭德怀同志的反党集团的斗争，是由于长期以来彭德怀同志在党内有一个小集团。他参加了高岗、饶漱石反党集团。在反对高饶集团的时候，没有把他提出来，他是高饶集团的余孽，是这个集团的主要成员，所以毛主席在庐山会议上说，到底是高饶联盟呢，还是彭高联盟呢？恐怕应该是彭高联盟，更主要的不是高岗利用彭德怀，而是彭德怀利用高岗。他们两个人都有国际背景。他们的反党活动，同某些外国人在中国搞颠覆活动有关。彭德怀同志除了在庐山写了那封信以外，还有很多其他的背后活动。他在党内背着党中央进行派别活动，他阴谋篡党。

“有些同志也讲过一些同彭德怀同志讲过的差不多的话，例如什么大炼钢铁‘得不偿失’啦，什么‘食堂不好、供给制不好’啦，‘人民公社办早了’啦，等等，但是这些同志和彭德怀同志不一样，他们可以讲这些话，因为他们没有组织反党集团，没有要篡党。彭德怀同志带领军事代表团在国外走了几个月，回来以后就急急忙忙写了那封信，是有阴谋的。当然不了解情况的同志也看不清楚，那不能怪他们。”

刘少奇的上述讲话，虽然基本上仍是1959年庐山会议所作的结论，也是按照毛泽东在庐山会议上讲话的内容讲的，其目的也是从党的整体利益出发、是为了维护党的统一和团结，但这并没有从根本上打消毛泽东对他所产生的疑虑，也使得那些提出这个问题来的与会者很不满意……

但，总的来说会开得还是令人满意和鼓舞人心的。大会在对全党发扬民主、开展批评与自我批评、纠正错误等一系列重大问题上，都起到了非常积极的促进作用。

2月2日，毛泽东主持中央政治局常委扩大会议，采纳邓小平和彭真的建议，出气大会告一段落。

2月4日，除夕夜，毛泽东和全体与会同志在人民大会堂观看了春节联欢晚会。

2月5日是春节。这一天，毛泽东、刘少奇、周恩来、朱德等党和国家领导人同参加大会的全体同志一起出席了由解放军总政治部举办的拥政爱民联欢晚会，也可以说是一场别开生面的团拜会，7000多人共度春节。

2月6日，大会继续进行。邓小平和朱德先后讲话。邓小平着重讲了党的建设问题，朱德讲了反对现代修正主义的问题。

2月7日，周恩来在大会上讲了国民经济所存在的困难和克服困难的办法等问题。大会举手表决，通过了关于刘少奇所作的书面报告。

最后，由毛泽东宣布大会闭幕。

2月8日晚，毛泽东乘专列离开了北京。

两天后，毛泽东到达上海。

17.专列上谈笑风生　游泳池泪眼依依

1962年2月11日，毛泽东在上海的锦江饭店对中央关于改变农村人民公社基本核算单位问题的指示稿做了修改，写了批语。

2月13日，中共中央发出《关于改变农村人民公社基本核算单位问题的指示》，决定人民公社的基本核算单位由生产大队改为生产小队，实行以生产小队为基础的三级集体所有制；这种制度至少30年不变；生产小队的规模一般以20、30户为宜。这就解决了人民公社成立以后严重存在的生产小队之间的平均主义问题，并把生产和分配单位统一了起来。

这是毛泽东的意见，也是中央和各省、市、区的各级党委深入农村调查研究后得出的一致意见。

这时毛泽东仍在上海。

2月21日，刘少奇受毛泽东的委托在北京中南海西楼主持召开了中共中央政治局常委扩大会议，即“西楼会议”。

会议主要讨论了财政、金融、市场等问题，认为由于农业生产下降，市场紧张，物价上涨，国家财政赤字增多，导致国家经济仍然处在困难时期，国家必须经过一段时间的调整和恢复才能缓过“元气”来。在调整恢复时期，必须以农业为基础，全面地进行整顿。

会上，陈云作了《目前财政经济状况情况和克服困难的若干办法》的讲话。他指出近几年农业有很大减产，1961年粮食产量比1957年减少800亿斤；基本建设规模超过了国家财力的可能性，同现在的工农业生产水平不相适应；人民币印得太多，造成通货膨胀；城市的钞票大量地向农村转移，国家没有足够的工业品回笼货币；城市人民生活下降，实际工资减少很多。针对以上这些情况，提出了以下措施：将10年的经济规划分为两个阶段，前一阶段为恢复阶段，后一阶段为发展阶段；减少城市人口，精兵简政；采取一切办法制止通货膨胀；尽力保证城市人民的最低生活；把一切可能的力量用于农业增产；计划机关的注意力，应当从工业、交通方面转移到农业增产和制止通货膨胀方面来。

陈云的讲话，对于统一党内的思想，特别是对困难程度和调整的时间快慢等问题的认识，起了非常重要的作用。陈云讲话后，李富春和李先念也作了重点发言。

由于毛泽东不在北京，会议决定会后由刘少奇、周恩来、邓小平一起去外地见毛泽东，向他汇报“西楼会议”的详细情况。

2月22日，苏共中央给中国共产党中央委员会来信。信中给中国共产党加了三条罪名：一、支持阿尔巴尼亚的“反列宁主义行为”；二、在国际民主组织会议上采取了所谓“特殊立场”；三、在国际共产主义运动中实行所谓“独特路线”。为此，苏共要求中共中央接受其所说的“共同路线”。

除此之外，在苏共的信中还表示了他们同意由印度尼西亚、越南、英国、瑞典和新西兰等国共产党提出的召开新的国际会议的建议，并建议“放弃容易激化而不能消除我们分歧的公开声明”。

2月23日下午，毛泽东乘专列离开上海前往杭州。

傍晚，毛泽东的专列抵达杭州。

在杭州，毛泽东致函刘少奇，赞同修改后的报告，并对中央工作会议议程提出了意见。同时，毛泽东还对邓小平报送的中联部3个文件写了批语。

2月24日，毛泽东对邓小平在扩大的中央工作会议上的讲话稿写了批语。同时写信给田家英，请他安排整理自己在扩大的中央工作会议上讲话的记录稿：

我看还是我的那个原始讲话好。请你即刻通知北京，叫机要室再送一份我的讲话来，我和你每人有一本，两人对照一起修改，有两天就改好了。

毛泽东

2 月 25 日，田家英来杭州见毛泽东，并带来了一盘毛泽东在“七千人大会”上的讲话录音带。

毛泽东很高兴，嘱咐田家英再组织一个调查组，到湖南省的 4 个地方去再进行一次实地调查。这 4 个地方是：毛泽东的家乡湘潭韶山、刘少奇的家乡宁乡炭子冲、毛泽东的外祖父家湘乡唐家和刘少奇去年下乡蹲点的地方长沙天华大队。

毛泽东对田家英说：“要向少奇同志报告一下，问他有什么指示，他那里有什么人参加调查。”

田家英答应说：“是！”

田家英离开后，毛泽东花费了整整一天的时间，对他的讲话进行了简要修改，绝大部分内容基本原封不动。

讲话内容略做修改后，毛泽东再次写信给田家英：

改好了（初步地），请你看一遍，看还有什么错误没有。看完后，即送江青看，然后还我。

毛泽东

这时，回到北京的田家英遵照毛泽东的指示，很快组织了一个有 17 名同志参加的调查组，准备去湖南省进行乡村调查。临行前，他向刘少奇汇报并请示工作。刘少奇表示同意毛泽东的意见，并说：“湖南 3 月份的天气还是很冷的，你们可以向湖南省委借几件棉大衣穿。”

2 月 27 日，中央联络部部长王稼祥在征得部党委的同意后，就党的对外政策问题联名给毛泽东写了一个书面建议，提出党应在对外政策上采取和缓的方针，以争取时间渡过暂时的困难时期，在困难形势下的对外援助应当量力而行。

这时，毛泽东仍在杭州。对于北京“西楼会议”的内容、苏共中央的来信、美国在越南南方的军事行动以及王稼祥的建议，他都通过专线电话和电报掌握了基本情况……

2 月 28 日，毛泽东乘专列离开杭州前往南昌。

专列在行进中。暖融融的阳光照射着专列的玻璃窗。毛泽东渐渐地不再向车外观望，而是伸手拉上了窗帘，转身对跟随着他的李银桥和高智说：“你们下去了一年，对下面的情况了解了不少；说说看，除了你们调查报告上写的，还都见到了哪些新鲜事啊？”

高智说：“主席是掌握全局的人，什么事情不比我们清楚啊？”

李银桥明白毛泽东问话的意思，回答说：“新鲜事可多了！社员们一入冬就去挖河、大搞水利建设，劲头儿可大了！”

毛泽东点点头：“这个我晓得。”

高智也明白了毛泽东问话的含意，说：“贵溪县的大食堂半年前就解散了，家家又都支起了锅灶，只是一时没地方去买那么多的锅……”

毛泽东问：“为什么事呀？”

高智解释说：“1958 年大跃进，家家的锅都被收去大炼钢铁了，一下子再重新起伙，市场上没有那么多的铁锅供应。”

毛泽东开始吸烟：“哦，看来还是集体化好，省得自家做饭。可人们的习惯势必难改，吃大食堂的问题也很多，有么办法呀？只好慢慢来，太快了不行呢，我们已经有了教训……”

这时李银桥说：“主席号召人们多养猪，还真是家家户户都养了猪呢！”

毛泽东问：“老百姓都养了哪些猪啊？”

李银桥说：“品种可多了，有黑猪、白猪、花猪，还有什么‘巴克夏’猪……”

“这就好，要选优良品种。”毛泽东说，“人民群众可以有肉吃了……”

"现在种水稻也选优良品种呢！"高智说，"选什么'江南1号''江南2号'，还有什么'抗风1号''防虫3号'，就是没有防稗草的……"

毛泽东说："我小时候在田里插秧，经常被蚂蟥咬。稻子抽穗时，还要到田里去踩稗草。现在种田，是很需要讲科学的，多产多收么！"

"主席……"李银桥狡黠地一笑，说，"我还看了牲口配种了，选的也是苏联的进口马，又高又大……"

高智也笑了，说："我们在江西和河南，见社员们参加生产的积极性可高了，人们挣的工分也不少，就是分值太低……"

"有积极性就好，这就是我们进行社会主义建设的基础！"毛泽东说着话，忽然感叹起来，"天时，地利，人和，天地之间人为贵啊！"

"我还是那句话，"李银桥加重了语气说，"只要全国人民一条心，黄土也能变成金！"

这时毛泽东不说话了，开始认真打量起高智来，看得高智觉得有些不自在："主席，咋的了？"

毛泽东笑一笑说："什么都选优良品种，人也要选优良品种哩！"

高智问："人咋个选品种？"

毛泽东说："你是在黄河边上吃小米长大的，你说那种生活好不好啊？"

高智自豪地一笑："好着呢！"

李银桥也说："延河水，小米饭，打得老蒋完了蛋！"

毛泽东再问："你们没忘记在延安和在陕北吃黑豆？"

高智回答："咋能忘呢？天天都高兴着呢！"

李银桥说："我觉得那时候比现在好，虽然艰苦，但人们的情绪高……"

毛泽东又问："你们那时候就没得意见？"

"没意见！"李银桥说，"就是天天盼着打胜仗，盼着早日解放全中国！”

“如今解放了呢……”毛泽东说，“我们现在困难，但总比过去强多了，起码有饭吃，有衣穿，有房住。土改以后，大家又组织起了互助组，再从初级社到高级社，现在又成立了人民公社，集工农商学兵于一体，可以充分地发挥集体力量，人们的意见反倒比过去多了……”

“人就是这么怪……”高智说，“那时候苦，也没觉得受不了，反而觉得生活挺甜的，老百姓支前的积极性可高呢！现在吃好了，穿好了，分了房子分了地，你就跟着共产党好好干吧，可人们还是天天有这意见、那意见……”

“你们都没有变，我很高兴！”毛泽东夸奖李银桥和高智说，“情况变了，环境变了，人们的思想也在变啊！战争年代人们想

1962年4月19日，毛泽东与抱着女儿的高智在中南海丰泽园颐年堂合影。

的是如何战胜敌人、如何克服困难和如何夺取胜利，人们想的是大多数人的利益，很少想到自己。解放了，我们搞社会主义，也是号召大家为大多数人的利益着想，一心为国家、为集体，团结起来向前进。应该说，现在各方面的条件都比以前强得多，生活安定了，没有战争，但人们的思想也随着和平年代的到来而转变了。你们没有变，这很好！但要经常学习，要认真掌握马克思主义，跟上时代前进的步伐，防止修正主义，不要被美帝国主义和平演变了！”

高智的思想很活跃，立刻说：“美国人就是看得起有色金属，看不起有色人种！”

李银桥说：“我还看不起他们呢！”

高智也说：“我看非洲人都比美国人顺眼！”

毛泽东问：“那我们选什么样的人种呢？”

李银桥说：“亚洲人！”

高智说：“黄种人！”

毛泽东笑了：“嗯，就选高智这样的人种吧！”

听毛泽东这样一说，李银桥和高智互相看了一眼，两个人都一起开心地笑起来……

毛泽东又说：“现在中央各机关都在精简人员，你们也要做一个必要的思想准备。你们是我身边的人，要带头执行中央的政策，要支持我的工作。”

高智首先表态说：“请主席放心，你让我们干什么我们就干什么，你让我们到哪儿去我们就到哪儿去……”

毛泽东问李银桥：“银桥啊，你是怎么想的呀？”

“我还没想好……”李银桥实话实说，“反正我不离开你，我都跟了你 15 年了，到哪儿去我也舍不得……”

“再说吧！”毛泽东不再谈这个问题，开始吸烟……

此次到南昌，毛泽东再次见到了江西农垦文工团的女演员邢韵声。当他发现邢韵声的手腕上仍然空空的没有手表时，便十分关爱地说：“小邢啊，你把表送给了我，你自己还没有买表呀？这对工作、对学习都不利呢！还是得有块表……”

邢韵声急忙说：“我戴不戴表都不要紧……”

毛泽东却说：“我一定回送你一块表！”

邢韵声见毛泽东一副极其认真的样子，也就没再说什么……

1962 年 3 月 2 日，周恩来在广州向出席全国科学技术工作会议和全国话剧、歌剧、儿童剧创作座谈会的代表作了《论知识分子问题》的报告。在这个报告中，周恩来明确指出：建国 12 年来，我国大多数知识分子已有了根本的改变和极大的进步，就一般范畴说，应把知识分子放在劳动者之中。重申了他在 1956 年提出的知识分子绝大部分已经是工人阶级的一部分的观点。这个报告，精辟地阐述了党的知识分子政策，批判了 1957 年以后出现的“左”的倾向，极大地鼓舞了广大知识分子为社会主义服务的积极性。

会后，周恩来给毛泽东打了一个电话，汇报了他参加全国科学技术工作会议和全国话剧、歌剧和儿童剧创作座谈会的事。毛泽东在电话上对周恩来说：“好嘛，知识分子的问题早应该认真讲一讲了。”又说，“看你们的时间，你和少奇、小平同志来一下，我们见个面，有些事情需要当面谈一谈呢！”

3 月 3 日下午，刘少奇在北京主持召开会议，研究对苏共中央来信的估计和对策，并要求中联部负责起草给苏共中央的复信。

同一天，刘少奇派专机将苏共中央的来信送给在外地的毛泽东。

3 月 4 日，毛泽东离开南昌乘专列西驰长沙。

在长沙，毛泽东得到了刘松林已经在上个月同杨茂之结婚的消息，很高兴地对李银桥说：“这样我就放心了，手心手背都是肉呢！”

李银桥也很为刘松林和杨茂之结婚的事高兴……

3 月 7 日，陈云在中央财经小组会议上就计划工作的指导思想发表了意见。他再一次认真提出首先要安排好农业和市场，指出这是关系到当前五亿农民和一亿多城市人口生活的大问题，是民生的大问题。解决这个问题是一项重要的国策，今年的计划首先要满足农业和市场的需要，对于重工业、基本建设的指标要痛痛快快地调整下来，不要“拒绝伤筋动骨”。

3月9日，收到了苏共中央来信的毛泽东乘专列前往武汉。

到达武汉的第二天，毛泽东在东湖宾馆对自己《在扩大的中央工作会议上的讲话》整理稿的第3稿写了批语……

3月13日，毛泽东请田家英用电话通知杨尚昆，约刘少奇和邓小平16日到武昌，谈当前财经工作和给苏共中央复信等国际问题。

3月14日，毛泽东批阅了《在扩大的中央工作会议上的讲话》整理稿的第5稿。

这时的武汉正是春暖花开的季节，东湖的水在春风中微波荡漾，珞珈山上的落叶树已经绿了，耐寒的松柏树更加显得郁郁葱葱。尽管大自然中春天里的一切都是美好的，但是毛泽东没有心思走出宾馆的房间去看，他对全国农村所面临的在新的一年里的春耕生产不放心……

3月15日，毛泽东再次提出要周恩来和刘、邓一起来武汉，并带上准备提交全国人大讨论的政府工作报告稿。

3月16日，刘少奇、周恩来、邓小平到达武汉，向毛泽东汇报了关于中央政治局常委扩大会议（即“西楼会议”）的情况。毛泽东看了陈云、李富春和李先念3人在会议上的讲话稿。

次日，毛泽东召集刘少奇、周恩来、邓小平等人开会，一起研究了给苏共中央复信的问题，同时表示同意转发陈云关于目前财政经济状况和克服困难的若干办法的讲话稿至省军级，并同意陈云出任中央财经小组组长，统管财经工作。

刘少奇等人离开后，毛泽东在东湖宾馆的休息室里同工作人员一起打起了乒乓球。毛泽东照例穿了一身浅灰色的中山制服，脚上穿着黑皮鞋，右手横握球拍，打起球来格外认真……

3月18日，刘少奇、周恩来、邓小平离开武汉返京。

3 月 20 日，毛泽东对自己《在扩大的中央工作会议上的讲话》整理稿的第 7 稿写了批语，同时对林彪在扩大的中央工作会议上的讲话稿作出修改和批语：

是一篇很好、很有分量的文章，看了很高兴。

次日，毛泽东对周恩来在扩大的中央工作会议上的讲话整理稿写了批语。

这时候，负责带队去湖南省农村进行调查的田家英，率领着调查组的全体成员来到武汉向毛泽东报到。

3 月 22 日，毛泽东在武汉东湖 1 号所的平房中接见了调查组的全体成员。

毛泽东同大家见面后，兴致很高。在听取基本情况的汇报过程中，毛泽东同大家谈笑风生。他对大家说："第一，要同当地干部，省、地、县、社各级干部相结合；第二，不要乱指挥；第三，头脑里不要带东西下去，只带一件东西，就是马克思主义；第四，要做历史的调查，这是马克思主义的历史主义的观点；

1962年3月，毛泽东在武汉东湖宾馆同湖南调查组全体成员合影。（新华社稿）

第五，看到坏人坏事不要乱说，好的可以说；第六，参加点轻微的劳动。”

接见调查组以后，毛泽东乘专列离开了武汉。毛泽东走后，调查组的同志们分头去了韶山、炭子冲和唐家，唯独没有去长沙天华大队。

3 月 23 日中午 12 时，毛泽东乘专列到达河南郑州。

3 月 24 日下午 3 时，毛泽东离开郑州北上。

当天下午 7 时，毛泽东的专列抵达河北邯郸。

次日下午 6 时，毛泽东离邯返京。这是毛泽东在“七千人大会”后第一次南下视察。

3 月 26 日凌晨，毛泽东回到了北京。

即日，毛泽东写信给邓小平，请他替自己找合适的身边工作人员。邓小平接信后，知道毛泽东对他身边的工作人员要进行“精兵简政”了……

1962 年 3 月 27 日，二届人大三次会议在北京人民大会堂举行。毛泽东出席了开幕式。周恩来做政府工作报告。

3 月 29 日，毛泽东在中南海颐年堂主持召开中央政治局常委会议，讨论给苏共中央的复信……

已是月末，刘松林和杨茂之一起到中南海的游泳池来看望了毛泽东。

毛泽东很高兴。作为贺礼，写了他 3 个月前写的那首《卜算子·咏梅》词赠给刘松林和杨茂之。

另外，毛泽东还让李银桥从他的稿费中取出 300 元钱给了刘松林，让她去买些衣服。

李银桥见毛泽东和杨茂之谈得很投机，毛泽东对杨茂之似乎很满意……

这时候，李敏因为父亲已经搬出了菊香书屋，再加上感觉到江青对她日渐冷漠、轻视和时常有意责难，为了不让父亲为难，已经和丈夫、孩子一起搬出中南海去别处住了。毛泽东在家里不见了他喜爱的小外孙，为此，时常暗自叹息：“唉，家家有本难念的经……”并常说：“手心手背都是肉啊……”

自从搬出中南海以后，李敏出入中南海的“特别通行证”也被江青让人收回了。李敏要进中南海去见父亲，得在高高的围墙外面等候联系，等到通报后才能进去。有时候，即便等候很长的时间，也还是进不了她往常随意出入的中南海西侧门。每当这时，她又总是含泪而归……

4月2日，周恩来在征得毛泽东的同意后，在中央财经小组讨论1962年计划会议上说，对1962年的计划要做大幅度的调整，要采取断然处置的办法；减少城市人口要同“拆庙”“拆架子”结合起来；国务院每个部对所属企业要进行排队，下决心关一批、并一批、转一批、缩一批；要控制各种购买力，要厉行节约，以弥补市场差额；要控制货币的投放，控制外汇；要紧缩文教、科研部门。

4月3日，毛泽东再次主持召开中央政治局常委会议，讨论给苏共中央的复信稿。

4月7日，毛泽东对陈伯达、田家英等人修改的《在扩大的中央工作会议上的讲话》整理稿的第11稿写了批语。

同日，中共中央复信苏共中央，表示支持苏共中央的建议，同时建议中苏两党“结束公开攻击，开始党与党之间的双边会谈和多边会谈；苏联应带头恢复与阿尔巴尼亚政府和劳动党之间的正常关系”。中共中央建议把这些作为召开各国共产党国际会议的初步措施。

4月9日上午，邓小平约见苏联驻华大使契尔沃年科，将中共中央给苏共中央的复信交给他。邓小平对契尔沃年科说这封信的中心内容是，为了团结就需要解决问题，解决问题的办法就是开会。信中建议再次召开世界各国共产党和工人党代表会议，来解决苏共中央来信中所提出的问题。中共中央的出发点是：既然要开会，就必须开好。所谓开好，就是团结起来。

同日，毛泽东出席了由周恩来在中南海勤政殿主持召开的最高国务会议第十八次会议的第二次会议，并在会议上发表了重要讲话。他说：

今年一月间，我们开了一个党的干部会议，有六七千人。在这个会议中间，可以说对过去的工作，犯了哪一些错误，有哪一些成绩，经验教训多少条，作了一个初步的总结。这些总结，究竟正确不正确，要在今后的实践中间去考验。

民主集中制是一种制度，也是一种方法，就是要让人家讲话，要听不同的意见。这次人大开会，不是开了好久吗？三个礼拜。还是从前讲过的，叫做不戴帽子，不抓辫子，不打棍子。现在我们党内党外都实行这三条。讲错话不要紧。从前老是讲言者无罪，闻者足戒，事实上没有实行，言者还是有罪。右派猖狂进攻，不得不反，你不反怎么办呀？但是带来一个缺点，就是人家不敢讲话了。刚才不是有一位同志说了嘛，政治上不敢讲话，工作上不敢负责，学术上不敢争鸣。要实行民主集中制是很不容易的，要造成一种气氛，现在逐步在造成这种气氛。

现在有困难，不能说现在困难很小，现在有相当大的困难。但是，正如好几位朋友所讲的，困难正在被克服中，过一个过程以后看现在的情况，就比现在看现在的情况会要不相同。事物不断地走向它的反面。

我这个话很短，主要就是这些话：单有总路线还不够，还要有一整套的具体政策。而这一整套的具体政策，要经过一个过程才能制定出来。要制定，就需要作调查研究，要走群众路线，要认真实行民主集中制。要团结国内外一切可以团结的人，这是老话，老生常谈，这个常谈里头有真理。

3天后，毛泽东对中央转发财贸办公室关于财政信贷报告的指示写了批语。

连日来，李银桥感到党和国家需要毛泽东处理和过问的大小事情简直是太多了。他心疼毛泽东日夜操劳，一再叮嘱卫士们一定要尽心竭力地为毛泽东服好务……

只是这几天他总觉得有些什么事情在什么地方有些不大对劲，为着上个月刘松林和杨茂之到中南海来看望毛泽东的事，他和韩桂馨曾请刘松林和杨茂之到自己的家里坐了坐，被江青知道后在一组的人员中散布说："李银桥两口子胳膊肘往外拐，刘松林早不是我们毛家的人了，他们还那么亲热，不知道安的什么心……"

韩桂馨听了感到很委屈，李银桥听说后更生气，找到叶子龙谈心时，又来了高智、林克、封耀松和王敬先。6个人在一起吃了一顿饭，碰巧中央警卫局的局长汪东兴来找叶子龙，见他们6个人在一起，没说什么就走了。叶子龙起身追问有什么事？汪东兴只是说："你们谈，你们谈，有事下来再说……"

事后，叶子龙对李银桥说："做个思想准备吧，搞不好我们几个人都真的要调离呢！"

李银桥当时还想不通，问："为什么？"

叶子龙摇一摇头说："问题很复杂，现在中央一再号召中直机关要精兵简政，毛主席是中央主席，他得带这个头。上次主席就亲自问过我，问我愿不愿意下去……"

李银桥说："你怎么说？"

叶子龙说："我还能怎么说？只能说愿意……"说罢又问，"主席还问过我，说是有一次你跟他南下视察时，在上海是不是收过锦江饭店的人送的肥皂？"

"收了！"李银桥无所顾忌地说，"不就是两条肥皂吗？我都拿给专列上的列车员啦！不信，你可以去问张玉凤，她是专列上的服务员！"

叶子龙又思考着说："还有……主席已经问了我们6个人上次在一起吃饭的事……"

李银桥不解地再问："在一起吃饭又怎么了？"

"嗨……"叶子龙说，"我们在主席身边的时间长了，有人看不顺眼，在主席那里打了我们的小报告。一些知识分子出身的人，受不了我们这些工农干部，李志绥就是其中之一！还有……”

“李志绥算什么东西！”没等叶子龙把话说完，李银桥就来了火气，“要不是看他懂点儿医术，早把他打成右派了！”

“你又来了！”叶子龙劝止说，“下去也好，到基层去比在上边省心，可以免去许多麻烦……”

想着这些“不顺心”的事，李银桥又联想起这次在专列上毛泽东对他和高智讲的话，更感到要被“调离”的事绝非空穴来风。果不其然，值班卫士张景芳来找他了。

“卫士长，主席叫你呢！”

李银桥整了一下自己头上戴的单帽，然后走进了毛泽东在游泳池居住的卧室。

毛泽东依然是老习惯，躺在床上，倚着床栏看文件。见李银桥进来，招呼说：“来，过来。”

李银桥一步步走到床边，毛泽东伸出一只手拉了他的手，用另一只手轻抚着他的后背，许久才说：“银桥啊，你跟了我这么多年，人也长大了。你在我身边，帮了我的忙。你是个好同志，你在我这里工作，一直兢兢业业，使我工作得很顺利，省了不少心。可是……你老跟着我怎么行啊？我死了你怎么办？”

临走进毛泽东的卧室时，李银桥思想上已有所准备。现在听毛泽东亲口这样说，果然是谈调离的事。李银桥想起自己在毛泽东的身边工作、生活了15年，几乎天天在一起。多少难忘的往事，一下子涌上了心头，泪水忍不住扑簌簌地直从眼眶中滚淌下来……

毛泽东是位感情非常丰富的人，又容易动感情。见李银桥这一哭，他受不了，马上也流下了眼泪，声音哽咽着说：“我也舍不得你呀！我和我的家人，和我的孩子一年也见不上几次面。你在我身边工作，我们每天在一起，朝夕相处，你比我的孩子还亲啊……”

听毛泽东说到这里，李银桥“呜——”地哭出了声。从他在陕北跟随毛泽东转战到西柏坡，从结婚到生孩子，毛泽东事事处处关心他，就像父亲一样；他逐渐把自己当成了毛泽东家庭中的一员，他和毛泽东及孩子们互相关心、互相帮助，整整15年啊！

李银桥想起了转战陕北时，他陪着毛泽东度过了多少个不眠的日日夜夜；毛泽东累了，他给他按摩，自己困了，毛泽东悄悄地把大衣披在他的身上；自己有了心事就对他讲，他有了不愉快的事情也跟自己说，就连他跟江青吵嘴也要跟他讲；战争年代生活艰苦，有时贺老总送一些鱼来，他吃一半还要给自己留一半……

此时此刻，毛泽东一边流泪，一边攥着李银桥的手说："你下去的事，我想过几遍了。我得为你的前途着想，我不能误了你的前途。去年下去搞调查，我也是有意识地锻炼你，增强你的才干。你在我这里，地位够高，可卫士长也只是团级干部，职务太低。老在我这里要影响你的前途。下去多锻炼锻炼，工业、农业、公安，几种工作都干一干，取得经验，提高

1962年4月19日，毛泽东与李银桥合影。（新华社稿）

能力，也好胜任更重要的工作。你今年才三十几岁么！下去以后要夹着尾巴做人，要搞好团结，多接触工人群众，多多向周围的同志们学习，会有更大的前途的……”

这时，毛泽东再也控制不住自己的感情，用手一拉，将李银桥一下子揽入自己的怀中，拍打着李银桥的后背，哭道：“你走以后，我身边再也不任命卫士长了！”又说，“银桥，我死以后，你要每年到坟头上去看我一次啊……”

此时的李银桥已是泪如泉涌……但当他看到毛泽东伤心得厉害，又马上想到了自己的责任，不能让他老人家伤身体啊！便竭力克制住自己的痛哭，流着眼泪说：“主席，我听你老人家的话，下去一定好好干，不辜负你的期望……”

毛泽东这才擦着泪水点点头：“好，那好……那好……”又说，“你在我这里工作了15年，职务不高地位高，一举一动都要注意影响。不要脱离群众，干任何事，不干则已，干就要干出成绩来。事不在大小，都要善始善终，我身边的人都要有这么一种精神，不搞半途而废，有一口气就要干到底！”

李银桥抹着眼泪说：“主席，我记住了……”

毛泽东又说：“以后你每年都要来看我一次，进中南海的特别通行证不要交，我这里就是你的家。我活着你来看我，我死了，你每年到我坟头上看我一次，看我一次我就满意了……”

听毛泽东这样一说，李银桥忍不住又哭出了声……

毛泽东伸手拿了床头上的一条毛巾递给李银桥擦眼泪，说：“这次子龙、高智、王敬先和小封也都下去。听说你想去石家庄，那里离你们安平县近些……”

李银桥一愣：“谁说的？”

“……”毛泽东没有正面回答。

李银桥挑明了说：“我要离开你的话，我不去石家庄，我到天津去。”

“那好！”毛泽东提高了声音说，“你去天津，我从那里经过时，可以找你谈谈，我们见面也方便……”

说着，毛泽东用毛巾擦了擦自己的眼睛，然后拉开床头的一个抽屉，指着里面的一个牛皮纸袋说："你到天津工作，安家需要钱。拿上点儿钱，这是 800 元，帮助你解决些问题。"

从 1952 年起，毛泽东多次在经济上帮助李银桥和其他卫士。这次，李银桥摇摇头说："我不要，我不缺钱。"

毛泽东用略大一些的声音说："拿着！"

李银桥只得拿了钱。毛泽东点点头，声音缓和下来，又叮嘱道："下去以后多依靠工人，特别是要向老工人学习，凡事要多请教工农兵。"又问，"小韩和孩子们么时候回来呀？"

李银桥回答："星期六。"

毛泽东说："那好，那就星期六一起来我这里见一见。"

李银桥又说："我想请主席写几个字留念。"

毛泽东当面应允："好，我一定认真给你写。"

18. 卫士长别毛泽东　毛泽东疑单干风

1962 年 4 月 21 日，星期六。

下午，在中国人民大学速成中学读书的韩桂馨从学校回到中南海丰泽园菊香书屋边侧的家中，她和李银桥的两个孩子也早到家了。

这时李银桥和韩桂馨一家人还住在毛泽东原先居住的丰泽园内菊香书屋的后院中。这里有 5 间平房，李银桥一家 4 口人住了 3 间，另外两间是毛泽东身边卫士们放置物品的储藏室。

晚饭前，卫士张景芳来通知说："卫士长，主席在游泳池等你们呢！"

李银桥一家人简单地吃了一点饭，匆匆赶到游泳池。游泳池在中南海怀仁堂的东北面，里面有会客厅。

李银桥和韩桂馨让两个孩子等在外面，夫妇俩先走进了会客厅。

毛泽东穿了一身整洁的浅灰色中山装正坐在沙发上等他们。一见他们进来，便站起身来迎住同他们握手。没说几句，便问："孩子们呢？孩子们怎么没来？"

李银桥说："孩子们来了，在外边呢。"

毛泽东朝门外看："进来呀，快叫孩子们进来。"

毛泽东张望时，李银桥夫妇也一起朝门外看。这时，照相机的闪光灯亮了一下，摄影师吕厚民为毛泽东和李银桥夫妇拍下了第一张照片。

李银桥去叫了孩子们进来，毛泽东拍着手欢迎，并且同孩子们握手。当毛泽东同男孩子李卓伟握手，夸奖孩子长得漂亮时，吕厚民又及时地按下了照相机的快门，拍下了第二张照片。

毛泽东再同女孩子媛媛握了手，亲切地拍了拍她的小肩膀，大概是想起了她小时候淘气学小白兔坐在竹筐里不出来的样子，笑着说：“这就是我们的‘兔妈妈’啊……”

大家说着笑着，毛泽东望着李银桥说：“我们站着合影吧？”

李银桥不同意，搬了一把椅子，请毛泽东坐下：“主席，你坐下好。”

毛泽东摇了摇头：“不坐，不坐。”

“你坐下好。”李银桥近前按毛泽东坐下，随后全家人分站在毛泽东的身后，同毛泽东照了一张合影。

毛泽东这时说：“银桥，你让我给你写的字写了，近来没有新诗，写了一首旧诗给你。”

李银桥从毛泽东指向的桌子上拿起一个荣宝斋精制的折子，打开看时，见是毛泽东手书的一首七律《长征》诗，字迹浑厚，用笔浓重，气势磅礴：

红军不怕远征难，万水千山只等闲。
五岭逶迤腾细浪，乌蒙磅礴走泥丸。
金沙水拍云崖暖，大渡桥横铁（索）寒。
更喜岷山千里雪，三军过后尽开颜。

毛泽东

一九六二年四月二十日

李银桥高兴极了。他收好折子坐回到沙发上，吕厚民又给李银桥一家人和毛泽东一起照了一张合影……

当天晚上，李银桥一家人在丰泽园菊香书屋后院的家中争抢着看毛泽东写的《长征》诗，但见笔走龙蛇、浓墨飘逸。忽然，李银桥发现“大渡桥横铁（索）寒”的诗句中少写了一个“索”字，便说：“明天我去请主席再给写上。”

第二天，李银桥拿着诗折去见毛泽东。毛泽东笑了笑，拿起毛笔在“铁”字下面加写了一个小小的“索”字。

李银桥拿过来看了看，顺手用桌子上的宣纸吸吸干。毛泽

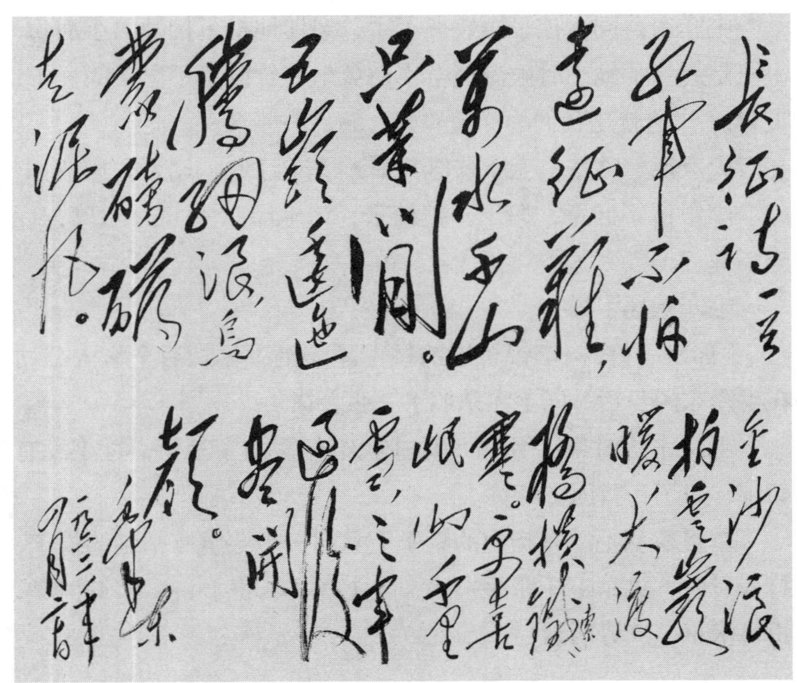
长征诗一首

红军不怕远征难，万水千山只等闲。五岭逶迤腾细浪，乌蒙磅礴走泥丸。金沙浪拍云崖暖，大渡桥横铁索寒。更喜岷山千里雪，三军过后尽开颜。

毛泽东

毛泽东手书《七律·长征》

东见了说：“你很认真么！”

李银桥也笑了：“我这都是跟主席学的！”

毛泽东说：“你离开我以后，要多向工人阶级和农民学习，多向你身边的同志们学习；要眼睛向下，不要翘尾巴。”

李银桥说：“我知道。”

毛泽东再一次嘱咐说：“一定要注意多学习经济工作，努力掌握科学知识……”

离开毛泽东，李银桥拿着毛泽东给他写的《长征》诗，又去请刘少奇、周恩来、朱德、邓颖超在毛泽东写诗的折子后面题了词。郭沫若知道后，特意来找李银桥看毛泽东写的《长征》诗，看后，他赞不绝口，并说“索”字加写得恰到好处，犹如神来之笔，实可谓巧夺天工，随即乘兴在折子后面题写了一首律诗……

4 月 23 日，中共中央政治局常委扩大会议讨论了 1962 年的调整计划。

刘少奇针对前一段对困难估计不足的情况，在会上强调指出：对困难估计多一点，危险就少一点，估计不够就有危险。现在国民经济全面失调，要全面调整，要有秩序地撤退，现在调整计划是否退够？可能明年还要退，关一批工厂才能保一批工厂，现在做得越彻底，情况好得就越快些，现在怕拆摊子，以后就会大拆摊子。

这时候，毛泽东为李银桥写诗的事被中南海里的许多人知道了，经郭沫若推荐，好几位著名画家依次约了李银桥欣赏毛泽东的手迹，并以极大的兴趣一一在折子的后面画了画。《光明日报》社的记者得到消息，即刻找上门来为毛泽东的手书《长征》诗拍了照，不久刊出在《光明日报》上……

北京的春天多风。往往，干涩的西北风从每天早晨刮起，一直刮到中午。有时风向转了，带着微细沙尘的风打着小旋肆虐在大街小巷，给人们带来了诸多行动上的不便……

这时，中央农村工作部部长邓子恢在调查研究的基础上，根据农村一些地区的实际情况，对农村集体经济问题提出了符合发展规律的意见，尤其是关于在人民公社的统一管理下建立各种生产责任制，实行包产到具体的作业组、零星工作和一些小活可以直接包给个人，田间管理和一些集体不便进行的技术工作也可以包到户的意见，得到了许多同志的赞同。这些意见，自然反映到了中南海……

4 月 24 日，毛泽东写信给陈白尘，请其修改他以前所作的 6 首词。

同一天，毛泽东还写信给臧克家，具体谈了他所作的一些诗词的发表问题。

次日，新华社报道，我国第 4 块大型琉璃九龙壁艺术品最近在北京建成。它是专为国外华侨制作的，也是继山西大同、北京故宫和北海公园的 3 块九龙壁之后的又一件琉璃巨作。

当李银桥再次去见毛泽东时，毛泽东高兴地对他说：“我们中华民族是龙的传人，九龙壁是吉祥的象征呢！”

4 月 27 日下午，毛泽东再次致信臧克家，又一次谈了有关他的一些诗词的发表事宜，同时为《词六首》写了小引……

同日，中共中央发出了《关于加速进行党员、干部甄别工作的通知》。中央在通知中指出：

目前还有一些地区和部门对甄别平反工作贯彻不力，进度很慢。因此要加强领导，加速进行。凡是在拔白旗、反右倾、整风整社、民主革命补课运动中批判和处分完全错了和基本错了的党员干部，应当采取简便的办法，认真迅速地加以平反。

于是，为最近几年来，主要是在“反右倾机会主义”斗争中被错误批判和处分的绝大多数人的甄别平反工作开始了……

这时，北京市业已开始了对日用工业品实行凭购物券供应。发放标准为每名职工按月工资收入，每 20 元发券一张。这时北京职工的月平均工资为 30 元左右，买一双尼龙袜需“工业券”2.4 张，买一米毛料需券 31 张，买一架缝纫机需券 97 张。

“五一”节过后，毛泽东再次离京南下。毛泽东离京后，李银桥将他所负责的一切分别交代给了孙勇和吴连登，然后离开中南海去了天津。

1962 年 5 月 2 日，毛泽东的专列离开北京后直驰安徽。

第二天，毛泽东离开蚌埠。

当天下午，专列抵达江苏无锡。

5 月 4 日傍晚，毛泽东在张景芳等人的侍卫和汪东兴的陪同下，轻车简从，悄悄走去风景秀丽的太湖湖畔，遥望湖中飘荡着的一只只游船，那是青年男女们集体组织的庆“五一”游园活动。毛泽东听着湖中隐约传来的一阵阵歌声和欢笑声，不由说道：“国家现在虽然困难，但人民也有欢乐的时候。一个民族，只要精神不死，有朝一日总会强大起来的……”

毛泽东慢慢地散步，边走边说：“我们既要同自己的过去比，也要同世界上别的国家比。我们不能只看到自己，看不到别人，不能一叶障目么！就是看自己也要两分法，不能只看到成绩，看不到缺点。只有看到了自己的缺点和不足，才能够进步。”又说，“一个国家是这样，一个人也是这样啊……”

汪东兴说：“人们有的时候往往看不到自己的不足……”

毛泽东说：“这就要学习呢！我们共产党人历来有批评与自我批评的武器，调查研究，实事求是，要事事讲真话，做到方向明、情况准、政策对，问题就好办了。”

这时汪东兴跟在毛泽东的身后说：“主席，总理在中央的一次工作会议上说，‘要大家讲真话，首先要领导喜欢听真话，反对说假话’。”

毛泽东停住了脚步：“恩来说得对……”

5 月 5 日，毛泽东乘专列抵达上海。

这次毛泽东到上海，依然下榻在锦江饭店。

5 月 10 日，新华社报道，云南境外蒋军残部官兵两年来有 681 人归来向我投诚。当天晚上，毛泽东看了新华社的这篇报道，对他身边的工作人员说：“如果他们都回来，就好了。”

5 月 15 日，毛泽东在锦江饭店作出了中国不参加苏联东欧七国领导人会议的决定。

第二天，毛泽东在上海得到通报：正在保加利亚访问的赫鲁晓夫在瓦尔纳讲话时说，“苏联必须全力以赴地与南斯拉夫合作并以此帮助南斯拉夫加强其社会主义地位”。

毛泽东立刻给周恩来通了电话：“要注意呢，新老修正主义者的互相勾结，很可能会给当今世界的共产主义事业造成新的麻烦，我们要有所警惕。”

5 月下旬，毛泽东不再住在他往常来上海时住的锦江饭店，而是移回到他的专列上去办公、休息了。

在此期间，曾经给毛泽东送过一块英纳格手表的邢韵声也到了上海。毛泽东又想起了手表的事，便特意嘱咐自己身边的工作人员打电话到瑞士大使馆定购了一块手表，并指派吴旭君专门去送给了邢韵声。虽然毛泽东收下了邢韵声的那块手表，但他也只是当作一份友谊而珍藏，他平时戴的依然是郭沫若在1945年8月28日送给他的那块奥米茄手表。

5月24日，毛泽东在专列上对中央转发财经小组关于讨论1962年调整计划的报告的指示稿写了批语。

这时，国家计委对原先向中央提出的1962年计划又做了进一步的调整：尽可能多地满足农业生产的需要，尽可能地安排较多的原料、材料和燃料，增加日用品生产。降低重工业的产品指标，缩小基本建设规模……

1962年5月28日，毛泽东在专列上对郭沫若《喜读毛主席的〈词六首〉》中关于《忆秦娥·娄山关》的写作背景作出修改。

两天后，毛泽东乘专列离开上海前往杭州……

5月31日，苏共中央复信给中共中央，提出把阿尔巴尼亚劳动党领导人放弃其立场作为召开世界各国共产党和工人党代表会议的先决条件。至此，中共中央关于召开共产党和工人党国际会议的建议只好搁置起来。

关于中共中央向苏共中央建议召开共产党和工人党国际会议之所以被搁置，还有另外一个原因。从1962年初开始，地处中苏边境的新疆伊宁、霍城、塔城、裕民等地，少数居民接连不断地越过边境前往苏联。从3月中旬到5月间，事态愈演愈烈，逐渐发展成为大规模的极其严重的越境事件，越境居民累计达到6万多人。特别是在伊宁市，竟然有人聚众冲击自治州政府机关，强行抢劫州政府里的档案资料。有确凿证据表明，苏联驻乌鲁木齐总领事馆和驻伊宁领事馆等机构卷入了这一事件，苏联边防部队还为中国境内的新疆居民越境提供了“方便”……

在此期间，为了尽快平息事态的发展，4月30日，周恩来根据毛泽东提出的“赛福鼎是否以回去工作为宜”的意见，同赛福鼎进行了谈话。随后，赛福鼎紧急赶赴新疆，协助中央处理这一事件。

5月中旬，中共中央发出了《关于处置新疆外逃和外逃回来人员的指示》和《关于封锁新疆地区中苏边境问题的规定》两份文件。

6月3日，毛泽东在杭州给他的二儿媳张少华写了一封信。这时张少华已经改名叫邵华了：

要好生养病，立志奔前程，女儿气要少些，加一点男儿气，为社会做一番事业，企予望之。《上邪》一篇，要多读。

毛泽东信中所指出的《上邪》一篇，是乐府汉《铙歌》十八曲之一。上邪，意即指天为誓，其内容表现了对爱情的忠贞不渝：

上邪！我欲与君相知，长命无绝衰。山无陵，江水为竭，冬雷震震，夏雨雪，天地合，乃敢与君绝！

6月6日，刘少奇在北京主持召开中央政治局扩大会议，听取林彪关于东南沿海军事准备问题的报告。

6月8日，毛泽东在杭州约见了杨成武和许世友等人，听取了关于蒋介石最近有可能在东南沿海进行军事冒险的动向汇报。

毛泽东对解放军的军事部署表示满意，并说："敌人最多来15万人，再多也不可能。"

随后，毛泽东离开了杭州。

在专列上，毛泽东指示应抓紧对尖端武器的研制工作。他对罗瑞卿等人说："战争一旦打起来，常规武器固然重要，但尖端武器我们也要有那么几件……"并饶有风趣地说，"你们都看过《封神演义》么？书中的各路仙家手上都有那么一两件'法宝'，很可以克敌制胜呢！将古比今，所以说敌人手上有的我们要有，敌人手上没有的我们也要有！"

听了毛泽东的话，罗瑞卿等人都会意地笑了……

6 月 9 日，毛泽东在南昌。

次日，毛泽东落脚长沙。

每到一地，毛泽东总要听一听当地党委对人民公社现在实行的“三级所有，队为基础”的意见，并掌握了不少省份的许多地方仍然有人在搞单干式的“包产到户”。毛泽东特意指示田家英，让他到湖南农村去深入调查那里的一切情况……

这时节，邵华收到了毛泽东写给她的信。看了信，邵华的眼泪止不住夺眶而出。因为她听姐姐说过，毛泽东曾经亲笔写过《上邪》这首古诗，让哥哥毛岸英带到妈妈杨开慧的坟前去烧了。那还是在毛泽东第一次出访莫斯科的时候，在前往苏联的火车上写给毛岸英的……

同日，中共中央发出指示，粉碎国民党军进犯东南沿海地区的一切军事冒险行动。

6 月 11 日，毛泽东对新华社关于蒋介石派军队准备窜犯我东南沿海地区的电讯稿作出了适当修改：

蒋匪军多数人是被迫来送命的，但也有一部分反革命死党是想到大陆来拼命的，或者是为了到大陆沿海地区进行抢劫，想发横财的。因为台湾人少，兵员不足，匪帮头子们则想到大陆沿海各地抓一批青壮年补充部队。

第二天，毛泽东对昨天修改过的新华社电讯稿写了批语。

6 月 16 日，被撤销了国防部部长职务并一直受到批判的彭德怀，写了一封长达 8 万言的信给毛泽东、党中央，请求党全面审查他的历史……

6 月 18 日，毛泽东在长沙同湘潭地委书记华国锋谈话，了解到湘潭地区的夏粮增产了 10 亿斤。听到这样的汇报，毛泽东是高兴的……

同日，毛泽东乘专列离开长沙前往武汉。

当日晚，毛泽东到达武汉。此次到武汉，毛泽东依旧下榻在武昌区的东湖宾馆。

灯光下，床头旁，毛泽东一直不休息。他一边吸烟，一边认真地翻看着彭德怀的长信。夜很深了，毛泽东为中共中央起草了一份给各级党委的指示信，请将揭露蒋介石匪帮军事冒险计划的新华社新闻稿用口头语向人民群众讲明白，使广大的人民群众普遍有所准备。

6 月 19 日，毛泽东在武汉同广州军区负责同志进行谈话，对全国的民兵工作发出指示，要求做到：

组织落实、政治落实、军事落实。

6 月 21 日，毛泽东在东湖宾馆接见了到中国来访问的朝鲜最高人民议会代表团。

在同朝鲜最高人民议会代表团的客人们谈话时，客人们向毛泽东转达了朝鲜首相金日成对毛泽东的问候。毛泽东对客人们说，他感谢金日成对他的问候，并请他们转达他对金日成的问候……

当客人们问起了彭德怀的时候，毛泽东说：“彭德怀在党内有个小集团，同高岗他们是联盟，有国际背景，是搞颠覆活动的。”

客人们不再问了……

第二天，毛泽东致信彭真，决定在武汉游长江。毛泽东在信中说：

我现决定在武汉住到月底，游长江对我十分有益，我要游七天至十天江。然后直返北京。因此巴基斯坦大使，卡博代表团，都在武汉谈话。请你安排。

在武汉，毛泽东夜里依然很少休息。虽然东湖边的风是凉爽的，珞珈山上的松涛赫赫如故，但毛泽东心事重重。他想：

直到现在，农村中“包产到户”的现象就像是具有一种什么不可抗拒的“魔力”似的，仍在不少的地方暗中潜行，这种肆意破坏集体经济的行为且有继续扩大的趋势，一旦蔓延开来，个体经济将会迅速发展，势必将溃决社会主义集体经济的大坝，社会上就会再次出现贫富不均的现象，以至于再次出现解放前普遍存在的富者自富而为富不仁、穷者自穷而无力自拔的不合理现象，哪还搞什么社会主义？“七千人大会”已经开过了，中央也已三令五申，为什么还会出现这种情况呢？

毛泽东不仅是位伟大的哲学家，而且更是一位伟大的政治家。他考虑问题从来都是“透过现象看本质”，他从“包产到户”的现象中似乎看到了“资本主义复辟”的危险性，而没有更多地考虑到不断扩张的“包产到户”蕴藏着经济发展中的必然性……

毛泽东的洞察力很强，而且思维敏捷，具有常人所没有的纵深的分析能力。他注意到了刘少奇最近在一些会议上的讲话，也注意到了包括朱德在内的一些老同志们对“包产到户”这种个体经济的容忍态度，还注意到了陈云近来所阐述的“包产到户”和“适当扩大家庭经济的可能性”的意见，更注意到了邓子恢在中央党校等单位作的《关于农村问题》的报告中所阐述的主导思想“建立严格的生产责任制，实行队包产，组包工，田间管理包到户，农业技术活包到人，进行超产奖励”，还有他在多次会议上的大声疾呼“包产到户不是资本主义，在现阶段，有一点资本主义也不要紧，可以帮助农村尽快恢复经济”等内容……

毛泽东认为这不仅是“公”与“私”的斗争，同时是社会主义与资本主义两条道路的斗争，反映到党内来的更是一场思想斗争和不可调和的路线斗争，甚至是发生在农村中的一场激烈的阶级斗争……

毛泽东下定决心，一定要刹住这股“包产到户”的单干风，在路线问题上决不退却、决不让步！

6 月下旬的一天中午，毛泽东在二十几名护泳人员的伴随下，由武昌的蛇山脚下入水，豪情满怀地畅游了长江。在波涛滚滚的大江中，毛泽东轻缓地舒展着双臂，劈波斩浪，奋力向前……

6 月 24 日，《人民日报》以《全国军民要提高警惕准备粉碎蒋匪帮军事冒险》为题，发表了经毛泽东审阅后定稿的新华社电讯稿。

同日，回到北京的陈云就发生在农村中的分田到户问题，同刘少奇、周恩来、林彪、邓小平等人交换了意见，大家的看法大体一致，没人表示不同意见。陈云决定等毛泽东返回北京后，亲自同毛泽东谈一下这个问题。

6 月 27 日，美国总统肯尼迪就台湾海峡局势发表声明，表示不支持蒋介石进攻中国大陆。

6 月 30 日深夜，毛泽东命令他的专列驶离了武汉。

这时，中共中央就发生在新疆伊宁、塔城等地区的外逃事件，又发布了《新疆维吾尔自治区人民委员会命令》和关于向群众解释这个命令的宣传要点。边民外逃事件发生后，中国方面奉命查封了参与这一事件的伊犁、塔城地区的一些苏联“侨民协会”，苏联方面也关闭了苏联驻乌鲁木齐总领事馆和驻伊宁领事馆。至此，这一事件迅速得到平息。

7 月 1 日晨，毛泽东的专列停车郑州。在郑州附近的一条支线上，毛泽东没有下车，而是在专列上听取了河南省委负责人刘建勋关于夏收工作的情况汇报。

刘建勋汇报说麦收不那么坏，预计秋收还要好一些……

7 月 2 日，中央书记处在北京召开了一次会议。会议讨论了农村中的包产到户问题。邓小平说：“恢复农业，相当多的群众提出分田。陈云同志做了调查，讲了些道理。意见提出是好的。”还说，“不管是黄猫黑猫，在过渡时期，哪一种方法有利于恢复，就用哪一种方法。我赞成认真研究一下，分田或者包产到户，究竟存在什么问题。你说不好，总要有答复。对于分田到户要认真调查研究一下，群众要求，总有道理，不要一口否定，不要在否定的前提下去搞。过渡时期要多种多样。现在是退的时期，退够才能进。总之，要实事求是，不要千篇一律。这几年就是千篇一律。”就在这几天，身在郑州的毛泽东几次听到了车外的广播喇叭里播放的一首农村歌曲：

公社是棵常青藤，
社员都是藤上的瓜；
瓜儿连着藤，
藤儿牵着瓜，
藤儿越肥瓜越甜，
藤儿越壮瓜越大！
……

听着歌，毛泽东自言自语道：“还是要搞集体化、搞人民公社。有难同当，有福同享……”

离开郑州后，毛泽东乘专列去了济南。

在济南，毛泽东听取了山东省委关于夏收的情况汇报，了解到“情况大变”，除了德州、惠民等地遭受了不同程度的自然灾害外，全省农村的形势还算不坏，麦收42亿斤，比原来估计的29亿斤增加了13亿斤。这，又使毛泽东感到了高兴。

7月5日，毛泽东的专列停车天津。

在天津，毛泽东对刘子厚说：“今年河南麦收秩序空前好。湖南也很好。麦收秩序空前好，出乎干部群众的意料。”

7月6日凌晨，毛泽东回到了北京。

回到北京后，毛泽东收到了陈云写给他的一封信：

对于农业恢复问题的办法，我想了一些意见，希望与你谈一次，估计一小时够了。我可以走路了，可以到你处来。

毛泽东没有立刻见陈云，而是在中南海游泳池的房间内，听取了田家英到湖南农村调查的情况汇报。

在毛泽东还没有回到北京之前，田家英已经从三湘大地调查归来。他带着他所了解和掌握的农村情况，分别向在京的几位中央领导同志先行做了汇报，明确地谈了他对“包产到户”的认同意见，并得到了这些领导同志的支持和默认。当他向刘少奇汇报时，刘少奇对他说：“现在情况已经明了了。”

田家英问：“是不是可以分田到户？”

刘少奇表示同意，并思考着说：“这样下去，无产阶级专政要垮台，我现在一天也不敢离开北京。”

田家英又问：“关于分田到户的意见，可不可以报告毛主席？”

刘少奇说：“可以。”

然而，这个自以“天下为己任”的忠直之士，还不知道毛泽东已经对“包产到户”下了快刀斩乱麻的决心。田家英的意见是，现在全国各地实行包产到户和分田到户的农民约占30%，而且还在继续发展。与其让农民这样自发地搞下去，还不如有领导、有步骤地进行。将来实行的结果，包产到户和分田单干的可能达到40%，而60%还是集体和半集体。等到生产恢复了，再把那40%的农民重新引导到集体经济上来……

当他在毛泽东的面前坦率地提出“包产到户”有利于恢复和发展生产时，一直在静听汇报的毛泽东突然瞪起了双目，极其严肃地问道：“这是你调查的结果吗？你的主张是以集体经济为主，还是以个体经济为主？”

田家英在一时之间被问懵了。向来文思泉涌的他，竟被问得目瞪口呆，一时之间不知如何开口……

毛泽东再问：“这只是你个人的意见吗？”

很明显，毛泽东真正恼火的并不是他面前的这位曾被他誉为“我们党内的笔杆子”而专门起草党的重要文件的“秀才”，而是在党内掌握着大权的处在中央第一线的领导。此时此刻，田家英在极其紧张的情绪中急速冷静下来，有保留地回答说：“是我个人的意见。”

毛泽东追问一句："是吗？"

田家英轻声说："是。"

"哦，我晓得了。"毛泽东不再问田家英，只是扭转了身子，开始吸烟，并说，"你去吧！"

田家英走了，就这样心情沉重地离开了毛泽东。其实，毛泽东对中央领导集体的意见早已了如指掌，现在又听田家英这样一说，更使得他心事浩茫，忧思重重……

当天下午，毛泽东带着重重忧思约见了陈云。陈云申述了主张实行分田到户的理由，还说分田到户不会产生两极分化，不会影响征购，恢复只需要 4 年的时间，否则需要 8 年……

听了陈云这样一说，毛泽东很生气，竟然掐灭了正在吸着的香烟……

次日，邓小平在接见共青团三届七中全会的与会代表时，再次谈到了包产到户的问题。他说：在全国，要巩固集体经济，也就是要巩固社会主义制度，这是根本方向。当然，也要解决工作中领导中的具体问题。在农村，还得要调整基层的生产关系，要承认多种多样的形式。照我个人的想法，可能是多种多样的形式比较好。以各种形式包产到户的恐怕不只是百分之二十，这是一个很大的问题。怎么解答这个问题，中央准备在八月会议上研究一下。现在"百家争鸣"。这样的问题应该"百家争鸣"，大家出主意，最后找出个办法来。

毛泽东刚刚回到北京，就遇到了来自各个方面的分田到户和包产到户的主张的强烈冲击，这是他事先所没有想到的。这些意见，同他在外地视察时所看到的、所听到的以及他所想到的竟是截然不同的！在他看来，说小一点，这是一次存在于农民身上的小生产意识的个人主义思想向集体经济发起的一场挑战。说大一点，是存在于农村中的资本主义势力在向社会主义集体经济发起的一场猖狂进攻！他，绝不会容忍这样搞下去！

7 月 8 日，毛泽东在中南海游泳池住地召集刘少奇、周恩来、邓小平、陈伯达、田家英等人开会。毛泽东介绍了河南、山东两省的夏收情况，对大家说农村的形势并不那么坏，建议刘少奇等人找河南、山东、江西的同志谈一谈，了解一下农村的真实情况。

会上，毛泽东表明了他对农村中发生的包产到户现象的强烈不满和反对态度，并严厉批评了田家英回到北京以后不修改《农村工作六十条》，却热心搞什么包产到户和分田单干。他指定陈伯达为中央起草关于巩固人民公社集体经济、发展农业生产的决定。

这样一来，中央常委的同志都清楚了毛泽东对包产到户和分田到户的明确态度。

从7月9日开始，刘少奇、周恩来、邓小平先后同河南省委第一书记刘建勋、山东省委第一书记谭启龙谈话，了解情况……

7月11日，毛泽东听取了周恩来关于中苏边境地区情况和中印边界情况的汇报。

关于中印边界的武装冲突问题，毛泽东提出建议：印度在我境内设点，我们完全有理由打，但是现在还要克制，不能急于打。一要进一步揭露印度总理尼赫鲁的真面目，二是要争取国际上正确认识中印边境斗争的是非问题。有些国家想利用我们国内存在暂时困难的机会，推我们上阵，整我们一下，但我们不上他们的圈套。我们现在坚持不打第一枪。我们的方针是八个字："决不退让，避免流血。"

毛泽东还补充了8个字："武装共处，犬牙交错。"

根据毛泽东的建议，中央军委和总参谋部概括出了"二十字方针"——决不退让，力争避免流血；犬牙交错，长期武装共处。

7月14日，中央军委派总参作战部负责人专程赶赴新疆，向新疆军区和西线边防部队传达毛泽东和中共中央关于在中印边界西段开展反蚕食斗争的指示，并具体指导中印边界的反蚕食斗争。

也就在这个时候，在大多数人都知道了毛泽东坚决反对出现在农村中的包产到户的明确态度之后，7 月 17 日，邓子恢却当面向毛泽东陈述实行包产到户的“好处”，更加引起了毛泽东对发生在农村中的这一脱离社会主义集体经济现象的高度警觉和对邓子恢的强烈不满。

7 月 18 日，毛泽东在中南海游泳池住地约杨尚昆谈话，明确提出了“是走集体主义道路”呢，“还是走个人经济道路”，同时对国家计委和商业部表示了极度不满，提出要反“分散主义”。杨尚昆觉得事态很严重而感到十分不安……

第二天，毛泽东在中南海主持召开中央政治局常委会，再次郑重提出了他同杨尚昆所谈到的两个问题。

7 月 20 日，毛泽东在中南海游泳池住地的会客室内，同来京的各中央局第一书记进行了谈话。

在这次谈话中，毛泽东极其严厉地批评了出现在农村中的分田单干和包产到户现象，批评了赞成、支持这种现象和意见的人：“你们赞成社会主义，还是赞成资本主义？当然不会主张搞资本主义，但有人搞包产到户。现在有人主张在全国范围内搞包产到户，甚至分田到户。共产党来分田？对农民，要让他自愿，如果有的人非包产到户不可，也不要采取粗暴态度。问题是要分析农民的基本要求是什么，我们如何领导。有人似乎认为我们和农民搞了几十年，现在好像不行了，难道我们就这样脱离群众？有人说恢复农业要 8 年时间，如果实行包产到户，有 4 年就够了，你们看怎么样？难道说恢复就那么困难？这些话都是在北京的人说的。下边的同志说还是有希望的。”并提出问题说，“目前的经济形势究竟是一片黑暗，还是有点光明？”

毛泽东在讲这番话的时候，在座的每一位领导同志都感觉到了一种空前的紧张气氛……恰在这时，毛泽东不仅知道了邓小平在最近几次会议上讲话的主要内容：“生产关系以什么为最好？要以能够尽快增加生产、提高人民生活为标准。不管是哪种方式，都可以一试。安徽的同志说得好，‘黄猫黑猫，逮住老鼠才是好猫’……”

同时，毛泽东还听到了朱德的一个建议，说是应该在《农村工作六十条》中专门增加“单干户”一节，使其具有“合法性”……

毛泽东想：中央已经决定把人民公社的体制从“一大二公”调整到了“队为基础”，而且在实际工作中也这样贯彻、这样做了，为什么还会出现这么多闹“单干”的现象和意见？反映到党内来的这些意见，难道仅仅是为了纠“左”吗？难道好不容易才建立起来的人民公社的集体经济，就要这样被破坏掉吗？他把他的这些想法对周恩来和杨尚昆讲了，也对刘少奇和陈云讲了，同时给各中央局的领导人打电话，征询了陶铸、柯庆施、李雪峰等人的意见。毛泽东决定采取措施……

7 月 22 日，毛泽东看了陶铸和王任重在广西桂林专区龙胜县主持召开的关于巩固生产单位集体经济问题座谈会的记录，当即作出《关于印发巩固生产队集体经济问题的座谈会记录的批示》，并在批示中加写了一段话：

这个文件所做的分析是马克思主义的，分析之后所提出的意见也是马克思主义的。是否还有可议之处，请各同志研究。并且可以发给省、地两级去讨论。

第二天，毛泽东批示将《关于巩固人民公社集体经济、发展农业生产的决议（草案）》印发中央工作会议讨论。

7 月 25 日，毛泽东和中央政治局的全体委员一起乘专列去了北戴河。

在专列上，毛泽东批阅了论波兰农村合作社发展道路的一篇文章摘要。在这篇文章摘要里，毛泽东看到了波兰农村合作社由于脱离实际、脱离劳动人民群众而濒临绝境的危险。毛泽东不再犹豫了……

第三篇

四海翻腾云水怒　国内外形势多变幻
五洲震荡风雷激　毛泽东抗衡帝修反

◎ 面对着毛泽东的决心和他在几次讲话中所表现出来的顽强态度，刘少奇和陈云不便当面反驳，邓小平也没有多说话，而邓子恢就更不敢直接向毛泽东陈述他的既定主张了……

在路线问题、原则问题上，毛泽东历来是不妥协的。这时，他已经不容许别人再提出不同的意见了……

◎ 关于社会主义教育运动的性质和意义，毛泽东这样写道：这一场斗争是重新教育人的斗争，是重新组织革命的阶级队伍，向着正在对我们猖狂进攻的资本主义势力和封建势力作尖锐的针锋相对的斗争。

19. 北戴河热风吹雨　重新提“阶级斗争”

1962 年夏。

地处渤海湾北段的北戴河海滨浴场阳光灿烂，阵阵海风吹拂着被太阳晒得发热的大片沙滩，向空中散发着不尽的热气。海岸不远处山林翠绿，高高的白杨树和丰茂的阔叶梧桐遮掩着坐落在那里的一处处建筑各异的小型别墅。以前东北军“少帅”张学良建在海边上的一幢“行宫”小院，现在已被定名为北戴河第 95 号楼，前有沙滩海浪，后有绿树护绕，也被人们通称为一号所，是毛泽东每次来北戴河疗养、工作时居住的地方。

7 月 25 日，中央工作会议在毛泽东的主持下在北戴河海滨一号所内召开了。会议的开始阶段，主要是起草有关农村人民公社和农业生产、商业、工矿企业生产和工人生活、干部交流等文件。

在此之前，朱德综合他年内到浙江、江西、福建、上海、山东、陕西、四川、云南、湖北、天津、江苏、广东等省、市的视察情况，曾致函党中央，提出自己的意见，认为对农民限制得过死，影响群众的生产积极性。

对于朱德的这些意见，刘少奇、邓小平、陈云和主管农业生产的邓子恢都认为很有道理，而毛泽东却认为是受了右倾思潮的影响，是在为单干风和包产到户开绿灯……

7 月 28 日下午，毛泽东在他住地的会客厅内召开中央政治局常委扩大会议，各中央局第一书记一律参加。会议进行中，大家谈了很多问题，几乎有关各方面的问题都涉及了。在谈到国际国内形势时，毛泽东十分尖锐地提出了一个问题：当前国际国内都有一个共同性问题，就是革命究竟由无产阶级领导，还是由资产阶级领导？对我们这些国家来说，就是究竟要无产阶级专政，还是要资产阶级专政？赫鲁晓夫说我们是独特路线。同志们，不独特不行啊！不与帝国主义、修正主义划清界限不行。外交、外事工作方面，也有右的苗头……

在谈到中国共产党内部也开始出现一些所谓右的苗头时，毛泽东说："出气的好处是思想活了。同时，像包产到户等主张也出来了。有的是正确的考虑，有的则是牛鬼蛇神！"

讲到这里，毛泽东将目光转向东北、华北、西北地区的几位负责人，问他们："你们稳住稳不住？你们那里是资产阶级领导、小资产阶级领导，还是无产阶级领导？"

毛泽东的这些话，给了参加会议的每一位同志以很大的压力。这时候，参加会议的人谁都不多说一句话，只是坐在各自的座位上静静地听着。刘少奇就坐在毛泽东的身边，一言不发，也只是闷着头吸烟，朱德也就更不说话了……

毛泽东问："在座的诸位都可以谈一谈，在这个问题上，你们哪个有什么不同看法呀？"

还真就有人插话说："现在发生在农村里的分田单干，主要是一些农民自愿搞的，而我们的一些基层干部又往往暗中支持……"

"不对！"毛泽东的口气十分生硬，"现在的单干风，越向上风头越大！他们代表的是谁的利益？是富裕阶层的利益，是地主富农的利益！"

一时之间会场上沉寂了。毛泽东虽然没有指名道姓，但了解内情的人们都知道，这是对刘少奇、邓小平、陈云和邓子恢等人的不点名批评。

毛泽东见大家都不说话，继而环视四座："是搞社会主义，还是搞资本主义？是走集体化道路，还是搞分田单干？这是问题的性质，是我们必须回答的问题！"

毛泽东的讲话造成了会议的紧张气氛，会议的紧张气氛似乎又"传染"到了会议之外的空间，整个北戴河海滩热浪冲涌，一连几天都让人们感到没有些许的凉爽之意……

这时，中央人民广播电台广播了解放军福建前线司令部颁发的通告，同时宣布了对驾机起义和对驾驶舰艇起义的蒋军空军、海军人员的奖励规定和联络办法。

7 月 31 日，毛泽东对国务院财贸办公室关于粮食问题的报告作出批示，同时对农村人民公社条例修正案草案修改稿写了批语。

8 月 1 日是中国人民解放军的建军节。这一天，《人民日报》发表了题为《发扬人民解放军的光荣传统》的社论，社论中引用了毛泽东在这次北戴河会议中说的一句话：

下斗争的决心，有耐战的勇气。

8 月 2 日，毛泽东批阅了江苏省太湖县委宣传干部钱让能写给毛泽东的一封信《关于保荐责任田办法》，同时批阅了新华社关于南斯拉夫经济情况的报道，批阅了新华社关于南斯拉夫经济问题的一篇通讯稿，并对《一个美国农场主对苏联农业问题的看法》一文写了批语。

同日，毛泽东与北京、河北、山西、内蒙古等省、市、自治区的负责同志进行了长时间的谈话。毛泽东说："看来你们那里单干问题还不严重。从全面看，今年的收成比去年好，去年比前年好，错误在纠正嘛。有少数人把形势看得很黑暗，也有少数人说一片光明。从整个形势看，前途一片光明，也有些问题。问题主要是反映在国内的阶级斗争方面，也就是究竟搞社会主义，还是搞资本主义。这个斗争的时间相当长，100 年后还有这个问题，这种形势要看到……"

在谈到有的生产大队核算单位没有下放、生产搞得也很好时，毛泽东说："以大队为基本核算单位办得好，又增加生产，就不一定下放到小队。"

当谈到生产队的规模和管理问题时，毛泽东说："生产队以

20 户左右为宜，太大了不好。田间管理责任制要搞好。有的地方按地段包工到组、到户、到人，这是进步的管理办法，不能说不好。”

以后接连两天，毛泽东先后同西北地区和西南地区的负责人谈了话。

8 月 5 日，毛泽东又找来了华东地区的柯庆施、李葆华和中南地区陶铸、王任重谈话，同时叫了邓子恢、陈伯达、陈正人、廖鲁言、王观澜等人参加。毛泽东说：

我“周游”了全国一遍，找各大区的同志都谈了一下。昨天下午，西南区云南、贵州、四川各省的同志谈到这样的问题：一搞包产到户，一搞单干，半年的时间就看出农村阶级分化很厉害。有的人很穷，没法生活。有卖地的，有买地的，有放高利贷的，有讨小老婆的。他们说，贫困户、中间户、富裕户各占1/3。你们有没有这种调查？

有没有阶级呢？我看还有。地主、富农、反革命残余都还存在。农村当中还有富裕阶层，阶层之间有没有矛盾呢？矛盾分几种。第一种是敌我矛盾，是对抗性的。第二种是人民内部矛盾，包括无产阶级和资产阶级之间、社会主义和资本主义之间的矛盾。社会主义和资本主义、无产阶级和资产阶级之间的矛盾也类似敌我矛盾，因为这两个敌对阶级是互不相容的，这种矛盾同第一种矛盾虽然近似，但是要有区别，还是把它说成是内部矛盾为好。

1959年反右倾斗争，大多数是搞错了。彭德怀要翻案，要求平反。我看1959年反右倾运动不能一风吹。准备把彭德怀的信件印发给大家看一看。

有的人主张60%分田到户，有的人主张全部分田到户。这就是说，基本上单干或者全部单干。也就是说，把5亿多农民都变成小资产阶级，让小资产阶级当权，让小资产阶级专政。可是历史上从来没有过这样的事。看来允许百分之几到百分之十儿闹单干是可以的，还有90%是集体的嘛！如果全都闹单干，或大部分闹单干，我是不赞成的。如果那样搞，党内势必分裂。

我找各大区的同志谈话，每个省都说去年比前年好，今年比去年好。看来并非一片黑暗。有的同志把情况估计得过分黑暗了。当然也不是像1958年搞浮夸时讲的都是一片光明。我是中间派。应当说基本上是光明的，有许多问题还亟待解决。

还要花几年的工夫，这些问题才能得到解决。

最后，毛泽东提出了几个问题，要大家回去以后议一议——是搞无产阶级专政，还是搞资产阶级专政，还是搞小资产阶级专政？我们到底走什么道路？

8 月 6 日下午，中央工作会议继续进行。毛泽东在北戴河中直机关俱乐部的会议室主持召开了会议的全体大会。

会议上，穿着一件白色衬衣的毛泽东一边吸着烟，一边向大家重点提出了阶级、形势、矛盾三个问题。

谈到阶级问题时，毛泽东说："究竟有没有阶级？阶级还存在不存在？社会主义国家究竟还存不存在阶级？外国有些人讲，没有阶级了。共产党也就是叫做'全民的党'了，不是阶级的工具了，不是无产阶级的党了。无产阶级专政也不存在了，叫做'全民专政'，'全民的政府'。对什么人专政呢？在国内就没有对象了，就是对外有矛盾。这样的说法，在我们这样的国家是不是也适用？社会主义国家，有没有阶级这是个基本问题。"

谈到形势问题时，毛泽东说："形势问题，我倾向于不那么悲观，不是一片黑暗。究竟这二年如何？有什么经验？过去几年，有许多工作没搞好，有许多还是搞好了。有人说农村去年比前年好，今年比去年好，这个说法对不对？有些同志过去曾经认为是一片光明，现在是一片黑暗，没有光明了。是不是一片黑暗，两种看法哪种对？"

在谈到矛盾问题时，毛泽东说："矛盾问题，如果承认国内阶级还存在，就应该承认社会主义与资本主义的矛盾是存在的。阶级的残余是长期的，矛盾也是长期存在的。不是几十年，我想是几百年。没有阶级，就没有马克思主义了，就成了无矛盾论、无冲突论了。现在有一部分农民闹单干，究竟有百分之几？有的说 20%，安徽更多。就全国来讲，这时期比较突出。究竟走社会主义道路还是走资本主义道路？农业合作化要不要？是搞‘包产到户’还是集体化？现在就有单干之风,越到上层越大。闹单干的是富裕阶层，中农阶层，地富残余，资产阶级争夺小资产阶级搞单干。如果无产阶级不注意领导，不做工作，就无法巩固集体经济，就可能搞资本主义。”

接下来，毛泽东还多次在中心小组会议上讲话，阐明阶级、阶级矛盾、阶级斗争还存在，两条道路的斗争还存在，这种斗争要贯穿到整个社会主义历史时期。

在中心小组会议上，毛泽东说：“要有分析，不要讲一片光明，也不能讲一片黑暗，1960 年下半年以来，不讲一片光明了，只讲一片黑暗，或者大部分黑暗。思想混乱，于是提出任务：单干，全部或者大部单干。据说只有这样才能增产，否则农业就没有办法，包产 40% 到户，单干、集体两下竞赛，这实际上叫大部分单干。单干势必引起两极分化，两年也不要，一年就要分化。赫鲁晓夫还不敢公开解散集体农庄呢！这几年的一些做法，打击集体，有利单干，这次无论如何得解决这个问题。”

面对着毛泽东的决心和他在几次讲话中所表现出来的顽强态度，刘少奇和陈云不便当面反驳，邓小平也没有多说话，而邓子恢就更不敢直接向毛泽东陈述他的既定主张了……

8 月 8 日，毛泽东发表了《支持美国黑人反对种族歧视斗争的声明》。

第二天上午，毛泽东在北戴河会见了来华访问的索马里总理舍马克。

下午，毛泽东在中心小组会议上继续讲：“我们有些同志一有风吹草动，就发生动摇，那是对社会主义革命没有精神准备，或者没有马克思主义。没有思想准备，没有马列主义，一有风就顶不住。大家都分析一下原因……”

讲到这里，他有意识地看了看坐在他身边不远处的刘少奇。刘少奇知道毛泽东看他这一眼的用意所在，只得表示说：“大家可以按照主席讲的，认真分析一下原因……”

不等刘少奇把话讲完，毛泽东即说：“很显然，这是无产阶级和富裕农民之间的矛盾，地主、富农不好讲话，富裕农民就不然，他们敢出来讲话。上层影响要估计到。有的地委、省委书记，如曾希圣，就要代表富裕农民。要花几年工夫，对干部进行教育，把干部轮训搞好，办高级党校、中级党校，不然搞一辈子革命，却搞了资本主义，搞了修正主义，这怎么行？”

在路线问题、原则问题上，毛泽东历来是不妥协的。这时，他已经不容许别人再提出不同的意见了……

紧接着，毛泽东将话锋一转，谈到了党内：“党员的成分，有大量小资产阶级，有一部分富裕农民及其子弟，再有一批知识分子。还有一批未改造过的坏人，实际上不是共产党。‘共产’，‘共产’，顾名思义，就是要搞共产主义，要搞集体主义。我们党内的有些人，名为共产党，实为国民党。对这部分人的民主革命还不彻底，明显的贪污、腐化，这部分人好办。知识分子，地富子弟，有马克思化了的，有根本未化的，有化的程度不好的，这些人对社会主义革命没有精神准备，我们没有来得及对他们进行教育。”

讲到这里，毛泽东又把话锋转向了党外：“资产阶级知识分子，全国把帽子摘掉？资产阶级知识分子，阳过来，阴过去，阴魂未散，要做分析。”

大家都听得出来，这时的毛泽东已经把问题复杂化、扩大化了……

毛泽东继续说：“农民本来已经发动起来，但是还有资产阶级、右派分子、地主、富农复辟的问题。还有南斯拉夫的方向。各地方、各部门专搞那些具体问题，而对最普遍、最大量的方向问题不去搞。”

毛泽东进一步把问题深入化：“资本主义思想，几十年、几百年都存在。社会主义才几十年，就搞得那么干净？历史都是如此。苏联到现在几十年，还有修正主义，为国际资本主义服务，实际是反革命。”

虽然是小组会议，但参加会议的人都是中央最高一层的人物，在这种情况下，谁也没有把握提出能把毛泽东说服的自己的意见，实际上也没有人敢在这种情况下向毛泽东提出不同的意见，更不用说是反对的意见了……

毛泽东接着再讲：“‘人人为我，我为人人’不妥当，结果都离不开我。有人说是马克思讲过的。是马克思讲过的，我们可以不宣传。‘人人为我’，是人人为我一个人；‘我为人人’，能为几个人？要提倡人人为集体、为国家。”

天色已经很晚了，会议室内亮起了电灯。起风了，一阵热风吹过，随后刮起了凉风，紧接着下起了大雨。豆粒大的雨点“噼噼啪啪”地打落在会议室的屋顶上，好像敲击着人们一根根绷紧了的心弦，使整个会议开得既紧张，又让人不安……

8 月 10 日凌晨，毛泽东对《领导机关应加强请示报告工作》作出批示。

下午，毛泽东在罗瑞卿和汪东兴等人的陪同下，在一大帮护泳人员的簇拥中，下到海里去劈波斩浪、奋力搏击了。

海浪汹涌着，一浪紧跟着一浪。毛泽东舒腿展臂，在海浪的起伏中畅游，时而昂首望向天空，面对飞翔的海鸥投去仰视的目光。陪泳的警卫人员从毛泽东游泳的姿势中知道，越是在风浪中，毛泽东越是敢于挑战，他是一位从不退缩、从不向任何困难低头的人，他一生是强者！

8 月 11 日，中心小组继续开会。大家汇报说，根据毛主席的指示，集中讨论了原则问题，热情很高……

毛泽东听了很高兴，说：“会议抓主要问题、本质问题很需要。最近，陕西一个公社有人给中央写了一封信，说现在有些地方出现包产到户，是‘一叶知秋’。我说不对，也可以一叶知冬，冬过了还有春嘛！总之，不要尽讲黑暗。有些小说如《官场现形记》等，是光写黑暗的，鲁迅称之为谴责小说。只揭露黑暗，人们不喜欢看，不如《红楼梦》《西游记》使人爱看。《金瓶梅》没有传开，不只是因为它的淫秽，主要是它只暴露，只写黑暗，虽然写得不错，但人们不爱看。”

会议进行中，刘少奇、邓小平、陈毅等人先后发了言，毛泽东多次插话，并点名批评了田家英。

当邓子恢在会议上做检讨时，毛泽东对他提出了严厉批评，说他是属于没有社会主义革命精神准备的人，对社会主义革命不感兴趣……

8 月 12 日，毛泽东在中心小组会议上批评中央组织部“不向中央作报告，成了一个独立王国”，同时批示转发 1961 年庐山会议上印发过的一个文件《各地贯彻执行六十条的情况和问题》，再次批评了邓子恢。

次日，罗瑞卿、彭真等人在中心小组会议上发言，邓子恢再次作了检讨。当罗瑞卿发言时，毛泽东插话说：“在中国一定不出修正主义？这也难说，儿子不出，孙子出。不过也不要紧。孙子出了修正主义，孙子的孙子就又要出马列主义了。按照辩证法，事物总要走向反面的。”

同日，毛泽东还批阅了陶铸在中南组的发言要点记录。

8 月 15 日，毛泽东在中央工作会议核心小组会上做了重要插话：“我们各方面政策的出发点和着眼点是发展生产，促进生产，对生产有利。”

康生在发言中说：“从过去的 13 年中可以看出一个规律：每当我们党内搞出缺点、错误和困难的时候，党内党外总要起风波。”

8 月 16 日，毛泽东批发了河北省张家口地委第一书记胡开明《关于推行“三包”到组的生产责任制的建议》，同时批示将《中共中央关于有计划地交流各级党政主要领导干部的决议》印发参加中央工作会议的同志讨论。

8 月 17 日，李先念在小组会上发言时，毛泽东插话说：“打了一辈子仗，把阶级斗争忘记了。现在阶级斗争的形势和过去不一样了，过去是流血的，现在不是了。”

同日，毛泽东批示将李先念关于等价交换问题的口头汇报提纲印发参加中央工作会议的同志讨论。

这几天，毛泽东还多次对他身边的工作人员讲：我们搞无产阶级革命、搞军事斗争几十年，在实践中积累了一定的经验，虽然还有许多新问题需要认真研究、认真对待，但我们毕竟取得了一定的胜利。只是搞经济工作，我们经验不足……并说，尤其是搞社会主义经济，世界上没有一个成功的先例，苏联的经验不符合我们国家的实际情况，东欧的其他国家根本没有经验。我们怎么搞？大家要出主意，想办法。要根据我们国家的实际情况，出好主意，想好办法……同时还讲道：太平天国搞《天朝田亩制度》，口号是“耕者有其田”，调动了广大农民的积极性，得到大多数人的拥护。但是洪秀全没有脱离掉封建帝王思想，打下南京以后大搞分封制，太平天国的将领们腐化堕落，《天朝田亩制度》也没有很好地贯彻落实，结果失败了。列宁领导俄国的无产阶级建立了世界上的第一个社会主义国家，斯大林遵照列宁的教导在苏联搞了公有制，搞集体农庄，那是他们根据他们的国情搞的。我们搞社会主义，搞土地革命，搞农业合作社和人民公社，目的就是要根据我们中国的国情搞集体主义，充分发挥“人多势众”和“万众一心”的优势，搞大生产和实现农业机械化，既可以有效地抵御突如其来的自然灾害，又可以团结人民共同奋斗、共同前进。人民公社以前搞的“一大二公”固然不是很好，脱离了实际，但它集工农商学兵于一体，党是领导一切的，优势明显。建国十多年，我们总算摸索出了一条比较成功的经验。现在有人主张搞单干，刮单干风，从根本上讲是路线问题。分田到队可以，分田到组也可以试一试，但分田到户不行。“三级所有，队为基础”，毕竟是集体所有，单干绝对不行！我们现在还没有完全实现农业机械化，生产工具落后，如果分田到户，困难户怎么办？劳力不足怎么办？时间长了怎么办？如果那样，不要多少年，一年就可以见分晓，穷的穷，富的富，我们共产党人革命几十年，难道还要学洪秀全？还要退回去？难道还要像过去的地主那样向农民收地租？

听了毛泽东的这些话，人们更加认识到：毛泽东是坚决反对分田到户和坚决反对单干的……

8 月 20 日，毛泽东主持召开了最后一次中心小组会议。在这次会议上，毛泽东发表讲话说："问题讲清楚，不伤人。如邓老[①]，你看我，我看你，究竟是单干好，还是集体好，要由历史作结论。苏联搞了 40 多年，合作化也没有搞好，粮食也没有过关。

"我们要和风细雨地把问题讲清楚，分清是非，广泛地联系实际，主要是解决思想问题。要说理，要讲道理，像这次会议一样。

"阶级、阶级斗争问题，有的同志讲，是马克思主义的精髓。17 世纪 40 年代，出现了资产阶级和无产阶级两个阶级。经过两百年左右的时间才产生了马克思主义。

"我学习马克思主义是经过列宁的。十月革命以后，马列主义才传播到中国，我们才学习。总之，离开阶级就不能谈问题。不能说明问题。

"过去简报看得少，这次的简报都看了。对讲阶级、阶级斗争，我感兴趣。不讲阶级，不讲阶级斗争，就没有劲了。"

会议进行中，毛泽东提出了彭德怀 6 月 16 日写的那份"八万言书"，要求大家针对彭德怀的问题进一步提出自己的意见。

两天后，毛泽东、刘少奇、朱德、周恩来致电祝贺罗马尼亚解放 18 周年。

这一天，彭德怀又写了一封短信给毛泽东和党中央，恳请中央弄清他所犯错误的性质，作出正确的处理……

8 月 24 日，毛泽东批示将《关于巩固人民公社集体经济，

---

① 邓老，指邓子恢。

发展农业生产的决定（草案）》印发即将参加中共八届十中全会的同志讨论，同时批示将《农村人民公社工作条例修正草案》印发参加中共八届十中全会预备会议的同志讨论。

这一天，北戴河中央工作会议举行全体会议，陈毅做关于国际问题的报告。至此，历时一个月的中央工作会议结束。

当晚，毛泽东等人离开北戴河，乘专列回京。

这时候，《红旗》杂志刊登了刘少奇的著作《论共产党员的修养》。

1962 年 8 月 26 日，毛泽东在北京中南海又主持召开了党的八届十中全会的预备会议。由于毛泽东在北戴河中央工作会议上的讲话，人们已经感觉到了毛泽东的意图。会议进程中，与会人员在对国际国内形势问题、农业问题、商业问题进行讨论时，开展了对“单干风”“黑暗风”和“翻案风”的批判……

8 月的熏风笼罩着炎热的北京。这时，一个名叫李建彤的人写了一部历史小说《刘志丹》，在写作过程中他曾经去到西北地区做过调查，也请习仲勋、贾拓夫、刘景范等人提了意见。习仲勋、贾拓夫、刘景范等人看了书稿后，都对《刘志丹》这本书的内容给予了肯定和支持。

8 月 26 日当天，毛泽东批示将邓子恢关于当前农业生产和人民公社问题报告的反应印发给参加中共八届十中全会预备会议的全体同志讨论。

第二天，毛泽东又批示将中央关于改进商业工作的若干规定试行草案印发给参加中共八届十中全会预备会议的全体同志讨论。

8 月的最后一天，毛泽东批示将中央关于商业工作问题的决定稿印发给参加中共八届十中全会预备会议的全体同志讨论。

9 月 4 日，毛泽东批阅了李富春关于 1963 年国民经济计划安排问题的一封信。

这时候，康生看了李建彤写的《刘志丹》这部书的书稿，认定这部书存在着严重的政治问题。他利用手中的权力，直接向毛泽东报告了这部书是“利用小说反党，为高岗翻案”。康生的诬告，使已经绷紧了阶级斗争之弦的毛泽东震怒了……

9 月 9 日，周恩来向毛泽东报告了一个好消息：我解放军防空部队在华东地区上空，击落美制蒋军 U –2 型高空侦察机一架。毛泽东在中南海怀仁堂里对周恩来说：“蒋介石来得正是时候，部队打下来的也正是时候……”

9 月中旬，党的八届十中全会预备会议还在进行中，毛泽东已经确定下了即将召开的全会的主要议题和议题的具体内容……

9 月 14 日，毛泽东批阅了冶金工业部报送的一份关于解决品种质量问题的报告；同时写信给杨尚奎，请他对邵式平关于巩固农村集体经济问题所提的 3 条意见提出处理意见。

同一天，毛泽东批示将中央关于商业工作问题的决定稿第二稿印发给参加中共八届十中全会预备会议的全体同志讨论。

9 月 17 日下午，毛泽东在中南海收听了中央人民广播电台播放的新华社报道，报道称，为纪念中国近代杰出的农民革命领袖洪秀全而修建的“广东省花县洪秀全故居纪念馆”，已经在最近竣工。毛泽东很高兴，对在怀仁堂出席党的八届十中全会预备会议的同志们说：“前几天我批评了洪秀全，但他毕竟是中国历史上一位领导农民起义的杰出领袖。对于中国历代农民起义的领袖，我们应该给予他们在中国历史上应该有的地位。”

次日，毛泽东在人民大会堂接见了日本工人学习积极分子访华代表团全体成员。在接见时，毛泽东为日本朋友们题词：

只要认真做到：马克思、列宁主义的普遍真理与日本革命的具体实践相结合，日本革命的胜利就是毫无疑义的。

应日本工人学习积极分子访华代表团各位朋友之命，书赠日本工人朋友

毛泽东

9 月 20 日，外交部得到消息，近日，印度军队在我西藏扯冬地区开枪打死打伤我边防军多人……

次日，中国政府向印度政府提出了最严重最强烈的抗议。

9 月 23 日，开了近一个月的党的八届十中全会预备会议结束。

第二天，中共八届十中全会在毛泽东的主持下，在北京人民大会堂召开了。会上，毛泽东做了重要的、长时间的讲话：

同志们，这次中央全会，要解决几个重大的问题。农业问题、商业问题，这是两个主要的问题。第三个主要的问题，就是党内的团结问题。工业问题、计划工作问题，是第二位的问题。另外还有两个问题，一个是监察委员会扩充成员的问题，再一个是干部上下左右交流的问题。

这次全会可以说不是从今天开始的，已经开了两个月了。在北戴河开了一个月，在北京又开了一个月。实际的问题，在那两个月各小组都讨论清楚了。现在开大会，就不需要多长时间了，大概3天到5天。

我在北戴河提出三个问题：阶级、形势、矛盾。

关于阶级。国际帝国主义、民族主义，那些是资产阶级国家，阶级斗争没有解决，那是不待说了。所以我们有反帝的任务，有扶助反帝的民族革命运动的任务。在社会主义国家还有没有阶级？有没有阶级斗争？应该肯定还是有的，还是存在的。列宁曾经说，在社会主义革命胜利以后的一个长时期内，因为国际资产阶级的存在，因为本国资产阶级残余的存在，因为本国小资产阶级主要是农民阶级中间还不断生长资本主义分子，所以剥削阶级虽然被推翻了，它还是要长期存在的，甚至于要复辟的。在欧洲，封建阶级被资产阶级推翻以后，比如在英国、法国，经过几次复辟。读过英国革命史、法国革命史的就知道。社会主义国家也可能出现复辟的情况……我们这个国

1962年9月，毛泽东在中共八届十中全会上讲话，重提阶级斗争。（新华社稿）

家要好好掌握，要好好认识这个问题，承认阶级同阶级斗争的存在。要好好研究，要提高警惕。老干部也要研究，尤其是青年人，我们要对他们进行教育……我们从现在就讲起，年年讲，月月讲，开一次中央全会就讲，开一次党大会就讲，使得我们有一条比较清醒的马克思主义的路线。

复杂虽然复杂，但也就是那么一个道理，就是无产阶级同资产阶级的斗争，马克思主义同反马克思主义的斗争。至于形势，无论国际国内，现在都在好转。

矛盾。我们跟帝国主义的矛盾；全世界人民跟帝国主义首先是美国的矛盾；我们跟反动的民族资产阶级的矛盾；各国人民跟本国反动派的矛盾；各国人民跟修正主义的矛盾。在我们中国，也有跟中国的修正主义的矛盾。我们过去叫右倾机会主义，现在恐怕改一个名字为好，叫中国的修正主义。北戴河和北京这两个月的会议，讨论了两项性质的问题：一项是工作问题；一项是阶级斗争问题，就是马克思主义跟修正主义斗争的问题。

犯了错误的同志，只要你好好想一下，回到马克思主义立场，我们就跟你团结。在座的有几位同志就是这样。我欢迎你们采取这样的态度。我们是允许犯错误，允许改正错误，一看二帮嘛。我劝一些同志，无论是里通外国也好，搞什么秘密反党小集团也好，只要把自己那一套端出来，诚实地向党承认错误，我们就欢迎，决不采取不理他们的态度。

近来有一股风，无论什么都要平反，那是不行的。真正搞错了的要平反，部分搞错了的部分平反，没有搞错，搞对了的，不能平反。

这样一来，彭德怀写给毛泽东和党中央的那一封长信和一封短信，不但没有起到彻底弄清问题性质的作用，反而成了他进行“翻案”和向党进攻的新“罪证”，使他受到了比以往任何时候都要严厉的批判……

毛泽东讲话后，由陈伯达对《关于进一步巩固人民公社集体经济、发展农业生产的决定（草案）》和《农村人民公社工作条例修正草案》作说明。当陈伯达讲到中央从 1958 年下半年最初发现错误、并开始纠正错误时，毛泽东多次插话说：

从1958年第一次郑州会议、1959年第二次郑州会议、上海会议、北戴河会议就抓了，但是1959年来了一个庐山会议，扰乱了我们。阶级斗争扰乱了我们的经济建设、社会改造。庐山会议以后，又有国外修正主义的干扰，以至于1959年下半年、1960年差不多整个一年，我们的精力就是对付那方面去了。这一次，不管国内修正主义，国际修正主义，国际帝国主义，国际反动的民族主义，一切都不受它干扰，什么金门打炮也好，沿海要进攻也好，U-2飞机也好，中印边界也好，新疆事件也好，东北黑龙江的事情也好，准备今年下半年要闹风潮的，我们要“任凭风浪起，稳坐钓鱼船”。国内也好，国际也好，只有那么大的事，没有什么好大的事。“一个游鱼三个浪，引得懒汉去上当”，那个懒人就得意了，以为很可以捉一批鱼了，结果只有那么几条鱼。全世界90%以上的人民，或者现在已经站在我们这方面，或者将来要站在我们这方面，这是一个坚定的观点，应该相信。

1961年比1960年好一些，今年又比较去年好一些，今年大概可以比去年增产200亿斤左右的粮食。再有两年，明年、后年，整个国民经济可能走上轨道。

我刚才讲的两年到3年的时间，是讲恢复生产，粮食增长。至于要过关，苏联43年了还没有过关，我们是不是43年还不能过关？就是要有化学肥料、拖拉机、各种农业机械、农药、种子，要搞农村运输，还有水利等各个方面。要按照科学办事。过去不重视农业科学家。

什么种子站、牲畜配种站、农业技术推广站、拖拉机站、农业试验场，这次精简农业部门把这些东西都减掉了。这些东西不应该精简呀，这些东西要保留的呀，现在要恢复。商业部门也搞弱了，把供销社取消了，骨干分子调出去了，这些也要恢复。

当陈伯达谈到国际上修正主义也要封锁我们时，毛泽东再次插话说：

日本还卖给我们化肥，卖给我们特殊钢，卖给我们农药，还准备卖给我们生产维尼纶的世界第一流的设备。而社会主义国家不卖给我们。大概下个月他们的代表就要来了，叫高崎达之助，此人当过日本的贸易大臣。要利用他们的技术。列宁也利用，斯大林也利用，利用德国的技术、美国的技术。我们现在要走这条路，因为社会主义国家的尖端不给我们嘛。

在毛泽东的多次插话中，几次批评了邓子恢……

恰在这一天，列昂尼德·勃列日涅夫代表苏联党和政府开始正式访问南斯拉夫，并在讲话中指出："苏联对南斯拉夫的政策是建立在赫鲁晓夫瓦尔纳讲话所规定的原则基础之上的。"

这，更加激起了毛泽东和中国共产党人的愤怒。虽然这时已是9月下旬，但北京的天气依然很热、很热。有时候，白天下午的时间，习惯在户外散步的毛泽东会叉腰站在高高的大松树下纳凉。郁郁的树荫下，工作人员时常发现毛泽东久久地站在那里，一动不动，胸脯间起伏的呼吸吞吐有声，同树冠发出的赫赫松涛混合在一起，形成一种令人肃然起敬的气势……

9月25日，李先念在党的八届十中全会上讲话，毛泽东进行了重要插话。

第二天，刘少奇在党的八届十中全会上讲话时，也谈到了要防止资本主义复辟的问题，毛泽东插话说："我们要准备5代到10代。我们算第一代，共100年到200年。"

同一天，毛泽东对党的八届十中全会的公报稿进行了修改。

9月27日，毛泽东在党的八届十中全会上继续发言。他说：

社会主义社会是一个相当长的历史阶段。在社会主义这个历史阶段中，还存在着阶级、阶级矛盾和阶级斗争，存在着社会主义同资本主义两条道路的斗争，存在着资本主义复辟的危险性。要认识这种斗争的长期性和复杂性。要提高警惕。要进行社会主义教育。要正确理解和处理阶级矛盾和阶级斗争问题，正确区别和处理敌我矛盾和人民内部矛盾。不然的话，我们这样的社会主义国家，就会走向反面，就会变质，就会出现复辟。我们从现在起，必须年年讲，月月讲，天天讲，使我们对这个问题，有比较清醒的认识，有一条马克思列宁主义的路线。

毛泽东还说：

凡是要推翻一个政权，总要先造成舆论，总要先搞意识形态方面的工作。无论革命也好，反革命也好，他先要搞意识形态。

这时候，康生递给了毛泽东一张条子。毛泽东看了一眼，随即说道："利用小说进行反党活动，是一大发明。"

接着，会议向大家“揭露”了李建彤写的《刘志丹》这部书稿中所存在的“严重的政治问题”，挑明了说这部书是“利用小说反党，为高岗翻案”。同时，康生还别有用心地向大会讲了习仲勋、贾拓夫、刘景范等人曾对《刘志丹》这本书的内容给予了支持意见和肯定态度。

这样一来，李建彤写《刘志丹》这部书一事便被打成了“反革命事件”。习仲勋、贾拓夫、刘景范等一大批人都受到了极其严厉的批判和残酷斗争，受株连的人纷纷遭到了严格的审查和迫害……

会议就要结束了，朱德找到毛泽东说：“我年纪大了，对一些问题的看法可能有些主观片面，但我是认真的。我向中央反映的情况都是事实，我作了调查研究，我有发言权……”

面对德高望重的朱德，毛泽东宽容地说：“总司令一向是老实人，有调查研究你有发言权，没得调查研究你也有发言权，大家都是为了把中国的事情办好嘛！”

会议临结束前，刘少奇等人向毛泽东建议，在狠抓阶级斗争的同时，不能放松了各行各业的经济工作；尤其是在农村的人民公社，必须把农业问题的各项工作条例认真地落实下来……

毛泽东接受了刘少奇等人的建议，指出：

不要因强调阶级斗争放松了经济工作，要把工作放在第一位。

这样，会议明确地将人民公社的基本核算单位改为生产小队，即将“三级所有，队为基础，30 年不变”等内容正式写进了农村人民公社的工作条例中，并进一步强调提出，要贯彻以农业为基础、以工业为主导发展国民经济的总方针，把发展农业放在首要地位，把工业部门的工作转移到以农业为基础的轨道上来。

9 月 27 日，党的八届十中全会在北京结束。

在这次会议上，毛泽东又一次以他在党内的崇高威望和他的权威以及令人无以辩驳的讲话，使得中央委员们包括刘少奇在内的领导人接受了他“以阶级斗争为纲”的新理论。全会一致通过了写有这样内容的公报：

在由资本主义过渡到共产主义的整个历史时期，存在着无产阶级和资产阶级的阶级斗争；存在着社会主义和资本主义两条道路的斗争。不仅被推翻的剥削阶级不甘心失败，总是企图复辟，党内也会产生各种机会主义思想。这样，如果我们缺乏警惕，社会主义的中国就会走向反面。

这样的一个结论表明，毛泽东对阶级斗争的极大关注已经从党外进一步转向了党内。这样一来，他同中央第一线的领导同志之间已经存在着的矛盾很有可能进一步激化……

20. 国际风云起变化　中印边界打反击

1962 年 9 月下旬，北京的天气依然像夏天一样炎热。每当傍晚时分，宽敞的天安门广场上总会聚集来许多乘凉的人，男男女女、老老少少，大家在广场上说笑、散步，言谈话语中大多流露着对社会主义祖国建设的快速发展和经济恢复的赞叹和称许……

9 月 28 日，中国共产党中央委员会针对苏联的勃列日涅夫访问南斯拉夫一事，发表了措辞强硬的声明。声明指出："铁托集团在背叛共产主义事业和满足帝国主义的需要方面变得更加卑鄙……"

次日，毛泽东和夫人江青在人民大会堂会见了印度尼西亚总统夫人哈蒂尼·苏哈托。

江青穿了一身得体的女式浅灰色制服，吹了风的短发紧紧地罩在头上显额露耳，鼻梁上架了一副眼镜，跟在毛泽东的身后同哈蒂尼握手。这是她新中国建立以来在公共场合中的首次公开亮相，也是她第一次出现在中国的政治舞台上。

回到中南海，江青显得神采奕奕。在游泳池的客厅里，江青有意向前来看望毛泽东的周恩来发问说："总理呀，你看我的举止还可以吗？"

周恩来当着毛泽东的面，笑着对江青说："很好嘛……"

这时毛泽东说："印尼的总统夫人来了，提出来要见一见，我们总该尽这个地主之谊么。"

接下来，周恩来开始向毛泽东汇报最近发生在中印边界上的一些事。江青借口还有别的事，带了卫士孙勇快步离开了……

国庆节过后，发生在中印边界上的麻烦事越来越多。毛泽东几次召见了外交部的人，详细了解了各方面的情况。又3次叫来中央军委的人，和刘少奇、朱德、周恩来、林彪、贺龙、陈毅、罗瑞卿、杨成武等人分别商议、制定了对印度的一再侵略行径所应该采取的具体措施……

10月5日下午，毛泽东在游泳池的休息室里和他身边的工作人员一起打乒乓球。每次打乒乓球，毛泽东总是在自己上衣的两个衣袋里装满好多乒乓球，工作人员也一样在衣袋里装满了乒乓球。这样打起来，掉在地上的乒乓球就不拣了，相互之间可以拿了各自衣袋里的乒乓球直接发球。这样做，一是可以免去弯腰拣球的麻烦，二是可以保持打球的连贯性，三是为了节省时间。

在打球过程中，只要毛泽东扣上一个好球，总会高兴地大笑好长时间……

10月9日，印度军队又一次在中国西藏的扯冬地区强行增设侵略据点，并再次开枪打死打伤我国边防军战士多人。毛泽东在中南海得到消息大怒，他在游泳池的房间里拿起电话对周恩来说："告诉陈毅和林彪、罗瑞卿，先礼而后兵，我们的战士不能就这样牺牲了！我还是那句话，'人不犯我，我不犯人；人若犯我，我必犯人'！"

晚上，中央军委在毛泽东的主持下在中南海紫光阁召开了紧急扩大会议……

两天后，中国外交部照会印度驻华大使馆，就10月9日印度军队侵入中国领土并开枪打死打伤我边防战士的严重事件，提出了最强烈最严重的抗议。

10月中旬，中印边界的形势越来越趋于紧张……

10月17日，毛泽东主持召集会议，决定进行中印边境自卫反击战。当天，中央军委下达了《歼灭入侵印军的作战命令》。

10月18日，在中印边界形势日益紧张的状况下，中国和非洲的乌干达政府签署了联合公报，两国一致同意建立正式外交关系并互派大使级外交代表。

第二天，国防工业办公室向中央常委汇报，国家正在进行中的原子弹工程是全国科学技术和工业生产水平的集中表现，绝非哪一个部门所能单独办得到的。因此除了二机部本身需要做艰苦的努力外，还必须取得各工业部门、科学研究单位的密切配合，以及全国在人力、物力上的大力支援。为此，建议中央成立一个领导这项工作的专门委员会。刘少奇原则同意了这个建议。

10 月 20 日，印度军队不顾中国政府和中国境内驻军的一再警告，悍然在中印边界东西两段，向中国的边防部队发动了全面进攻。中国军队忍无可忍，被迫自卫还击……

一时间，入侵中国领土的印度军队做梦也没有想到，奋起反击的中国军队竟有着不可抵御的战斗力。整个战场简直沸腾了，高山上的白雪为之融化，脚底下的大地为之颤抖，就连天上的鸟儿也惊恐万状地飞离了被炮火笼罩的战场。密集的枪炮声伴随着解放军战士们愤怒的喊杀声，一阵压过一阵。战斗中，解放军的冲锋号吹得响，入侵的印度军队被这从来没有听到过的号声吓破了胆，一排一排的士兵在枪弹的射击中倒下，一股一股的入侵者在无法逃脱的情况下心惊肉跳地举起了托着枪的双手……

当天，中国国防部发言人发表声明，向全世界阐明了中国军队为保卫自己的领土不受侵犯而被迫向印度入侵者实施自卫反击的事情。

10 月 21 日，中国外交部发言人亦对此发表声明。

在中印边界发生了如此严重的武装冲突的情况下，中国政府注意到了苏联政府一直保持着“缄默”的态度……

次日，美国总统肯尼迪发表声明，声称美国政府掌握着苏联设置在古巴的、能够把核导弹发射到美国和中美洲大部分地区的导弹基地的确凿证据，在导弹基地由联合国监督着撤离之前，“将对所有运往古巴的进攻性军事设备的船只进行严格的检查”。

在中南海，毛泽东、刘少奇、朱德、周恩来、林彪、陈毅、邓小平等人，几乎所有在京的政治局委员都汇集到了颐年堂。这时北京的天气已见秋意，中南海里的梧桐树有的已现黄叶。面对发生在大洋彼岸的古巴导弹危机，美苏是否会因此而发生直接对抗，这是否意味着新的世界大战的即将爆发，毛泽东先向大家谈了他对院中秋叶的看法："一年一度秋风劲，不似春光，胜似春光。我历来这样看问题。古语说'一叶知秋'，其实秋也意味着冬天和春天的到来，严冬过后是新春么！这也说明任何事情都是在运动和变化中发生和发展的，这是马克思主义的辩证法，也是客观事物发展变化的客观规律。"接着，他又针对当前的国际形势谈了他的两种看法，"第一，世界大战打不起来，肯尼迪不想打，我看赫鲁晓夫也不敢打，他们都没得这个胆量；第二，充其量他们在墨西哥湾和加勒比海打一打，我们在这方面要做好准备，对古巴人民要给予最大的支援。"

如果真的打起来怎么办？议论中，毛泽东坦然道："如果真是那样的话，事情的发展超出了我们的想象，那么第三次世界大战爆发之日，就是美帝国主义彻底灭亡之时，世界劳动人民彻底解放的日子也就到来了！我还是那句话，严冬过后是新春！"

在谈过古巴的导弹危机和中国应当采取的必要的相应措施之后，大家又把议论的中心话题转移到了发生在中印边界上的事情上来……

10 月 24 日，中国政府就中印边界武装冲突发表声明，并提出了和平解决中印边界问题的三项建议：

（一）双方确认中印边界问题必须通过谈判和平解决。在和平解决前，中国政府希望印度政府同意，双方尊重在整个中印边界上存在于双方之间的实际控制线，双方武装部队从这条线各自后撤20公里，脱离接触。

（二）在印度政府同意前项建议的情况下，中国政府愿意通过双方协商，把边界东段的中国边防部队撤回到实际控制线以北；同时，在边界的中段和西段，中印双方保证不越过实际控制线，即传统习惯线。有关双方武装部队脱离接触和停止武装冲突事宜，由中印两国政府指派官员谈判。

（三）中国政府认为，为了谋求中印边界问题的友好解决，中印两国总理应该再一次举行会谈。在双方认为适当的时候，中国政府欢迎印度总理前来北京；如果印度政府有所不便，中国总理愿意前往德里，进行会谈。

同一天，周恩来总理致信印度总理尼赫鲁，呼吁尼赫鲁考虑中国方面提出的停止冲突、和平谈判的三项建议。

第二天，中国政府就墨西哥湾东部海域发生的紧张局势发表声明，强烈抗议美帝国主义对古巴的海盗行为和战争挑衅。

10 月 27 日，肯尼迪终于向苏联作出“保证美国将不会入侵古巴”的承诺。

同日，《人民日报》就中印边界问题和中国政府提出的 3 点和平建议发表社论《公平合理的建议》，社论中指出：

如果印度政府能够以印度人民的利益为重，以中印两国十一亿人民的利益为重，以亚洲和平和亚非团结为重，那么，它就应该同意中国政府的三项建议。

中国人民深信，中印两国人民有着传统的深厚的友谊，今后也应该世世代代友好下去。中国人民将继续努力，竭尽一切可能，同印度人民一起，同亚非各国政府和人民一起，为迅速停止边境冲突、重开和平谈判、解决中印边界问题，共同奋斗！

次日，古巴的“导弹危机”有了明显的“结果”。作为“报答”，赫鲁晓夫同意拆除苏联在古巴的导弹基地。

至此，一场剑拔弩张的导弹危机，就以赫鲁晓夫的最后妥协而结束了。

10月29日，北京天安门广场举行了声势浩大的群众反美示威游行，表示了对赫鲁晓夫与美国人妥协的强烈不满，同时向古巴政府和人民表示了最大的声援；在发给古巴政府的一份电报中，充分表达了中国人民的这一共同心声：

六亿五千万中国人民永远是古巴人民最可靠、最忠诚的朋友，永远和古巴人民同甘苦、共患难。

10月30日，身为中共中央书记处书记、国务院副总理、中国人民解放军总参谋长的罗瑞卿，在他向毛泽东、中共中央呈递的报告中说，最近二机部在分析各方面的情况后提出，力争在1964年爆炸我国自行研制的第一颗原子弹。同时讲了已经刘少奇原则同意的成立一个由中央直接领导的专门委员会的情况，进一步建议这个应由周恩来总抓的委员会，还需要有贺龙、李富春、李先念的参加，以便加强对原子能工业的领导，随时检查、督促计划执行情况，并在必需的人力、物力上进行具体的调度，及时解决在研究、设计和生产建设中所遇到的问题。

11月3日，毛泽东在罗瑞卿《关于成立专门委员会加强原子能工业领导的报告》中写下批示：

很好，照办，要大力协同做好这项工作。

次日，周恩来再次致信尼赫鲁，呼吁印度政府考虑中国方面提出的停止冲突、和平谈判的三项建议。

11月5日，一直保持“缄默”的苏联终于在《真理报》上呼吁中印之间“无条件”地停火和立即进行谈判。

第二天，毛泽东、刘少奇、朱德、周恩来联名电贺十月革命45周年。

11月7日，中国政府通过新华社报道，向全国、全世界公布了周恩来总理10月24日、11月4日两次致印度总理尼赫鲁的信。

11 月 8 日,中国政府照会印度政府,严重抗议印方迫害华侨。

同一天上午，毛泽东破例没有在早晨休息，而是早早地走进了中南海的颐年堂，对及时赶来的刘少奇和周恩来、李先念等人说:“工农业产品和工程建设技术标准管理办法研究得怎么样了？要抓紧办。”

周恩来回答:“已经搞好了，马上开会讨论通过。”

刘少奇提醒说:“保加利亚的共产党代表大会正在谴责阿尔巴尼亚，言词中也在明显地指责我们。”

“我已经晓得了。”毛泽东不屑一顾地说，“过几天匈牙利的党也要开会，也会有一场斗争呢！”

周恩来说:“主席，下个月意大利共产党也要开会，估计他们会有所表示……”

“无非是骂几句么！”毛泽东淡淡地一笑,“陶里亚蒂这个人，很会讨好赫鲁晓夫，除此之外他还有什么高明之处呀？”

周恩来又说:“塔斯社和《真理报》都在发表文章攻击我们……”

“可怜无补费精神！”毛泽东说，“我们也有新华社和《人民日报》嘛！”

周恩来笑了，刘少奇和李先念也随着笑了。笑声中，毛泽东又说:“这也是我们支援世界革命的一个理由，我们总不能到处受敌，总要广交朋友嘛！”随即将脸转向了周恩来，“恩来呀，我看由你出面组织一个专门的委员会，直接全面地领导我国的原子能事业，把这项工作抓紧抓好……”

周恩来回答:“我一定按照主席的指示，认真去办。”

这时毛泽东对李先念说:“你和贺龙、富春都参加,协助恩来，认真抓一下这方面的工作。”

李先念点头应道:“是，主席！”

11 月 9 日，根据毛泽东的意见，中共中央作出关于撤销中央农村工作部的决定。这样一来,邓子恢受到了更加严厉的批判。

11 月 14 日，印度政府不顾中国政府的一再呼吁和警告，又一次向中国军队发起猛烈进攻。中国军队忍无可忍，被迫实施强有力的自卫反击……

11 月 15 日，周恩来总理就中印边界问题写信给亚非国家领导人，呼吁亚非国家主持正义，促进中印边界问题早日公平合理地和平解决。

这一天，毛泽东得悉杨开慧的母亲不幸去世的消息，心中极为悲切。回想早年在长沙、在北京同她老人家在一起的诸多往事，他心中一阵阵难受。他自然又想起了永远不能忘怀的杨开慧，便连夜提笔给杨开慧的哥哥杨开智写了一封信：

惊悉杨老夫人逝世，十分哀痛。望你及你的夫人节哀。寄上五百元，以为悼仪。葬仪，可以与杨开慧同志我的亲爱的夫人同穴。我们两家同是一家，是一家，不分彼此。望你节哀顺变。

秋风萧瑟，夜色朦胧。

在中南海的南海边，毛泽东在华灯照射下的石铺路上漫步，他就这样慢慢地走着，久久地一句话也不说。时间长了，侍卫在他身后的卫士张景芳提醒说："主席，我们回去吧！外边天凉……"

毛泽东终于说话了："人生易老天难老，岁岁重阳。今又重阳……"

张景芳不知该怎样接毛泽东的话，只是催促说："主席，该回去了！"

"好吧！"毛泽东折转了身躯开始往回走，边走边说，"景芳啊，你不晓得，我年轻的时候第一次到北京来，也是在这样的晚上，和我的同学一起去爬景山，那时候的心情同现在相比，真是大不一样啊！"

"那倒是……"张景芳说，"那时候主席才多大？全国还没

1962年3月15日，毛泽东与张景芳合影。

解放呢……”

毛泽东的神情显示他仿佛在追忆以往：“哦，那时候我还只是一个刚毕业的穷学生，怀着救国救民的理想，不远千里来到北京，身上没得一文铜板……”

张景芳问：“那你怎么生活呀？”

毛泽东说：“多亏了李大钊的帮助呢，让我在北京大学的图书馆里当了一名管理员……”

张景芳再问：“就是现在的北京大学吗？”

毛泽东摇摇头说：“不是呢！那时候的北京大学在沙滩，离中南海不远。”

张景芳继续问：“那后来呢？”

毛泽东一边慢慢地移动着脚步，一边说：“在北京大学，一些我想见的人见不到，人家是大学教授，很看不起我这个湖南来的穷学生……”

张景芳很气愤地说：“那是他们眼瞎！”

毛泽东笑了：“也怪不得他们，那时候我是既没得名声，又没得铜板，为了赴法勤工俭学……”

张景芳也笑了：“后来呢？”

毛泽东停住脚步说：“我只在北京待了半年，去了两次长辛店，还同杨开慧同志一起去登了八达岭长城……”

张景芳也停住了脚步：“主席去长辛店干什么？”

毛泽东解释说：“那里有我们要去法国勤工俭学的同志呀！”

张景芳再问：“那再后来呢？”

“再后来我就回去了。”毛泽东舒展了一下胳膊，笑一笑说，“景芳啊，你在我身边，不要只照顾我的生活，还要多学习。学文化，学政治，学历史……”

张景芳点头说：“这我知道，但我的第一任务是侍卫主席！”

“哦，银桥不在了……”毛泽东又想起了他的卫士长，感叹道，“他跟了我整整15年，不晓得现在他在天津怎么样。”

张景芳告诉说：“挺好的，在公安处当副处长呢！”

“他应该多接触一些经济工作，应该去搞一搞工业、农业……”毛泽东迈开脚步往回走，临近游泳池的时候，又说，“明年到天津，顺便去看看他……”

1962年11月16日，中国外交部照会印度驻华大使馆，就印度军队大量集结、猛烈炮击我边防部队、准备发动新的进攻，向印度政府再次提出最强烈的抗议。

在此期间，中国军队奉命向印度侵略者实施自卫反击，已经推进到了印度境内达100多英里的纵深地区。而且这种快速推进还在进行中……

11月19日，毛泽东在中南海住地两次召集周恩来、陈毅等人开会，就尽快结束中印边界冲突和举行和平谈判事宜进行磋商……

当天下午，毛泽东看了刚刚送来的《参考资料》，见上面刊登有11月18日印度总理和总统的讲话，说是希望通过和平谈判解决中印边界冲突。毛泽东立即写下批示：

突然大谈和平解决。送总理阅。请外交部研究一下，印度领导人过去几天，是否有过十八日这种论调。

第二天，毛泽东、刘少奇、周恩来共同研究决定：先走一步，主动采取积极的步骤，扭转中印边境的紧张局势。

11 月 21 日零时，中国政府就中印边境发生的武装冲突发表声明，郑重宣布：

（一）从本声明发表之次日，即1962年11月22日零时起，中国边防部队在中印边界全线停火。

（二）1962年12月1日起，中国边防部队将从1959年11月7日存在于中印双方之间的实际控制线，后撤20公里。

（三）为了保证中印边境地区人民的正常往来，防止破坏分子的活动和维护边境的秩序，中国将在实际控制线本侧的若干地点设立检查站，在每一个检查站配备一定数量的民警。

同时，中国政府再一次呼吁印度政府认真考虑中国政府的三项建议，进行和平谈判；如果印度政府指使其军队继续进攻，重新推进到实际控制线或越过实际控制线，中国保留自卫还击的权利，由此产生的一切严重后果由印度政府承担全部责任。

至此，发生在中印边界的紧张局势，因中国单方面主动全面停火而缓和下来……

11 月 24 日，中国外交部照会印度驻华大使馆，最强烈抗议印度政府对华侨的空前残暴的迫害行动。

一天，在游泳池的休息室里毛泽东一个人坐在一张藤椅上，突然唱起了京剧《甘露寺》中乔玄的一个唱段：

劝千岁杀字休出口，
老臣言来说从头；
刘备本是靖王的后，
景帝玄孙一脉留。
他有个二弟汉寿亭侯，
青龙偃月神鬼皆愁；

白马坡前诛文丑，
古城楼前斩过老蔡阳的头。
他三弟翼德性情有，
丈八蛇矛惯取咽喉；
鞭打督邮气如牛斗，
虎牢关前战温侯；
当阳桥上一声吼，
喝断了桥梁水倒流。
他四弟子龙常山将，
盖世英雄贯九州；
长坂坡救阿斗，
直杀得曹兵个个愁。
这几员虎将哪个有？
还有诸葛用计谋。
你杀刘备不要紧，
他弟兄闻知岂肯罢休；
若是兴兵来争斗，
东吴的将官哪一个敢出头？
……

这时，周恩来悄悄走了进来。他见毛泽东唱得正兴浓，便在毛泽东见不到的一角停住了脚步，站在那里静静地听着毛泽东继续唱。卫士张仙朋想去告诉毛泽东，被周恩来打手势制止了……

毛泽东唱罢一段似乎意犹未尽，接着又唱起了《空城计》中诸葛亮的一个唱段，这也是毛泽东平日里很喜欢唱的一个唱段：

我本是卧龙岗散淡的人，
学天书玄妙法博古通今。

先帝爷下南阳御驾三请，
算就了汉家业鼎足三分。
官封到武乡侯执掌帅印，
南北征东西剿保定乾坤。
周文王访姜尚周室大振，
汉诸葛怎比得前辈先生。
闲无事在敌楼我亮一亮琴音，
诸葛亮缺少个知音的人！

这时周恩来站起身鼓掌叫好说："好啊！主席这一唱，把帝修反都吓跑了！"

"哦，恩来呀？"毛泽东侧脸见到了周恩来，同时也见到了汪东兴，笑一笑说，"不晓得你们来，有事么？"

周恩来近前报告说："我们的代表团在匈牙利又同赫鲁晓夫的支持者们吵起来了！"

"这是意料之中的事。"毛泽东招呼周恩来在另一张藤椅上坐下来，说，"让他们去吵，我们还是要办一办自己边界上的事。印度总是邻居么，教训他一下，以后的事情会好办些。"

"印度的事我和军委、外交部的同志们抓紧办。"周恩来说，"还有农业工作会议和工商企业登记管理的试行办法，这两项工作也正在加紧进行。"

"这就好。"毛泽东说，"凡事都要抓紧，抓而不紧等于没抓。"

这时候周恩来问："我听张景芳反映，说主席想李银桥了？"

"怎么能不想呢！"毛泽东开始吸烟，"银桥走了，虽然来了吴连登，但我总感到身边缺人……"

"是我们的工作没有做好……"周恩来说。

"哦，也怪不得你们。"毛泽东说，"这件事，我已经给邓小平写信了。"

"是不是再调个人来？"周恩来试探着问。

"……"毛泽东没有直接表态。

11月27日，毛泽东批阅了周恩来写给印度总理尼赫鲁的一封信，对信中的个别用语做了修改。

28日，周恩来写信给印度总理尼赫鲁，呼吁通过谈判解决两国边界分歧。

12月2日下午。毛泽东在中南海主持召开政治局常委会议，重点讨论了当前的国际形势和东欧各国的关系问题，并对如何抨击现代修正主义者对中国共产党的公开进攻作出了相关决定……

12月4日，邓小平主持召开中央书记处会议，传达了两天前毛泽东在中央政治局常委会议上的决定。邓小平在传达中说："意共的会，原以为问题不多，现在看问题很多。匈牙利党代会就有邀请南斯拉夫的迹象。意大利带头邀请南共，又指名攻击中国，陶里亚蒂的报告就攻击，不止阿党问题，还有纸老虎问题、战争与和平问题。这就确定，他们公开批评我们，我们就可以批评他。这次本来要批评他机会主义，主席说大会致辞中不讲，放在酒会致辞中去。"

邓小平在传达中还说："以后的斗争怎么样，要研究。现在看，今后的斗争更加展开了。这就需要一系列的东西，也要有适当的刊物。写文章的问题，每个问题写一篇，要适合于外国人看。如什么叫冒险主义，现在必须回答。还有纸老虎问题，赫鲁晓夫和陶里亚蒂都攻。主席说，可以就写'驳陶里亚蒂'。最近要组织一两篇文章，同时要把陶里亚蒂攻击我们的言论摘登出来。"

12月5日，中国和越南通商航海条约在北京签订。

3天后，中国外交部照会印度驻华大使馆，强烈抗议印度政府片面破坏两国互设总领事馆的协议。

21. 周末晚会谈“平反”　赫鲁晓夫挑事端

1962 年 12 月 8 日，星期六晚上，中南海照例在春藕斋举办舞会。

毛泽东和夫人江青、刘少奇和夫人王光美、朱德和夫人康克清、周恩来和夫人邓颖超、邓小平和夫人卓琳、陈毅和夫人张茜、杨尚昆和夫人李伯钊等，陆陆续续地来了。前来参加舞会的还有许多在中南海里工作的男女青年，还有汪东兴特意从总政文工团和空政文工团临时借调来的一些女战士……

音乐响起，许多女青年都争先恐后地抢着和毛泽东、刘少奇、周恩来等领导人跳舞。几支舞曲过后，在中央办公厅秘书室工作的崔英抢上前去给毛泽东伴舞。毛泽东一边缓缓地走着舞步，一边同崔英谈话……

崔英是今年 4 月末才从中央宣传部调到中央办公厅秘书室来的，她的工作任务主要是处理全国各地的干部、群众给党中央、毛泽东的来信。在工作中，通过半年多的来信处理，她感到各地存在的实际问题确实不少。单从山东省看，对 1957 年反右斗争以来，在运动中被划为右派的申诉信就占了很大的比重。申诉人出于对毛泽东、对党中央的信任，希望能够伸冤，使自己的问题得到平反。

跳舞时，毛泽东问崔英：“你叫什么名字呀？”

崔英扬了脸回答：“我叫崔英。”

毛泽东吮一吮下嘴唇笑了：“不是《西厢记》里的那个‘崔莺莺’吧？”

崔英也笑了：“才不是呢！”

毛泽东又问：“你在哪里工作呀？”

崔英回答说："在办公厅秘书室。"

"我怎么没有见过你呀？"

"我来的时间不长，是今年 4 月份才从中宣部调进来的。"

"具体负责哪些事情啊？"

"处理人民群众给主席的来信。"

"好呀！这项工作很重要，要认真做好它……"

"嗯，我一定认真工作。"

"群众的来信多吗？"

"多……"

"都反映哪些问题呀？"

"主要是……右派要求平反……"

"说说看，有哪些具体问题？"毛泽东的舞步走得越来越慢了。

崔英犹豫了一下，最终还是向毛泽东列举了 3 件典型案例来说明在反右派运动中，某些地方党委不执行党的政策，甚至趁机打击报复、陷害一道工作的同志，把一些好人打成了"右派"……

毛泽东聚精会神地听着崔英的汇报，以至于后来不再随着舞曲漫步，而是干脆停下脚步站在原地不动了。他很认真地问："你告诉我，被划成右派的定案材料寄来了吗？"

"寄来了。"崔英说，"这么多的材料，大都是右派的申诉……"

"有些右派的事我是亲自过问的，你讲的这些我还不晓得……"

"下边有扩大化的错误……"

"详细情况不大晓得。"

这时崔英的情绪有些激动，舞场上的许多人都向她和毛泽东投来了注视的目光。毛泽东不管人们怎样注视着他们，索性拉了崔英的手走向一旁："你可以直接去找我……"

崔英大着胆子说，"对右派的申诉信件，我们领导有指示，原则上不做处理……"

"什么原则？"

“说右派是敌我矛盾，不能平反……”

“谁说的？”毛泽东气愤了，抬高了声音说，“真正错划右派，要纠正，要平反！”

舞场上，人们都投来了惊异的目光。周恩来、汪东兴、杨尚昆等几个人快步走向了毛泽东……

毛泽东当即对崔英讲：“回去告诉你们的领导，就说是我毛泽东说的，把各地的右派申诉情况写一个综合材料，直接给我送来！”

这时杨尚昆已经站到了毛泽东和崔英的面前：“主席，让她回去就传达您的指示，抓紧时间写报告。”

周恩来笑对毛泽东：“主席呀，今天是周末，不要扫了大家的舞兴嘛！”

汪东兴趁机向崔英使了一个不高兴的眼色，崔英只得退步离开了……

12 月 9 日，崔英向中央办公厅秘书室的领导传达了毛泽东的意见。秘书室的领导立即让她起草全国各地右派申诉情况的综合报告。

12 月 10 日，毛泽东再次乘专列离开了北京。

当天，毛泽东在天津稍事停留，在专列上与河北省委的刘子厚、万晓塘等人进行了短时间的谈话，涉及整风整社、农业生产中出现的包产到户和单干、按劳分配以及农、林、牧、副、渔、水利等多项内容。

谈话后，毛泽东乘专列向济南进发……

1962 年 12 月 11 日，中共中央批转了安徽省委《关于第一批改正“责任田”的总结及今后的工作部署的报告》。

党的八届十中全会以后，安徽省委有计划地对实施责任田的做法进行了认真改正，并认为责任田在推行不到两年中已经明显地暴露出许多“严重的后果”。如：生产资料的支配权已经逐渐转移到了个人手中，生产资料的所有权也发生了很大的变化；在生产上不能统一规划，不能统一使用劳动力；统一分配受到严重破坏，集体和国家利益受到严重损害；出现了严重的贫富不均、两极分化现象；农民中的个人主义、自私自利观念日益发展，社会主义的公有制思想和爱国主义思想逐渐削弱。在农村中，有少数富裕农民，由于劳力多，劳力强，分田多，资金足，日益富裕起来；一部分思想基础差的干部利用职权包好田，包近田，包低产，却优先使用大型的农机具和耕畜。这样的少数农户超产多，收入大，有的很快成了暴发户。但更多的农户，由于劳力少，劳力弱，分不到好的田地，再加上资金不足，形成了普遍赔产，纷纷成了贫困户。在农村中富裕户越来越富，困难户越来越穷，雇工、放债、出租土地、投机倒把等剥削行为接踵而至。为此，安徽省委作出了改正实行责任田的决定。

由于中央批转了安徽省委改正责任田的情况报告，别的省份也迅速地取消了本省的责任田。大家都把责任田当成祸水来躲避，当成单干风加以纠正。在适合农民要求的责任田运动又一次在中国一部分大地上兴起的时候，就这样被当成刮起的单干风给打下去了……

而安徽省委向中央写的这份报告，他们作出的判断是违背了广大农民的真实意愿的；他们作出的判断，并不是从农村的实际情况出发，而是以党的八届十中全会精神为依据。毛泽东这样说了，党中央这样要求了，他们就这样做了，这样按照上面的精神写了报告。不这样做，他们怕被批判，怕被打成右派，怕被扣上走资本主义道路、刮单干风的右倾机会主义的帽子。原来的省委第一书记曾希圣，就是他们的“前车之鉴”……

12 月 12 日，毛泽东在济南接到内情通报：赫鲁晓夫在最高苏维埃的一次讲话中，为他在古巴危机中的怯懦表现进行辩护，并指责中国在中印边境冲突和加勒比海危机中的原则立场；他还在评论中印边界冲突以及与阿尔巴尼亚和南斯拉夫的关系时，暗示说阿尔巴尼亚对苏联的攻击是受中国唆使的。

毛泽东在专列上立刻打电话给周恩来，让他派人将赫鲁晓夫的讲话全文马上送到济南来……

下午，毛泽东收到了赫鲁晓夫在这次最高苏维埃会议上的讲话全文：

在古巴冲突的和平调停期间，大家可以听到那些自称他们自己是马克思列宁主义者的人们不满的尖厉声音，纵然他们的行为与马克思列宁主义毫无共同之处。我尤其指的是阿尔巴尼亚领导人。他们对苏联的批评实际上是重复西方那些最反动最好战的集团所说的话。为什么今天这些声嘶力竭的叫喊声来自阿尔巴尼亚领导人之口呢？我很想从我的生涯中列举一件事来说明这一点……

我记得在采矿居住区有着脏嘴巴的人，有时他们常常去找一个刚刚会说话而不理解话的意思的小孩，并且教他最下流的话。他们会告诉他："去到那所房子里向那些人说这些话。"有时他们甚至教他更难听的话。他们会说："去到你妈妈那里把这些话给她再说一遍。现在给你3个戈比，说完之后给你5个。"于是，这小孩跑到那所房子里，或者跑到他母亲那里，把这些脏话重复了一遍——阿尔巴尼亚领导人就像那些不懂事的小孩子。有人教他们脏话，于是他们就说这些脏话和用这些脏话反对苏联共产党。但是苏联共产党是他们的妈妈呀！说这些脏话他们得到了允诺的3个戈比，如果他们使用更难听和更粗野的话，他们就可以得到另外5个戈比……

毛泽东再一次愤怒了，他放下手中的材料开始不停地吸烟，以至于摆在他面前桌几上的烟灰缸里装满了烟蒂。这时已经被调到毛泽东身边来工作的张玉凤走近前，去收拾了烟灰缸。

毛泽东继续看赫鲁晓夫关于中印边界冲突的讲话内容：

首先，出现了一种情况：由于一个社会主义国家和一个开始走上独立发展道路与执行不结盟政策的国家之间的边界冲突，而造成了一次严重的武装冲突……

我们认为，中华人民共和国政府所采取的步骤是明智的：他声明单方面停火，并从12月1日起开始撤回他的军队。我们对这种做法感到非常高兴，我们欢迎中国同志的这种行动。

有人可能会说：“你们怎么竟说这是明智的步骤呢？因为这是在死了那么多的人、流了那么多的血之后所采取的步骤啊。假使双方根本不采取军事行动，岂不更好吗？”是的，这样当然更好。但是，既然未能防止事态的这种发展，那么，最好现在表现出勇气，停止冲突……

但是，有一些人对中国政府所采取的这一决定却试图作出不同的解释。他们问道：“这难道不是撤退吗？”他们还问道：“这难道不是中国同志的一种让步吗？”当然，这些问题是那些爱吹毛求疵的人提出来的。

看到这里，毛泽东的脸上露出了轻蔑的冷笑。接下来，毛泽东看了赫鲁晓夫谈到苏联与南斯拉夫恢复友好关系的论点：

有人硬说南斯拉夫不是社会主义国家。那么请问，这是一个什么样的国家呢？南斯拉夫早就没有了地主和资本家，没有了私人资本、私人企业或私人财产和私人银行。因此，就不能否认南斯拉夫是社会主义国家。我们的政策正是从这点出发，并把南斯拉夫作为一个社会主义国家去同它建立相互关系的……

毛泽东还在吸烟，而且是边吸烟边看赫鲁晓夫所谈到的关于 1960 年莫斯科会议的声明：

兄弟党的会议警告说，如果不对宗派主义和教条主义进行一贯的斗争，那么，它们就有可能成为个别党发展过程中某个特定阶段中的主要危险。从那时起共产主义运动中所发生的一些事件证明这些结论是多么地富有远见。

有些人，只是片面强调修正主义的危险，只是断章取义地提到南斯拉夫修正主义。但一个人必须对事物抱有具体的见解。在古巴危机中，当那些伪装成真正的马克思列宁主义者的教条主义者进行挑衅活动时，南斯拉夫共产党人就采取了正确的立场。古巴危机尤其表明，正是那些采取了和正在采取教条主义立场的人们出现了主要危险……

看到这里，毛泽东的情绪开始缓和下来，并且自言自语道："王婆卖瓜，自卖自夸！"

张玉凤问："谁'自卖自夸'了？"

毛泽东将他手中的材料抖了抖："'奇文共欣赏，疑义相与析'。赫鲁晓夫这个人哪，我看是满脑袋的糨糊，自己都不能自圆其说了！"又说，"我们要驳他一下！"然后给周恩来打了专线电话……

12 月 13 日，已经乘专列离开了济南的毛泽东停车蚌埠，继而停车南京。

12 月 14 日，当还在北京中南海里工作的崔英将她写的综合报告初稿刚刚送交秘书室的领导审阅、尚未报送毛泽东时，突然接到了被调动工作的通知，并让她马上办理手续，交出工作证，离开中南海……

这时候，毛泽东在专列上批阅了《全世界无产者联合起来，反对我们的共同敌人》一文。

12 月 15 日，《人民日报》发表社论《全世界无产者联合起来，反对我们的共同敌人》，第一次公开与苏联共产党展开了论战。

12 月 16 日，毛泽东停车上海。

12 月 17 日，新华社报道，由于印度政府破坏中印两国互设总领事馆的协议，中国政府决定撤销驻印度的两个总领事馆。两馆人员已于 12 月 15 日撤离完毕。领事业务今后由我驻印大使馆办理。

毛泽东在锦江饭店的休息室里对柯庆施、陈丕显等人说："这样也好，我们的人回国休息几天，将来再去。”

对于毛泽东对处理印度问题的确有把握，在座的人们都信服地笑了。柯庆施问毛泽东：“主席，我们在印度的华侨怎么办？”

“恩来已经安排了。”毛泽东说，“凡是愿意回到祖国来的，我们派船去接……”

柯庆施又汇报说：“报告主席一个好消息，江南造船厂制成了我国第一台一万两千吨压力的自由锻造水压机，这是我国机械工业中最大的一台锻压设备。”

“好啊！”毛泽东显得很高兴的样子，“哪天我们去看一看。”又说，“中国的工人阶级，靠着自己的一双手，也能制造出世界上顶尖的东西来。这叫什么精神呀？这就叫奋发图强的精神，这就是我们中华民族精神！我们中华民族是有骨气的民族，是大有希望的民族！”

毛泽东继续说：“聪明人往往出在地位低、被人看不起、受过侮辱而且年轻的人中，社会主义社会也不会例外。旧社会的规律，被压迫者文化低，但是聪明些；压迫者文化高，但总是愚蠢些。在社会主义社会的高薪阶层也有些危险，他们的文化知识多些，但是同那些低薪阶层比较起来，要愚蠢些……”

柯庆施开玩笑说：“主席是说我们这些人了？”

“不是说你……”毛泽东笑道：“现在许多大学教授，并没有发明，而普通的工人反而有发明。”并说，“不要只看重学历而不看实践，那是形而上学。我们既要尊重知识，又要尊重事实，重要的是尊重人才，看实践，看人的真实本领。”

“这我就放心了！”柯庆施笑着说：“今天先请主席看戏，改天去看水压机。”

毛泽东问：“你请我看什么戏呀？”

柯庆施笑着回答：“今天晚上在俱乐部看《杨门女将》，明天看《罢宴》。”

毛泽东点头说：“这两个戏都好。《杨门女将》歌颂了中国的女同志，巾帼英雄么！《罢宴》是讲寇老西当了宰相不让人家给他祝寿，也有教育意义。”

12 月 18 日，中国外交部照会印度驻华大使馆，再一次最严重抗议印度政府迫害华侨，并决定派船前往印度，接回愿意返回祖国的华侨。

在此期间，南京军区司令员许世友到锦江饭店来看望了毛泽东。

谈话中，毛泽东让张玉凤摆了一盘象棋，对许世友说：“许司令啊，我们下一盘吧！”

许世友略显拘谨地说：“主席，我下不好……”

毛泽东吸着一支烟说：“换换脑子么！”

许世友只得在毛泽东的对面坐下来，拽了拽衣襟说：“向主席学习！”

毛泽东笑道：“下棋么，如果我输了，你学习什么？”

许世友说：“主席输不了！”

毛泽东说：“你怎么晓得我输不了？”

许世友直话直说：“我怯阵……”

毛泽东也坦言道：“我晓得你怯阵，不像在战场上了。可是你要晓得，我不喜欢怯阵的人，不管他是军人还是老百姓！”

听毛泽东这样一说，许世友像是来了勇气：“那主席得让我三个子！”

毛泽东笑道：“我把老帅让给你好了。”

许世友说：“那还下什么？”

毛泽东再笑了：“所以么，一个子不让，红先黑后。让你先走！”

许世友说：“主席先走……”

毛泽东坚持说：“你先走嘛！”随即又说，“我向来是后发制人。”

许世友只得伸手拿起了棋子……

张玉凤在一旁看着许世友同毛泽东下象棋，看许世友一副正襟危坐、颇显紧张的样子，不由得暗自想笑却又不敢笑出声来……

12 月 21 日，毛泽东在上海锦江饭店召集了华东地区的省、市委书记们谈话。在谈话中，毛泽东说：

“对资本主义要有一些人专门研究，宣传部门应多读点书，也包括看戏，有害的戏少，好戏也少，两头小中间大。帝王将相、才子佳人多起来，有点西风压倒东风。东风要占优势。梁山伯①不出粮食，采茶灯②不采茶，旧的剧团多了些，北京的京剧团就不少。过去的文工团只有几个人，反映现代生活，不错。《杨门女将》《罢宴》还是好的，搞清一色也不行。要去分析，不分析就说服不了他们。”

第二天，毛泽东在看《列宁反对第二国际机会主义的斗争》的一批材料时，给柯庆施写下了许多批语。在材料的最后一页，毛泽东还默写了清代诗人严遂成的一首诗《三垂冈》，并指出这是“咏后唐李克用和其儿子后唐庄宗李存勖的诗”：

英雄立马起沙陀，奈此朱梁跋扈何。
只手难扶唐社稷，连城犹③拥晋山河。
风云帐下奇儿在，鼓角灯前老泪多。
萧飒④三垂冈下⑤路，至今人唱百年歌。

12 月 25 日，《人民日报》发表特约评论员文章，严厉谴责了赫鲁晓夫屈服于帝国主义的投降主义和冒险主义。文章指出：

如果在战略上不敢藐视敌人，那就必然会犯投降主义的错误。如果在战术上，在具体的斗争中轻率、鲁莽，那就必然会

---

① 梁山伯，指戏剧《梁山伯与祝英台》。

② 采茶灯，指《采茶灯》歌舞。

③ “犹”字，原诗中为“且”。

④ “飒”字，原诗中为“瑟”。

⑤ “下”字，原诗中为“畔”。

犯冒险主义的错误。如果在战略上不敢藐视敌人，而在战术上又轻率、鲁莽，那就既会在战略上犯投降主义的错误，又会在战术上犯冒险主义的错误。

……

文章还指出：

我们既没有要求把核武器运进古巴，也没有阻挠把所谓的“进攻性”核武器撤出古巴，所以对我们来说，根本说不上什么“冒险主义”，更说不上要把全世界“拖入热核战争”。

文章继续谴责了在中印边界武装冲突中，明显地站在印度侵略者的立场上，而没有站在中国军队为了捍卫自己的领土不受侵犯被迫进行自卫反击的立场上的“那些批评我们的人”。

当谴责利用党的代表大会作为攻击其他兄弟党的讲台时，文章指出，这种“恶劣的表现”起源于1961年的苏共第22次代表大会。这是文章中唯一直接涉及苏联的地方。

最后，文章重复了召开世界共产党代表会议的建议。

这一天，蒙古部长会议主席泽登巴尔开始访问中国。

同一天，毛泽东致信刘少奇、周恩来和邓小平，请刘晓等四同志到杭州作一次面谈。

12月26日，周恩来给毛泽东打来电话：中国和蒙古边界条约在北京签订了，条约全文将在1963年3月26日公布。

下午，毛泽东在锦江饭店的房间里看了头一天《人民日报》发表的评论员文章，思绪联翩，遂抓起笔来写诗。几经修改，终成一首：

七律·冬云

雪压冬云白絮飞，万花纷谢一时稀。
高天滚滚寒流急，大地微微暖气吹。
独有英雄驱虎豹，更无豪杰怕熊罴。
梅花欢喜漫天雪，冻死苍蝇未足奇。

诗写好了，毛泽东写信给林克，请他将《冬云》这首诗抄录好了印50份。

12月29日，中国外交部照会印度驻华大使馆，最强烈抗议印度驻华大使馆出的公报刊登蒋帮特务分子的反华“决议”。

同日，中国公安部发表公报称，从1962年10月到12月共歼灭从海上登陆和空投的9股美蒋武装特务172名。

也是在同日，邓小平将起草好的《陶里亚蒂同志同我们的分歧》送毛泽东审定。邓小平在写给毛泽东的信中说：

这篇文章比上一篇[①]困难得多。经过几次修改，搞成这个样子。今天下午，将在少奇同志处讨论定稿。少奇同志意见，以在年底（卅一日）以前发表较好。请你看看，是否能用。最好在明（卅）日下午前给予指示。文章题目原想用“驳陶里亚蒂”。因“驳”字在外文中有“反对”的意思，故未采用。

接到邓小平的信件后，毛泽东连夜看完。12月30日凌晨2时，毛泽东批阅了《陶里亚蒂同志同我们的分歧》一文，并写信给邓小平：

文章已看过，写得很好，题目也是适当的。可以于今日下

① 上一篇，指1962年12月15日刊登在《人民日报》上的社论《全世界无产者联合起来，反对我们的共同敌人》。

午广播，明日见报。

随后，毛泽东还手书了三国时期魏武帝曹操的一首长诗《步出夏门行》中的第四章节《龟虽寿》：

神龟虽寿，犹有竟时；
腾蛇乘雾，终为土灰。
老骥伏枥，志在千里；
烈士暮年，壮心不已。
盈缩之期，不但在天；
养怡之福，可得永年。

12月31日，《人民日报》发表了长篇评论文章《陶里亚蒂同志同我们的分歧》。

文章首先表明了中国共产党关于战争问题的观点，是1960年莫斯科共产党和工人党国际会议所发表的联合声明中所表达的观点，进而谴责了意大利共产党的修正主义者陶里亚蒂的“资产阶级和平主义”的观点。

关于古巴危机，文章指出：

我们从来不认为，玩弄核武器作为解决国际争端的手段是马克思列宁主义的态度。我们也从来不认为，在加勒比海危机中避免热核战争就是“慕尼黑”。但是，我们过去坚决反对（现在坚决反对，将来也坚决反对）用牺牲别国主权的办法，去换取同帝国主义的妥协。

文章断言：

陶里亚蒂和某些同志离马克思列宁主义有多么远，从他们最近同南斯拉夫修正主义集团打得火热的种种事实上更加暴露出来。

文章最后坚决主张：1960 年莫斯科声明中对南斯拉夫政策的谴责仍然对各个共产党具有约束力。

已是年终。

从这时起，首先从河南、湖南两省开始，其他的一些省份也相继开始进行社会主义教育运动的试点活动。在农村，主要开展的是“清工分、清账目、清财物、清仓库”的“四清”运动；在城市，主要开展的是“反对贪污盗窃、投机倒把、铺张浪费、分散主义、官僚主义”的“五反”运动……

这一年，经过大规模的调整，国民经济形势开始好转。

22. 西湖侧畔写家书　湘江岸边谈“四清”

1963 年 1 月 1 日，《人民日报》发表了毛泽东、刘少奇、朱德、周恩来联名电贺古巴革命胜利 4 周年的电报：

古巴革命的胜利，是当代一个极其伟大的革命事业，是马克思列宁主义革命路线的胜利，对于拉丁美洲和全世界人民的革命斗争，必将产生深远的影响。

1 月 2 日，毛泽东乘专列离开上海前往杭州。

此次到杭州，毛泽东的专列停在了离杭州不远的一条支线上。

在专列上，刘少奇和周恩来、李先念分别给毛泽东打来电话，述说和汇报了国家经委最近在北京召开的全国工业交通工作会议上的情况……

1 月 3 日晚，毛泽东和杨尚昆、罗瑞卿、汪东兴等人在柯庆施、陈丕显、张春桥等人的陪同下，一起到杭州市里去观看由上海和浙江省文艺界联合组织的文艺演出。演出开始前，由于毛泽东的到来，剧场里掌声雷动，经久不息。人们争着、挤着，前呼后拥着一起将目光投向毛泽东，“毛主席万岁”的欢呼声响彻了整个剧场……

好不容易在前排摆好的大沙发上坐下来了，毛泽东像是又想起了什么事，叫了汪东兴附耳几句。汪东兴立刻离开了毛泽东，转身对浙江省的公安厅厅长和杭州市的公安局局长交代几句后，快步走出了剧场。

演出开始后，时间不长，汪东兴回到了毛泽东的身后。毛泽东点了点头，目光依然注视着舞台上的演出。细心的人们注意到，在汪东兴的身后跟来了两位女同志。认识的人都知道，她们一个是毛泽东的护士长吴旭君，另一个是新近才调到毛泽东身边工作不久的秘书张玉凤。

看完演出回到专列上，毛泽东吩咐张玉凤，要她通知有关人员送一本《史记·项羽本纪》给他看。

1 月 4 日，毛泽东的通讯专用飞机降落在杭州机场。函件中，附带有李讷写给毛泽东的一封家信。

毛泽东看了小女儿的信很高兴，知道女儿在大学里体验到了实际的生活和人生的实际含义，便给她写了一封教育她正视人生、鼓励她上进的信：

接了你的信。喜慰无极。你痛苦、忧伤，是极好事，从此你就有希望了。痛苦、忧伤，表示你认真想事，争上游、鼓干劲。一定可以转到翘尾巴、自以为是、孤僻、看不起人的反面去，主动权就到了你的手里了。没人管你了，靠你自己管自己，这就好了，这是大学比中学的好处。中学也有两种人，有社会经验的孩子，有娇生惯养的所谓干部子弟，你就吃了这个亏。现在好了，干部子弟（翘尾巴的）吃不开了，尾巴翘不成了，痛苦来了，改变态度也就来了，这就好了。读了秋水篇[①]，好，你不会再做河伯[②]了，为你祝贺！

晚上，毛泽东在专列上手书了唐朝诗人王之涣的《凉州词》：

黄河远上白云间，一片孤城万仞山。
羌笛何须怨杨柳，春风不度玉门关。

1 月 5 日，毛泽东在专列上听取了浙江省委和杭州市委领导

① 秋水篇，即《庄子·秋水》。

② 河伯，传说中的黄河之神。

同志的工作情况汇报。

1月6日凌晨4时12分，毛泽东突然命令负责专列执勤的汪东兴："立刻发车，到上海去！"

"是！"汪东兴二话没说，马上命令专列即刻离开杭州前往上海。因为他知道，这种"突然性"的临时决定，对于毛泽东来说已经是很"平常"了……

1月7日，毛泽东在上海接到了由虹桥机场转来的专送文件。文件中，有苏联《真理报》当日发表的一篇长达一万多字的文章，有中央办公厅编辑的许多简报，有各中央局、各部委、各省市自治区上报的诸多材料，还有郭沫若在元旦时写的一首《满江红》词：

沧海横流，方显出英雄本色。人六亿，加强团结，坚持原则。天垮下来擎得起，世披靡矣扶之直。听雄鸡一唱遍寰中，东方白。

太阳出，冰山滴；真金在，岂销铄？有雄文四卷，为民立极。桀犬吠尧堪笑止，泥牛入海无消息。迎东风革命展红旗，乾坤赤。

毛泽东认真看了苏联《真理报》的文章。文章谴责了毛泽东曾经论述过的"帝国主义和一切反动派都是纸老虎"的观点，并指责中国共产党"把帝国主义描述为纸老虎"，"只能在人民中间引起自满情绪和削弱他们的警惕性"。

《真理报》还说："一些人只是片面地强调反对修正主义的斗争，并且时时诋毁创造性的马克思列宁主义为修正主义。"同时继续谴责阿尔巴尼亚领导人和"那些支持他们的人"，由于他们自己发动了"一场对共产主义运动团结的无理攻击"，从而背离了莫斯科声明的形式和精神，而苏联和南斯拉夫之间恢复友好关系"正是为了促进这种团结"。

文章继续指出："最近，南斯拉夫共产党及其领导人在国内外政策方面所采取的措施，消除了大量对建设南斯拉夫社会主义所抱的错误和有破坏性的观点。那些断言‘资本主义已经在南斯拉夫复辟’的人……是故意地在撒谎。……苏联共产党公开声明，苏联共产党同南斯拉夫共产主义者同盟在若干意识形态问题上，仍然存在着分歧。但是，毫无疑问，与南斯拉夫这个正在建设社会主义的国家恢复友好关系，能够更快地有助于克服在若干意识形态上的分歧……”

毛泽东决定亲自写文章驳斥《真理报》……

当天，毛泽东返回杭州。

1 月 8 日，毛泽东写了一首充满着革命乐观主义精神和抱定共产主义事业必然胜利的坚强信念的《满江红》词，以和郭沫若写的同一词牌的词。词中，很是表达了他对无产阶级革命事业崇高的使命感和神圣的责任感，表露着他敢于斗争、敢于胜利的伟大胆略和宏伟气魄：

满江红·和郭沫若同志

小小寰球，有几个苍蝇碰壁。嗡嗡叫，几声凄厉，几声抽泣。蚂蚁缘槐夸大国，蚍蜉撼树谈何易。正西风落叶下长安，飞鸣镝。

多少事，从来急；天地转，光阴迫。一万年太久，只争朝夕。四海翻腾云水怒，五洲震荡风雷激。要扫除一切害人虫，全无敌。

1 月中旬，毛泽东在杭州针对苏联《真理报》的文章开始写

毛泽东手书《满江红·和郭沫若同志》。

驳论……

1月15日，毛泽东在专列上又收接了在北京大学读书的小女儿李讷的一封来信，即时回信：

大有起色，大有壮志雄心，大有自我批评，大有痛苦、伤心，都是极好的。你从此站立起来了。因此我极为念你，为你祝贺。读浅，不急，合群，开朗，多与同学们多谈，交心，学人之长，克己之短，大有可为。

信发出了。毛泽东命令专列驶离杭州，直驰南昌。

两天内，毛泽东的专列抵南昌而达株洲，再由株洲而北上长沙。

在专列上，毛泽东得到消息：赫鲁晓夫在1月15日举行的东德统一社会党代表大会上，极力为他自己的观点进行辩护。他呼吁"停止共产党之间的攻击"，并以立即召开世界共产党会议将导致分裂的危险为借口而反对立即召开这样的一个会议。伍修权代表中国共产党欢迎"停止互相攻击"这一建议，但支持早日召开世界共产党会议。只是，伍修权的发言，多次被以苏共代表团为首的一些人的"呸"声和"嘘"声所"淹没"，而南斯拉夫代表的发言则受到了他们这些人的"热烈的鼓掌欢迎"。这，更加坚定了毛泽东反对和抗击苏共修正主义者的决心……

在长沙，毛泽东听取了湖南省委关于在一些地区开展的"四清"运动的情况汇报。这时在湖南农村，主要是在经济领域中进行清账目、清财物、清仓库、清工分。湖南省委的同志们说，这对于巩固集体经济，调动社员们的积极性大有好处。

毛泽东问："社里、队里的账目，最长的有多长时间没有清理了？"

湖南省委书记王延春回答说："社队的账目、财物等，最长的自1958年以来就没有清理过，社员们有很大意见。"

"你们这样做很好。"毛泽东说，"生产队是社员自己的，认真进行一次清理，大家也就放心了。”又问，“都有哪些问题呀？”

王延春汇报了发生在一些社队干部身上的“腐化堕落”和“蜕化变质”现象，尤其是一些在社队里掌握着实权的共产党员干部，他们为了满足自己的私心和欲望，不惜牺牲集体的利益，和社队里的富裕农民串通一气，大搞损公肥私的坑农、害农活动和投机倒把；这些人名为共产党，实际上早被地主、富农和资产阶级思想俘虏了，他们霸占良田，占据果园、鱼塘，利用职权把持并控制湖面、山林和村上的交通，控制社队里的大型农机具，使党中央关心农民、大力发展农业的政策不能够认真贯彻落实，给广大社员造成了极大的伤害，严重妨碍了集体经济的发展，给党在群众中的威信造成了极其恶劣的影响。这次仅通过“四清”试点，就查出了大量的问题，坚决撤换了那些确有实际问题、社员们反映强烈的党员干部，重新夺回了本来应该掌握在人民群众手中的权力，再次有效地调动了广大社员们的生产积极性……

“看来搞‘四清’很有必要。”毛泽东说，“湖南已经搞起来了，河南河北也正在搞。下一步中央要统一制定一些政策，要在全国范围内都搞起来，认真进行一次农村里的社会主义教育运动，把被阶级敌人控制的权力再坚决地夺回来，这对普遍提高人民群众的社会主义思想觉悟，是会很有好处的。”

王延春继续向毛泽东汇报说：“我们在‘四清’中发现，湖南的县级干部中，6% 至 8% 的干部有这样那样的问题，而在区、社两级干部中，有问题的人更多……”

“谁说阶级斗争没有了？”毛泽东说，“这就是活生生的阶级斗争么！要抓紧。我相信，阶级斗争，一抓就灵！”

冬阳里，湘江的水在寒风中滚滚北流。江面上没有了春夏季节中飘荡着的一条条渔船，也没有了秋季里一只只跃出跃入水中的鱼鹰。有的，只是翻滚着的水漩和一层层寒冷的浪花，再有就是不多见的几艘载货的江轮鸣响着汽笛慢慢悠悠地驶向远方……

1 月 19 日，毛泽东打电话给北京，指示正在召开的中央组织工作会议：党要管党，要认真研究当前发生在基层的党的权力部分严重失控的现象，有必要在重新教育党员的基础上，对党员进行一次重新登记。

入夜，毛泽东乘专列离开了长沙。

1 月 20 日，毛泽东到达武汉。

1 月 21 日，中共中央批转了中央《组织工作会议纪要》，并写了一个很长的批示。在这个批示中，着重指出了“党要管党”。同时指出：现在党的队伍中有一些不合格分子、阶级异己分子和蜕化变质分子。中央认为，有必要在重新教育党员的基础上，对党员进行一次重新登记。在进行重新登记党员试点的地方，可以结合进行建立共产主义小组的试点。必须把党的基层工作的正常秩序建立起来。管理党员和管理干部是党的建设中的两项主要工作。对于那些“蜕化变质分子”，要通过党员的重新登记毫不客气地把他们清除出去。

1 月 22 日，中共中央又批转了中宣部、中组部《关于一年来轮训干部工作的情况和今后意见向中央的报告》。报告说，截止到 1962 年 10 月，全党参加轮训的干部共 11.4 万人，其中县委书记以上的干部为 9.7 万人，占计划轮训干部的 57%。针对这种情况，今后意见是：今后轮训干部，主要是学习党的八届十中全会的文件，以提高全党干部的思想觉悟，正确认识当前的阶级斗争、当前的形势和矛盾问题，加强反对现代修正主义的斗争。

这时候毛泽东正在东湖岸边的宾馆中赶写驳斥苏联《真理报》的文章。

时值隆冬，武汉的雪下得也很大。飘飘洒洒的大雪白了山，白了树，白了武汉三镇的大街小巷，也白了长江大桥，唯独没有罩住宽阔的江面和东湖。浩浩荡荡的长江水涌着寒漩顺流东去。东湖的湖面上碧波粼粼，在寒冷的冬季里向上散发着一层层水汽，远处望去就像是罩了一层薄薄的浮云，给人以无限神奇的遐想……

东湖宾馆里没有暖气设备。在毛泽东居住的房间里，工作人员早已在圆形的炭盆里点着了木炭。火红的木炭从如需絮的烟灰中散发出热气，温暖着毛泽东快速写文章的手。“沙沙沙”的笔触声在一张张纸上划响，张玉凤静悄悄地站在一旁，认真地为毛泽东削着一支又一支铅笔……

1 月 27 日，《人民日报》发表评论员文章，严厉驳斥了苏联《真理报》对中国共产党在意识形态和思想领域上的攻击，并引用了赫鲁晓夫早些时候对南斯拉夫的攻击，谴责说：“我们不能理解，有些同志在过去对批判南斯拉夫修正主义采取了正确的立场，为什么现在来了一个 180 度的大转弯呢？”

1 月 29 日夜，毛泽东的专列驶离了武汉。

1 月 30 日 2 时 30 分，毛泽东的专列停在了郑州。

在郑州，毛泽东听取了刘建勋等人关于河南省农村工作的情况汇报，然后看了由常香玉主演的豫剧《破洪州》。毛泽东已不是第一次看常香玉演的戏了……

1 月 31 日，毛泽东到了邯郸。

在邯郸，毛泽东在专列上听取了刘子厚等人关于河北农村社会主义教育工作情况的汇报。汇报时，刘子厚向毛泽东介绍了保定地委第一书记李悦农，由李悦农向毛泽东详细地讲述了保定地区清理账目、清理仓库、清理财物、清理工分的做法和经验……

毛泽东听完了汇报说：“好，保定的经验值得向全国推广。”

2 月 1 日 19 时 30 分，毛泽东离开邯郸回京。

23. 农村开始搞“社教”　城市开展反“五风”

1963 年 2 月 2 日晚上，毛泽东在中南海游泳池的房间里打电话给周恩来：“我再说一遍：告诉刘宁一，在台湾问题上一定要表明我们的一贯立场，那就是‘我们一定要解放台湾’！”

2 月 3 日，刘宁一率领中国代表团出席了在东非坦噶尼喀[①]的莫希举行的第三届亚非人民团结大会。

第二天，刘宁一团长在亚非会议上提出了“团结反帝”的 6 条建议。

接下来，亚非会议通过了《第三届亚非人民团结大会的总宣言》《第三届亚非人民团结大会政治决议》和关于具体问题的 27 项决议。在关于中国的决议中写明了“中国人民完全有权利在任何时候用中国人民所选择的任何方式解放中华人民共和国的神圣领土台湾”。

2 月上旬的一天，由于日理万机，工作太劳累，毛泽东再一次发生了严重的便秘。开始时他强忍着疼痛对谁也不讲，一个人不声张地在洗手间里坚持了好长一段时间。张景芳见他总不出来，便走进去看，这才发现他早已憋红了脸在那里咬牙忍痛……

张景芳立刻打电话叫来了毛泽东的保健医生李志绥和护士长吴旭君，几个人急忙七手八脚地将毛泽东搀扶进房间，然后开始给他实施灌肠治疗。治疗过程中，毛泽东感叹道：“老了！过去我也闹过的，都是银桥帮我……”

2 月 11 日，中央工作会议在毛泽东的主持下召开了。

---

① 坦噶尼喀，现在的坦桑尼亚的一部分。坦噶尼喀 1964 年与桑给巴尔联合，组成坦桑尼亚联合共和国。

会上，毛泽东让湖南省委和河北省委的同志向会议做了他们各自开展“四清”工作的经验介绍。毛泽东称赞湖南省委和河北省委的两份报告说：“都是好文件，值得让全国各地、中央各部门的同志们认真研究一下。”

毛泽东根据他的调查和他所掌握的材料，再加上会议提供的大量材料，要求各省、各地区都要开展社会主义教育工作，要抓紧阶级斗争。

会议还对如何在城市中开展“五反”运动进行了酝酿，并讨论了如何管理集市贸易和打击投机倒把等问题。

2 月 15 日，毛泽东写信给陈伯达，要他将《再论陶里亚蒂同志同我们的分歧——关于列宁主义在当代的若干重大问题》一文的修改件打出清样来送给他看。

仅仅过了一天，毛泽东再次致信陈伯达，请他再送《再论陶里亚蒂同志同我们的分歧——关于列宁主义在当代的若干重大问题》一文修改件的清样。

2 月 20 日，毛泽东 5 天内第 3 次致信陈伯达，称《再论陶里亚蒂同志同我们的分歧——关于列宁主义在当代的若干重大问题》一文已经改得很好了。

第二天下午，中共中央工作会议正在进行当中，收到了苏共中央的一封来信。来信表达了对“正在动摇兄弟党的团结的公开的持久的激烈争论”的关心，并建议召开一个两党代表会议，为召开世界共产党会议做准备。

在讨论苏共中央的这封来信时，毛泽东表态说：“先不要理他们！两党的分裂，是他们首先在各国共产党的大会上公开造成的，现在又想只在中苏两党之间私下里解决问题，哪有这样的道理呀？”

1963 年 2 月 26 日，毛泽东在中南海颐年堂召集各大区第一书记继续商谈农村工作问题。在这次会议上，毛泽东对大家说：“各省农村情况究竟如何？王延春、刘子厚同我谈过，他们都写了报告。但刘子厚的报告没有写清楚。对农村进行社会主义教育，讲什么？他们原来写提纲，按提纲讲碰了钉子，后来才按中央文件原原本本地讲。谁讲？我看从省委书记到县委书记，凡是年轻力壮的都要到公社去讲。”

大家都清楚，毛泽东所说的“中央文件”，是指中央八届十中全会公报、《关于进一步巩固人民公社集体经济、发展农业生产的决定》和《农村人民公社工作条例修正草案》3 个文件。

毛泽东还说：“在农村要加强无产阶级的民主集中制，要有一套制度防止修正主义。现在的事情，实际上是上一个朝代传下来的，是上一个朝代孕育的。”

2 月 27 日，《人民日报》发表评论员文章，公开批评了苏共的第 20 次代表大会，指明了苏共的第 20 次代表大会“有它的积极方面，也有它的消极方面”。

文章指出：关于国际共产主义运动内部分歧的公开化，起源于 1959 年 9 月的戴维营会谈和苏联塔斯社对中印边界纠纷的声明。文章写道：“当一个社会主义国家遭到一个资本主义国家的武装挑衅的时候，另一个社会主义国家不但不指责发动武装挑衅的反动派，反而指责自己的兄弟国家，这在历史上倒真的是第一次。”“某些同志”攻击中国共产党的“社会主义建设总路线、大跃进和人民公社，诬蔑中国共产党在国家领导方面实行‘冒险主义’的政策”；布加勒斯特会议以后，“一些同志”对中国“施加经济和政治的压力”，“背信弃义，单方面撕毁了几百个兄弟国家之间的协定和合同”。

文章还指出：苏联不顾中国和解的多次尝试，停止了对阿尔巴尼亚的经济援助，并且干涉阿尔巴尼亚的内政。一种“无原则的妥协”，在古巴问题上起了作用，“一个兄弟社会主义国家”“不但在政治上支持尼赫鲁政府的反华政策，而且以军事物资供应尼赫鲁政府”。对中国共产党的攻击在东德社会统一党的代表大会上达到了高峰，这次代表大会造成了“严重的分裂的危险”。

文章结尾写道：要想召开世界共产党会议，必须具有必要的先决条件。这个必要的先决条件就是，应把停止对中国共产党和阿尔巴尼亚劳动党的攻击与把南斯拉夫的修正主义者判定为“共产主义事业的叛徒”连在一起。

2月28日，中央工作会议举行最后一次会议。毛泽东在会上说：

要把社会主义教育好好抓一下。社会主义教育，干部教育，群众教育，一抓就灵。

我跑了这么多省，两个省的同志突出地跟我讲这个问题。干部教育中，要保护大多数，使90%以上的同志把包袱放下来，也不是洗冷水澡，也不是洗滚水澡，而是洗温水澡。然后，让他们去和贫下中农积极分子结合，经过这些积极分子去串连贫下中农。贫下中农先团结起来。贫下中农先团结起来，然后团结富裕中农以及或者已经改造或者愿意改造的那些地主残余、富农分子，打击那个猖狂进攻的湖南人叫刮黑风的歪风邪气、牛鬼蛇神。各大区的党委、省委、地委、县委要注意去争取大多数的农村人口，就是贫下中农。

现在又证明，我们的干部，包括生产队长以上的这些不脱离生产的以及脱离生产的，绝大多数不懂社会主义。他们之所以不懂，责任在于我们没有教育嘛，没有教材，没有像“六十条”这样的东西以及阶级教育。十中全会公报是很好的一个教材。有教材了，教育的方法，还得照湖南、河北现在的办法参考你们自己的经验，加以研究。要走群众路线，保护大多数干部，又使他们放下包袱，又解决问题。只要五个晚上，歪风邪气、牛鬼蛇神就打下去了，不要多少时间。

讲到这里，毛泽东问在座的王延春：“只要5个晚上，是不是这样？”

王延春回答说：“是这样的，可能有的多一点。”

毛泽东继续说：

这个教育问题，提出来还只有一两年，从“六十条”起，还只有两年。从去年七千人大会着重提出教育干部算起，则只有一年多，再有几年，我们的干部是可以教育好的，可以把那些牛鬼蛇神打下去。

最后，毛泽东要大家在抓紧社会主义教育的同时，也要抓紧抓好农村的经济工作。

至此，有各大区和各省委第一书记参加的中央工作会议结束。会议根据毛泽东的意见，最后作出决定：在最近几年内，全国城乡都要进行一次普遍的社会主义教育运动。

从这一天起，《人民日报》开始连续发表一篇长近10万字的题为《再论陶里亚蒂同志与我们的分歧》的文章。文章以辛辣的笔触嘲笑苏联领导人害怕在苏联报刊上发表中国的文章，干扰中国的无线电广播。文章指责陶里亚蒂的“修正主义”和“资产阶级社会主义”，特别是指责他否定无产阶级革命和无产阶级专政而赞成走资本主义国家的“议会道路”。

2月间，杨献珍在高级党校的课堂上讲《唯物主义引言》时，提出了一个“合二而一”的概念。他认为：事物既然是“一分为二”的，也是“合二而一”的。这样的一种认识论，一时之间并没有引起多少人的重视……

1963年3月1日，中共中央发出了由中央工作会议制定的《关于厉行增产节约和反对贪污盗窃、反对投机倒把、反对铺张浪费、反对分散主义、反对官僚主义运动的指示》。

这个指示，是继1959年庐山会议作出的关于反右倾指示后的又一个开展新“五反”运动的指示。其目的，是“为了保证1963年的国民经济计划和国家财政预算的圆满实现，争取经济情况进一步的全面好转，使第三个五年计划期间国民经济得到更好的发展，为了健全制度，改进思想作风，克服和防止资本主义、修正主义的腐蚀，保证我国社会主义建设事业的顺利发展”。

新的“五反”运动是在“狠抓阶级斗争、反修防修”的口号下进行的。在指示中，中央对基层干部中存在的问题作了概括：

最近几年，在我们一部分干部中，资产阶级思想作风确实有所滋长。突出的表现是：损大公、肥“小公”，打埋伏、要手段，只顾局部、不顾大局的损害国家利益的分散主义，特别是本位主义滋长起来了；贪图个人享受、讲排场、铺张浪费、假公济私、走“后门”、破坏制度、损人利已、多吃多占、滥用国家资财、挥霍人民血汗的现象，也滋长起来了。尤其严重的是，贪污盗窃国家资财、投机倒把、长途贩运、私设地下工厂、牟取暴利等破坏社会主义计划经济的资本主义的活动猖狂起来了，并且新生长起来一批资产阶级分子和一股资本主义势力。这些，已经严重地妨碍着我们事业的前进。一切同社会主义利益不相容的现象和作风，必须坚决纠正。一切损害社会主义事业的行为，必须坚决地反对。一切贪污盗窃、投机倒把等破坏社会主义的罪恶活动，必须坚决打击。

在最近几年滋长起来的许多损害社会主义的现象，都是资产阶级思想在我们队伍中间的反映。一切贪污盗窃、投机倒把等活动，实际上都是资本主义势力的复辟罪行，是激烈的两条道路的斗争。目前我们要开展的“五反”运动，是又一次大规模地打击和粉碎资本主义势力猖狂进攻的社会主义革命斗争。这次运动的胜利，必将大大促进我国经济情况的好转，把我国的社会主义建设事业大大地推进一步。

党中央作出了这样的判断：在中国的城乡中有一股资本主义势力在形成，一批资产阶级分子在不断地出现，这是中国社会主义建设中最危险的因素。要巩固社会主义制度，必须毫不留情地铲除这些毒害。

党中央的这一判断，是在毛泽东的分析和判断下作出的。这样的判断对不对？中央大多数人出于对毛泽东的绝对信任，认为是完全正确的。但也有人持谨慎态度，认为这个判断不大切合实际，可又拿不出充分的理由和事实说服毛泽东，只得暂不公开表明他们自己的看法和意见罢了。

中央指示下达后，全国各省市自治区的工作都有一定程度的转变：开始了狠抓阶级斗争，抓社会主义教育运动，抓新的“五反”运动……

3月2日，《中国青年》杂志首先发表了毛泽东的题词：

向雷锋同志学习

3月5日，《人民日报》在头版头条的显著位置发表了毛泽东的这一题词。

一时之间，“雷锋”的名字迅速传遍了全国各地，“雷锋事迹”和“雷锋精神”可以说是家喻户晓、人人皆知。随后，在全国范围内普遍开展起了“学习雷锋事迹、发扬雷锋精神、争做雷锋式的人物”的安心本职工作、不图名利地位、助人为乐、一心为公、全心全意为人民服务的活动热潮，使新中国成立后形成的良好的社会风尚得到了继续发扬……

同日，毛泽东批阅并修改了《人民日报》的一篇社论稿《评美国共产党声明》。

3月9日，中共中央复信苏共中央，重复了1962年4月7日信中提出的建议，并指出中国共产党将保留对公开攻击进行答复的权利，在保留这一权利的时间里，中国共产党将暂时停止对苏共的公开批评。

3月14日，新华社发表了中共中央3月9日致苏共中央的信和苏共中央2月21日致中共中央的信。

3月中下旬的一天，毛泽东在中南海游泳池的房间里，对帮助他学习英语的章含之说：“共产党不会忘记为她做过好事的爱国人士。当年你父亲支援留法勤工俭学的学生，在上海工商界募捐了两万元，是我经手借的。大部分给了去欧洲的同志，还有一些被我带回湖南开展革命活动用掉了。现在我有了一些稿费，总算可以还债了！”

章含之说：“我听爸爸说过这件事，那钱是当时上海工商界的许多人士捐助的，不能算在他一个人身上。再说，主席从1960年国家最困难的时候起，就已经开始向他‘还债’了，现在要是说‘再还债’，我爸他肯定不会接受。”

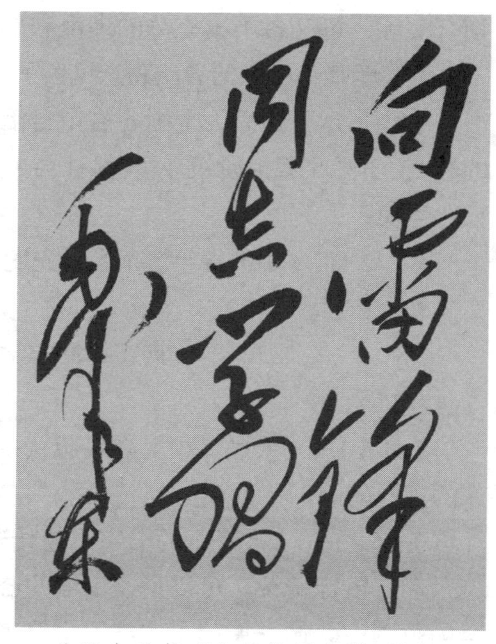

毛泽东手书《向雷锋同志学习》。

毛泽东笑了：“正因为是困难时期，所以我才要还债的嘛！不但要还债，还要还利息。”又说，“43年了，‘欠债’总是要还的。以前还的算是利息，从现在起开始还本，一年还2000元，10年还清。本还清了，接着再还利息……”

章含之也笑了：“那主席‘还’起来还没完了？”

毛泽东说：“就按我说的办。”

几天后，当章含之的父亲章士钊老先生接到了毛泽东的秘书给他送来的2000元人民币时，真是感到为难了。他说：“当时的钱是募捐来的，绝非自己所有。再说，那钱是为赴法勤工俭学的有志青年提供的资助，怎么能让主席还呢？”

秘书回来将章老先生的话告诉了毛泽东。毛泽东后来对章含之说：“这是用我的稿费给你父亲的一点生活补助啊！他给我们共产党的帮助，哪里是我能用人民币偿还得了的呢？”

章含之说：“那他不想收，我也没办法。”

“我晓得你父亲的脾气。”毛泽东又说，“我要是说明了给你

1963年7月，毛泽东和早年相识的师长、中央文史馆馆长章士钊（左一）交谈。（新华社稿）

父亲生活补助，他是绝对不会收的。所以，我才说是‘还债’嘛！”

章含之莞尔一笑：“主席，这样做合适吗？”

“有么事不合适？”毛泽东说，“回去告诉行严先生[①]，就说是我毛泽东说的，欠的账无论如何是要还的。这个钱是从我的稿费里支付的，叫他们别担心。”

章含之只得答应道：“我试着说说看吧……”

3月24日，因毛泽东前一段时间不在北京时，他的老同学周士钊曾到北京来看望他不遇，留下信件以后便回湖南了。这一天，毛泽东终于有时间给周士钊写了一封回信：

你到京时，我适外出，未能晤面，深致歉怀。嗣后如有所见，或有诗作，尚望随时见示为盼！老校长张干（忘其别甫，是否叫作次仑）先生，寄我两信，尚未奉复。他叫我设法助其女儿返湘工作，以便侍养，此事我正在办，未知能

① 行严先生，即章士钊，“行严”是章士钊的字。

办得到否？如办不到，可否另想方法。请你暇时找张先生一叙，看其生活上是否有困难，是否需要协助。叙谈结果，见告为荷。蒋竹如兄处，亦乞见时代为致意。他给我的信都已收到了。

29日，中央批转了文化部的一个报告，报告要求今后在全国范围内“禁止演鬼戏”。这个批示,是经毛泽东审阅同意后转发的。

进入4月，北京又是春暖花开的大好季节。

4月5日，第27届世界乒乓球锦标赛在布拉格举行。中国体育代表团同时派出了男女乒乓球队参赛。

这一天，毛泽东给他的次子毛岸青写了一封信……

几天后，毛泽东有暇去到中南海的工作人员活动室，兴致勃勃地同年轻人一起打起了乒乓球。

打球过程中，毛泽东问大家：“你们说说看，这次在布拉格，我们能拿几项冠军啊？”

有人说能拿三项，有人说至少能拿两项，还有人说能够拿四项。毛泽东横握着球拍，打出了一个旋转球说：“你先接了我这个！”

对方吃了球，毛泽东笑了：“只要我们能拿回冠军，哪怕只有一项，也是我们中国在世界大赛上的胜利！”

4月8日，毛泽东再次离开北京，开始了中央工作会议后的第一次南下视察。

在天津，毛泽东收到了河北省保定地委4月4日呈报的关于在农村中开展社会主义教育运动的情况报告，这个报告第一次提出了“四清”问题，即“清理账目、清理仓库、清理工分、清理财务”。

保定地委在报告中写道：事实再一次证明阶级和阶级斗争确实是存在的。两条道路的斗争是激烈的。在生产队开展“四清”实际具有农村“五反”性质。这是又一次反击资本主义向集体经济进攻的社会主义革命斗争。

24. 上海杭州频往返　主持起草《前十条》

1963 年 4 月 8 日，离开了北京的毛泽东在天津稍事停留，然后命令专列直下济南。

两天后，离开了济南的毛泽东停车南京。

毛泽东此次南下，是要同各省市的负责人认真研究如何在农村进行社会主义教育的问题。他计划和大家一起，起草一个带有指导意义的中央文件，以利于刚刚开展起来的社会主义教育工作深入持久地进行下去。

在济南和南京，毛泽东分别向山东省委和江苏省委的负责人推荐了河北省保定地委关于开展“四清”的上报材料，并说：“不搞‘四清’怎么搞社会主义？”

4 月 12 日，毛泽东在南京对南京军区的人讲：“野营训练是一种好方法。”

南京军区司令员许世友当即表示：“一定按照主席的指示办！”

毛泽东微笑着说：“部队在营房里待久了不好呢！要走出营房接触群众，像当年打仗一样，宣传群众，组织群众，和群众打成一片，接受人民群众的再教育……”

许世友说：“坚决按照主席的指示办！”

4 月 13 日，毛泽东乘专列离开南京抵达上海。

4 月 14 日，毛泽东在上海收听了中央人民广播电台的广播：在布拉格举行的第 27 次世界乒乓球锦标赛落下帷幕。中国男子乒乓球队荣获团体世界冠军，中国选手庄则栋获得男子单打冠军，张燮林和王志良获得男子双打冠军。

毛泽东很高兴，对他身边的工作人员说：“前两天我就说过，我们总会得冠军的。哪怕只有一项，也是我们中国人的骄傲！”

在上海，毛泽东在锦江饭店同华东局和上海市委的领导同志们谈了他此次南下的打算，要求大家同他一起起草一个关于在农村进行社会主义教育运动的指导性文件。为此，他还要求大家认真准备与此相关的材料，以供参考。

这时，恰好有一个外国代表团正在上海参观访问，受到了毛泽东的接见。在接见时，毛泽东毫不隐讳地谈了他所认定的在中国共产党内存在着严重的阶级斗争。他对客人们说：“在党员、干部队伍中，不少党员变成了资产阶级分子。”

接见结束后，上海市委的同志向毛泽东详细介绍了中国人民解放军某部八连的同志们：他们自 1949 年 5 月奉命进驻上海市繁华的南京路以后，至今已经 14 年了；他们身居闹市，一尘不染、勤俭节约、克己奉公、热爱人民、助人为乐、“拒腐蚀、永不沾”。毛泽东听了后说：“好嘛，这样的军队将无敌于天下！”并指示要在全军、全国人民当中广泛宣传南京路上好八连的模范事迹……

4 月 15 日，毛泽东乘专列离开上海到了杭州。

在杭州，毛泽东说了在上海同华东局和上海市委的同志们说的同样的话，并向浙江省委和杭州市委的同志们提出了同样的要求。

在此之后，毛泽东开始组织起草中央关于农村社会主义教育运动的指导性文件。

4 月 20 日，毛泽东听到了在北京的一次举重比赛中，举重选手陈镜开创造了 151 公斤的次轻量级挺举的世界纪录。凡是听到这样的消息，毛泽东所表现出来的神情总是很开心、很高兴……

4 月 23 日，毛泽东乘专列离开杭州再次到了上海。

25 日，毛泽东在上海同周恩来、邓小平等人一起讨论了对苏共中央 3 月 30 日来信的复信稿。讨论中，毛泽东向大家推荐了保定地委和宋任穷以及河南省委关于当前农村社会主义教育运动情况的报告。但大家的注意力大多集中在讨论对苏共中央的复信上，而对毛泽东推荐的几份报告材料没有引起足够的重视，毛泽东决定另找人来帮助他起草转发这几份报告……

4 月 26 日，毛泽东乘专列离开上海再次返回杭州。此次到杭州，毛泽东下榻在了西湖西南岸的刘庄招待所。

27 日，一直受到毛泽东和党中央关切的首批印度受难归国华侨乘“光华轮”和“新华轮”回到湛江。得到消息，毛泽东说：“回来了就好……”并给广东省委的人打电话说，“尽你们的条件，妥善安置……”

同日，中国外交部照会印度驻华大使馆，最强烈抗议印度政府残酷迫害华侨的罪行。

1963 年 5 月 1 日，新中国第一艘自己制造的万吨级远洋货轮“跃进号”在驶往日本途中突然遇难沉没。

毛泽东在杭州得到消息，立刻给周恩来打电话，要他派人组织调查组和交通部的人一起，认真调查此次沉船事件的详细经过和找出真正的原因。

5 月 2 日，毛泽东在杭州西湖岸边的刘庄招待所，叫了部分中央政治局委员和几位中央局的第一书记见面，主要商讨农村社会主义教育问题，意在为制订《关于目前农村工作中若干问题的决定（草案）》（即“前十条”）做准备。参加这次会议的人员当中包括彭真、陈伯达、各中央局第一书记、共青团中央第一书记胡耀邦和浙江省委第一书记江华。

众人离开后，毛泽东看了各省市自治区党委和中央局的书记们写的报告，共 20 件。在毛泽东看来，对于农村的形势和所存在的问题，到目前为止已经算是基本摸清了……

即日，毛泽东批阅了中央军委关于海军问题向中央的一份报告，同时对河南省委的报告做出批示：

河南报告说明，他们在中央二月会议以前是没有根据十中全会指示的精神，认真地进行社会主义教育工作的，或者是没有抓住问题的要点，没有采用适当的方法。二月会议以后，他们抓起了这项工作，并且抓住了问题的要点，采取了适当的方法。

总之，必须团结绝大多数（百分之九十几）的干部和群众，适当地解决人民内部矛盾，即解决程度不同的不正常的干群关系问题，组成有领导的广大干群队伍，以便一致对敌。对坏人坏事，也要有分析。轻重不同，处理的方法也不同。必须以教育为主，以惩办为辅。真正要惩办的，只是群众和领导都认为非惩办不可的极少数人。

社会主义教育是一件大事，请你们检查一下自己在这方面的认识和工作，检查一下是不是抓住了要点和采取的方法是否适当，查一查是否还有很多的地、县、社没有抓住这方面的工作。如果有的话（看来一定是有的），应当在农忙间隙，在不误生产的条件下，抓紧进行。

特别要注意分步骤的方法、试点的方法和团结大多数、孤立极少数的政策。

5 月 3 日，毛泽东乘专列又一次前往上海。

5 月 6 日凌晨，毛泽东乘专列重返杭州。

毛泽东十分重视他目前主持起草的《中共中央关于目前农村工作中若干问题的决定（草案）》，因为这个文件将是开展农村“四清”运动的第一个纲领性的文件。为此，毛泽东多次在会上发表了指导性的讲话。

在讲话中，毛泽东向大家反复地讲了形势问题、对社会主义教育运动的认识问题、社会主义教育的要点问题、“四清”问题、开展运动的方法问题。这些问题，都将写入《关于目前农村工作中若干问题的决定（草案）》中。

在起草这个纲领性文件的过程中，毛泽东在序言部分加写了一段话：

人的正确思想是从哪里来的？是从天上掉下来的吗？不是。是自己头脑里固有的吗？不是。人的正确思想，只能从社会实践中来，只能从社会的生产斗争、阶级斗争和科学实验这三项实践中来。人们的社会存在，决定人们的思想。而代表先进阶级的正确思想，一旦被群众掌握，就会变成改造社会、改造世界的物质力量。

毛泽东用通俗简明的语言，向全党的干部们讲述了马克思主义的认识论的基本观点，用以武装全党和全国的干部，要求大家不要犯认识上的主观主义、作风上的官僚主义错误。

毛泽东之所以这样写，是有针对性的。因为，他察觉到党内还有不少干部对阶级斗争的“残酷现实”不仅认识不足，甚至熟视无睹、麻木不仁。他要讲人们的认识论、人的思想、物质与精神的关系等问题，以此来武装大家的头脑，提高大家对客观世界的正确认识，提高干部们的思想觉悟和领导能力。

5 月 7 日，毛泽东围绕着如何写好《中共中央关于目前农村工作中若干问题的决定（草案）》，在小型会议上再一次发表了重要讲话：

我走了11个省，只有王延春、刘子厚两个人滔滔不绝地向我讲社会主义教育，其他的省都不讲。三级干部会开了，社会主义教育没有抓住要点，方法不对。社会主义教育运动的要点就是：阶级和阶级斗争。社会主义教育，依靠贫下中农，“四清”，干部参加生产劳动这样一套。

各地都要试点，试点很重要。凡是一般化的，不触及洗手洗澡，不触及贪污盗窃，就不能抓住问题。我们在农村中10年来没有搞阶级斗争了，只是土改搞了一次，“三反”“五反”是在城市，1957年搞了一次，也不是现在这个方法。现在的方法，是要使90%以上的人洗温水澡。说精神愉快，那是结果，要有点紧张，但不是所有的人都那么紧张。有些人实行了退赔，就不戴贪污分子的帽子了。吐出来就算洗了手，一不叫贪污，二不叫盗窃，伤人不要过多。10年来，“四清”就没有搞清楚过。“四清”是人民内部矛盾，敌我矛盾就是敌人的破坏，投机倒把，贪污盗窃。要用现在这个方法，使多数人洗手洗澡，轻装上阵。要把90%以上的人团结教育过来，发动群众，打击极少数贪污盗窃分子。要使多数人有敌我观念，把阶级队伍组织起来。

不要性急。今年搞不完，明年再搞。明年搞不完，就后年。社会上总是一分为二，对立的统一，没有贪污盗窃，不成世界。不然辩证法就不灵了。

接下来，毛泽东请大家同他一起吃饭。他举杯向大家祝酒说：“为‘四清’‘五反’，挖修正主义根子的胜利干杯！”

大家也都共同举杯，预祝“四清”工作的胜利。毛泽东坐下来，放下酒杯又说：“有人有顾虑，无非是两条，一是怕耽误生产，二是怕伤人太多。要使阶级斗争和社会主义教育有利于生产。‘四清’‘五反’的结果，一定会有利于增加生产。”

饭后，会议继续进行。毛泽东继续谈了干部参加生产劳动和组织阶级队伍两个问题……

第二天，毛泽东对宋任穷的报告和湖南省委的两个报告作出批示，并对《中南通讯》上刊载的《偃师县三级干部会议的做法》《巨陵店区三级干部会议》和湖北省的《五里界区四级干部会议的开法和效果》、湖南省的《花明楼公社的社会主义教育运动》作出批语，认为他们在报告中所讲的做法可以供各地参考。

5月9日，毛泽东对浙江省关于干部参加劳动等问题的7份材料写下批示。在批示中，他充分赞扬了浙江省的干部和山西省的干部带头参加劳动的行动：

我们希望争取在三年内能使全国全体农村支部书记认真参

加生产劳动，而在第一年，能争取有1/3的支部书记参加劳动，那就是一个大胜利。

毛泽东历来主张共产党的干部必须参加生产劳动，他认为这样做可以和人民群众打成一片，可以密切党群关系和干群关系，可以在生产劳动的实践中使每个干部得到身体锻炼和思想锻炼，既能增加他们认识客观事物的本领，又能提高他们的工作能力。他号召党的干部们都要这样做，在劳动实践中开展阶级斗争、生产斗争和科学试验三大革命运动。

毛泽东自己以前就是这样做的：在韶山、在井冈山、在瑞金、在延安、在西柏坡，以至于后来在北京香山的双清别墅、在中南海里的丰泽园、在十三陵水库工地，他都要亲自参加劳动。他既这样要求别人，也这样严格要求自己。现在，他依然是这样。他在批示中这样写道：

阶级斗争、生产斗争和科学试验，是建设社会主义强大国家的三项伟大革命运动，是使共产党人免除官僚主义，避免修正主义和教条主义，永远立于不败之地的确实保证，是使无产阶级能够和广大劳动群众联合起来，实行民主专政的可靠保证。不然的话，让地、富、反、坏、牛鬼蛇神一齐跑了出来，而我们的干部则不闻不问，有许多人甚至敌我不分，互相勾结，被敌人腐蚀侵袭，分化瓦解，拉出去，打进来，许多工人、农民和知识分子也被敌人软硬兼施，照此办理，那就不要很多时间，少则几年、十几年，多则几十年，就不可避免地要出现全国性的反革命复辟，马列主义的党就一定会变成修正主义的党，变成法西斯党，整个中国就要改变颜色了。请同志们想一想，这是一种多么危险的情景啊！

毛泽东把这场社会主义教育运动看成是一场反修防修、巩固社会主义阵地不被阶级敌人攻破的严肃斗争。他认为，苏联就是被赫鲁晓夫修正主义者篡夺了权力而改变了共产党的本来颜色，东欧的许多社会主义国家也正在改变中。现在的中国，在国际上受到帝修反的共同攻击，是因为中国坚持了真正的马克思列宁主义，是真正的劳动人民自己当家做主的社会主义国家。尤其是在真正的共产党人不愿看到的残酷现实面前，在苏联修正主义者的指挥棒下，已有5个社会主义国家的兄弟党攻击中国共产党，40多个兄弟党发表决议、声明攻击中共。以美国为首的帝国主义集团，随时都想改变共产党在中国这块具有5000年传统文明历史的辽阔大地上的领导地位。国民党反动派在台湾蠢蠢欲动，蒋介石做梦都想着要“反攻大陆”。一海之隔的日本政界的极右翼集团时刻妄图恢复军国主义统治。印度的反华势力也正是在这种国际背景下才胆敢不自量力地屡次侵入中国边境挑衅。印度支那的紧张局势加剧，美帝国主义正在那里增派军队、扶植反共的傀儡政府。国内的资产阶级右派们已经向共产党发动了多次进攻，发生在农村中的“单干风”屡禁不止，小资产阶级自由化倾向严重，被打倒了的地主、富农和资产阶级不甘心他们的失败，无时无刻不在梦想着复辟资本主义。要使中国在这样复杂、危险的境况中不改变颜色，永远立于不败之地，就只有把这场社会主义教育运动的伟大斗争进行下去。只有共产党的广大干部，尤其是党的主要领导干部们真正看到了问题的严重性，才有可能坚持不懈地不断进行这样的反修防修斗争。在基层，广大干部只要看到问题的严重性，经过了认真的调查研究，收集了真实可靠的第一手材料，加强了政治领导，那么具体到一个公社，几个星期就可以了，具体到一个县，几个月也就够了，一个省分期分批地搞深搞透，大约需要一两年，或者更多一点的时间。

毛泽东把这场社会主义教育运动看成是关系到党和国家前途和命运的伟大斗争。他告诉全党：这一场斗争是重新教育人的斗争，是重新组织革命的阶级队伍，向着正在对我们猖狂进攻的资本主义势力和封建主义势力作尖锐的针锋相对的斗争，是把他们的反革命气焰压下去，把这些势力中间的绝大多数人改造成为新人的伟大的运动。

毛泽东认为，只要干部和群众一道参加生产劳动和科学实验，就可以使我们的党进一步成为更加光荣、更加伟大、更加正确的党，使党的干部成为既懂政治，又懂业务，又红又专，不是浮在上面，做官当老爷、脱离群众，而是同广大的人民群众打成一片，受到人民群众拥护的真正好干部。

他同时把社会主义教育运动看作是一场教育和挽救干部的运动，是制止党内干部腐化堕落、蜕化变质的运动。他坚持认为：这是建设社会主义道路的关键，是防止子孙后代忘本而永葆革命本色的百年大计。他几次对他周围的人们说，这一次教育运动完成以后，全国将出现一种欣欣向荣的景象。展望未来，他充满豪情地想：差不多占地球1/4的人类出现了这样的景象，我们对国际共产主义运动的贡献也就会更大了！他，对社会主义教育运动抱着极大的希望……

5月11日晚，毛泽东将他主持起草的《中共中央关于目前农村工作中若干问题的决定（草案）》拿给特意赶来杭州参加会议的周恩来看，并就草案中所涉及的几个问题再次同大家一起进行了讨论……

5月12日，毛泽东终于主持制定出了《中共中央关于目前农村工作中若干问题的决定（草案）》。因其内容共列有10条，所以人们通常称之为“前十条”。

在整个文件的开头，写有这样一段内容：

目前农村工作中存在的问题，除了中央已经作出决定或指示的以外，还有若干问题需要作出决定；有些则是在过去指示中提出来的。但是不明确，不系统，尚未引起人们注意，需要重新加以明确的系统的说明。这些问题共有十个，都是互相联系的。对于这些问题，我们经过了建国以来的十三年的实践，才能写出一个比较完整的文件，而经过近三年，即从一九六〇年中央发布农村整社工作十二条起，直到今天，才能写出现在这个决定。

毛泽东主持起草的这个文件还写有以下内容：

任何时候都不可忘记阶级斗争，不可忘记无产阶级专政，不可忘记依靠贫农、下中农，不可忘记党的政策，不可忘记党的工作。

整个农村的形势已经大大好转，农业生产逐步上升。有许多地方，已经出现了农业生产的新高潮。一部分同志过去对农村形势和农业生产情况，抱有悲观情绪，是没有根据的。党高举的总路线、大跃进、人民公社三面红旗，是完全正确的，是伟大的。

正确地领导绝大多数的人民群众，进行阶级斗争，进行两条道路的斗争，这是决定我们社会主义事业成败的根本问题。

党的方针是：说服教育、洗手洗澡、轻装上阵、团结对敌。分清敌我矛盾，分清人民内部矛盾，分清是非，以便团结百分之九十五以上的农民群众和农村干部，共同对付社会主义的敌人。

依靠贫农、下中农，是党要长期实行的阶级路线。在整个社会主义历史阶段，一直到进入共产主义以前，我们要在农村中进行社会主义改造和社会主义建设，要发展农业生产，不依靠他们，依靠谁呢？不依靠他们，怎么能够有效地、巩固地团结中农呢？他们是我们建设社会主义和共产主义事业在农村中的社会基础。

在农村中，无产阶级专政只有依靠贫农、下中农才能实现，才能形成巩固的工农联盟，才能很好地管理国家，才能办好农业集体经济，才能有效地镇压和改造一切敌对分子，才能击破资本主义自发势力的包围。否则，这些就都办不到。

这个文件还明确地告诉党的干部，如何在革命的实际斗争中寻找可靠的同盟军，并为那些或多或少犯有这样那样错误的干部指出了道路：

无产阶级的先锋队必须依靠真正可靠的力量，才有可能争取可能的同盟者，才有可能孤立无产阶级和人民的敌人。在进行土地改革、打倒地主阶级的时候，在实现农业集体化、实行社会主义改造的时候，党在农村中的阶级路线，都是依靠贫农、下中农，团结中农。在实现集体化以后，这条阶级路线是否要改变呢？据说，有的人认为，“合作化以后生产资料都归公了，大家都一样，都是靠工分吃饭，还分什么阶级，还要什么阶级路线？”还有的认为，“土改靠贫农，生产靠中农。”有这种观点的人，就是缺乏无产阶级的阶级感情，就是缺乏阶级的观点，在实际上也就是根本缺乏群众的观点。

我们绝大多数的干部是好的。其中有些人犯了一些错误，经过领导和群众的帮助，是可以改好的。应当而且可以团结这些同志共同做好工作，以利进一步地孤立敌对分子。

这时毛泽东的思想和注意力，已经由党的八届十中全会上“要求全党重视阶级斗争，但同时不要放松经济工作，要把经济工作放在第一位”，转移到了如何反修防修、防止资本主义复辟，使中国不改变颜色上来了，他要求全党特别是县以上的领导干部必须狠抓阶级斗争。他认为：只有解决了这个问题，社会主义建设才会成功。他从理论到实践，提出了一整套反修防修的路线、方针、政策、措施。他认为这是当前乃至今后一个时期内国际共产主义运动中最迫切需要解决的重大课题。

5 月 18 日，周恩来在北京主持召开中央政治局会议。会议通过了《中共中央关于目前农村工作中若干问题的决定（草案）》。

5 月 20 日，《中共中央关于目前农村工作中若干问题的决定（草案）》开始下发。这样一来，在全国范围内各项工作的重点，都转移到了狠抓阶级斗争、如何搞好反修防修、防止资本主义复辟上来了……

这一天，上海《文汇报》上登载了一个叫姚文元的人写的文章，他就法国作曲家德彪西的作品被介绍到中国，提出了“音乐阶级性”的问题。

毛泽东在杭州看了《文汇报》，看了姚文元写的这篇文章，很是欣赏。他早就对戏剧舞台上的传统剧目感到不满意了，他曾经对人说：“过去的戏总是那一套，帝王将相，才子佳人，小姐丫鬟，当保镖的是黄天霸。文化部不管文化，需要改变。如不改变，就改名为帝王将相部，才子佳人部，或者外国死人部。”

5 月 22 日，西子湖畔清风徐徐，玉龙山上万里晴空。

这一天，毛泽东接见了来中国访问的新西兰共产党总书记威尔科克斯，并同他进行了亲切而友好的谈话。

在谈话中，毛泽东出人意料地对威尔科克斯说：“我们党内有些人主张‘三和一少’：对帝国主义和气一点，对反动派和气一点，对修正主义和气一点，对亚非拉人民斗争的援助少一些。这就是修正主义的路线。”

当威尔科克斯问这样的主张具体是中国共产党内哪些人提出来的时，毛泽东没有做明确的回答。

5 月 24 日，毛泽东乘专列驶离了杭州，直赴南昌。

次日，毛泽东离开南昌停车长沙。

这一天，新华社报道了新西兰共产党总书记威尔科克斯最近在华访问的消息，并报道说中共和新共两党代表在友好的气氛中举行了会谈。

在长沙，湖南省委书记处书记华国锋受到了毛泽东的亲切接见。华国锋原是山西人，解放战争时期随大军南下到了湖南，曾经担任过毛泽东家乡湘潭地区的地委书记。1959 年 6 月下旬毛泽东回韶山时，华国锋正在湘潭任职，并随同毛泽东到了韶山。庐山会议后，湖南省委第一书记周小舟被撤职，不久华国锋被湖南省委提名担任省委书记处书记，上报中央后，得到了毛泽东的同意。

这次，毛泽东对华国锋和湖南省委的人着重谈了干部参加集体生产劳动的问题。在长沙，毛泽东还特意约见了他的老同学周士钊，并请周士钊代问他们年轻时的老师张干先生好。

5月26日，毛泽东乘专列离开长沙北上武汉。

到达武汉后，毛泽东习惯性地住进了东湖宾馆。

5月末，毛泽东在汪东兴等不多的几个人的陪同下，悄悄离开一号所的平房，绕东湖迤逦步行，从远处看了一处高射炮阵地。

那是一处配备有4门85毫米口径的高射炮阵地。

蓝天下，凛凛火炮傲耸长空，担负着保卫长江大桥和武汉三镇的神圣任务。这时，战士们正在炮阵地上进行着军事训练，一记记响亮的命令声和一阵阵整齐的口号声随风传来，给人的精神以振奋和激励……

毛泽东看着整齐有序地转动着的一门门火炮，对汪东兴说："七届二中全会以后，我在西苑机场是见过高射炮的。那时候的高射炮还是从日本人手里缴获的七二炮，现在比那时候强大多了！"

汪东兴说："相信以后我们会更强大！"

毛泽东带着问话的口气又说："六一年在辽东半岛打P-2V，就是这种炮吗？"

汪东兴肯定地说："对，就是这种炮！"并补充说，"这是苏制的三九式八五炮，最大射高10050。"

毛泽东"哦"了一声，没有再说什么……

5月30日，毛泽东在武汉会见了前来中国度假的朝鲜劳动党领袖金日成。在亲切友好的谈话中，毛泽东对金日成说："我们这些国家如果不进行阶级教育和阶级斗争，不同右派和修正主义划清界限，那么再过10年、20年也会出赫鲁晓夫。"

当金日成谈到应该如何对待目前国际上存在的一股反华势力时，毛泽东坦言道："这只不过是一种暂时的现象，没有什么了不起的。"

6月上旬，毛泽东在武汉的东湖宾馆内，同王任重谈起了给苏共中央写复信的事和湖北省农村开展社会主义教育运动的情况，并再一次谈起了《不怕鬼的故事》这本书……

6 月 12 日，毛泽东离开了武汉，乘专列继续北上。

次日凌晨 3 时，毛泽东的专列停在了郑州。

在郑州，毛泽东在专列上同刘建勋等人谈了农村中开展社会主义教育运动的问题。

下午 5 时，毛泽东乘专列离开了郑州。

当天深夜，毛泽东的专列停在了距邯郸稍微靠南一点儿的地方磁县。

6 月 14 日，毛泽东在专列上听了河北省委书记刘子厚等人的汇报，并对河北省委的人们说："你们跟湖北差不多，湖北同志讲他们那里被篡权的基层是占 1/3，有的土改就不彻底，有的后来变了，有的是富裕中农当权，这就是说，有 1/3 不是社会主义的，他们挂的是社会主义的牌子，实行他们的那一套。"

同河北省委的同志谈话结束后，毛泽东乘专列离开邯郸回京。

25. 先后发表公开信　中苏展开大论战

1963 年 6 月 14 日，《人民日报》以几个整版的篇幅，登载了由中国共产党中央委员会通过的回复苏共中央 3 月 30 日来信的长达 6 万言的《关于国际共产主义运动总路线的建议》。

这封公开信，通篇都是毛泽东亲自主持起草的；信中的许多内容，根本就是毛泽东的一字不差的原话。在这封信里，中共中央向苏共中央提出了将在莫斯科举行的两党会谈中涉及的 25 条建议，内容包括了自 1956 年以来对赫鲁晓夫所推行的修正主义路线及其理论和政策的全面驳斥。毛泽东关于中国共产党在国际共产主义运动中所坚持的一贯方针、政策、原则、立场和毛泽东的基本思想、理论、观点，以及对某些具体问题的看法、意见和态度，无一不跃然纸上（概略）：

一、几年以来，在国际共产主义队伍中，确实有不同的认识和态度。中心问题是，承不承认仍然处于帝国主义和资本主义制度下的人民还要进行革命的问题，承不承认已经走上社会主义道路的人民还要将革命进行到底的问题……

二、1957 年共产党和工人党代表会议通过的《莫斯科宣言》和 1960 年各国共产党和工人党代表会议通过的《莫斯科声明》的革命原则，可以总结为：全世界无产者同被压迫的人民、被压迫民族联合起来，逐步实现无产阶级世界革命的完全胜利，建立一个没有帝国主义、没有资本主义、没有剥削阶级的新世界……

三、如果把国际共产主义运动的总路线片面地归结为“和平共处”“和平竞赛”“和平过渡”，那就是违反了 1957 年的宣言和 1960 年的声明的革命原则……

四、当代世界的基本矛盾是：社会主义阵营同帝国主义阵营的矛盾；资本主义国家内无产阶级同资产阶级的矛盾；被压迫民族同帝国主义的矛盾；帝国主义国家同帝国主义国家之间、垄断资本集团同垄断资本集团之间的矛盾……

五、以下的错误观点应当受到批判：1. 抹杀社会主义阵营同帝国主义阵营之间的矛盾的内容。2. 只承认社会主义阵营同帝国主义阵营的矛盾。3. 认为资本主义世界中无产阶级同资产阶级之间的矛盾，不需要经过本国无产阶级的革命，就可以解决；被压迫民族同帝国主义之间的矛盾，不需要经过被压迫民族的革命，就可以解决。4. 否认当代资本主义世界固有矛盾的发展必然要引起帝国主义各国之间的紧张斗争的新局面，认为经过“各大垄断资本之间达成国际协定”，就能调和甚至消除帝国主义各国之间的矛盾。5. 认为社会主义和资本主义这两个世界体系的矛盾会在“经济竞赛”中自然地消失，出现什么“没有战争的世界”“全面合作的新世界”……

六、现在，世界上已经有了一个社会主义阵营，这个阵营是由阿尔巴尼亚、保加利亚、匈牙利、越南、东德、中国、朝鲜、古巴、蒙古、波兰、罗马尼亚、苏联、捷克斯洛伐克这 13 个国家组成的。如果有人不维护社会主义阵营的团结，反而在社会主义阵营内部制造紧张局势，制造分裂，甚至追随南斯拉夫修正主义者的政策，力图取消社会主义阵营，或者援助资本主义国家来攻击社会主义的兄弟国家，那就是背叛整个国际无产阶级的利益；如果有人跟在别人后面，不是维护社会主义国家必须实行的马克思列宁主义的正确路线和政策，而是维护某一个社会主义国家所实行的机会主义的错误路线和政策，那就是背离了马克思列宁主义和无产阶级国际主义……

七、1960 年的《莫斯科声明》指出：“侵略和战争的主要力量是美国帝国主义”，而不分敌我友，把各国人民的命运，人类的命运，寄托在同美帝国主义的合作上面，这是要把人们引入迷途……

八、现在，国际共产主义队伍中，有人竟然对被压迫民族的解放斗争采取消极、鄙视和否定的态度；对于亚洲、非洲和拉丁美洲各国人民的革命斗争采取什么态度，是区别革命和不革命的重要标志……

九、亚洲、非洲和拉丁美洲的被压迫民族和被压迫人民，面临着反对帝国主义及其走狗的迫切任务，这些地区不愿意受帝国主义奴役的人们是极其广泛的，无产阶级政党必须组织广泛的反对帝国主义及其走狗的统一战线；要求无产阶级政党在思想上、政治上和组织上保持独立性，坚持革命的领导权。无产阶级政党和革命的人民需要学会各种斗争方式，包括武装斗争的方式在内；无产阶级政党对于资产阶级反帝反封建的进步倾向，实行联合的政策，对于他们同帝国主义、封建势力妥协和勾结的反动倾向，实行斗争的政策……

十、在帝国主义国家和资本主义国家中，必须实现无产阶级革命和无产阶级专政。在应当利用和可以利用议会斗争和其他合法斗争形式的时候拒绝利用，这是错误的。但是，如果变为议会迷和合法主义者，把斗争限制在资产阶级所允许的范围内，这就必然导致取消无产阶级革命和无产阶级专政……

十一、马克思和列宁在一定历史条件下曾经提出过革命和平发展的可能性。但是，正如列宁所说，革命和平发展的机会，是“革命历史上非常罕见的机会”。事实上，迄今为止，世界历史上还没有过从资本主义和平过渡到社会主义的先例。无产阶级政党绝不能把自己的思想、革命方针和全部工作建筑在帝国主义和反动派愿意接受和平变革的估计上面……

十二、如果党的领导集团采取不革命的路线，使党变成改良主义的政党，那么，党内和党外的马克思列宁主义者就会代替他们在革命中的地位，起来领导人民进行革命。现在自称为继列宁之后对革命路线作了最大创造性贡献的一些人，自称是唯一正确的一些人，他们有一个真正的符合马克思列宁主义的国际共产主义运动的总路线没有，这些都是很令人怀疑的……

十三、有些人片面地夸大社会主义国家和帝国主义国家和平竞赛的作用，企图用和平竞赛来代替一切被压迫人民和被压迫民族的革命斗争。按照他们的说教，似乎帝国主义会在这种和平竞赛中自然而然地垮台，而一切被压迫人民和被压迫民族只要安安静静地等待这一天的到来就行了。这同马克思列宁主义的观点又有什么相同之处呢？

有些人还制造一种奇谈，说什么中国和某些社会主义国家要“发动战争”。这种奇谈，正如1960年的声明所说，不过是帝国主义反动派制造的诽谤。这些人重复这种诽谤的目的，拆穿了说，那就是为了掩饰他们自己反对全世界被压迫人民和被压迫民族的革命，也反对别人支持这种革命。

十四、有人说，没有战争，革命也是完全可能的……如果说的是民族解放战争和国内革命战争，那么，这种说法实际上就是反对革命战争，也就是反对革命。如果说的是世界战争，那么，这显然是无的放矢。马克思列宁主义者虽然曾经根据两次世界大战的历史，说明过世界战争不可避免地引起革命的这种事实，但是，从来没有一个马克思列宁主义者主张革命非经过世界战争不可，也永远不会有这样的主张。

马克思列宁主义者把消灭战争当作自己的理想，相信战争是能够被消灭的。但是，怎样才能消灭战争呢？现在，有人竟然认为在帝国主义制度和人剥削人的制度还存在的条件下，能够通过“全面彻底裁军”，创造“没有武器，没有军队，没有战争的世界”。这完全是不切实际的幻想……

如果把全面彻底裁军当作争取世界和平的根本道路，散布帝国主义会自动放下武器的幻想，借口裁军来取消被压迫人民和被压迫民族的革命斗争，那就是蓄意欺骗世界人民，为帝国主义的侵略政策和战争政策效劳。世界和平只能是世界各国人民争得来的，而不能是向帝国主义乞求得来的……

十五、全面禁止核武器，完全销毁核武器，是保卫世界和平斗争中的一项重要任务。我们必须为此尽最大的努力。（不过）

帝国主义者如果被迫接受禁止核武器的协定，绝不是因为他们对人类有“博爱”之心，而只是由于世界各国人民给他们施加了压力和他们本身对利害关系的考虑……

核武器的出现，并没有也不可能解决当代世界的各种基本矛盾，并没有也不可能改变阶级斗争的规律，并没有也不可能改变帝国主义和一切反动派的本性；因此不能说，由于核武器的出现，社会革命和民族革命的可能性和必要性已经消失了，马克思列宁主义的基本原理，特别是关于无产阶级革命和无产阶级专政的原理，关于战争与和平的原理，已经过时了……

十六、社会主义国家可以对资本主义国家实行和平共处政策，是列宁提出来的。中华人民共和国成立以后，也一直坚持实行同不同社会制度的国家和平共处的政策，并且是和平共处五项原则的倡议者。可是，近几年以来，有些人忽然把列宁提出的和平共处政策算成是自己的“伟大发现”，自认为对这一政策的解释有垄断权。他们把“和平共处”当作是包罗万象的、不可思议的天书，把世界各国人民的一切斗争成就，一切功劳，都记载在这本天书上面。他们还把一切不同意他们这样歪曲列宁意见的人，都说成是和平共处的反对者……

列宁关于和平共处的原则，是指不同社会制度的国家之间的关系。不应当把和平共处引申到被压迫民族和压迫民族、被压迫国家和压迫国家、被压迫阶级和压迫阶级的关系方面，不应当把和平共处说成是由资本主义向社会主义过渡的主要内容，更不应当说什么和平共处是全人类走向社会主义的道路的方法……

社会主义国家对外政策的总路线，在我们看来，应当包括，在无产阶级国际主义的原则下，发展社会主义阵营各国之间的友好互助合作关系；在五项原则的基础上，争取和社会制度不同的国家和平共处，反对帝国主义的侵略政策和战争政策；支援一切被压迫人民和被压迫民族的革命斗争。这三项内容，是互相联系、不可分割、缺一不可的。

十七、在无产阶级获得政权以后的一个很长的历史时期中，阶级斗争的继续，仍然是不以人们意志为转移的客观规律；否认无产阶级专政时期中的阶级斗争，否认在经济战线上、政治战线上和思想战线上彻底完成社会主义革命的必要性，是违背马克思列宁主义的。

十八、马克思和列宁的基本思想是：由资本主义过渡到共产主义的整个历史时期，无产阶级专政不可避免地要继续存在。如果在半路上宣布无产阶级专政已经是不必要的，那就会引出极严重的后果，更谈不上什么向共产主义过渡了。

可不可以用什么“全民国家”来代替无产阶级专政的国家呢？这个问题，并不是哪一个国家的内政问题，而是涉及马克思列宁主义普遍真理的一个根本问题。把社会主义国家叫作“全民国家”，这是不是要用资产阶级的国家学说来代替马克思列宁主义的国家学说呢？是不是要用具有另一种性质的国家来代替无产阶级专政的国家呢？

十九、可不可以用什么“全民的党”来代替无产阶级先锋队的党呢？这个问题，也不是哪一个国家的党的内部问题，也是涉及马克思列宁主义普遍真理的一个根本问题。在进入共产主义社会的高级阶段以前的时期，如果半路上宣布无产阶级的政党已经成为什么“全民的党”，否认党的无产阶级性质，那岂不是在组织上、精神上解除无产阶级和一切劳动人民的武装，等于为资本主义复辟效劳？

二十、几年以来，有些人违反列宁关于领袖、政党、阶级、群众之间相互关系的完整学说，提出所谓“反对个人迷信”，是错误的，有害的；提出所谓“反对个人迷信”，实际上是把领袖与群众对立起来，破坏党的民主集中制的统一领导，涣散党的战斗力，瓦解党的队伍。

有些人大肆进行所谓“反对个人迷信”，而在实际上竭力丑化无产阶级政党，丑化无产阶级专政；同时，却大肆渲染某些个人的作用，把一切错误推给别人，把一切功绩归于自己。

更严重的是，有些人借口所谓的“反对个人迷信”，粗暴地干涉其他兄弟党和兄弟国家的内政，强行改变别的兄弟党的领导，以便把自己的错误路线强加给别的兄弟党。这种做法，不是大国沙文主义、宗派主义和分裂主义，不是颠覆活动，又是什么呢?

二十一、社会主义国家之间，不论大国或小国、经济发达或不发达，必须把相互关系建立在完全平等的基础上。任何一个社会主义国家的建设事业，主要地应当依靠自力更生。任何一个社会主义国家，如果只从本国的局部利益出发，片面地要求别的兄弟国家服从自己的需要，并且借口反对所谓“单干”、所谓“民族主义”，来反对别的兄弟国家执行自力更生为主的建设方针，反对别的兄弟国家在独立自主的基础上发展经济，甚至对别的兄弟国家施加经济压力，那就是真正的民族利己主义的表现……

如果把资本主义国家相互关系中的损人利己的做法搬到社会主义国家相互关系中来，甚至认为垄断资本集团为了争夺市场、瓜分利润而建立的所谓“经济一体化”和“共同市场”，可以作为社会主义各国经济互助合作的榜样，那更是极其荒谬的。

二十二、如果承认兄弟党关系中的独立和平等的原则，那就不能允许把自己置身于其他兄弟党之上，不能允许干涉兄弟党的内部事务，不能允许在兄弟党关系中实行家长制；如果承认兄弟党关系中没有“上级”和“下级”之分，那就不能允许把自己一党的纲领、决议、路线当作国际共产主义运动的“共同纲领”，强加给别的兄弟党；如果承认兄弟党关系中的协商一致的原则，那就不应当强调什么“谁是多数，谁是少数”，依恃所谓多数来强制推行自己的错误路线，实行宗派主义和分裂主义的政策；如果同意兄弟党之间的分歧应当通过内部协商的途径来解决，那就不应当利用自己的和别人的党代表大会、领导人的讲话、通过决议和声明等方式，公开指名攻击别的兄弟党，更不应当把兄弟党之间的思想分歧扩大到国家关系方面……

苏共同志在来信中声明，“苏共从来没有，将来也不会采取任何一个步骤，来在我国各族人民当中播下对作为自己兄弟的中国人民以及其他国家人民的恶感”。我们不愿意在这里追述过去许多不愉快的事实，但愿苏共同志能够在今后的行动中恪守这个声明。几年来，虽然我们面临一系列违反兄弟党、兄弟国家关系准则的严重事件中国共产党人和中国人民的无产阶级国际主义精神，经受住了严峻的考验。

二十三、几年来，国际共产主义运动中的许多经验和教训，充分证明了 1957 年的《莫斯科宣言》和 1960 年的《莫斯科声明》所作的关于修正主义是当前国际共产主义运动中的主要危险这一论断的正确性；可是，有些人公然说什么主要危险不是修正主义，而是教条主义，或者说什么教条主义的危险不小于修正主义。一个真正的马克思列宁主义的政党，不能拿原则去做交易，忽而赞成这个，忽而赞成那个，忽而主张这样，忽而主张那样……

一方面，必须时刻坚持马克思列宁主义的普遍真理；如果不这样做，就会犯右倾机会主义或修正主义的错误。另一方面，必须经常从实际生活出发，独立地制定和实行符合本国情况的政策和策略；如果不这样做，机械地抄袭别国共产党的政策和策略，盲目地接受别人强加的意志，不加分析地把别国共产党的纲领和决议当作自己的路线，那就要犯教条主义的错误。

现在，有些人正是违背了 1957 年的《莫斯科宣言》早已肯定的这个基本原则，借口什么“创造性地发展马克思列宁主义”，而抛弃了马克思列宁主义的普遍真理；他们又把主观臆造出来的脱离实际、脱离群众的药方，说成是什么“马克思列宁主义的普遍真理”，而强迫别人无条件地加以接受。当前国际共产主义运动中的许多严重现象，正是这样发生的……

二十四、如果不是无产阶级的革命党而是资产阶级的改良党，如果不是马克思列宁主义的党而是修正主义的党，如果不是自己能够思索，而只是人云亦云，不加分析地照抄外国经验，跟着外国某些人的指挥棒团团打转，那就是修正主义和教条主义样样都有，成为一个大杂烩，而单单没有马克思列宁主义原则性的党，这样的党，就绝不可能领导无产阶级和广大人民群众进行革命斗争……

二十五、目前国际共产主义运动的公开论战，是某些兄弟党的领导人挑起来的，是强加在我们身上的。公开论战既然被挑动起来，那么，这种争论，就只能在各兄弟党的平等基础上进行，只能采取摆事实讲道理的态度。某些党的领导人既然自己发表了大量的文章攻击其他兄弟党，那么，为什么不把其他兄弟党答辩的文章在自己的报刊上公开发表出来呢？

最近一个时期，中国共产党遭到了最荒唐的攻击。我们把这些攻击我们的文章和言论，在我们的报纸上发表了。我们从1962年12月15日到1963年3月8日，一共写了7篇文章回答攻击者。你们在3月30日的来信的末尾，指责中国报刊对苏共进行了“毫无根据的攻击”，大概指的就是这些文章。把我们回答攻击者的文章叫作“攻击”，这完全颠倒了是非。既然你们把我们的文章说得是“毫无根据”，是那么坏，那么，你们为什么不像我们发表你们的文章那样，也把我们的这7篇所谓“毫无根据的攻击”的文章，统统公开发表出来，让全体苏联同志、全体苏联人民去思考，去判断谁是谁非呢？当然，你们也尽可以逐条驳斥这些你们认为是“毫无根据的攻击”的文章。你们说我们的文章“毫无根据”，说我们的论点是错误的，可是，又不如实地把我们的真正论点告诉苏联人民。这种做法，总不能说是对待兄弟党之间讨论问题，对待真理，对待群众的严肃态度吧……

文章在最后指出：还有一些共同有关的问题，例如，批判斯大林问题，苏共第20次代表大会和苏共第22次代表大会提出的有关国际共产主义运动的若干重大原则性问题，等等，我们也希望在莫斯科会谈时坦率地交换意见。

这封给苏共中央的公开的建议信，响亮地号召：

全世界无产者联合起来，全世界无产者同被压迫人民、被压迫民族联合起来，反对我们的共同敌人！

之后，毛泽东在中南海静候着苏共中央对中共中央 6 月 14 日发出的《关于国际共产主义运动总路线的建议》的反应……

6 月 18 日，苏共中央在莫斯科克里姆林宫召开了全体委员会议。当天，苏共中央老调重弹，宣布由于中共中央的信件对苏共“毫无根据的攻击”，因此苏联的报纸“目前”将不予发表中共中央的这封“公开”信。

消息传到北京，毛泽东在中南海游泳池的会客室里淡淡地一笑说：“我们的苏联同志总需要时间准备一下么！”

在座的周恩来也说：“赫鲁晓夫理屈词穷啊！他总得要公开面对我们党的建议，总得要公开面对苏联人民。否则，他是没有办法向广大的苏联人民交代的！”

坐在周恩来对面的刘少奇征询毛泽东的意见：“信已经发了，我们总要派人去的。主席的意见，我们党这次派谁去最合适呢？”

“邓小平……”毛泽东吸着烟表态说，“他这个人柔中有刚，我看对付赫鲁晓夫绰绰有余。”

刘少奇建议：“我看派彭真和邓小平一起去，有些问题他们可以共同商量……”

毛泽东问周恩来：“恩来的意见呢？”

周恩来说：“再加上伍修权，我看这是最好的人选。”

毛泽东轻轻挥动了一下手臂：“那就这样定下来吧！”又微微一笑说，“这次去了是要唇枪舌剑、舌战群儒的。”

周恩来随着笑道：“应该是舌战群‘修’嘛！”

毛泽东看了周恩来一眼，笑道：“恩来说得对。”

刘少奇和周恩来也都会意地跟着再一次笑了……

6 月 21 日，苏共中央以发表公报的形式，“驳回”了中国共产党对苏共第 20 次、第 21 次、第 22 次代表大会的决议以及“对苏共纲领的‘没有根据的、诽谤性的’攻击”。

这时，周恩来到游泳池去请示毛泽东中方应采取的措施和步骤。毛泽东让周恩来通知中国驻苏联大使馆，将中共中央写给苏共中央的公开信翻译成俄文印成传单，在莫斯科向苏联人民散发……

6 月 26 日，毛泽东批阅了第二个五年计划后两年计划调整和执行情况的报告草案。

6 月 27 日，苏联政府要求中国政府召回在苏联散发中共中央给苏共中央公开信的复制本的 3 名中国大使馆官员。对此，中国外交部向苏联政府提出了强烈抗议，严正指出苏联政府的这一做法是“毫无理由的和不友好的”。同时，苏联驻中国大使馆的 3 名外交人员亦被中国政府下了“驱逐令”。

6 月 30 日，毛泽东批阅了即将发表的中共中央对中苏两党会谈的声明。

中苏关系进一步恶化了……

当月，一个叫关锋的人在北京展览馆发表了一篇讲演，题目是《在历史研究中运用阶级观点和历史主义的问题》，公开批判了翦伯赞的“历史主义”。

1963 年 7 月 1 日，中共中央发表声明，指出苏共中央没有像中共中央一样，在自己的报纸上发表对方的信件，是蓄意进一步恶化中苏关系。

7 月 4 日，苏共中央发表声明，对中共中央 7 月 1 日的声明进行了极不友好的“回敬”。

同日，负责在一线搞调查研究的彭真，经过一个月的时间到一些省份视察，发现了农村中的社会主义教育运动存在着许多问题，便给毛泽东和党中央写了一份情况报告。彭真在报告中提出了这样一条建议:“不要重复老区土改整风时‘搬石头’‘跳圈子’的错误。”

7 月 5 日，中共中央再次发表声明，指出苏共中央 7 月 4 日的声明是对中共中央 7 月 1 日的声明的歪曲、指责和攻击。

这一天，中国外交部公开照会苏联驻中国大使馆，对苏联政府 6 月 27 日要求中国政府召回自己的 3 名驻苏外交人员再次提出抗议，坚持认为“一个社会主义国家驻另一个社会主义国家的正式机构及全体人员散发自己的政府和党已经发表的文件是完全正常的”。

也就在这一天，邓小平、彭真率领中国共产党代表团飞赴莫斯科。

次日，邓小平、彭真和伍修权代表中国共产党，米哈伊尔·苏斯洛夫、尤·安德罗波夫、鲍里斯·波诺马寥夫、列昂尼德·萨丘科夫和苏联驻华大使斯捷潘·契尔沃年科代表苏联共产党，在莫斯科“绝密”的条件下，就现代世界发展、国际共产主义运动和中苏关系等重大原则问题，开始阐述各自的观点和立场，正式举行会谈……

同一天，毛泽东批示同意了《中共中央关于目前农村工作中若干问题的决定（草案）普遍发到农村支部的请示报告》。

7月9日，苏共中央发表声明，又一次对中国共产党的现行政策进行了攻击。

第二天，中共中央发表声明，批驳了苏共中央7月9日的声明。

7月13日，《人民日报》奉命就正在举行的中苏两党会谈发表了题为《我们要团结，不要分裂》的社论。

次日，苏联《真理报》终于发表了中共中央6月14日给苏共中央的《关于国际共产主义运动总路线的建议》，同时发表了另一封苏共中央《给苏联各级党组织和全体共产党员的公开信》，就中苏两党关系和国际共产主义运动中的诸多问题，包括“关于苏联对中国的援助、关于论战的开始、关于战争与和平、关于热核战争、关于古巴危机、关于裁军问题、关于和平共处、关于个人迷信和无产阶级专政、关于革命斗争的方法、关于民族解放运动问题、关于社会主义国家之间的关系问题、关于国际共产主义运动问题、关于阿尔巴尼亚和南斯拉夫问题”等一系列问题，向中国共产党展开了理论上的全面攻击。

一时间，中苏两党和两国的关系都空前紧张起来……

7 月 18 日，中国外交部发表声明，强烈谴责美帝国主义破坏《日内瓦协议》、阻挠越南和平统一的罪恶行径，坚决反对美帝国主义在越南南方进行的侵略战争，完全支持越南的合理要求和严正立场。

第二天，中共中央发言人发表声明：中共中央决定在《人民日报》上再一次发表中共中央 6 月 14 日给苏共中央的复信，同时发表苏共中央 7 月 14 日给苏联各级党组织和全体共产党员的公开信，并用多种语言连续广播这两封信件，同时希望苏共中央在自己的报纸上继续发表中共中央的有关文件。

中共中央发言人发表的声明，是对苏共中央 7 月 14 日的信第一次进行公开的评论。声明用十分辛辣的语调指出："我们广播苏共中央 7 月 14 日的公开信则只有一个理由，即这是一篇奇文；中国人有过两句诗：'奇文共欣赏，疑义相与析。'"声明还劝告尽可能多的人来"学习"苏共中央的这封信，因为它是"一篇绝妙的反面材料"。

这样的一份声明，凡是熟悉毛泽东的人和熟悉毛泽东写作笔法的人都知道，内中的许多话是毛泽东亲自写的。因为毛泽东还在青年时期，就已经熟练地掌握了梁启超的"野狐"笔法……

7 月 20 日，《人民日报》发表了苏共中央信件的全文，并发表了一篇《编者按》，指出"这封信采取了马克思列宁主义者绝对不能允许的歪曲事实、颠倒是非的方法"，同时引用了毛泽东亲自执笔写的一段话：

> 如果帝国主义好汉们决心发动第三次世界大战，他们除了促使世界资本主义制度根本灭亡以外，不会得到什么别的结果。

这一天，莫斯科中苏两党会谈结束，双方没有达成任何正式协议。

26. 华北军民抗洪峰　中央续定《后十条》

1963 年 7 月 25 日，苏联和美国在莫斯科草签了一份部分禁止核试验的协定条约。

消息传到北京，毛泽东的火气不打一处来："这个赫鲁晓夫，社会主义的脸面都让他丢尽了！"

在中南海的勤政殿里，周恩来劝慰毛泽东："苏联并不代表中国，我们可以发一个声明嘛！"

朱德也说："对赫鲁晓夫，气是生不得的……"

毛泽东的火气似乎消了一些，说了一句："嗯——天上人间，各不相干，由他们去吧！"

7 月 28 日，星期日，毛泽东有暇去西郊登了一次玉泉山。

晚上，毛泽东在中南海批阅了在党内传达中苏两党会谈记录的请示报告。

7 月 30 日，邓小平在工业问题座谈会上传达了毛泽东关于"还要进行三年调整"的指示。

7 月 31 日，毛泽东批阅了一篇分析中苏分歧的文章。

即日，中国政府发表声明，用词极其强烈地谴责了苏联和美国草签的部分禁止核试验的协定条约是一个"肮脏的骗局"，这个协定条约"与爱好和平人们的愿望完全相反"，它没有阻止美国进行"核讹诈"，却表明了一种美国、苏联和英国保留自己的"核垄断"的企图；条约的范围不包括地下核试验，这样的协定条约只能是有利于"美帝国主义进一步发展核武器"。苏联政府的这一行径，充分表明了其"心甘情愿地听任美帝国主义夺取军事优势"，"出卖了包括苏联人民和中国人民在内的社会主义阵营的各国人民"，起着"联合战争力量反对和平力量"的极为恶劣的破坏作用。

声明还进一步指出：世界人民需要的是真正的和平，而不是“假和平”；苏、美签署部分禁止核武器试验协定条约，更加反映出了“帝国主义侵略成性的丑恶面目”。

8 月 1 日，毛泽东在他的居住地中南海游泳池的办公室里，写了一首杂言诗歌颂驻守在上海南京路的某部八连的指战员们：

好八连，天下传。
为什么？意志坚。
为人民，几十年。
拒腐蚀，永不沾。
因此叫，好八连。
解放军，要学习。
全军民，要自立。
不怕压，不怕迫。
不怕刀，不怕戟。
不怕鬼，不怕魅。
不怕帝，不怕贼。
奇儿女，如松柏。
上参天，傲霜雪。
纪律好，如坚壁。
军事好，如霹雳。
政治好，称第一。
思想好，能分析。
分析好，大有益。
益在哪？团结力。
军民团结如一人，
试看天下谁能敌。

张玉凤进来看了毛泽东写的诗句，想为毛泽东誊写好了送到中央办公厅去，被毛泽东制止了：“先不要送，你只要替我抄一下就可以了。”

“那好吧！”张玉凤说，“‘军民团结如一人，试看天下谁能敌’！我真的很喜欢这两句……”

“那好……”毛泽东握了毛笔说，“我就给你写了这两句！”

说着，毛泽东用重墨又在一张铺开来的白纸上写下了诗的最后两句：

军民团结如一人，
试看天下谁能敌！

正巧，周恩来来了。一看毛泽东写的诗句，大加赞赏：“好嘛！‘军民团结如一人，试看天下谁能敌’——蒋介石就是被我们这样打败的嘛！美帝国主义直到今天，也还不知道什么叫做‘人民战争’！”

“你也喜欢这两句？”毛泽东看着周恩来笑了，“那我就再写一遍吧！”

说着话，毛泽东开始运笔，又为周恩来写了赞颂南京路上好八连诗句中的最后两句……

8 月 2 日，周恩来向一些国家元首发出了一封倡议召开世界各国政府首脑会议的信函，以讨论“彻底、全面、干净、坚决地禁止和销毁核武器”的问题。阿尔巴尼亚、朝鲜、越南、巴基斯坦等国家，很快给予了积极的响应……

次日，苏联政府就中国政府 7 月 31 日的声明，发表了一个长篇声明，把中国政府的声明说成是“充满失望和悲观情绪”，并表达了他们的诧异：“任何一个社会主义国家都会发表这样一个声明。”他们颠倒黑白地把中国的态度说成是“实际上等于对鼓吹世界热核战争和反对解决国际圆桌会议争论的问题的那些人的纵容”、是中国政府采取了一种“与列宁关于不同社会制度国家和平共处的原则背道而驰”的态度，是中国的领导人“把自己置于公开反对社会主义大家庭，公开反对整个国际共产主义运动和公开反对欧、亚、非、拉美所有爱好和平的人民”的活动之中。

8月4日，非洲索马里的总理舍马克飞抵北京，开始对中国进行国事访问。而这时毛泽东正在接见一位日本共产党的政治局委员，并同他进行了长时间的谈话。在谈到中国的农村状况时，毛泽东说：“现在在农村还有1/3的生产队不掌握在我们手里，掌握在敌人手里。许多基层干部蜕化变质，1/3的政权不在我们手中，掌握在敌人及其同盟者的手里。”

毛泽东说的这几句话，被翻译人员翻译后，令这位日本共产党的政治局委员大惑不解……

8月8日，毛泽东在人民大会堂亲切地接见了许多来自非洲的黑人朋友们，并同他们进行了热情的谈话。其中包括索马里总理阿卜迪拉希德·阿里·舍马克。

在谈话中，毛泽东说：“被压迫人民争取彻底的解放，首先要依靠自己的斗争，其次才是国际的援助。已经获得革命胜利的人民，应该援助正在争取解放的人民的斗争，这是我们的国际主义的义务。”

毛泽东坚持在世界上反对种族歧视和坚决支持世界各国人民的反对种族歧视的斗争，是经过了深思熟虑的，也是具有远见卓识的。

在谈话中，毛泽东对黑人朋友们说：“在非洲、亚洲和全世界各地都有种族歧视的现象。种族问题实质上是阶级问题。我们的团结不是种族的团结，而是同志、朋友的团结。我们要加强团结，共同反对帝国主义、殖民主义和他们的走狗，为争取完全彻底的民族独立和解放而斗争。”

他还说：“可以证明，人民的革命是能够胜利的，帝国主义及其走狗是能够打败的。整个非洲现在都处在反对帝国主义和殖民主义的浪潮中。不管是已经获得独立的国家，还是没有获得独立的国家，总有一天是要获得完全彻底的独立和解放的。整个中国人民都是支持你们的。非洲人民正在一天天觉悟起来，全世界人民都在一天天觉悟起来，全世界 90% 以上的工人、农民、革命知识分子以及其他所有革命的人民，都能够团结起来，争取革命的胜利。”

接见结束后，毛泽东向全世界发表了他所写的《呼吁世界人民联合起来反对美帝国主义的种族歧视、支持美国黑人反对种族歧视的斗争的声明》：

我呼吁，全世界白色、黑色、黄色、棕色等各色人种中的工人、农民、革命的知识分子、开明的资产阶级分子和其他开明人士联合起来，反对美国帝国主义的种族歧视，支持美国黑人反对种族歧视的斗争。民族斗争，说到底，是一个阶级斗争问题。在美国压迫黑人的，只是白色人种中的反动统治集团。他们绝不能代表白色人种中占绝大多数的工人、农民、革命的知识分子和其他开明人士。目前，压迫、侵略和威胁全世界绝大多数民族和人民的，是以美国为首的一小撮帝国主义者和支持他们的各国反动派。他们是少数，我们是多数。全世界30亿人口中，他们最多也不到10%。我相信，在全世界90%以上的人民的支持下，美国黑人的正义斗争是一定要胜利的。万恶的殖民主义、帝国主义制度是随着奴役和贩卖黑人而兴盛起来的，它也必将随着黑色人种的彻底解放而告终。

第二天，《人民日报》在显著位置登载了毛泽东的这一庄严声明。

毛泽东对被压迫民族的解放斗争是全力支持的。他不仅在道义上支持被压迫民族的解放斗争，而且在物质上也给予大力的支持和援助。即使是在中国人民经济最困难的时候，他也是极力坚持这样做的。这对非洲国家的被压迫民族和人民争取国家独立和民族解放的斗争，是一个非常大的鼓舞，使他们深刻认识到中国人民是他们真正的朋友。

毛泽东一贯认为，被压迫人民的彻底解放，首先是要依靠他们自己的斗争，其次才是依靠来自国际上的援助。这就是他一贯强调的必须以自力更生为主，争取外援为辅的原则。作为中国人民，虽然自己获得了独立和解放，但必须看到全世界还有2/3的人民和民族没有获得解放，这些民族和人民还处在被帝国主义、殖民主义剥削和压迫的水深火热之中，中国人民必须支持他们的正义斗争，为争取民族的独立和解放而奋斗。这也是毛泽东所一贯强调的要大力发扬的国际主义精神。

世界风云多变幻，中国大地雨更急……

自8月上旬起，中国的大地上从南到北暴雨连绵。尤其在北方，遇上了多年罕见的连天暴雨，直下得雨水连了天和地，最严重时瓢泼的大雨整整下了7天7夜，致使山洪暴发，造成了许多河流岸决堤溃、洪水泛滥成灾……

毛泽东、刘少奇、朱德、周恩来、陈云、林彪、邓小平、薄一波、彭真、谭震林等人连夜在中南海颐年堂召开了中央政治局扩大会议，面对灾情，向全党、全军和全国人民发出了紧急动员令：动员全体党、政、军、民，组织一切人力物力，抗洪抢险、奋力救灾！

雨瓢泼，连天倾，洪灾无情人有情；

水漫漫，云低暗，战天斗地英雄汉！

一时间，华北地区的大地上处处可见抗洪救灾的人群，每条河流的两岸时刻都可以看到抗洪抢险的队伍。抢险中，人民解放军的战士们冲锋在前，组织起来的机关干部们更是抢先与洪水搏斗，厂矿、企业、公社社员们的民兵队伍也都争先恐后地奔向了救灾的第一线。空中，每天都有中央派出的直升机在低沉的云层中穿行，一团团降落伞吊着众多的救灾物资一次次飘向灾区呼喊着的人群。地上，与灾情搏斗的人们群情振奋，无论男女老少个个斗志昂扬，接到了降落伞系着的救灾物资的人们更是激动得流着眼泪一个劲地高呼：

“共产党万岁！”

“毛主席万岁！”

“天大地大不如党的恩情大！”

“爹亲娘亲不如毛主席亲！”

……

1963年8月19日，毛泽东在《光明日报》刊载的《列宁批判马赫主义的相对主义——学习〈唯物主义与经验批判主义〉札记》一文上写下批语。

8月21日，苏联政府不顾中国遇到重大灾情，竟然发表了一个声明，坚持认为中国领导人“反对核禁试条约的真正动机，就是他们希望不惜任何代价得到他们自己的原子弹”。

面对苏联政府的这样一个声明，中国政府一时无暇予以理睬。

8月下旬，中国北方大地上的洪水渐退……

8月29日，毛泽东针对越南局势，发表了《反对美国—吴庭艳集团侵略越南南方和屠杀越南南方人民的声明》：

最近，南越吴庭艳反动集团加紧对越南南方的佛教徒、大中学校的学生、知识分子和广大人民进行血腥镇压，中国人民表示极大愤慨，并且强烈谴责吴庭艳集团的这一滔天罪行。

被压迫人民和被压迫民族，绝不能把自己的解放寄托在帝国主义及其走狗的“明智”上面，而只有通过加强团结、坚持斗争，才能取得胜利。越南南方人民就是这样做的。

越南南方人民反对美国—吴庭艳集团的爱国主义斗争，不论在政治上或者军事上，都取得了重大的胜利。我们中国人民是坚决支持越南南方人民的正义斗争的。

我深信，越南南方人民一定能够通过斗争实现解放越南南方的目标，并且为祖国的和平统一作出贡献。

我希望，全世界工人阶级、革命人民和进步人士，都站到越南南方人民一边，响应胡志明主席的号召，支援英勇的越南南方人民的正义斗争，反对美、吴反革命集团的侵略和压迫，使越南南方人民免于被屠杀，并且获得彻底的解放。

毛泽东反对种族歧视、反对帝国主义侵略的斗争，有着极其重要的战略思想和目标。他如此重视和支援亚洲、非洲和拉丁美洲人民反对帝国主义的根本原因是出于对国际无产阶级的根本利益的考虑，他认为这是作为解放了的中国人民应尽的国际主义义务。长期以来，他之所以以极大的精力注视着全世界的被压迫民族的解放斗争，是他从根本上把这些斗争当成了世界无产阶级革命事业的一部分。他的这一思想和中国人民的行动，在国际上产生着巨大而深远的影响。

在支持亚洲、非洲、拉丁美洲人民革命斗争的同时，毛泽东丝毫也没有放松进行反修防修的斗争。一方面他要跟赫鲁晓夫修正主义作坚决的、决不退却的斗争，另一方面他要在国内组织开展反修防修的运动，以解决国内和党内的问题……

9 月 1 日，中国政府终于有时间腾出手来回答了苏联政府 8 月 21 日的声明中的“指责”，反击苏联政府“把 1957 年有关核武器的秘密协定的细目传给了美国”。

这时候，准备充分的中国共产党向苏共中央发动了理论上的大进攻。

9 月 5 日，中共中央工作会议在北京召开。会议将再一次讨论农村社会主义教育运动的问题。

第二天，《人民日报》编辑部和《红旗》杂志编辑部联名发表文章《苏共领导同我们分歧的由来和发展——一评苏共中央的公开信》。

在下午继续召开的中央工作会议上，毛泽东提出了一个发展国民经济计划的宏伟设想。他说：“把 1963 年到 1965 年这 3 年作为一个过渡阶段，仍然以‘调整、巩固、充实、提高’的八字方针为这一时期国民经济计划的方针。3 年过渡之后，搞一个 15 年的设想，就是基本上搞一个初步的独立的国民经济体系，或者说工业体系。然后再有 15 年左右，建成一个具有现代化农业、现代化工业、现代化国防和现代化科学技术的社会主义强国。”

毛泽东的这个设想，得到了刘少奇、周恩来、邓小平、薄一波等人的一致赞同。

毛泽东之所以在中央会议上提出这样一个设想，是因为由中央书记处组织成立的关于工业发展问题决定起草委员会，已经草拟出一份题为《关于工业发展问题》的文件。在这份草拟的初步文件中，提出要“在一个不太长的历史时期内把我国建设成为一个农业现代化、工业现代化、国防现代化和科学技术现代化的伟大的社会主义强国”。同时设想，“在3年过渡阶段之后，我们的工业发展可以按两步来考虑：第一步，搞15年，建立一个独立的完整的工业体系，使我国工业大体赶上世界先进水平；第二步，再用15年，使我国工业接近世界的先进水平”。

毛泽东对这份《关于工业发展问题》的初稿作了多次修改，并在9月6日提交的文稿上，加写了这样一段内容[①]：

我国从十九世纪四十年代起，到二十世纪四十年代中期，共计一百零五年时间。全世界几乎一切大中小帝国主义国家都侵略过我国，都打过我们，除了最后一次，即抗日战争，由于国内外各种原因以日本帝国主义投降告终以外，没有一次战争不是以我国失败、签订丧权辱国条约而告终。其原因：一是社会制度腐败，二是经济技术落后。现在，我国社会制度变了，第一个原因基本解决了；但还没有彻底解决，社会还存在着阶级斗争。第二个原因也已开始有了一些改变，但要彻底改变，至少还需要几十年时间。如果不在今后几十年内，争取彻底改变我国经济和技术远远落后于帝国主义国家的状态，挨打是不可避免的。当然，帝国主义现在是处在衰落时代，我国，社会主义阵营，全世界被压迫人民和被压迫民族的革命斗争，都是处于上升的时代，世界性的战争有可能避免。这里存在着战争

① 《毛泽东文集》第8卷，人民出版社1999年6月版第340页、341页。

可以避免和战争不可避免这样两种可能性。但是我们应当以有可能挨打为出发点来部署我们的工作，为求在一个不太长的时间内改变我国社会经济、技术方面的落后状态，否则我们就要犯错误。

同一天，毛泽东对中组部关于加强地委以上各级领导核心和培养第一把手接班人的报告作出批示。

1963年9月13日，《人民日报》编辑部和《红旗》杂志编辑部联名再次发表文章《关于斯大林问题——二评苏共中央的公开信》。

同一天，中国政府就美国政府一再破坏《日内瓦协议》、进一步在中国的南部邻邦老挝制造严重局势发表了声明。

9月18日，中共中央副主席刘少奇在中央工作会议上的讲话中，再一次重申了毛泽东的一句名言："帝国主义和一切反动派都是纸老虎。"他还说，"战争的决定因素是人，而不是什么一两件新式武器。"他指出："在现代修正主义者看来，活着就是一切，活命哲学代替马克思列宁主义的革命理论。"

这次中央工作会议，主要是就中央文件《前十条》下发后，各地开始训练干部并进行"四清"的试点工作情况进行认真的摸底总结。在总结试点工作时，各地陆续提出了一系列有关政策的问题。会议认真研究了各地的情况反映，包括彭真先前的报告和邓小平、谭震林主持起草的《关于农村社会主义教育运动中的一些具体政策问题》，由田家英组织并具体负责的起草班子，经过讨论又制定了《关于农村社会主义教育运动中一些具体政策的规定（草案）》，也是10条，被人们称之为"后十条"。

在这"后十条"中，虽然强调要团结95%以上的农民群众和农村干部，要依靠党在农村中的基层组织和干部，也要正确地对待地主、富农子女，但仍然严重地估计了农村阶级斗争的形势，认为有很大一部分党支部的权力已经没有掌握在共产党的手中了，所以进一步强调了必须“以阶级斗争为纲”。

9月26日，《人民日报》编辑部和《红旗》杂志编辑部联名第三次发表文章《南斯拉夫是社会主义国家吗？——三评苏共中央的公开信》。

连续三篇评论，就像三颗连续炸响的重磅炸弹轰向了苏共中央，使得苏共中央一时之间简直没有了“招架之功”……

同日，毛泽东在1963年9月25日《参考消息》第一版上写下批语。

9月27日，毛泽东在最后一天的中央工作会议上，再一次就农村中的“四清”工作和文艺界的问题发表了讲话。他说：“我们搞‘十条’，搞‘四清’，城市搞‘五反’，实际上是国内反修正主义。反修也要包括意识形态方面的问题。文学、艺术、戏剧、电影、艺术等都应该抓一下。”

讲到这里，毛泽东重复了他以前也是在中央工作会议上曾经对大家讲过的几句话：“过去的戏总是那一套，帝王将相，小姐丫鬟，当保镖的是黄天霸，搞这一套不行呢！”继而又说，“推陈出新，出什么？要出社会主义。要提倡搞新形式，旧形式也要搞新内容。”

听了毛泽东的讲话，参加会议的人们知道毛泽东已经对中国的文艺界很不满意了。而毛泽东之所以要先抓文艺界，是他认为在这些领域中存在的问题最多、最深、最严重，如果不抓紧解决，势必会影响到整个政治思想领域。同时他还认为，中国的经济基础已经发生了变化，而上层建筑也应该出现相应的变化，才能巩固经济基础。但是，如果现在作为上层建筑一部分的文化艺术部门仍然固守旧的东西，不变化或者根本就不想变化，那就会瓦解社会主义的经济基础。这是毛泽东下大力量先从文艺界“开刀”的根本原因。

同时，毛泽东还在修改《关于工业发展问题（初稿）》时增写了一段话，要求积极改变我国经济和技术远远落后于帝国主义国家的状况。

这一天，中央工作会议结束。

在这次中央工作会议上，大家在总结前一时期的各项工作中一致认为：

在全国城乡逐步开展社会主义教育运动的同时，中央对国民经济的调整也在大踏步地前进之中。1963 年是全国工业战线执行“调整、巩固、充实、提高”八字方针取得显著成绩的一年，也是全国工业在转向以农业为基础的轨道上大步前进的一年。

会议还集中讨论了 1964 年的国民经济计划，特别是对工业发展的方针问题做了认真的讨论和研究。会议确定，从 1963 年起，再用 3 年时间，继续进行“调整、巩固、充实、提高”的工作，并提出把这 3 年作为第二个五年计划到第三个五年计划之间的过渡阶段。在这 3 年中，各个工业部门，要认真做好提高产量 、增加品种、填平补齐、成龙配套的工作，以及搞好设备的更新和专业化协作，为 1966 年至 1970 年的第三个五年计划做准备。

会议最后提出了 1964 年国民经济计划草案。

1964 年国民经济计划主要是：工农业总产值为 1467 亿元左右，其中农业总产值 490 亿元，工业总产值 977 亿元。农业中主要产品产量为：粮 3410 亿～ 3435 亿斤，棉花 2442 万～ 2553 万担，钢 840 万吨，煤 21300 万吨，原油 760 万吨，国家预算收入 382 亿元。

会议指出：要完成这些任务，各行各业都必须像 1963 年一样扎扎实实地工作，不然是很难实现的。

9 月 29 日，新华社报道，我国国民经济在克服了连续 3 年严重的自然灾害造成的困难以后，已开始全面好转。

27. 毛泽东南下视察　李银桥进京“探亲”

1963年10月4日，首都人民和文化界、医药界、佛教界举行隆重集会，纪念我国唐代东渡日本的鉴真和尚逝世1200周年。

毛泽东在中南海的勤政殿对郭沫若说：“鉴真东渡，传播了中华民族的大唐文化，对日本的社会发展是起了积极作用的。”

郭沫若赞同道：“主席说得对，至今日本的民族服装还是我国唐代样式的‘和服’，由此可见一斑。”

毛泽东又说：“你是多次到过日本的，我相信日本人民也是爱好和平的。喜好战争和鼓吹复活军国主义的，只是佐藤荣作，之流的那么一小撮。”

这一段时间，苏联的报刊依然在继续攻击中国共产党的政策。只是，总的说来，避免了在用词上对中国共产党的领袖的个人辱骂。

10月6日，苏共中央理论机关刊物《共产党人》再次发表文章，攻击中国共产党反对苏联和美国的核威胁以及进行世界无产阶级革命的理论是什么“用世界战争的方法努力实现其他国家的革命，这是一条共产党人在原则上所不能接受的道路，因为这是以反列宁主义的、从外部‘加速’革命的思想为基础的。此外，这是一条用打核战争的方法而不顾世界战争的现实后果的道路……”

毛泽东在中南海看了苏联人的这期《共产党人》，指示中央办公厅秘书室的人立即组织文章予以回击……

临近10月中旬的一天，毛泽东突然对张玉凤说：“我书架后面有一个老式皮箱，里面有几件旧衣服，你拿到院子里去晒一晒吧！”

张玉凤进房间去找到那只旧皮箱，拎到院子里打开来一看，见是几件颜色发黄的旧衬衣，还有一顶蓝色的旧棉帽和一双破得不能再穿的旧袜子、一条破烂不堪的旧毛巾。张玉凤不敢去问毛泽东保留这些旧衣物干什么，只是按照毛泽东的意思一件一件地打开来晾晒了。

第二天，毛泽东对张玉凤讲了那几件旧衣物是儿子岸英留下来的遗物，张玉凤的眼睛立刻湿润了。毛泽东一直在记挂着他这个牺牲在朝鲜的儿子啊！前些日子天气不好，雨水多，不便于晾晒衣物。现在天气晴朗了，日理万机的毛泽东又想起了儿子的衣物，这是多么深切的父子之情啊！张玉凤知道，毛岸英牺牲已经整整 13 年了啊……

10 月 10 日，毛泽东再次乘专列离开北京，开始了又一次南下视察。

当天深夜 24 时，毛泽东的专列停在了河北省的邯郸。

10 月 11 日下午，毛泽东在专列上听取了河北省委关于农村开展“四清”运动的情况汇报。

下午 5 时，毛泽东乘专列离开了邯郸。

晚上 9 时 56 分，毛泽东到达了河南郑州。在郑州，毛泽东在专列上听取了河南省委关于社教工作情况的汇报。

10 月 13 日下午 1 时 30 分，毛泽东乘专列离开郑州继续南下。

次日凌晨，毛泽东又一次到了武汉。这次来武汉，毛泽东再次住进了武昌区的洪山宾馆。

这一时期，苏联报刊发表了许许多多外国共产党倡议在不久的将来召开一个世界共产党会议的声明。

10 月的武汉秋高气爽，长江两岸三镇的绿树郁郁葱葱、一片峥嵘。滚滚长江水浩浩荡荡地向东流淌着，游弋在江中的一艘艘货轮不时鸣响着沉闷的汽笛，显示着来往运输的繁忙……

10 月 17 日，毛泽东带着他的随行人员从洪山宾馆移居到了东湖宾馆。

晚上，武汉大学的李达来看望毛泽东。两个人一见面，即

1963年，毛泽东在火车上审阅河北省水利工程规划图。（新华社稿）

谈笑风生地讲起了农村中普遍开展起来的社会主义教育运动的诸多情况。

正在谈论中，湖北省委第一书记王任重和省委的另一些人也来了，毛泽东热情地招呼大家在客厅里坐下来，七八个人在一起继续谈论湖北的社教运动情况，卫士张景芳和张仙朋忙里忙外地沏茶倒水……

王任重向毛泽东汇报了孝感云梦地区的贫下中农忆苦思甜的情况，其他同志分别汇报了仙桃、潜江、江陵和公安等地的情况。毛泽东听了以后，笑一笑对大家说："要抓紧抓好农村的'四清'工作，前后两个'十条'要认真贯彻落实，发现什么问题要及时反映给中央。只要农民搞社会主义的积极性真正调动起来了，农村的问题真正解决了，我国的农业生产真正向前发展了，别的问题都好解决。"

王任重附和道："主席讲的我们理解，农业是基础……"

毛泽东又说："江陵和公安这些穷困地方，在三国时期是吴蜀争夺的战略要地。现在我们和农村里的资产阶级分子们也要争夺阵地，这是坚决不能动摇的。”

王任重和湖北省委的人们都表示：一定站稳无产阶级立场，同资产阶级争夺农村阵地和城市以及各个角落里的社会主义阵地……

10月20日，毛泽东乘专列离开武汉前往长沙。

22日，《人民日报》编辑部和《红旗》杂志编辑部联合发表文章《新殖民主义的辩护士——四评苏共中央的公开信》。这时，毛泽东正在长沙同湖南省委的同志们谈论着“双十条”在湖南各地的贯彻落实情况。

10月23日，苏联刊物《共产党人》发表文章，攻击中国的宣传机构正在进行“神化毛泽东”和进行“一场自托洛茨基主义时代以来还没有发生过的反对马克思列宁主义的基本原则的运动”，并说中国的宣传机构正在鼓励和支持其他国家的“反党和宗派团体”，企图“从这些大部分是由各国共产党开除的人组成的团体中拼凑一个国际集团”。

毛泽东在长沙看了苏联的刊物《共产党人》文章的翻译件，立刻电话指示中宣部的人写文章予以理论上的反击。

第二天，中国外交部发表声明，谴责和抗议美国再次操纵联合国大会阻挠恢复我国在联合国的合法权利。

晚上，毛泽东在专列上对随行的汪东兴说：“美国人不想让我们加入联合国，是他们害怕我们的表现。我们要是真的去了，是有否决权的，是会妨碍他们干坏事的。”

张玉凤在一旁说：“那不是更好吗？我们去了，美帝国主义就什么坏事也干不成了！”

毛泽东说：“现在的问题是，一是他们不想让我们去，二是我们现在也不想去。去了也是天天吵架，有什么意思啊？”

10月25日，于10月16日在北京召开的中华全国手工业合作社第二次社员代表大会结束。会议进行中，该社主任陈一帆作了工作报告，国务院副总理薄一波讲了话。大会通过了中华全国手工业合作社章程。

在专列上，毛泽东和薄一波通了电话，详细询问了全国手工业合作社的情况，并嘱咐薄一波说:“在手工业战线也要进行社会主义教育运动，要认真抓好人的思想政治工作。”

这一天，苏联的赫鲁晓夫向中共中央发出呼吁，希望结束公开论战，并建议如果中苏两党之间还有分歧，那“就让时间来检验谁的观点更正确”。

10 月 26 日，毛泽东乘专列离开长沙抵达南昌。

在南昌，毛泽东听取了江西省委同志们的“四清”工作情况汇报，并对江西省委的同志们说:“现在赫鲁晓夫胆怯了，向我们挂出了‘免战牌’，世界上哪有这样便宜的事啊？你们骂了我们五六年，带头挑起了事端，却不想听几句‘回敬’的话，这不是痴心做梦么！”

听毛泽东这样讲，大家知道还是要同赫鲁晓夫继续论战下去的……

10 月 28 日，毛泽东乘专列离开南昌前往杭州。

10 月 29 日，毛泽东在专列上听取了浙江省委同志们关于贯彻落实“双十条”的工作情况汇报。

当天晚上，毛泽东命令专列开往上海。

10 月 31 日，毛泽东在上海与刘少奇、朱德、周恩来联名电贺阿尔及利亚革命 9 周年。

在锦江饭店，毛泽东批阅了《苏共领导联印反华的真相》一文。随后，毛泽东对前来看望他的柯庆施说:“赫鲁晓夫胡说我们拼凑反对他的国际集团，是他害怕我们的朋友越来越多。作为一个社会主义大国，他不想积极支援世界各国人民的无产阶级革命斗争，我们就要反其道而行之……”

柯庆施称赞毛泽东的国际主义路线是完全正确的，完全符合当前国际斗争发展形势的需要……

11 月 1 日，毛泽东接了罗瑞卿打来的一个电话，报告说我空军部队在华东地区上空击落美制蒋军 U –2 型高空侦察机一架。毛泽东当即在电话上对罗瑞卿说："对部队通令嘉奖，大力表彰参战的一切有功人员！"

11月2日，《人民日报》发表编辑部文章《苏共领导联印反华的真相》，披露了苏联在中印边界局势正处于紧张的时候，答应并向印度出售了大量的苏联军火等一系列事实真相。

看了《人民日报》编辑部的文章，毛泽东对华东局的同志们说："1959年赫鲁晓夫在印度问题上对我们施加压力，他们单独发表了一个声明，名义上是中立，实际上是偏袒印度，谴责中国。他从戴维营回来就来教训我们，那一次也是谈得不欢而散。"

11月3日，国家《发明奖励条例》和《技术改进奖励条例》由国务院正式向全国发布。

下午，毛泽东乘专列离开上海再返杭州。

11月4日，公安部发布公报：广东、福建、浙江、江苏、山东沿海地区军民最近连续歼灭9股偷渡登陆和空投的美蒋武装特务共90人。

在杭州西湖侧畔的刘庄招待所，毛泽东送走了前来汇报工作的浙江省委的同志们以后，对张景芳和吴旭君等人说："蒋介石总是和我们配合得很默契，他来我往，一家人打架，外人是不好插手的。"

吴旭君笑了问："蒋介石向大陆空投特务，主席怎么还说是同我们'配合'呢？他这是成心破坏我们的社会主义建设！"

"就是！"张景芳也说，"他来多少，我们就消灭他多少，管叫他们一个个有来无回！"

"这你们就不晓得了……"毛泽东笑了说，"还是要故意放一些人回去的，回去也好给我们的'老朋友'报个信嘛！再说，蒋介石也晓得他这只是做做样子，蚍蜉撼树，哪里撼得动嘛！"

吴旭君问："那他为什么还要派特务来呢？那不是故意来找死吗？"

毛泽东解释说："如果他不派人来，他还怎样在台湾待下去呀？他派人来，是向世界证明一个事实，那就是台湾和大陆都是中国的领土。他和我们之间，你打我，我打你，只是国民党和共产党之间的互相争斗罢了。这样的一个道理，我身边的人是应该晓得的。”

张景芳和吴旭君都说：“听主席这么一说，我们就更明白了……”

一天傍晚，毛泽东带了汪东兴和张玉凤等人去游西湖。见到南屏山下摆放着许多盛开的菊花，张玉凤说：“这菊花在我们家乡，要到冬天开了才叫人喜欢。”

毛泽东说：“菊花欺霜傲雪，自有她的骨气，但是，菊花也有遇秋风而落瓣的时候，实在是因地而异呀……”

张玉凤说：“我知道主席说的是菊花在黄州遇秋风落瓣的事。”

毛泽东面对张玉凤说：“王安石和苏东坡的故事你是晓得了，这其中说明了一个道理：‘为人第一谦虚好，学问茫茫无尽期[①]。’”

11 月 6 日，毛泽东与刘少奇、朱德、周恩来联名电贺十月革命 46 周年。

晚饭后，张玉凤想起了中国向苏联发贺电的事，问毛泽东：“我们都和苏联闹翻脸了，还给他们发什么贺电？”

毛泽东说：“苏联共产党中的大多数人和苏联人民还是革命的，列宁领导的无产阶级革命永远都没有错。”

11 月 10 日，毛泽东乘专列离开杭州重返上海。

在上海，毛泽东再一次同柯庆施、陈丕显等人谈了话，并找来全国工商联代表陈叔通叙谈。

叙谈中，毛泽东对陈叔通说：“我很想请人刻一枚藏书印章……”

---

① “为人第一谦虚好，学问茫茫无尽期”，中国古典小说《警世通言》中《王安石三难苏学士》里的诗句。

陈叔通征询毛泽东的意见："是要阳文呢？还是阴文？"

毛泽东想了一下说："无论阳文、阴文都可以。"

陈叔通立刻想到了他多年的老友、上海的印家吴朴堂先生。陈叔通向毛泽东讲了他的想法，毛泽东当即表示说："可以吧……"

次日，毛泽东的专列驶离了上海沿津沪线直上天津。

11 月 12 日，毛泽东在天津听取了刘子厚、万晓塘等人关于河北省和天津海河人民积极抗洪抢险的情况汇报，对河北省和天津市人民勇于同洪水作斗争的顽强精神给予了高度赞扬。谈话中，毛泽东向林铁问起了他以前的卫士长李银桥："我的卫士长在天津，他的情况还好吧？"

万晓塘回答说："银桥同志在公安处工作得很好，同大家的关系搞得也很好……"

毛泽东说："这是一个老实人呢！他跟了我 15 年，六二年中央精兵简政，我不得不放他和我身边的一些人下来。他离开了我，我还是很想他的。"

林铁说："这好办，我们通知李银桥同志来看望主席。"

当天，毛泽东没有等到李银桥来看望他，即命令专列返京了。

1963 年 11 月 12 日下午，林铁受毛泽东之托叫来在天津市公安处工作的李银桥，对他说："卫士长，你到主席那里去一趟，他打听你呢！"

李银桥立刻问："主席来天津了？"

"来了。"林铁说，"你去看看他，再请他给写几个字。"

李银桥问："写什么字？"

林铁递给李银桥一张纸，上面写着"一定要根治海河"，另外还有一封信和抗洪救灾的汇报材料，并嘱托说："最好能请主席给写一首诗词。"

李银桥又问："写哪首？"

林铁说："请他老人家写《浪淘沙·北戴河》吧，我已经把这个意思写在信里了。"

“那好，我去见主席。”当李银桥答应林铁的时候，毛泽东已经回北京了。

李银桥得到消息，立刻赶赴北京……

进到中南海，李银桥径直走向毛泽东的居住地游泳池。正在游泳池值班的汪东兴见到李银桥来了，告诉说：“主席正在休息，你先等一下。”

等候时，李银桥同汪东兴谈起了天津的情况和自己工作的情况，正谈着，电铃响了，值班卫士说：“主席醒了，正在会客室等卫士长。”

李银桥同汪东兴道了声“再见”，立刻快步走进了会客室。坐在沙发上的毛泽东起身迎着李银桥热情握手，边握手边询问他的情况。

李银桥汇报了自己的工作，同毛泽东一起在沙发上坐下来谈起了家常话。

毛泽东又问：“小韩怎么样？”

李银桥回答：“很好，她很惦记主席。”

毛泽东说：“你告诉她，我很好，我问她好。”

“谢谢主席的关心。”李银桥说着又问，“主席现在身体怎么样？能睡安稳觉吗？”

毛泽东说：“身体挺好，就是眼有点花，看小字要用放大镜了。”又说，“睡觉还可以，只是睡的时间不长。”然后问，“你到北京来，除了看我，还有么事情啊？”

“主要是想主席了，主席到天津没能见上面……”李银桥说，“林铁同志想请主席给题几个字，还有一封信和材料。”说着，把写有“一定要根治海河”的纸和材料交给了毛泽东。

毛泽东看了字纸说：“今日是 14 号，你等两天，我写好了再给你。”

李银桥说：“行，我等几天都行。”

毛泽东笑一笑：“银桥啊，我这里就是你的家么。你来看我是‘探亲’，以后要常来，很近么……”

"是！"李银桥也笑着答应道，"下次我和小韩一起来'探亲'！"

又谈了一会儿别的情况，毛泽东鼓励李银桥好好工作，回去以后要好好教育孩子们，教育孩子们树雄心、立大志，将来更好地为人民服务。李银桥答应着，告别毛泽东去到北京饭店等候……

李银桥走后，毛泽东为中共中央起草了一份关于印发和宣传农村社会主义教育运动的两个文件的通知。

11 月 17 日，毛泽东写了"一定要根治海河"7 个大字，还给林铁写了一封短信：

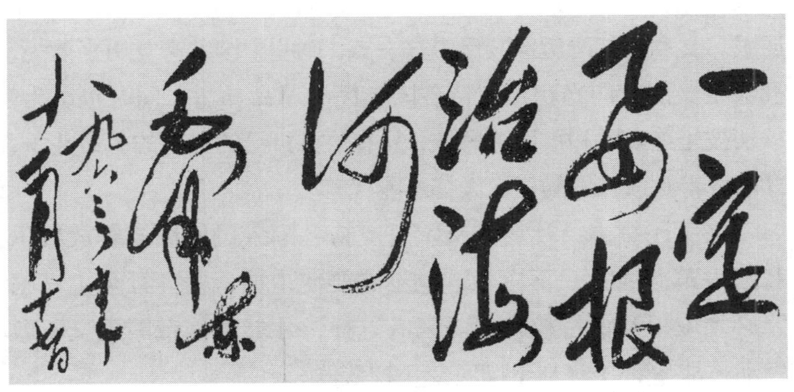

1963年11月17日，毛泽东为海河工程题词手迹。

遵嘱写了几个字，不知是否可用？浪淘沙一词，待后再写。

11 月 18 日，毛泽东审阅了中共中央五评苏共中央的公开信。

在第二届人大第四次会议在北京举行期间，全国人大常委会委员长朱德综合他年内到广东、广西、湖南、湖北、河南、河北、陕西、四川、江苏、安徽、山东、天津等省、市、自治区视察的情况，致函毛泽东和刘少奇、周恩来等人，提出应当十分注意发展经济作物，发展集体副业和人民公社社员的家庭副业，特别是山区和丘陵地区，搞多种经营的门路很多，应大力恢复和发展。

对于朱德的这封信，毛泽东、刘少奇、周恩来等人都很重视……

11 月 19 日，《人民日报》编辑部、《红旗》杂志编辑部联名发表文章《在战争与和平问题上的两条路线——五评苏共中央的公开信》。

文章指出：苏共领导认为，在核武器出现以后，已经没有正义战争和非正义战争的区别了，被压迫人民和被压迫民族必须放弃革命、必须放弃进行正义的人民革命战争和民族解放战争；在帝国主义的核讹诈和战争威胁面前，社会主义国家只能屈服。文章极其严厉地驳斥了这一点，阐明中国共产党历来认为，社会主义国家应当积极支持各国人民的革命斗争；同时也认为，一切被压迫人民和被压迫民族，只有依靠自己的坚决的革命斗争，才能取得解放，别的任何人都不能代替。

文章还指出：社会主义国家支持各国人民的民族解放战争和国内革命战争，不应当，也不需要使用核武器。社会主义国家必须取得和保持核优势。只有这样，才能迫使帝国主义不敢发动核战争，才有利于彻底禁止核武器。

文章还进一步指出：社会主义国家手中的核武器，永远只能是抵抗帝国主义核威胁的防御武器。社会主义国家绝不应当首先使用核武器，绝不应当玩弄核武器，进行核讹诈、核赌博。文章的后一部分揭露，赫鲁晓夫在古巴危机中正是挥舞着核武器进行核讹诈、核赌博的。

28. 国民经济大发展　毛泽东悼罗荣桓

1963 年 11 月下旬的北京天气已经很冷了。中南海里的梧桐树和柳树都已经落叶，而一株株高大的松树和遒劲的柏树却在冷风中更加苍劲，暗绿而茂盛的枝叶伸向空中，向自然界显示着它们从不畏惧严寒的顽强性格。

一天，在中午吃饭的时间，江青在餐桌上边吃饭边对毛泽东说："我下去了这几个月，发现文化部确实存在着不少的问题。他们中的一些人，至今仍不贯彻你在延安文艺工作座谈会上的讲话精神，建国都这么多年了，还在那里热衷于搞旧的东西，文艺根本不是为工农兵服务……"

毛泽东放下了筷子，有些气愤地说，"他们这些人，还是'帝王将相、才子佳人'啊！"

这时，侍卫在一旁的张仙朋给毛泽东递上了不凉不烫的茶水。毛泽东喝着茶，又对江青说："你去搞一两个样板戏出来，先抓剧本，真正歌颂工农兵的，先从京剧开始……"

说着，毛泽东放下茶杯，迈步离开了小餐厅。见毛泽东走了，江青依然坐在餐桌旁自言自语道："哼，我一定抓出个样子来给他们看看……"

晚上，毛泽东到颐年堂去同等候在那里的陈毅谈话。谈话中，毛泽东提到了文艺改革的问题。他说："老总啊，你是军人，又是'文人'，你怎样看我们舞台上现在演的这些戏啊？"

陈毅见毛泽东话中有话，回答说："看戏嘛，无非是娱乐……"

毛泽东不这样看问题："那也要看是什么样的娱乐，我们总不能让资产阶级占领着社会主义的戏剧舞台么！"

陈毅笑了："唱戏，让老百姓穿了长袍子去唱京剧？"

毛泽东也微微一笑："不要穿了长袍子，就穿我们现在穿的衣服，只要老百姓真正喜闻乐见，有什么不可以呀？你在延安没看过《兄妹开荒》吗？还有《白毛女》……”

陈毅明白了毛泽东的意思，像是回忆的样子：“要的，这倒是两个好戏，很教育人……”

毛泽东又说：“建国这么多年来，一直是旧戏统治着我们的舞台，这种现象再也不能继续下去了！”

陈毅一边喝水一边说：“主席不是很喜欢听京剧的吗？”

毛泽东开始吸烟：“旧的传统剧目当然可以保留一些，但主要的是要表现工农兵的形象，要让无产阶级占领舞台。这里面存在着一个文艺为什么人服务的问题，存在着一个方向问题和路线问题。”

陈毅坦言道：“那我就不好说什么了……”

接下来，两个人又谈起了外交上的一些事，主要谈了下个月中旬周恩来即将出访非洲10国的诸多需要准备和注意的事项。毛泽东离开后，陈毅顺路去找了刘少奇。

在刘少奇的家里，几个孩子高兴地拉着陈毅的手，你一言我一语地非要让“陈叔叔”讲故事。王光美给陈毅沏了茶水，热情地请陈毅在沙发上坐下来，然后让刘少奇的卫士长石国瑞将孩子们打发走了……

谈了一会儿周恩来即将出访非洲的事和工作上的事，陈毅讲起了刚才毛泽东在颐年堂同他谈话的内容。刘少奇吸着烟，想了想说：“主席所担心的，是怕文艺界被资产阶级占领了阵地……”

陈毅说：“我看主席很是担心喔！”

刘少奇说：“其实一些旧戏还是可以唱的，《四郎探母》唱了这么多年，还不是照样唱出了一个新中国！”

陈毅说：“主席已经让江青去搞戏剧改革了。”

“这件事我和恩来都是知道的。”刘少奇说，“江青本来就是文艺圈子里的人，她去搞戏剧改革，也很合适。”

陈毅起身说道：“既然少奇同志也这样看，我就无话可讲了！”

随即哈哈一笑，摆一摆手说，“告辞了，改日再来讨教！”

石国瑞送陈毅出门：“我送一送陈老总……”

“不要送！”陈毅又一摆手，“没得几步就到家了！”

11月29日，毛泽东离开游泳池住地去到中南海的怀仁堂看了反映“南京路上好八连”事迹的话剧《霓虹灯下的哨兵》。刘少奇、周恩来、朱德、陈毅等人也都去看了，大家都说演得不错，演出很成功……

12月3日，第二届人大第四次会议圆满结束。

这时，中国的实际情况表明，整个国民经济已经开始全面好转，主要的工农业生产指标都按计划完成，粮食总产量达3400亿斤，比1962年增加200亿斤；棉花总产量达2400万担，比1962年增加940万担；其他经济作物的产量也有了较大幅度的增长。在工业中，钢产量达762万吨，比1962年增加92万吨；原油产量为648万吨，比1962年增加73万吨；发电量为490亿度，比1962年增加32亿度；其他的工业产品也有较大幅度的增加。国家财政收入为342.3亿元，支出339.6亿元。可见，1963年的经济调整工作是扎扎实实进行的，从而扭转了连续3年的经济困难局面。

12月4日，政协第三届全国委员会第四次会议圆满结束。

这两个会议的召开和圆满结束，令毛泽东很满意也很高兴。会议期间，毛泽东曾对杨尚昆和罗瑞卿、李富春等人说：“看来还是搞集体化，如果真的实行分田到户，搞单干，国家经济哪能这么快就好转了？”又说，“邓子恢这个人哪，错就错在热衷于搞单干。只看到了一时的眼前利益，看不到集体经济的长远利益和社会主义的根本利益，有一百个也会有一百个犯错误。”并对李先念和李富春说：“邓子恢讲，分田单干，给他八年时间，就可以彻底改变中国农村的落后面貌。我才不上他的当哩！”还说，“结果怎样？我们坚持人民公社的集体化道路，只用了一年多一点的时间，就基本扭转了国民经济的重重困难，哪里用得了八年？如果真的给他八年时间，中国早就变成资本主义国家！”

12月5日，毛泽东致信田家英，谈了《毛泽东诗词》的编辑事宜。

12月6日，毛泽东写信给田家英，告以准备开会讨论诗词问题。

12月9日，周恩来到中南海的游泳池来向毛泽东辞行，因为他就要率领中国政府代表团飞赴非洲访问10国了。交谈中，毛泽东对周恩来说："访问期间，可以顺路去一趟阿尔巴尼亚，看一看霍查同志……"

12月11日，毛泽东将王鹤寿关于企业思想政治工作报告的报告批给了国务院副总理兼国家经济委员会主任薄一波：

此件请你看一下。别的工业部是否也抓起了思想政治工作，请你查告我。看来学解放军，并且调一些解放军好干部到工业部门工作，是一个好办法。请你考虑一下这个问题。

1963年12月12日，《人民日报》编辑部、《红旗》杂志编辑部联名发表文章《两种根本对立的和平共处政策——六评苏共中央的公开信》。

这一天，毛泽东看了中宣部文艺处编印的《文艺情况汇报》刊载的《柯庆施同志抓曲艺工作》一文，决心狠抓一下意识形态领域里的阶级斗争，以下大力量解决文艺界所存在的问题，便给北京市市长彭真、副市长刘仁写下批示：

各种文艺形式——戏剧、曲艺、音乐、美术、舞蹈、电影、诗和文学，等等，问题不少，人数很多，社会主义改造在许多部门中，至今收效甚微。许多部门至今还是"死人"统治着。不能低估电影、新诗、民歌、美术、小说的成绩，但其中的问题也不少。至于戏剧等部门，问题就更大了。社会经济基础已经改变了，为这个基础服务的上层建筑之一的艺术部门，至今还是大问题。这需要从调查研究着手，认真地抓起来。

许多共产党人热心提倡封建主义和资本主义的艺术，却不热心提倡社会主义的艺术，岂非咄咄怪事。

毛泽东的这一批示表明，他认为上层建筑中最重要的部分——党政机关中存在的问题更加严重，及时地解决党政机关干部中的各种问题更为迫切。这是反修防修的根本大事，只有抓住这部分才能全面地解决当前的问题。

毛泽东的这一批示传达后，中国文联和各协会开始了整风……

12 月 13 日，毛泽东为中共中央起草了关于《加强互相学习，克服故步自封、骄傲自满》的指示。

在这个指示中，毛泽东既有表扬也有批评，既讲成绩也指出缺点，既从理论上分析又作思想方法方面的工作，并把它作为一个重大问题、作为党内指示，提交给中央工作会议和中央全会讨论。

事实上在这一时期，党政机关中也确实存在着严重的官僚主义作风。毛泽东正是抓住了这一点，大加分析批评，在党内引起了极大的震动。在毛泽东看来，党政机关干部中的官僚主义是十分严重的，并且愈来愈厉害，不下大力量整顿是不足以解决问题的。

1963 年 12 月 14 日，毛泽东对配备在基层的思想政治工作人员作出批示。

就在这一天，毛泽东给林彪写了一封信：

你的信早收到了。身体有起色，甚为高兴。开春以后，宜到户外散步。你对两个文件的看法是正确的。国内外形势均已向好，均已走上正确的轨道。可以预计，更大的发展是会到来的。关于农村社会主义运动两个文件，十一月中旬就发出去了，本月上旬各省已有反映，在一些地方的生产大队全体队员及五类分子（有的多到七百多人听讲）开会时向他们宣读，分组讨论，效果很好。军队如能照此办理，那也一定会好的。由团营两级理解力强的军政干部向连队一切人员分几次宣读、讲解，讨论，由群众提出意见，讲解员解答疑难问题，是会成为一个大规模社会主义政策教育运动的。军、师两级也可派一部分强的干部下去，杂在团营干部中，向连队宣读、讲解，作为军官当兵的一种形式。至于高级首长，例如瑞卿、肖华、杨勇、廖汉生、许世友、黄永胜、刘亚楼等同志，也应该择一二个连队去作一二次讲解。讲解要联系环境，先要对准备去讲解连队的情况作一些大略的调查。不知已按你的意见作了布置没有？据我跟北京几个军事基层单位的少数同志接触，他们尚不知道此事，没有看过文件，也没有听过宣读。此事其实不难，只要由总政下一通知，叫各军区各兵种印发文件，每一个支部一本，传下去，由团营合组宣讲队伍，分头下到连队，照本宣讲，以排或班为单位进行讨论，自由发言，容许讲不同意见，甚成反对意见，就可以在一个短时间内（例如几个星期……）出现一个高潮，提高政治水平。一次宣讲之后，过几个月再作一次宣讲，使人们得到更深理解。军队一动起来，还可抽出一些干部帮助地方，向工厂、农村作宣讲工作。这样又可以使军民联合起来，人民了解和拥护军队，军队了解和帮助人民，更是一大好事。是否可以如此做，请你和罗、肖诸同志商酌处理。

毛泽东之所以写这样的一封信给林彪，是因为他把农村开展的社会主义教育运动作为一件大事来抓。军队中的绝大部分人都与农村有关，有的干部战士就是贫下中农的子弟，这些人关心发生在他们家乡的“四清”运动；“四清”试点的地方，反映出来的一些问题有的也涉及了部队的同志。

12 月 16 日，毛泽东收到了薄一波写的一份报告，说他正在召集工业各部的同志，查询各部学习解放军和石油部抓思想政治工作的情况，并讨论如何加强工业企业的政治思想工作问题；同时还说学习解放军，调一批解放军的好干部到工业部门去工作，的确是加强工业企业政治工作的好办法。毛泽东立即写信给中央军委的林彪、贺龙、聂荣臻、罗瑞卿和肖华等人，称赞了解放军的思想政治工作和军事工作；并指出在全国学习解放军、大力加强思想政治工作的情况下，解放军也要虚心地向全国人民学习。同时还说："这个问题我考虑了几年了。"

毛泽东在信中说：

解放军的思想政治工作和军事工作，经林彪同志提出四个第一[①]、三八作风[②]之后，比较过去有了一个很大的发展，更具体化又更理论化了。

现在全国学解放军、学大庆，学校也要学解放军，解放军好是政治思想好。也要向全国城市、农业、工业、商业、教育的先进单位学习。

国家工业各个部门现在有人提议从上至下（即从部到厂矿）都学解放军，都设政治部、政治处和政治指导员，实行四个第一和三八作风。我并建议从解放军调几批好的干部去工业部门那里去做政治工作（分几年完成，一年调一批人），如同石油部那样。据薄一波同志说，现在已有水利电力部、冶金工业部、化学工业部正在学习石油部学解放军的办法在做。我已收到冶金部学解放军的详细报告，他们主张从上到下设政治部、政治处和政治指导员。看来不这样做是不行的，是不能振奋起整个工业部门（还有商业部，还有农业部门）成百万成千万的干部和工人的革命精神的。

请你们考虑一下是否可行，然后我和中央常委同志同你们谈一下（有个别管工业的同志参加。林有病可不出席），

① 四个第一，指"人的因素第一、政治工作第一、思想工作第一、活的思想工作第一"。

② 三八作风，指"坚定正确的政治方向，艰苦朴素的工作作风，灵活机动的战略战术"和"团结、紧张、严肃、活泼"。

把方针确定下来。这个问题我考虑了几年了，现在因为工业部门主动提出学解放军，并有石油部的伟大成绩可以说服人，这就到了普遍实行的时候了。

从此，全国各行各业大学解放军的群众运动迅速地开展起来。在向解放军学习的运动中，解放军在人民心中的地位和影响也随之日益提高和增强。全国的大中型企业一律都在党委的直接领导下设立了政治部或政治处，各省市自治区党委同样设置了这样的主持政治思想工作的部门，就连许多政府机关也都设立起了政治部和政治处……

也就在 12 月 16 日这一天，中共中央委员、中央政治局委员、人大常委会副委员长、国防委员会副主席罗荣桓元帅因病不幸在北京逝世，终年 61 岁。

噩耗传来，毛泽东异常悲痛。他一向很敬重对党对人民无限忠诚的罗荣桓同志，在当天晚上召开的工作会议上他提议大家起立为罗荣桓默哀。中南海颐年堂大厅内，毛泽东、刘少奇、邓小平、聂荣臻等人一起站起身来……

落座以后，毛泽东深情地说："罗荣桓同志是 1902 年生的。

1955年授元帅军衔。（新华社稿）

这个同志原则性强，背后少说，当面多说，不背地议论人。一生始终如一。一个人几十年如一日不容易。”

刘少奇说：“罗荣桓同志的去世，是我党我军的一大损失。”

毛泽东又说：“党内要团结。党内不纯粹，这是社会现象。打麻将，即使‘清一色’，还有一万、两万、三万的不同。党内有各色各样的人。要团结多数，做到比较一致。允许少数同志犯错误，公开犯错误也可以，不许秘密搞鬼。”

接下来，聂荣臻开始汇报十年科学技术规划……

当日晚，毛泽东在聂荣臻关于十年科学技术规划的汇报材料上写下批示：

科学技术这一仗，一定要打，而且必须打好。过去我们打的是上层建筑的仗，是建立人民政权、人民军队。建立这些上层建筑干什么呢？就是要搞生产。搞上层建筑，搞生产关系的目的，就是为了解放生产力。现在生产关系是改变了，就是提高生产力。不搞科学技术，生产力无法提高。

一连几天，毛泽东沉浸在对罗荣桓的哀思之中。毛泽东身边的工作人员谁也没有什么有效的办法来劝慰他，就连江青面对着毛泽东的愁绪也深感无能为力。她在没有办法可想的情况下，只得叮嘱张玉凤和李志绥、吴旭君等人说：“你们一定要尽心照顾好主席的身体……”

在不尽的哀思中，毛泽东写下了一首悼诗：

七律·吊罗荣桓同志

记得当年草上飞[①]，红军队里每相违[②]。
长征不是难堪日[③]，战锦方为大问题[④]。
斥鷃每闻欺大鸟[⑤]，昆鸡长笑老鹰非[⑥]。
君今不幸离人世，国有疑难可问谁？

毛泽东在诗中概括了红军时期的战斗场景，表现了他对罗荣桓的深厚感情，并高度赞扬了罗荣桓在许多重大的历史事件或路线斗争中，都能够旗帜鲜明地站在正确的方面。毛泽东还通过形象的比喻，斥责了革命队伍中的一切苟且者和他心目中的“现代修正主义者们”，赞颂了罗荣桓远大的目光和顽强的斗争精神以及他崇高的节操和人格。诗中，毛泽东重笔勾勒了罗荣桓的高大形象，抒发了他对罗荣桓的深切敬意，寄托了不尽的思念……

---

① 记得当年草上飞，借用（唐）黄巢《自题像》诗句；草上飞，指红军在对敌作战中行动迅速。

② 每相违，不常相见——违，离别、睽违。

③ 长征不是难堪日，1935年遵义会议后，毛泽东率领红军在贵州迂回作战、四渡赤水，出敌不意地威逼贵阳转入云南，胜利地渡过金沙江，从而摆脱了追堵红军的几十万敌军；在迂回作战中，林彪于同年5月写信给中央革命军事委员会，认为部队经常急行军是“走弓背路”，会“拖垮军队”，要求改变军委领导。林彪的这一要求被政治局会议完全拒绝，这个问题的解决没有遇到什么困难。

④ 战锦方为大问题，1948年秋季解放军攻打锦州，毛泽东于9月7日曾发电报给林彪和罗荣桓，指出了攻打锦州的重大意义，但林彪仍找出种种理由来一再反对毛泽东的这一战略决策；当时是罗荣桓极力主张执行毛泽东的集重兵攻打锦州以保证打好辽沈战役的第一仗也是至关重要的这一大仗。

①斥鷃每闻欺大鸟，斥指蓬间雀，只能在蓬蒿中飞起来几尺高；《庄子·逍遥游》中写道斥嘲笑大鹏鸟飞得太高，自以为在蓬蒿中已是飞得最好的了。

②昆鸡长笑老鹰非，昆鸡，古时候传说中的一种大鸟，即鸡或鸡，《尔雅·释畜》中载“鸡三尺为”；昆亦可作群解，此处也可将昆鸡泛指群鸡。俄罗斯克雷洛夫寓言《鹰和鸡》中说，鹰因为低飞而受到鸡的嘲笑，认为鹰飞得也不过同鸡一样高；鹰回答鸡说，鹰有时飞得比鸡还要低，但鸡永远飞不了鹰那样高。

12月25日，新华社报道，我国原油产量已经超额完成当年国家计划，品种增加，石油产品可以基本自给，中国人民使用“洋油”的时代，即将一去不复返了！

为此，毛泽东在中南海对他的子女和在他身边工作的人说：“还是要靠社会主义！如果靠帝国主义和修正主义，我们什么时候才能摘掉‘贫油’的帽子呀？”又说，“中国出了个大庆，大庆出了个王进喜，这就是社会主义优越性的最好体现，就是中国工人阶级大干社会主义的典范和榜样啊！”

12月26日，是毛泽东70岁生日。

这一天，毛泽东的大女儿李敏和丈夫孔令华、侄女毛远志和丈夫曹全夫以及他们的女儿曹立亚、毛泽东的表侄孙女王海容都来看望毛泽东，毛泽东很是高兴。

晚饭后，毛泽东特意重新穿了他那身浅灰色的中山装，同孩子们一起照了几张纪念照……

12月29日，新华社报道，鞍钢、武钢、石钢、重钢提前完成当年生产计划。毛泽东看了近期的国家重工业生产简报，打电话给刘少奇说：“这样一来，我们明年就可以放手狠抓农业战线上的社会主义教育运动了……”

12月30日，毛泽东让张玉凤给他拿了代表中国几个佛教宗派的经典著作《金刚经》《六祖坛经》《华严经》和基督教的《圣经》来，张玉凤问：“主席，马列著作还看不过来呢，主席看这些干什么？”

毛泽东说：“要看呢，这些书我已经看过好多遍了；世界上的三大宗教，我们共产党人也需要看呢！”

接下来，毛泽东在一个文件上写下批示：

世界三大宗教（耶稣教、回教、佛教），至今影响着广大人口，我们对它却没有认识，国内没有一个由马克思主义者领导的研究机构，没有一本可看的这方面的刊物。

用历史唯物主义观点写的文章也很少，例如任继愈发表的几篇谈佛学的文章，已如凤毛麟角，谈耶稣教、回教的没有见过。不批判神学就不能写好哲学史，也不能写好文学史或世界史。

已是年终，毛泽东在接见一个外国的访华代表团时，在谈话中再次提到了无产阶级夺取政权以后要防止“和平演变”。他说：

取得政权的无产阶级，如不注意，反动派还可以复辟，政权是保不住的。

现在我们的年轻人不知道过去的困难，没有经过阶级斗争的锻炼，要靠老一辈的人把过去的经历告诉他们，对他们进行教育。

革命是自主，建设也是自主。当然不是不要国际援助，自力更生为主，国际援助为辅。

这时候，全国的政治形势可以说是风起云涌，国民经济的调整工作取得了可喜的巨大成效，使全国人民深受鼓舞；同时，“抓阶级斗争,抓社会主义革命”也可以说是更加“深入人心”了。

就在全国农村开始搞“四清”、城市开展“反五风”、全国学习解放军的热潮中，江青也更加“积极”地在文艺界中开展起工作来。她先是伙同上海的柯庆施发起了对孟超的新编昆曲《李慧娘》的批判,后又组织批判廖沫沙写的《有鬼无害论》一文。

在批判中，许多文章硬把文艺问题和阶级斗争扯在了一起，胡说什么“李慧娘反对贾似道，而贾似道是宰相，宰相相当于现在的总理，在某种意义上说总理代表着国家，所以说这部昆曲的作者是借他写的《李慧娘》攻击共产党”，简直把对《李慧娘》的批判上纲上线到了极其荒谬、无以复加的程度。

“阶级斗争”的空气笼罩着全国的文艺界，全国的政治形势已经逐步地转移到了阶级斗争上来。这种形势的出现，正是毛泽东所希望的。他希望把各方面的斗争认真抓起来，从而形成各种普遍的群众运动。他反对不紧不慢地做事，反对冷冷清清地搞社会主义，也反对按各种所谓的清规戒律办事情。

这时的毛泽东对在全国范围内广泛开展起来的各项群众运动抱有极大的希望，他深信，通过社会主义教育运动可以逐步地从根本上解决问题……

第四篇

吸取苏联被赫鲁晓夫篡夺权力的教训
告诫全党防止中国出现资本主义复辟

◎ 在谈话中，毛泽东再次谈到了中国的反修防修问题：“如果我们中国也像苏联那样搞，那么，有一天也要出修正主义。我们现在每隔几年要进行一次整风运动。最近我们有两个有关社会主义教育的文件，你可以看一看。人是会变化的，革命者也会发生变化。没有群众监督和揭露，他们可能进行贪污、盗窃，做投机生意，脱离群众。”

◎ 1964 年 7 月初，根据毛泽东的意见，中共中央决定成立以中央政治局委员、书记处书记、北京市市长彭真为组长的文化革命 5 人小组：组长彭真，副组长陆定一，成员康生、周扬、吴冷西。

29. 新年书写《蝶恋花》 认真抓教育改革

1964 年 1 月 1 日，《毛泽东诗词》出版发行。这次出版发行的毛泽东的诗词共 37 首。

这一天，毛泽东在中南海元旦联欢会上发表了热情洋溢的讲话。他说："马列主义原来是外国的，和中国革命结合了，我们就创造性地发展了它，也就成为我们自己的了……"

两天后，刘少奇在人民大会堂召集文艺座谈会，中宣部和文艺界人士 30 多人参加了会议。邓小平、彭真、周扬等人到会听取了大家的意见，周扬还做了中心发言。他以积极的态度和良好的愿望，谈了对毛泽东于去年 12 月 12 日对文艺界的批示的看法，同时谈了文艺界中确实存在的一些问题。如对文艺推陈出新问题、民族化问题、文艺工作者同工农群众结合的问题等，都发表了他的意见。

在这个座谈会上，刘少奇、邓小平、彭真等人也都做了讲话。他们勉励文艺工作者要好好地学习毛泽东对文艺工作的批示，要求他们下乡、下厂，认真反映工农兵的生活，尽可能完美地塑造现代人物的形象，并提出尽量少演历史戏和外国剧。但是，他们几个人对中国文艺界状况的了解和估计，与毛泽东在批示中所说的是很不一致的。他们没有把文艺界的问题看得像毛泽东说的那样严重，而是希望用保护的办法使文艺界克服缺点。

元旦过后没几天，毛岸青和妻子邵华找到父亲，说是因为常常怀念妈妈杨开慧，执意要求毛泽东将他 1957 年 5 月 17 日写给李淑一信中的一首词《蝶恋花 · 答李淑一》再重写一遍，以做永久的纪念。毛泽东看着儿子和儿媳的执着神情，深深地叹了一口气说："你们的妈妈受尽了敌人的折磨，表现了一个共产党人的忠贞和英勇，毅然抛下年迈的母亲和 3 个年幼的孩子，大义凛然地走向刑场，这是常人多么不容易做到的事啊！”

说着，毛泽东坐到桌前，一边伸手拿了毛笔慢慢地蘸着墨汁，一边凝神思索；像是过了好长一段时间，毛泽东才轻轻地铺开了宣纸，缓缓地用手抚平，悬起手腕，提笔写下了：

我失杨花君失柳……

毛岸青和邵华一见，认为爸爸下笔有误，忍不住问：“爸爸，你原来写的不是‘骄杨’吗？”

毛泽东停住了笔，思索了一下。毛岸青和邵华以为爸爸要重写，赶紧递过去一张空白的宣纸。不想他们的爸爸并没有接过宣纸，只是缓缓地说：“称‘杨花’也很贴切。”

一句话，深深地表露了毛泽东对杨开慧的怀念和爱慕之情。听到爸爸这样的回答，两个孩子的眼泪一下子从各自的眼眶中滚淌而出……

毛泽东下笔行云，笔迹潇洒而遒劲：

我失杨花君失柳，杨柳轻扬直上重霄九。
问讯吴刚何所有，吴刚捧出桂花酒。
寂寞嫦娥舒广袖，万里长空且为忠魂舞。
忽报人间曾伏虎，泪飞顿作倾盆雨。

毛泽东一气呵成写完了这首词，放下毛笔后，双手拿起墨迹未干的宣纸，郑重地交给了两个孩子。两个孩子激动地接了过去，轮流地捧在手中看着。这时他们只顾着看爸爸写的词了，却没有察觉到爸爸的眼睛里已经饱含了泪花……

一天晚上，毛泽东在审阅中央统战部上报的一个文件时，加写了这样一段话：

如果我们和我们的后代不能时刻提高警惕，不能逐步提高

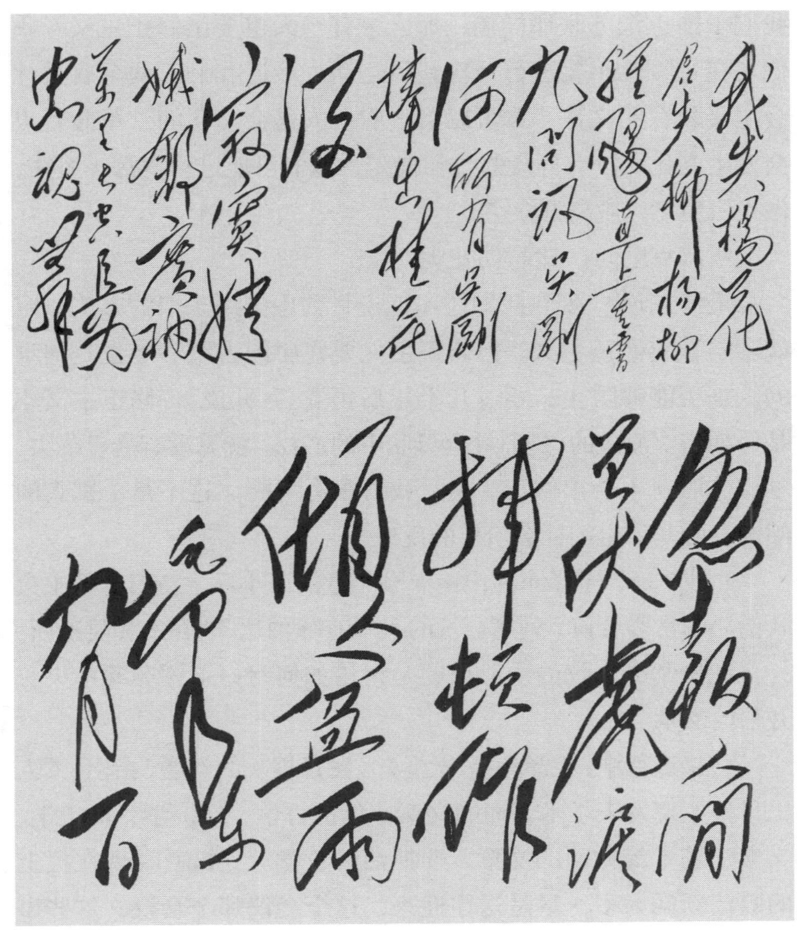

毛泽东手书《蝶恋花·答李淑一》。

人民群众的觉悟，社会主义教育工作做得不深不透，各级领导权不是掌握在真正的马克思主义者手里，而被修正主义者所篡夺，则我国还可能要走一段资本主义复辟的道路。

1 月 5 日，毛泽东在中南海怀仁堂会见了日本共产党中央政治局委员听涛克已，并同听涛克已进行了友好谈话。

在谈话中，毛泽东再次谈到了中国的反修防修问题：“如果我们中国也像苏联那样搞，那么，有一天也要出修正主义。我们现在每隔几年要进行一次整风运动。最近我们有两个有关社会主义教育的文件，你可以看一看。人是会变化的，革命者也会发生变化。没有群众监督和揭露，他们可能进行贪污、盗窃，做投机生意，脱离群众。”

听涛克已问：“怎样防止呢？”

毛泽东说：“现在我们还不能说目前中国所采取的办法一定能够防止出修正主义。但修正主义要在中国占统治地位是困难的。是否能够防止，要过几十年后再看。”并说，“修正主义不是一朝一夕形成的，是旧社会母胎中的产物。就算没有赫鲁晓夫，难道苏联就不会出修正主义？我看很有可能。这不是个别人的问题，而是一定的社会阶层的反应。”

1 月 7 日，毛泽东在中南海颐年堂的西小厅主持召开了中央政治局的常委会议。列席会议的人员有陈伯达、胡乔木和吴冷西。

此次常委会议的中心议题是讨论如何写好七评苏共中央公开信的文章。

会议进行中，毛泽东提出了《人民日报》的问题，指出：“《人民日报》要发表学术方面的文章，包括哲学、经济学、历史学、文学、艺术等方面的文章。要抓活的哲学。”并说，“现在报上的政治新闻太多，尽是送往迎来，这个会议那个会议。这些事情完全不登也困难，但可以少登。如果要登，可以增加一两个版面，多登学术方面的文章。”

次日，《人民日报》社社长吴冷西再进中南海来见毛泽东。毛泽东同他进行了长时间的谈话，重点指示《人民日报》要注意发表学术性文章。

1 月 12 日，毛泽东对《人民日报》记者发表谈话，指出中国人民坚决支持巴拿马人民的爱国正义斗争：

目前巴拿马人民正在英勇地进行的反对美国侵略、维护国家主权的斗争，是伟大的爱国斗争。中国人民坚决站在巴拿马人民的一边，完全支持他们反对美国侵略者，要求收回巴拿马运河区主权的正义行动。

美帝国主义是全世界人民最凶恶的敌人。

美帝国主义的侵略政策和战争政策，也严重地威胁着苏联、中国和其他社会主义国家。它还力图对社会主义国家推行“和平演变”政策，实行资本主义复辟，瓦解社会主义阵营。

社会主义阵营各国人民要联合起来，亚洲、非洲、拉丁美洲各国人民要联合起来，全世界各大洲的人民要联合起来，所有爱好和平的国家要联合起来，所有受到美国侵略、控制、干涉和欺负的国家要联合起来，结成最广泛的统一战线，反对美帝国主义的侵略政策和战争政策，保卫世界和平。

美帝国主义到处横行霸道，把它自己放在同全世界人民为敌的地位，使它自己越来越陷于孤立。美帝国主义手里的原子弹、氢弹，是吓不倒一切不愿意做奴隶的人们的。全世界人民反对美国侵略者的怒潮是不可阻挡的。全世界人民反对美帝国主义及其走狗的斗争一定会取得更加伟大的胜利。

毛泽东的谈话不仅是对巴拿马人民的一个很大的支持，而且也使中国人民和其他社会主义国家的人民提高警惕，防止帝国主义的和平演变战略，争取社会主义革命和建设的更大胜利。

这时候，毛泽东心里明白，中国人民已经完全掌握了制造原子弹的科学技术，打破帝国主义的核垄断、核讹诈的时代为期不远了。

第二天，北京市各界 1 万多人在人民大会堂举行盛大集会，坚决支持巴拿马人民反对美国侵略、维护国家主权的爱国正义斗争。大会堂内，各界代表纷纷发言，义愤填膺，群情激愤。大会堂外，寒风凛冽中只见天安门广场上人头攒动，天安门城楼上红旗飘飘……

这时候，全军政治工作会议正在北京人民大会堂举行。会议进行中，毛泽东接见了全体与会者，强调思想政治工作在军队各项工作中的重要性乃至在全国各项工作中的重要性。

在讲话中，毛泽东还特别提醒人们要防止出现“和平演变”，认为干部队伍中的贪污受贿、腐化堕落是资产阶级向无产阶级革命阵营发射出的最具威胁力、也最具危险性的“糖衣炮弹”，就是“和平演变”的开始。他说：“我们国家也不太平，还有贪污分子，投机倒把分子，还有被‘和平演变’的危险。”

1月17日，新华社报道了这次全军政治工作会议的消息。

这一天，毛泽东同美国记者斯特朗等人进行了谈话。

1月中旬末的一天上午，张玉凤在毛泽东的洗漱室中收拾洗漱用具，发现一个茶杯内装着不少的细盐粉。她不知道这些细盐粉是用来干什么的，便在下午问了毛泽东：“主席，你房间里放那些盐末干什么用啊？”

毛泽东很认真地解释说：“有用呢，那是用来刷牙的。”

张玉凤有些不理解地问：“用盐末刷牙？”

“能省就省么……”毛泽东淡淡地一笑，“红军时期，大家都是这样的。”又说，“现在虽然经济好转了，但我们的国家还很穷困，老百姓还没有真正过上好日子，我们还是应该勤俭一些，勤俭办一切事业。”

毛泽东的话，对张玉凤的思想触动和教育很大……

这时的张玉凤到毛泽东身边来工作已经一年多了。在日常的工作和生活中，张玉凤发现毛泽东的工作非常繁忙，而在生活中却极其节俭。他平常在家中穿的衣服很随便，有几件内衣的领子和袖子上都打了好几块补丁，几条衬裤也是打了补丁的，就连脚上平常穿的袜子也是补丁摞补丁，衣柜中翻到底也找不出几双好袜子来。有谁会相信呢？他可是全党和全中国人民的伟大领袖啊！然而事实就是如此，毛泽东睡觉的大木床上，用来替换的两条床单也都有补丁，一条毛巾被被他盖了不知有多少年了，大小补丁好几块，他也总舍不得换新的。他平常用的牙刷，刷头上没剩多少毛了，卫士们几次要给他换一把新的也都被他拒绝了。他总是说：“不当家不知柴米贵。我们的国家虽然很大，但是还很穷。解放这么多年了，许多地方的老百姓还用不上牙刷，我心里难过啊……”

每逢这时，卫士们还能再说什么呢？

1964年1月24日，毛泽东在接见越南外宾时，谈到了保健工作。他说：“以前没听说那么多高血压、肝炎，现在很多，很可能是我们医生找出来的。”

1月26日，日本人民举行了反对美国继续在日本驻军的游行大示威。

第二次世界大战后，日本无论在政治上、经济上，还是在军事上都一直遭受着美帝国主义的压迫。美国不仅压迫日本的工人、农民、学生、知识分子、城市小资产阶级、宗教界人士、中小企业家，而且还控制了日本的许多大企业家和实业集团，干预日本的对外政策，把日本当作它的附庸国，这越来越引起了日本人民的强烈不满和反抗，美帝国主义已经成了日本民族最凶恶的敌人。

1月27日，中国政府和法国政府发表建立大使级外交关系

1964年1月17日，毛泽东会见斯特朗（右一）、李敦白（左一）、爱泼斯坦（左二）。（新华社稿）

的联合公报，双方商定在3个月内任命大使。

这一天，毛泽东到人民大会堂接见了在北京的一些日本朋友，其中包括铃木一雄等人，谈到了中法两国建交的事。

毛泽东说：“法国同美国不一样，法国在许多问题上同美国有矛盾、有分歧。我们就是要联合世界上所有愿意同我们做朋友的人们一道，结成最广泛的反对美帝国主义的统一战线。”并说，“戴高乐将军在欧洲是一位很有头脑、很有影响力的人，他的脑袋长在了自己的脖子上，没有长在美国人的脖子上。”

接见中，毛泽东还就发生在日本的反美大示威活动，向日本朋友们发表了谈话，指出中国人民坚决支持日本人民伟大的爱国正义斗争。

他说：“我谨代表中国人民，向英勇的日本人民，致以崇高的敬意。”并说，“日本民族是一个伟大的民族，是绝不会让美帝国主义长期骑在自己的头上的。中国人民深信，日本人民一定能够把美帝国主义者从自己的国土上驱逐出去，日本人民要求独立、民主、和平、中立的愿望，一定能够实现。”

同日，毛泽东对《毛泽东诗词》的若干词句做出解释。

1月28日，毛泽东在接见阿尔及利亚民族解放阵线和阿尔及利亚法律工作者代表团时，发表谈话说：“苏联的修正主义是贵族工人和富裕农民的产物，而不是广大贫苦工人和农民的产物。贵族工人和富裕农民产生修正主义，广大的工人阶级、雇农和贫农产生马列主义。”

同日，毛泽东对七评苏共中央的公开信进行了修改，并对《关于注意我内部是否有苏联和蒋帮布置的人员》的上报文件作出批示。

1月30日，毛泽东在人民大会堂会见了法国议员访华代表团。

同一天，毛泽东还亲切会见了越南劳动党代表团。在同越南劳动党代表团成员进行谈话时，毛泽东提出了这样的问题：“如果中国产生修正主义，你们怎么办？苏联产生了修正主义，你们反对。如果中国产生修正主义，你们也要反对。”

1月的最后一天，毛泽东在中南海紫光阁同有关部门的人们谈起了如何办好报纸的问题。

他说：“办好报纸的根本问题是报社人员的思想革命化问题。”

即日，毛泽东致信周世钊。

2月3日，《人民日报》发表一批材料，揭露了苏共领导所谓“停止公开论战”的把戏，并为此加了编者按。

同日，毛泽东在《人民日报》的一份报告上写下批语：

少奇、小平同志：

人民日报历来不重视思想理论工作，哲学社会科学文章很少，把这个理论阵地送给光明日报、文汇报和新建设月刊。这种情况必须改过来才好。现在他们有了改的主意了，请书记处讨论一下，并给他们解决干部问题为盼。

2月4日，《人民日报》编辑部、《红旗》杂志编辑部联名发表文章《苏共领导是当代最大的分裂主义者——七评苏共中央的公开信》。

同一天，邓小平主持中央书记处会议讨论经毛泽东批示的有关《人民日报》刊登学术讨论文章的问题。

会中，邓小平责成中宣部和中组部帮助《人民日报》增调干部。

会后，《人民日报》着手筹备开辟《学术研究》专刊。

当天下午，毛泽东在自己的书房中挥毫手书了唐朝诗人王昌龄《从军行七首》诗中的一首：

青海长云暗雪山，孤城遥望玉门关。
黄沙百战穿金甲，不破楼兰终不还。

2月6日下午，中南海的游泳池院内来了3位毛泽东特意邀请的客人。他们是在北京的著名科学家李四光、竺可桢和钱学森。

在客厅里，毛泽东十分热情地招呼大家在沙发上坐下来，并亲自给大家敬烟。3位科学家都表示不吸烟，毛泽东笑一笑说："你们不吸，我吸。"又说，"不吸烟好，可我是在战争年代养成了这个不好的习惯,又难改。没得办法,也真是'恶习难改'呢！"

李四光欠身说："主席日理万机，工作太多太忙，吸烟可以提一提精神……"

竺可桢附和道："就是……"

钱学森说："还是少吸或者不吸为好，主席的健康第一。"

毛泽东熄灭了拿在他手上燃着的大半截香烟："好，听钱教授的话，现在不吸了！"

见毛泽东这样谦虚、这样随和，3位科学家都随意地笑起来……

交谈中，毛泽东就天文、地理、数学、物理等许多重大科学问题询问了3位科学家，以十分认真的态度，调查了解了这些科研项目的现状和发展情况。

2月9日，毛泽东在人民大会堂会见了新西兰共产党总书记威尔科克斯。在谈话中，毛泽东谈及了军事武器的历史作用，并批评了中央联络部、中央统战部和中央农工部的工作，认为搞修正主义的人中有中央委员、书记处书记、副总理，而且每个部、每个省都有，支部书记里头更多。

新西兰共产党总书记威尔科克斯已经是第二次到中国来见毛泽东了。

2月12日，苏联领导发表了一封致世界各国共产党而单独不包括中国共产党在内的信件，在此信件中苏联领导说苏共中央将在其即将召开的全体会议上讨论中国共产党的活动，此后将公开阐明自己的观点，并再一次提出了召开世界共产党会议的问题。

对此，毛泽东和中共中央暂时不予理睬。这一天，是中国农历的大年三十。

2 月 13 日，中国农历的正月初一——春节到了。

北京街头，处处张灯结彩，红旗高挂。大街小巷中，时时可听到鞭炮的鸣响声。家家户户的门楹两边，随处可以看到新贴的一幅幅歌颂社会主义、歌颂共产党、歌颂毛泽东的喜庆春联……

这一天，毛泽东在中南海怀仁堂主持召开了教育工作会议（即“春节会议”）并讲话，认为国家教育的方针路线是正确的，但是有许多方法需要改，学制可以缩短，不能摧残人才。他还列举了中国古时候孔子、李时珍等人自学和在实践中成才的事例，启发人们对教育改革的认识。他对参加会议的人们说：

“我们的方针正确，方法不对。现在学制、课程、教学方法、考试方法都需要改，这是摧残人的。

“书不一定读得很多，马克思主义的书要读，读了要消化。读多了，又不能消化，也可能走向反面，成为书呆子，成为教条主义者、修正主义者。

“孔夫子的教育也有问题，没有工业、农业，四体不勤，五谷不分，这不行。这方面我们要想点办法。洋教条、土教条都要反对，创造中国的道路。

“现在的考试，用对付敌人的办法，搞突然袭击，出一些怪题、偏题，整学生。这是考八股文的办法，我不赞成，要完全改变。我主张题目公开，由学生研究，看书去做。例如：对《红楼梦》出 20 个题目，学生能答出 10 题，答得好，其中有的答得很好，有创建，可以打 100 分；20 题都答了，也对，但是平平淡淡，没有创建的，给 50 分、60 分。考试可以交头接耳，冒名顶替。你答对了，我抄你的，抄下来也算是好的。交头接耳，冒名顶替，过去不公开，现在让它公开。无非自己不懂，问了别人懂了。懂了就有收获，为什么要死记硬背呢？我不会，人家做了，我抄一遍也好。可以试试点。”

讲到这里，毛泽东吮一吮下嘴唇，挥了左手加重语气说：“旧教育制度摧残人才，摧残青年，我很不赞成。读那么多的书，考试办法是对付敌人的办法，害死人，要终止。”

接下来，毛泽东继续说：

“先生讲课要允许学生打瞌睡，你讲得不好，还一定让人家听。与其睁着眼听没有味道，不如睡觉还可以养养精神，可以不听。

“学生成天看书，不能搞文化娱乐，不搞游泳，不跑跑跳跳，不能看课外读物是不行的。学生不能培养成书呆子。

“学制可以缩短。

“学制缩短以后，中学毕业生只有十五六岁，不够当兵年龄，也可以过军队生活。不仅男生，女生也可以办红色娘子军，让十六七岁的女孩子去过半年到一年的军队生活。”

讲到这里，毛泽东吸着了一支烟，打着手势认真地对大家说：“解放军对敌人是战斗队，对自己是工作队。”

然后，他继续讲：

“要把唱戏的、写诗的，文学家、戏剧家赶出城，统统轰下乡，分期分批下放到农村去，到工厂去。不要总坐在办公室，在办

1964年2月13日（春节），毛泽东邀集党内外负责人在人民大会堂召开教育工作座谈会，提出学制要缩短，课程要精简，方法要改变。（新华社稿）

公室里是写不出东西的。你不下去就不开饭，下去就开饭。

“现在课程多，害死人，使中小学生、大学生天天处于紧张状态。

“课程可以砍掉一半。学生成天看书，并不好。可以参加一些生产劳动和必要的社会活动。

“现在一是课程多，一是书多，压得太重。有些课程不一定要考。如果中学学一点逻辑、语法，不要考，知道什么是语法，什么是逻辑就可以了，真正理解，要到工作中去慢慢体会。

“课程讲得太多，是繁琐哲学。繁琐哲学总是要灭亡的。如经学，搞那么多注解，现在没有用了。我看这种方法，无论中国的也好，其他国家的也好，都要走向自己的反面，都要灭亡的。”

讲到这里，毛泽东停下来伸手拿了杯子开始喝水，然后继续举例说：

“历代状元都没有很出色的。李白、杜甫不是进士，也不是翰林，韩愈、柳宗元只是二等进士，王实甫、关汉卿、罗贯中、蒲松龄、曹雪芹也不都是进士和翰林。就是当了进士、翰林都是不成功的。明朝搞得好的只有明太祖、明成祖两个皇帝，一个不识字，一个则识字不多。以后到嘉靖，知识分子当权，反而不成了，国家就管不好。书读多了，就做不好皇帝，刘秀是大学士，而刘邦是个大草包。明朝李时珍长期自己上山采药，才写了《本草纲目》。更早些的，有所发明的祖冲之，也没有上过什么中学、大学。孔夫子出身贫农，放过羊，也没上过大学，是个吹打手，人家死了人，他去吹吹打打。他会弹琴、射箭、驾车子，也了解一些群众情况。开头做过小官，管理粮草和牛羊畜牧。后来他在鲁国当了大官，群众的事就听不到了。他后来办私塾，反对学生从事劳动。高尔基的学问完全是自学的，据说他只上过两年小学。美国的富兰克林是印刷所学徒，也卖过报。他是电的大发明家。英国的瓦特是工人，是蒸汽机的大发明家……”

这已经不是毛泽东第一次讲教育改革的事情了，只是以前不如这次讲得多、讲得认真罢了……

30. 苏斯洛夫发“指控”　金日成晤毛泽东

1964 年 2 月 14 日，苏共中央书记处成员米哈伊尔·苏斯洛夫向苏共中央委员会提交了一篇关于中苏两党继续论战的长篇报告，它包括了苏联多年来对中国领导人的最全面的“指控”。

苏斯洛夫在他的报告中，指责中国领导人“采取了分裂各国共产党、建立敌视马克思列宁主义的派别和小组的方针”，指责中国领导人“企图破坏苏联所做的防止世界战争威胁的努力”；当报告的内容转到资本主义向社会主义过渡的问题上时，苏斯洛夫荒谬地认为中国领导人“背离了列宁关于社会主义革命是人民群众斗争的结果的学说”，并由此而评论说，“如果共产党在任何时候和任何情况下把一切希望都无例外地仅仅寄托在武装斗争上，毫不考虑人民群众是否总是愿意支持这种斗争，那么，这就不可避免地导致惨痛的失败”。

苏斯洛夫还攻击“中国领导人的政策和活动今天是世界共产主义运动团结的主要危险”，诬蔑“在北京的帮助和支持下”，世界有许多国家“最近都建立了反党的分裂主义的叛徒小集团”；进而胡说“中共中央领导正在把事态引到更远的地方——它公然采取了这样一种方针：拼凑一个有特殊纲领、有集团纪律、以北京为中心、由同他们思想一致的人组成的集团，来同世界共产主义运动相对抗”，还诬蔑“中共领导力图把对毛泽东的个人迷信扩大到整个世界共产主义运动，使中共的一个领导人，像当年的斯大林一样，俨然上帝一样凌驾于所有的马克思列宁主义政党之上，并且随心所欲地决定他们的政策中和活动中的一切问题……”

苏斯洛夫在他的报告最后指出：“现在十分明显，中共领导人打算在世界共产主义运动中继续展开派别活动……我们党主张再召开兄弟党的会议来讨论当代的根本问题，主张在这样的会议上最广泛地交换意见，以便克服共产主义运动中的困难。这些困难是由中共领导同国际共产主义运动的分歧造成的。因此，所有兄弟党集体来确定为维护和加强共产主义队伍的马克思列宁主义团结所必需的途径和手段，是完全合情合理的……”

这样的一篇报告，在发给了世界一些国家的共产党组织之后，很快遭到了罗马尼亚工人党的“否定”意见，因而迫使苏共中央“同意在中国共产党停止公开论战的条件下推迟发表”这篇报告；与此同时，罗马尼亚工人党建议举行一次由中苏两党领导人参加的会议。

随后，罗马尼亚工人党向中国共产党提出，希望他们组成代表团访问北京。

这时，周恩来总理没有在国内，他正同国家副主席宋庆龄出访东南亚的几个友好国家……

针对苏斯洛夫的这一《报告》，毛泽东在中南海颐年堂对刘少奇和邓小平、彭真等人说：“上有好者，下必甚焉。赫鲁晓夫的徒弟不少，包括苏斯洛夫！”

又说，“就连罗马尼亚都觉得他们这样做不对，以后还会有更多的党反对他们这样做。我相信广大的苏联人民和大多数的苏联共产党员，是真正愿意同中国人民友好的。”

2 月 15 日，毛泽东针对国际共产主义运动中出现的新形势、新情况，决定组织党的高级干部认真学习马克思、恩格斯、列宁、斯大林的著作，并为此写下批示。

当天下午，毛泽东审阅了谢富治报送公安部党组的关于在城市中贯彻执行中央关于依靠群众力量加强人民民主专政的指示的报告。

晚上，毛泽东写信给章士钊，请其转给清朝的皇室成员爱新觉罗・载涛人民币 2000 元。

就在毛泽东作出组织党的高级干部认真学习马列著作的指示的同时，中央军委也发出指示，号召全军立即掀起学习郭兴福教学方法的热潮。

2 月 20 日，中共中央致信苏共中央，郑重指出苏联共产党领导人不仅采用“恶劣的两面派的做法”，而且还“摆出‘老子党’的样子和策划‘假团结，真分裂’”。

2 月 22 日，苏共中央复信中共中央，指出“中国共产党还没有答复苏联共产党 1963 年 11 月 29 日的信件”，并且说“既然你们顽固地不答复我们的多次信件和呼吁，甚至把这些信件和呼吁说成是我们的软弱表现，那么 2 月 12 日的信给你们是不必要的，甚至是没有益处的”。

对于苏共中央的这样一封来信，毛泽东同刘少奇、邓小平、彭真等人议定：可以在近期予以答复，但必须提出召开世界共产党会议的必要条件。

23 日和 24 日两天，毛泽东对中共中央给苏共中央的复信稿件做了批示和修改。

2 月 27 日，中国共产党中央委员会再次致信苏共中央，重复要求苏联共产党“必须”寄来 2 月 12 日的信件。

2 月 29 日，中共中央就苏共中央 1963 年 11 月 29 日的信件复信，只表示同意就两国边界问题达成谈判协议，而拒绝了苏联提出的经济援助的要求，并提出了关于召开世界共产党会议的条件：

关于经济援助问题——

苏联对中国的援助，不是单方面的，更不是无偿的，并且主要是通过贸易的形式进行的。对于苏联向我们提供的所有成套设备和物资，包括通过贷款形式提供的设备和物资，连同利息在内，我们都是用物资、黄金和国际货币偿付的。还应当提到，我们从苏联进口的东西，比国际市场上的价格贵得多。

不只是中国从苏联方面得到了援助，苏联也从中国方面得到了相应的援助。到1962年底为止，我们向苏联供应的粮油和其他食品价值21亿新卢布；在同时期内，我们向苏联供应的矿产品和五金产品价值14亿多新卢布。这些矿产品中，有许多都是发展尖端科学、制造火箭和核武器必不可少的原料。

至于苏联对中国的贷款，必须指出，其中最大部分，是我国用来从苏联购进军事物资的。这些军事物资的大部分，都已使用或消耗于抗美援朝战争之中。长时期来，我们每年都在为苏联的这些贷款偿付本息，它占去我国对苏联出口的一个相当份额……

关于苏联专家问题——

在苏共领导片面决定召回在中国工作的全部苏联专家之后，我们曾经郑重表示，愿意挽留苏联专家在中国工作。但是，你们却不顾我们的反对，在一个月的短时期内，悍然撤走了在中国帮助工作的1390名苏联专家，撕毁了343个专家合同和合同补充书，废除了257个科学技术合作项目。使我国一些重大的设计项目和科学研究项目被迫中途停顿，使一些正在施工的建设项目被迫停工，使一些正在试验生产的厂矿不能按期投入生产。现在，你们又提出向中国派遣专家的问题；坦白地说，中国人民信不过你们。

我们很关切苏联现在的经济情况。如果你们觉得需要中国派专家在某些方面给你们以帮助的话，我们将乐于这样做。

关于中苏贸易问题——

近几年来中苏之间贸易额缩减的真正原因，你们应当是最清楚的。这正是你们把思想分歧扩大到国家关系方面的结果。你们突然撤走在中国帮助工作的全部苏联专家，打乱了我国许多工矿企业和事业单位的建设进程和生产安排，直接影响着我们进口成套设备的需要。试问，在这种情况下，难道硬要我们买下这些东西搁在那里作为摆设品吗？

何况，你们从1960年起，在两国经济和贸易谈判中故意刁难，拖延或拒绝供应中国需要的重要物资。我们不需要的或者不十分需要的物资，你们就大量地给我们；我们很需要的物资，你们就卡住不给或者很少给我们。1959到1961年，我国连续3年遭到特大自然灾害，我国不能像往常那样向你们提供大量的农产品及其加工品。这是不可抗御的因素造成的。你们经常攻击我们“单干”，而吹嘘你们自己是主张社会主义各国的广泛的经济联系和国际分工的。但是，你们在这方面的实际行动，究竟是什么呢？你们欺负经济比较落后的兄弟国家，反对他们实行工业化，力图迫使他们永远处于农业国的地位，成为你们的原料供应地和商品销售市场。你们欺负工业化比较发达的兄弟国家，硬要他们放弃传统产品的生产，变成替你们某些工业部门服务的附属工厂……

我们认为，现在的社会主义国家经济互助委员会必须根据无产阶级国际主义的原则加以改进，使这个苏共领导一手把持的组织，改变成为社会主义阵营兄弟国家自愿参加的、真正平等互利的组织。我们的这个意见，希望能够从你们那里得到积极的反应。

关于停止公开论战问题——

你们是做了一件坏事（指1961年苏共在其第22次代表大会上攻击阿尔巴尼亚）。你们给各国兄弟党造成了困难，给帝国主义和反动派帮了忙。现在，公开大论战已经全面展开了，真理越辩越明，马克思列宁主义越辩越发展。坏事开始变成了好事。

苏联报刊从1963年7月15日到10月底就发表了近2000篇反华文章和材料，就是在你们1963年11月29日来信以后，你们和你们的追随者的反华宣传也没有停止过；我们到现在为止，才发表了7篇答复你们的公开信的文章。我们对你们在公开信中提出的一些重大问题还没有答复完，对你们其他反华文章中提出来的问题还没有答复。

充分考虑到你们的意见，我们提出以下建议：

（一）停止公开论战，必须经过中苏两党和其他有关兄弟党，进行各种双边的和多边的会谈，通过协商，找出一个能为各方所接受的公平合理的办法，达成共同的协议。

（二）中国共产党一贯主张并且积极支持召开世界各国共

产党和工人党代表会议。我们愿意同其他兄弟党一起，尽一切努力，使这个会议成为在马克思列宁主义革命原则的基础上团结的大会。

（三）中苏两党继续举行会谈，是开好兄弟党会议的必要准备步骤。我们提议，1964年10月10日到25日在北京继续举行中苏两党会谈。

（四）在中苏会谈之后，举行阿尔巴尼亚、保加利亚、匈牙利、越南、德意志民主共和国、中国、朝鲜、古巴、蒙古、波兰、罗马尼亚、苏联、捷克斯洛伐克以及印尼、日本、意大利、法国17个国家的兄弟党代表会议，以便为各国兄弟党代表会议做进一步的准备。

1964 年 2 月 29 日，就在中共中央复信给苏共中央的同时，毛泽东在北京人民大会堂亲切会见了朝鲜劳动党总书记金日成。

在谈话中，毛泽东认为中国已经出了修正主义或正在出修正主义:“天下大事分久必合，合久必分。一个党也是如此。我们同高岗、彭德怀也是如此，他们是我们的敌人，也是你们的敌人。动摇分子总是会有的。1962 年上半年，我们党内有些人主张‘三和一少’。”并对金日成解释说，“什么是‘三和一少’呢？就是对帝国主义要和，对修正主义要和，对各国反动派要和，就像对尼赫鲁那样的反动派也要和。一少是，对支持民族解放运动要少一点，要少支持世界革命。”

毛泽东同金日成谈话不用翻译，因为金日成的汉语说得很好，他早年曾在中国的东北参加抗日联军，同中国人民建立了深厚的战斗友谊。今天，当毛泽东对他详细讲述发生在中国共产党内的许多重大问题时，他也只是静心地听……

接下来，毛泽东做了不切实际的严重估计:“这些话我和好多人都讲过，如日本的宫本，新西兰的威尔科克斯，还有印尼的同志，但还没有得到机会同越南同志讲。如果中国变成修正主义，天就黑暗了，你们怎么办？要作思想准备，要高举马列主义的旗帜反对中国的修正主义，这样中国人民是会感谢你们的。假如中国出现了修正主义，也是搞不久的，最多也不过是几年。中国地方大、人多，解放军觉悟高，就是他们掌握了一部分军队，也不要紧。”

这时，参加会见的一些朝鲜同志有人开始悄悄地交头接耳。毛泽东注意到了这一点，喝了茶水继续说：“我们是打了预防针的。向全体人民进行了反对修正主义的教育，要反对新的资产阶级，新出来的资产阶级分子，他们进行贪污盗窃、投机倒把，这号人虽然为数不多，但很厉害，神通广大，他们能够从广州弄到自行车用飞机运到河北高价出卖，这个人还是一个县的农村工作部长。”

金日成忍不住问毛泽东：“中国将来的情况会怎样？”

毛泽东说：“为了防止中国出现修正主义掌权，从现在起就要大讲特讲反修防修的斗争问题，大讲特讲阶级斗争和两条道路、两条路线的斗争。我担心，我死以后，中国会出现资本主义复辟……”

金日成再问：“有这种可能吗？”

毛泽东熄灭了拿在他手上的烟头，摆一摆手说：“什么样的情况都有可能发生，但我不希望中国变得像苏联那样出现资本主义复辟。如果真的那样，我们这么多革命烈士的血就白流了。现在我还没有死，在我们党的中央内部就有人敢公开提出来搞‘三自一包’、提倡‘三和一少’。如果我死了，这些人还在，他们还不闹翻天？我们搞社会主义，搞经济建设，都没得经验。苏联先搞了社会主义，在许多地方也有不少失误。我们这些国家怎样搞？要根据各自国家的具体情况。中国是要搞社会主义的，这一条不能变。为了防止中国出现资本主义复辟，所以我们才讲念念不忘阶级斗争，念念不忘坚持无产阶级专政。”

通过这次长时间的谈话，金日成感到毛泽东鉴于赫鲁晓夫的教训而对中国的前途顾虑太多，显得心事重重……

会晤结束后，毛泽东回到中南海游泳池住地，护士长吴旭君来给他检查身体，他又向吴旭君谈起了和金日成会晤的事：“我对国内的许多事情不放心，有些事同金日成同志谈了呢……”

吴旭君见毛泽东忧心忡忡的样子，便劝慰毛泽东注意身体，而毛泽东却说：“我在政治局会议上多次提出这个问题，他们接受不了，阻力很大。我的话他们可以不听，这不是为我个人，是为了我们的这个国家、这个党，将来改不改变颜色、走不走社会主义道路的问题。我很担心，这个班交给谁我才能放心……”

吴旭君在毛泽东身边工作的时间长了，了解毛泽东的脾气，对于毛泽东说这样的话，知道没办法劝，只得听毛泽东继续说下去：“我现在还活着呢，他们就这样！要是按照他们的做法，我和许多先烈们毕生付出的精力就付诸东流了！”

吴旭君实在担心毛泽东的身体，不得不劝慰说：“主席也得注意身体呀！身体是革命的本钱……”

毛泽东叹了一口气，坐在沙发上开始吸烟，继而又说：“我这个人没有私心，我不想为我的子女谋求什么，我只想中国的老百姓不要受苦受难，他们是想走社会主义道路的，所以我依靠群众，不能让他们再走回头路。”

1961年8月，庐山会议期间，毛泽东在护士长吴旭君的陪同下去庐山水库游泳。

吴旭君见毛泽东一副愁容满面的样子，心里很不是滋味，喃喃地说：“主席的身体要是出点儿什么问题，那可是我的责任……”

毛泽东说：“出不了问题，我注意着呢！”接着又意犹未尽地说，“建立新中国死了多少人？有谁认真想过？我是想过这个问题的……”

吴旭君见毛泽东谈起这个问题，知道毛泽东经常因为死去的革命烈士们而感到难过，更知道仅毛泽东自己就牺牲了6位亲人，包括他的妻子杨开慧、弟弟毛泽民和毛泽覃、儿子毛岸英、堂妹毛泽建、侄子毛楚雄，还丢了几个儿子和女儿……

1964年的2月结束了。

31. 中南海里歌声起　中苏两党再论争

1964 年 3 月，北京的初春时节。市内各大公园里和郊区的迎春花开了，开得黄黄的，分外鲜艳……

李银桥夫妇惦记着毛泽东，这次两个人一道离开天津来北京，来北京后，径直进了中南海，到毛泽东的居住地游泳池来看望毛泽东。

毛泽东热情地接待了李银桥夫妇。在客厅里，李银桥见毛泽东的心情很好，便乘兴给毛泽东唱了一支歌《我们走在大路上》:

我们走在大路上，
意气风发斗志昂扬；
毛主席领导革命队伍，
披荆斩棘奔向前方。
向前进，向前进；
革命洪流不可阻挡！
向前进，向前进；
朝着胜利的方向！

我们的朋友遍天下，
我们的歌声传四方；
……

李银桥唱歌时，毛泽东很高兴地用手打着拍子。唱完歌，李银桥夫妇又同毛泽东一起谈了一些别的情况。当李银桥问起毛泽东的生活起居时，毛泽东告诉说:“你走了，我的生活现在由吴连登同志负责……”

李银桥知道，吴连登曾经在人民大会堂工作，是位对工作很负责任的年轻人。当毛泽东得知李银桥夫妇的家乡安平县去年遭了水灾的情况后，又让张玉凤拿了他的稿费1000元，用纸包好了，分成两袋，亲手递给李银桥。

毛泽东说："你的歌唱得很好，我们共产党领导的队伍，就是要披荆斩棘奔向前方，不被任何困难所吓倒！"又说，"这是我的稿费，你们家乡被水淹了，受了损失，多少帮助你们解决些困难。"还说，"银桥啊，听说你在天津工作得不错，我也就放心了。以后你每年回家乡一次，了解村里搞'四清'的情况，给我写汇报材料。"

李银桥说："我一定按着主席说的去做！"

毛泽东点了点头，继续说："你每年都去做一次调查，详细记录'四清'中各级村干部的活动和社员们的反应，记录'四清'工作队的情况。如果能有什么典型事例就更好了，及时给我送来，反正你进中南海的通行证又没有交。"又说，"你离开我和不离开我是一样的，无论走到哪里，都要老老实实地做人，勤勤恳恳地为党工作，我是相信你的。今天你们两口子就不要走了，在一起吃顿饭，我们再好好谈一谈。"

韩桂馨说："主席工作太忙，时间长了我们怕打搅主席……"

"哦……"毛泽东笑了对她说，"现在你晓得怕打搅我了，不是在陕北杨家沟时，闯进窑洞喊着让我和你的战友去照相了？"

一句话，把李银桥夫妇都说笑了，就连同在客厅里的张玉凤和吴连登也都跟着"咯咯"地笑起来……

3月7日，苏共中央在答复中共中央2月27日和2月29日的信件中，提出了1964年秋季召开世界共产党会议的反提案。苏共中央在信件中说：

"你们有意拖延对我们信件的正式答复，实际上，你们是用加剧论战、加紧在共产主义运动中的分裂活动，进一步诽谤苏共和其他马克思列宁主义的党来回答了我们的信。在这种情况下，我们不能再沉默了。把我们致其他兄弟党的信件寄给你们，是没有任何意义的。因为我们已经不止一次地就这些问题给你们写过信，但是，没有得到你们的任何回答……”

苏共中央在信件中否定了中共中央指责他们的“以老子党自居”：

“我们不能不有这样一个印象，你们之所以采取这些做法，只是为了让自己占有‘老子党’的地位。但是，现在时代不同了。早在斯大林在世时，这种角色就已经过时了，尽管他也采取过类似的立场。现在，局势已经不是1919年那样了，列宁已经不在了，而且活着的人中间任何人都不能代替他。只能由马克思列宁主义的党集体地制定共产主义运动的共同路线。没有并且也不可能有‘老子’党和‘儿子’党，而有的并且应该有的则是具有集体智慧的平等的兄弟党的大家庭……”

苏联共产党的信件并没有企图答复中共中央2月29日的信件中所包含的指责，而是集中在答复召开国际会议的问题上。信件指出：

“我们确认，中共中央在经过几个月的拖延和耽搁之后，同意了我们的关于必须继续苏中两党代表双边会谈，然后再筹备和召开所有共产党和工人党会议的意见。同时，我们无法理解，你们把实行这种业已完全成熟了的措施拖延这么久的动机是什么？拖延苏中两党代表双边会谈，更是无法解释的。你们建议在1964年10月才举行中苏两党代表的会议，这实际上意味着推迟兄弟党会议，至少推迟一年……”

信中否定了中共中央提出的召开17个党的代表参加的筹备会议的建议，并且认为由曾经共同准备了1960年《莫斯科声明》的26个党（即中共中央信中提出的17个党，再加上锡兰、英国、芬兰、阿根廷、巴西、叙利亚、印度、美国和澳大利亚等国的共产党和工人党）的代表参加筹备会议。

苏共中央还提出了新的建议：

一、1964年5月，在北京继续举行中苏两党代表的会谈。

二、26个兄弟党代表的筹备会议，在1964年的6、7月份召开。

三、同兄弟党协商于1964年秋季举行国际会议。

最后，苏共中央在信中声称：

“苏共中央着重指出，为了实现所有这些措施，必须停止公开论战，必须放弃在社会主义大家庭和共产主义运动中进行任何破坏、分裂活动……”

这时，罗马尼亚的总理毛雷尔尚在北京同中国共产党的副主席刘少奇举行会谈。刘少奇向毛雷尔通报了苏共中央的这封致中共中央的复信，并明确表示了中共中央的反对意见……

1964年3月上旬末，毛泽东静下心来在游泳池的办公室里，专心致志地听起了由中央人民广播电台播出的新编现代评剧《夺印》。播音中有剧中人物生产大队党支部书记何文进耐心规劝被阶级异己分子拖下水的大队长何广清的一个唱段：

我良言苦口将你劝，
你是水火不进不愿听；
你不撞南墙不回头，
你不遭蛇咬不动心。
你被人引上了独木桥，
叫你喊你你不回头；
你被人蒙上了一双眼，
自己人不认自己人。
你当队长四五载，
迷魂汤灌得你昏沉沉。
……
你要想一想。
解放前你也是一穷汉，
他们可曾将你正眼看？
他们可曾与你当知心？
他们可曾请你喝过酒？

他们可曾送给你半分文？
到如今
你当上了大队长，
他们就
小恩小惠摇头摆尾将你奉承。
靠了你，
他们找到藏身处；
靠了你，
他们在小陈庄上胡乱行；
靠了你，
他们才能掌权柄；
靠了你，
他们在群众面前逞威风！
小陈庄印把子，
早已不在人民手；
你不过
做了他们的应声虫！
群众对你有意见，
你却是
捂着两耳不愿听，
我的话
也许使你不高兴，
广清啊，
为党为同志我是一片真心！

这样的一出戏剧，完全是为了配合农村中的社会主义教育运动。它在一定程度上确实反映了发生在中国农村中的一些基本事实，但也夸大了农村中的阶级斗争……

3 月 10 日，毛泽东在北京铁路二中的一封《关于课程、讲授及考试问题》的文件上写下批示：

现在学校课程太多，学生压力太大；讲授又不甚得法；考试方法以学生为敌人，举行突然袭击。这三项是不利于培养青年们在德、智、体诸方面生动活泼地主动地得到发展的。

3 月 17 日，毛泽东在审阅八评苏共中央的公开信时，动笔加写了两段文字。

次日，毛泽东在中南海游泳池的书房中写了两封短信。一封给中国科技大学的副校长、中科院数学研究所所长华罗庚，另一封给山东大学的教授高亨。因为前一段时间，这两个人都给毛泽东写来了信，还寄来了诗词。

毛泽东给华罗庚的信写道：

诗和信已经收读。壮志凌云，可喜可贺。

毛泽东给高亨的信写道：

寄书寄词，还有两信，均已收到，极为感谢。高文典册，我很爱读。

3 月 19 日，新华社发表了朱德、董必武、贺龙、聂荣臻、徐向前、叶剑英和罗瑞卿的题词，号召解放军全军向伟大的共产主义战士欧阳海学习。

毛泽东在中南海颐年堂对罗瑞卿和杨尚昆、谭震林等人说："欧阳海牺牲在我的家乡湖南，要在他牺牲的地方为他铸像，让我们的人民永远记住这位伟大的共产主义战士。"

这时候已是北京的仲春。中南海院中，桃花开了，玉兰花乍绽春蕾，白的、粉的、黄的、红的，鲜艳鲜艳的……

3 月 20 日，首都各界人民隆重集会并发出通电，坚决支持巴勒斯坦和阿拉伯各国人民反对美帝国主义侵略和干涉的正义斗争。天安门广场上，又是红旗飘飘，群情激奋，反美的口号声一阵高过一阵……

次日，毛泽东在中南海颐年堂主持召开政治局常委会议，讨论八评苏共中央公开信的评论文稿。

3 月 22 日，毛泽东为中央起草了关于在全党组织干部宣讲队伍，把全党全民的社会主义教育运动进行到底的指示。

即日，毛泽东在中南海颐年堂再次与吴冷西谈话，指示《人民日报》要抓理论工作，不能只搞政治。

当吴冷西向毛泽东汇报《人民日报》已经开辟了《学术研究》专刊时，毛泽东说："不要怕争论，把争论双方的意见都发表出来，让大家讨论。不少学术问题，例如中国古代奴隶社会和封建社会的分期问题，是从秦始皇开始还是从汉朝开始？还有人说应该从战国末期算起，究竟应从何算起？哪个更准确些？争论多年，还得不出各方一致同意的结论……"

吴冷西表示："回去以后立即多请一些著名学者开座谈会，努力把《人民日报》办好，把《学术研究》办好……"

3 月 23 日，毛泽东在人民大会堂接见了来华访问的日本共产党代表团田里见一行，并同他们进行了坦率的谈话。

在谈话中，毛泽东又一次讲到了中国共产党内的问题和"三和一少"。

3 月 25 日，毛泽东对《反对本本主义》一文的写作情况作出说明。

即日，毛泽东还批阅了他的旧作《关于 1931 年 9 月至 1935 年 1 月期间中央路线的批判》一文。

同日，罗马尼亚总统乔治乌—德治为了避免中苏两党的公开分裂，分别交给中国和苏联驻布加勒斯特的大使一个草案，呼吁各国的共产党团结起来，并建议由苏联、中国、罗马尼亚三国的共产党派出代表组成一个联合委员会，为"世界各国共产党，而不仅是某些政党组成的"国际会议做准备。

乔治乌—德治的呼吁及时报送到了北京中南海，毛泽东在勤政殿对刘少奇和周恩来等人说："罗马尼亚出于好心，但我想赫鲁晓夫不见得买他的账……"

刘少奇征询毛泽东的意见："我们应该怎样对罗马尼亚讲呢？"

毛泽东说："恩来的意见呢？"

周恩来果断地回答说："我们感谢罗马尼亚的良苦用心，但对赫鲁晓夫还是要继续反击的。"

毛泽东表示同意，同时对刘少奇和周恩来说："我还要下去走一走、看一看，看一看中央两个'十条'的贯彻情况。家里的事情，你们就多操心吧！有什么要紧的事情，我们随时保持联系……"

这时刘少奇向毛泽东提起了《毛泽东选集》再版的问题，毛泽东说："《毛选》哪是我一个人的著作啊？《毛选》里的东西，是群众交给我们的，是付出了流血牺牲的代价的。"

周恩来征询毛泽东的意见，问是否再写一些理论性和指导思想方面的文章，编辑出版《毛泽东选集》第五卷，以更好地指引中国现在的社会主义建设。毛泽东摆了一下手，很认真地说："那都是以前的著作了，现在也很想写一些东西，但老了，精神不够了。"

见毛泽东这样说，刘少奇和周恩来也就不再说什么了……

这时候，中宣部召开了由文联各协会党组成员、总支和支部书记参加的会议，进一步讨论由戏剧家协会举行的迎春晚会文艺节目的问题，并通知大家认真搞好这次召开的各协会的整风运动。

3 月间，毛泽东考虑的问题很多，简直可以说是日理万机，但他又是一个思想活跃、善于思考的人，而且是一个伟人。为了党和国家的利益、人民的利益，他好像从来不知道什么是疲倦似的。他喜爱看书，只要有时间，他总是拿了书来看。一天晚上，他在书房里翻阅史书，联想到当前的国际国内形势，激动不已，奋然命笔，填长词一首：

贺新郎·读史

人猿相揖别。只几个石头磨过，小儿时节。铜铁炉中翻火焰，为问何时猜得，不过是几千寒热。人世难逢开口笑[①]，上疆场彼此弯弓月[②]。流遍了，郊原血。

一篇读罢头飞雪，但记得斑斑点点，几行陈迹。五帝三皇神圣事，骗了无涯过客。有多少风流人物？盗跖[③]庄跻[④]流誉[⑤]后，更陈王[⑥]奋起挥黄钺[⑦]。歌未竟，东方白。

3 月 27 日傍晚，毛泽东乘专列离开了北京。

---

① “人世难逢开口笑”，见唐杜牧《九日齐山登高》句“尘世难逢开口笑”。

② “上疆场彼此弯弓月”，见北宋苏轼《江城子·密州出猎》句“会挽雕弓如满月”。

③ 盗跖，春秋时人，奴隶起义领袖，《荀子·不苟》篇中称其“名声若日月”。

④ 庄跻，春秋时人，奴隶起义领袖，亦被称庄；同书《议兵》中称“庄起，楚分而为三四”。

⑤ 流誉，流传名誉。

⑥ 陈王，指秦末农民起义领袖陈胜。

⑦ 挥黄钺，舞动饰以黄金的大斧。

32. 视察贯彻《双十条》　毛泽东又离北京

1964年3月28日凌晨1时40分，毛泽东的专列停在了邯郸。

大地春早。白天，田野上一片春的气息。越冬的麦苗开始返青，田埂上的小草开始吐绿，有的小花已经在春的召唤下竞相开放了……

中午时分，毛泽东在专列上听取了河北省委关于“四清”工作的汇报。听完汇报后，毛泽东对河北省委和邯郸地委的同志们说：“这一次要把农村社会主义教育运动搞好，至少用三四年时间。我说至少三四年，不然五六年。有些地方打算今年完成60%，不要急，欲速则不达。”并说，“一年之计在于春。现在已经是春天了，你们要把农村中的社教工作做好，开个好头。”

在谈到工业“学大庆”、农业“学大寨”时，毛泽东讲了在城镇中已经开展起来的“五反”运动。他说：“凡是有‘五风’的地方都要反，包括工矿企业。”并说，“大庆难道就不搞反贪污、反浪费？就不反盗窃？”

3月29日，毛泽东听取了林铁、刘子厚和陶鲁茄等人的工作汇报，并作了重要讲话。

随后，毛泽东带领着他的随行人员去视察了邯郸农村的人民公社……

夜间9时30分，毛泽东乘专列离开邯郸继续南下。

3月30日，毛泽东在郑州，听取了河南省委和郑州市委、新乡以及驻马店和信阳地区的领导同志关于农村“四清”工作的情况汇报。

随后，毛泽东又召集了西北局第一书记刘澜涛、陕西省委负责人李启明、安徽省委第一书记李葆华、河南省委第一书记刘建勋等人开会，听取他们的汇报。

在听取汇报时，毛泽东说：“现在各地做法不一样。看起来，一般的还是先解决人民内部矛盾问题，先解决‘四清’问题，然后再解决敌我问题为好。如果领导权被敌人篡夺了，就要先夺权，解决敌我问题。”

毛泽东同时告诫大家：“这次社会主义教育运动绝不能着急，一定要搞彻底，不要滑过去。两年不行搞 3 年，3 年不行搞 4 年。过去民主革命没有搞彻底，现在要补课。社会主义革命如果滑过去，将来又要补课。”

3 月 31 日，苏联的尼基塔·赫鲁晓夫前往布达佩斯开始访问匈牙利。

恰在这一天，中国的《人民日报》编辑部和《红旗》杂志编辑部联名发表文章《无产阶级革命和赫鲁晓夫修正主义——八评苏共中央的公开信》。

这篇文章是中共中央所发表的八篇评论苏共中央的公开信中篇幅最长的一篇。文章坚持认为：实现向共产主义过渡，无产阶级必须进行武装斗争，打碎旧的国家机器，建立无产阶级专政。

通篇文章，对赫鲁晓夫和苏共中央所奉行的修正主义路线进行了强有力的抨击和驳斥。文章把赫鲁晓夫描述为“继承托洛茨基——历史上最大的投降主义者的衣钵”，使苏联倒退到了资本主义；文章奉劝苏联共产党中真正的马克思列宁主义者们，把赫鲁晓夫扔进“历史的垃圾堆”。

4 月 1 日，毛泽东离开了郑州。

次日，毛泽东到达武汉。

这时武汉的天气显然比北京暖和些。虽然还没有进入夏季，但晚春的长江两岸早已是油菜花泛黄，一片葱茏。

这次毛泽东来武汉没有去东湖，而是住进了武昌区大东门外的洪山宾馆。

洪山坐落在武昌市区，山虽不高，但苍松翠柏遮掩了整个山麓，一派郁郁葱葱。从前山麓、山腰直至山巅，寺观亭阁不少，崖洞泉井众多。名胜古迹中有宝通寺、法界宫、灵济塔、兴福寺塔、华严洞和一些摩崖石刻，除此之外还有庚子革命烈士墓、施洋烈士墓和北伐军官兵公墓等一些值得纪念和令人驻足瞻仰的革命遗迹。

在洪山宾馆，毛泽东首先听取了湖北省委的同志关于农村社会主义教育运动情况的汇报，然后让王任重指定梅白同志写一份关于湖北农村“四清”和贫下中农在社会主义教育运动中忆苦思甜的详细报告，并让王任重亲自下到农村去宣讲《双十条》。

王任重答应说：“我去，一定去！”

接下来，毛泽东去看了一场汉剧演出，还看了武汉杂技团演员夏菊花的一场顶碗表演……

4 月 4 日下午，毛泽东带了张耀祠、张景芳等人走出宾馆去登洪山。登山路上，毛泽东解开了中山装上衣的所有衣扣，敞露了毛衣，大踏步地登上了洪山南麓宝通寺后面的山顶。这里，高高的灵济塔威武挺拔，势欲遏云。这是一座七层八面的内石外砖、仿木结构的元代建筑，后经清同治年间重修，虽经多年的战火纷乱，但整个塔身依然保存完好，故又有“洪山宝塔”之美誉。

毛泽东伫立山巅，背向宝塔，向西览视不远处的长江大桥，对跟在他身边的几个人说：“大革命时期，北伐军打到了武汉，可恨被蒋介石中途断送了！”

张耀祠说：“我们党后来总算吸取了教训……”

毛泽东感叹道：“那时候，大革命失败了，当时我和我的两个弟弟都在武汉，许多人对革命前途感到悲观，感到渺茫，我对我的两个弟弟讲，‘大鹏鸟也有折翅的时候，只要它养好了伤，会飞得更高、更远’！”

张耀祠低语道：“革命总算成功了，我们共产党人为此付出了沉重的代价……”

毛泽东说："所以说，我们这一代人要好好地教育下一代，不要将老子打下来的江山给断送了……"并说，"一代、两代，到第三代、第四代又会是个什么样子啊？现在还很难讲。帝国主义的预言家们把'和平演变'的希望寄托在我们的第三代、第四代身上，我很担心……"

张耀祠说："主席，我相信我们的国家会越来越强大，子孙后代不会忘本。"

毛泽东开始在山间散步，同时说："我是曾经讲过的，'霸主孤身取二江，子孙多以百城降'，这是王安石的诗，古时候的人是很注重后继有人无人的问题的。我们共产党人为人民打天下，也要考虑江山将来变不变色的问题，现在苏联已经改变颜色了，我们党内也有修正主义……"

张耀祠跟在毛泽东的身后说："中国的老百姓在旧社会受苦受难深重，就是有人想叫他们走回头路，恐怕也难……"

"问题不是这样看。"毛泽东对跟在他身边的人们说，"中国的老百姓受苦受难深重，一旦过上好日子，也会忘乎所以。我们搞社会主义，搞经济建设，没有多少经验，很容易走弯路。从现在起，对于反修防修，防止倒退，就要提高警惕。这是两个阶级、两条道路的斗争，对于这个问题，我们要天天讲、月月讲、年年讲……"

临下山时，毛泽东又说："我已经是 71 岁的老人了，你们还都年轻，要教育子孙后代永远坚持走社会主义道路。"

4 月 6 日，毛泽东在武昌洪山宾馆审阅了外交部党委报送的关于部机关干部理论学习情况的报告。

同一天，正在匈牙利访问的赫鲁晓夫，在布达佩斯又一次发表了攻击中国的讲话。他说：

"一些人批评我们说：'你们一直想要一个较好的生活，但这是反马克思主义的、资产阶级的口号。'我们国家的劳动人民回答这些批评时说，'那么，我们为什么要革命呢？我们进行战斗不是为了在工人阶级夺取政权之后生活得更糟。'有人说，'世界革命怎么样呢？你们准备牺牲世界革命的利益吗？’我们坚决拒绝这种训令。我们赞同和支持资本主义国家的阶级兄弟和为解放而进行斗争的各族人民，但是我们拒绝那种所谓为了世界革命的利益，从而应当发动一场战争来反对资本主义国家的理论。我们反对输出革命和输出反革命……

“有人批评我们在战争与和平问题上的立场。这些人说：‘你们害怕战争。’我曾不止一次地回答这些勇敢的人们说：‘只有小孩和白痴才不害怕战争。’中国领导人说：‘如果发生了世界战争，那么怎么办呢？假如有一半人类被毁灭，但另一半还会生存。’对这种观点人们会说些什么呢？让人民自己来判断吧……

“一些人胡说苏联和苏联共产党是从帝国主义那里乞讨和平。当然，这是造谣中伤。我们不依赖恳求，而是依赖我们自己的力量。甚至连世界上最大的帝国主义国家——美国的领导人也不得不认真地考虑世界上新的力量的对比……

“在我们的外交政策中，我们一向遵循不同社会制度国家之间的和平共处的列宁主义原则。这是一个好的基础，而且我们希望看到普遍地用战争以外的其他方法来解决‘谁战胜谁’的问题。给人们以更大自由，给人民以更多的物质利益和文化利益的制度将在最后的争论中取得胜利……”

4 月 7 日，赫鲁晓夫在布达佩斯攻击中国的讲话，由中国外交部用电传发送到了在武汉的毛泽东的手中。

4 月 9 日，赫鲁晓夫在布达佩斯再次对中国的领导人进行了最为猛烈的攻击。他在又一次讲话中把中国领导人说成是“一边是用左派的、超革命的词句作为掩盖的人，一边又宣布他们是对马克思列宁主义忠诚的人，实际上这些人在一系列问题上却滑进了托洛茨基主义和大国沙文主义泥潭中”；他还谴责中国领导人“不负责任地拿千百万人的生命来进行赌博”，“企图把他们的冒险主义的路线强加给兄弟党”以及“企图把他们的新霸权建立在国际共产主义运动之上”。

赫鲁晓夫的这一讲话内容，自然也很快地传递到了毛泽东的手中。

4月10日，毛泽东在洪山宾馆再一次接见了正在武汉访问的日本共产党代表团田里见一行，并同他们进行了亲切友好的谈话。

在谈话中，毛泽东显得心事重重，他再一次讲了中国党内的许多事和有关反修防修的问题：

“就在那年[①]8月，我们讨论了整个路线，包括国内的和国际的，开了一次十中全会，发表了十中全会公报。当时我们党内有一部分同志同赫鲁晓夫的调子一样，即强调‘三和一少’。在国内问题上提出‘三自一包’。即强调自由市场、自留地，把集体经济、社会主义市场放在第二位，把私有经济放在第一位，农民的自留地放在第一位。第三就是自负盈亏，小商人做生意要自负盈亏，就是发展资本主义。这就是‘三自’。还有‘一包’是主张把土地包到各家去种，不搞集体。当时是一股风，1962年很猖狂。

“中央联络部部长就主张‘三和一少’。他本来害病，那年春季，他突然积极起来了。此外还有统战部，一部分人主张把几个资产阶级政党在几年内改变为无产阶级的政党。这只是两个例子，其他还不止。中央各部，每个部都不是太平的。每个部都可以一分为二。地方上也不是太平的。我们的中央委员、中央候补委员中，就有十几个人是修正主义者。

“中国如果搞修正主义，你们就不好混。如果中国出了赫鲁晓夫，搞资本主义路线，你们怎么办？你们要帮助中国的马克思主义者，反对中国的修正主义。”

这时的毛泽东，已经把中国的问题估计得更为严重了。

1964年4月10日，毛泽东在接见了日本共产党代表团以后，即刻乘专列离开了武汉前往长沙。

这时湖南大地的春意正浓。空中有燕雀飞翔，水上有渔船

---

① 那年，指1962年。

撒网，大田里有社员们在忙碌着插秧。湘江岸边，万绿峥嵘，橘子洲头，鸟语花香。

毛泽东一到长沙，首先召集湖南省委的一班人见面，详细询问了农村社会主义教育运动的进展情况，主要是《双十条》下达后，落实到农村“四清”工作中的实际效果和广大农民群众的具体反应……

4月中上旬，在周恩来给毛泽东打来电话请示、汇报工作的时候，毛泽东在电话上对周恩来讲：“赫鲁晓夫又在那里叫喊呢，我们要造成一种声势，全力支援世界各国人民的反美正义斗争，这对世界各国爱好和平的人民是一种有力地声援，也是对美帝国主义侵略行径的愤怒声讨，同时是对修正主义者的有力回击！”同时又说，“赫鲁晓夫叫喊归叫喊，我们同苏联人民的友谊是长存的，快到他的70岁生日了，还是发一个电报吧，祝贺他的70岁生日！”

4月16日，毛泽东、刘少奇、朱德、周恩来联名电贺赫鲁晓夫70寿辰，表示尽管存在着原则分歧，但一旦世界上发生重大事变，中苏两党、两国和两国人民就会共同对敌。

4月17日，北京举行万人大会并发出通电，支持古巴和拉丁美洲各国人民的反美正义斗争。

18日，毛泽东在专列上同张平化、李瑞山、王延青等人进行了长时间的谈话……

4月19日，毛泽东离开长沙前往南昌。

在南昌，毛泽东听取了江西省委第一书记杨尚奎等人关于农村深入开展“四清”工作的情况汇报……

这时，全国文联、作家协会等10个单位的全体干部开展起了整风学习。在这次整风学习中，中宣部文艺局起草了《全国文联和各协会整风情况的报告（草稿）》。

4月22日，毛泽东离开南昌前往杭州。

列车在行进中。

在专列上，毛泽东再次听了播音喇叭里播放的现代评剧《夺印》中《劝广清》的一段唱：

我良言苦口将你劝，
你是水火不进不愿听；
你不撞南墙不回头，
你不遭蛇咬不动心！
……

毛泽东一边听，一边自言自语地哼唱了两句，张玉凤在一旁悄悄地笑着，对毛泽东说："主席，你唱的不像是评剧，倒像是湖南花鼓戏呢！"

毛泽东说："我是唱过花鼓戏的……"

见毛泽东高兴，张玉凤也不由自主地低声哼唱起了该剧中年轻女会计的一段唱……

《夺印》这出戏，是集中反映农村中的所谓阶级斗争的戏，戏中的好几段唱腔，经中央人民广播电台的一再播出，已经传响在中国的大江南北……

4月23日，毛泽东到达杭州，再次住进了西湖侧畔的刘庄招待所，这时，江青和她的随行人员已经等候在杭州了。

4月26日，毛泽东对《人民日报》为播发苏共中央2月全会反华文件写的编者按作出批示。

次日，《人民日报》以6个整版的篇幅发表了苏共中央的反华报告和文件，并为此加了编者按。

当日晚，毛泽东在江青和浙江省委一些同志的陪同下，去看了京剧《芦荡火种》，观看中，毛泽东给予了该剧很高的评价。

演出结束后，毛泽东幽默地对围拢在他身边的人们说："芦荡里边都是水，革命火种怎么能燎原呢？再说那时的革命形势已经不是火种，而是火焰了嘛！"

江青乘机提议："那就请主席给改一个名字吧！"

毛泽东思考了一下说："这个故事发生在沙家浜，我看戏名就叫《沙家浜》吧！”

江青带头鼓了掌说：“这个名字起得好，就叫《沙家浜》！”

4 月 28 日，毛泽东在听取林乎加、霍士廉、江华等人汇报工作时，就队办企业、核算单位、粮食政策等问题发表了他自己的意见……

4 月 30 日，毛泽东对中共中央给苏共中央的复信稿做了修改。

这段时间，毛泽东在杭州过了“五一”节，并接见了一个来华访问的外国代表团，在谈话中，毛泽东又讲起了中国共产党内的事。他说：“在党的领导机构上层，有些干部不想革命了，中央委员也有，政治局委员也有，省委书记、地委书记、县委书记都有……”

5 月 2 日，毛泽东离开杭州乘专列前往上海。

在上海，毛泽东听取了中南局第一书记陶铸和华东局第一书记柯庆施等人的工作汇报……

5 月 9 日，毛泽东接到北京打来的一个电话，说是李富春、李先念、谭震林、薄一波等人要来汇报，毛泽东说：“不要来上海了，我这就回去，在路上谈吧！”

随即，毛泽东离开上海，乘专列径直回京。沿途路过南京、蚌埠、济南、天津等地，李富春和李先念等人的汇报也就先后在这几个地方进行……

33. “反修防修”千秋业 注重培养接班人

5 月，正是北京鲜花盛开的时节。

在北京的各大公园里，色彩缤纷的鲜花竞相开放了。一团团，一簇簇，装点着公园里的山山水水。这时候每个公园里的游人都很多。尤其是“五一”节刚过，许多来北京过“五一”的人还没走，便纷纷拥进公园里来游春了……

1964 年 5 月 7 日，中共中央致信苏共中央，否定了苏共中央 3 月 7 日的信件中所包括的一切建议。信中在拒绝苏共中央任何停止公开论战的建议时指出：“我们的报刊，对你们 1963 年 7 月 14 日的公开信还没有答复完。对你们在公开信以后的一段时期内发表的 2000 多篇反华文章和材料，我们还没有开始答辩，离答复完毕更远得很。”

信中指责苏共中央“要联合世界人民的公敌美帝国主义”，“反对民族解放运动，反对无产阶级革命，反对无产阶级专政”；之后，信中质问苏共中央“对于你们干的这许多坏事”，“你们怎么能够指望我们和全世界马克思列宁主义者默不作声？”

中共中央还在致信的同时，通知苏共中央：为了澄清事实，说明真相，中共中央认为有必要全文公布 1963 年 11 月以来中苏两党交换的信件。

5 月 8 日，新华社播发了中苏两党来往的 7 封信。

5 月 11 日，毛泽东在听取国家计委关于“三五”计划设想汇报时，指出农业、国防各是一个拳头，屁股是基础工业，建设要按客观规律办事。他说：

农业是一个拳头，国防是一个拳头，要使拳头有劲，屁股就要坐稳，屁股就是基础工业。建设要按客观规律办事，只能是有多少钱办多少事，不能搞多了。要少而精，集中力量打歼灭战，留有余地。要注意种好16亿亩，在这个基础上建设4亿多亩稳产、高产农田。

5 月 15 日，中共中央工作会议在北京召开。

5 月 25 日，毛泽东在又一次会见外宾时发表讲话，指出革命单靠军事不行，要依靠广大的人民群众，打人民战争。

5 月 27 日，毛泽东主持召开了一次中央政治局常委扩大会议，专门研究三线建设的问题。在这次会议上，毛泽东指出了两个“注意不够”：一个是对三线建设注意不够，另一个是对基础工业注意不够。

毛泽东在这里所说的“三线建设”，是指三线工业基地建设。按战备需要而划分的一线是沿海地区，二线是中部地区，三线是后方地区。三线又分为西南三线的云南、贵州、四川和西北三线的陕西、甘肃、宁夏和青海。新疆属于第一线。

在毛泽东看来，三线建设的重点在四川，而攀枝花[①]是重中之重。而中央所确定的第三线钢铁基地有两个，一个在甘肃省的酒泉，另一个就是攀枝花。

毛泽东在召集各中央局负责人在一起商谈国家经济计划问题时，曾插话说：

酒泉和攀枝花钢铁厂要搞，不搞我总不放心，打起仗来怎么办？

攀枝花不搞起来，我就睡不着觉，一定要下决心搞，把我们的薪水都拿去搞。

在原子弹时期，没有后方是不行的。要准备上山，上山总还要有个地方。

---

① 攀枝花，位于四川省西南部靠近金沙江沿岸，临近云南，储藏有大量的铁矿资源和水利资源，煤、石灰石等矿产资源也很丰富。

要加快成昆、内昆、湘黔、滇黔、川黔几条线路的建设。

西南三线，不仅修铁路，搞钢和煤，机械、化工、军工等什么都有才好。我们把三线的钢铁、国防、机械、化工、石油、铁路基地都搞起来，那时打起仗来就不怕了。打起来还可以继续建设。你打你的，我建设我的。

5月，又有一件事开始影响中国，甚至影响了中国在思想战线上的各项工作十几年——64开小型本的《毛泽东语录》出版发行。

1964年6月3日，毛泽东批示人民日报社社长吴冷西，嘱其组织“四清”工作队下乡蹲点：

你应当下决心在今冬明春这段时间内，在北京地区或天津近郊去“蹲点”，至少五个月。家里工作可以抽时间回来处理。从新华社和人民日报抽出一批人，同当地干部合组一个工作队，包一个最坏的人民公社，一直把工作做完，以后，就作为你们经常联系的一个点。还要在另一个冬春，在城市参加“五反”。千万不要放弃参加这次伟大革命的机会。

次日，毛泽东批阅了林彪关于部队文艺工作的谈话。

6月5日，另一件事开始影响中国的戏剧舞台，并由此开始影响中国的整个戏剧界、文艺界乃至思想理论界和政治舞台——1964年度的全国京剧现代戏观摩演出在北京举行……

在中央工作会议进行中，毛泽东发表了重要讲话：

在原子弹时期，没有后方不行。

要考虑战争危险，要考虑到打仗，要有战略部署，要建立战略后方。

把全国划分为一、二、三线，要下决心搞三线建设，首先把攀枝花钢铁基地以及与此相联系的交通、煤、电建设起来。

农村、城市搞社会主义教育要四五年，不要急急忙忙，城市“五反”要增加划阶级的内容。

过去我们制定的方法基本上是学苏联的，先定下多少钢，然后计算要多少煤、电、运输力量等，根据这些再计算增加多少城市人口、多少生活福利，是摇计算机的办法。钢的产量一变少，别的一律跟着削减。这种方法不实际，行不通，要改变。我们的方针是，以农业为基础，以工业为主导。按照这个方针，制定计划时先看可能生产多少粮食、棉花和其他经济作物，再看需要多少化肥、农药、机械、钢铁，可能搞多少工业，还要考虑打仗。

国家计委“三五”计划《初步设想》体现的这些思想，是很好的。

6月8日，毛泽东在中共中央政治局常委扩大会议上讲：

现在大学不发讲义。就是指大学叫学生记笔记，教员念，叫学生死抄。为什么不发讲义？据说是怕犯错误。其实还不是一样？死抄就不怕犯错误？应该印出来叫学生看、研究。你应该少讲几句嘛！主要是学生看材料，包括乌龟壳、青铜器。你讲历史，就应该把材料给人家。材料不只发一方面的，两方面的（正反面）都要发。新学、旧学都要发嘛！把新民学会的报印下去，单发梁启超的不行。我写的《中国革命战争的战略问题》，就是红军大学的讲义。写了就不要讲了，书发给你们，让你们自己看。《论持久战》也是这样写出来的。《矛盾论》写了几个礼拜，白天黑夜写，准备可难了，写了出来，只讲了两个小时。写好了就不要讲了嘛！现在的教员蠢得很，懒得很。

要自学嘛，靠自己学嘛！萧楚女没有上过学校，不但没有上过洋学堂，私塾也没有上过。我是很喜欢他的。农民运动讲习所教书主要靠他。他是武昌茶馆里跑堂的，能写很漂亮的文章。在农民运动讲习所，我们就是拿这一省那一省农民运动的小册子给人家看，什么广东的农民运动，广西东兰县的农民运动，就是拿这些小册子给人家看。

总之，我看我们这个国家有1/3的学校不掌握在我们手里，掌握在敌人手里。

一分为二是辩证法，“合二而一”恐怕是修正主义，讲阶级调和吧！

传下去，传到县，如果出了赫鲁晓夫怎么办？中国出了修正主义的中央，各省要顶住。

这是毛泽东在中央政治局常委会议上认真地公开讲这个问题了。通过这个讲话，可以看出，毛泽东已经注意到了杨献珍提出的研究和认识历史也可以用“合二而一”的观点的提法。这样一来，一个可以“争鸣”的学术问题被毛泽东变成了一个十分严重的政治问题。

这一天，在中共中央政治局常委扩大会议上，周恩来问毛泽东：“现在老挝的局势紧张，我们应该怎么办？”

毛泽东果断地说：“亚洲的事情，应该由亚洲人民自己来解决！”

当刘少奇问及毛泽东关于再版《毛泽东选集》的事时，毛泽东说：“现在学这些东西，我很惭愧，都是些古董了。要把现在新的东西写进去。”

刘少奇告诉说：“正在筹备出版《毛泽东选集》第五卷。”

这时林彪插话说：“毛泽东思想是我们党的指导思想，《毛泽东选集》是毛泽东思想的结晶，《毛泽东选集》和马列著作一样永远不会过时，永远是指导我们进行社会主义革命和社会主义建设的最好的理论武器。”

在谈到当前农村中正在进行的社会主义教育运动时，毛泽东讲了他最近南下视察所了解到的诸多情况，并总结性地指出：

一要看贫下中农是真正发动起来了，还是没有发动起来；

二要看干部的“四不清”问题是解决了，还是没有解决；

三要看干部是参加了劳动，还是没有参加劳动；

四要看一个好的领导核心是建立起来了，还是没有建立起来；

五要看发现有搞破坏活动的地、富、反、坏分子，是将矛盾上交，还是发动群众，认真监督，就地改造；

六要看是增产，还是减产。

6月11日，解放军海军防空部队在华北地区上空击落美制蒋军P-2 V型飞机一架。消息传到中南海，毛泽东在怀仁堂风趣地对刘少奇、朱德、周恩来和陈云、邓小平等人说：“蒋介石是很会挑时间的！”并特意对林彪说，“要大力嘉奖部队，这也是部队突出思想政治工作的表现！”

第二天，毛泽东在中南海游泳池的房间里接了周恩来的一个电话，说是美国飞机轰炸了我国驻老挝经济文化代表团的驻地。放下电话以后，毛泽东狠狠地说：“这个美帝国主义，看来是要给它一点颜色看看才行！”

侍卫在一旁的张仙朋问：“主席，你这是又生谁的气呀？”

“生美国人的气，他们派飞机轰炸了我们在老挝的代表团驻地！”毛泽东掷地有声地说：“一个赫鲁晓夫，一个美帝国主义，这是我们的两大对头啊！”

6月15日至16日，毛泽东、刘少奇、董必武、朱德、周恩来、邓小平等党和国家领导人，在贺龙、陈毅、叶剑英、罗瑞卿等人的陪同下，在北京西郊检阅了北京部队和济南部队的军事训练汇报表演。

在看军事表演的过程中，由于天热，毛泽东索性脱了中山装上衣，上身只穿了件白色的衬衫坐在那里兴致勃勃地观看。当战士们进行轻武器实弹射击表演时，毛泽东从罗瑞卿手中接过了一支国产的上着枪刺的半自动步枪，举在两只手上端平后

1964年6月，毛泽东接见连续击落美制无人驾驶高空侦察机的人民空军某部。（新华社稿）

瞄了瞄准……

部队的军事表演进行得很紧张、很逼真，各项科目表演得也很精彩、很成功，受到了毛泽东等人的高度评价和赞扬。

期间，毛泽东乘兴畅游了十三陵水库。游过泳后，毛泽东对围拢在他身边的青年同志们说：

游泳是同大自然作斗争的一种运动，你们应该到大江大海去锻炼。

毛泽东在北京军事训练表演现场。（新华社稿）

6 月 16 日下午，毛泽东在十三陵水库管理处召开中央政治局常委和中央局第一书记会议。会议进行中，毛泽东几次发表讲话说：

帝国主义势力还是在包围着我们，我们必须准备应付可能的突然事变。今后帝国主义如果发动战争，很可能像第二次世界大战时期那样，进行突然的袭击。因此，我们在精神上和物质上都要有所准备，当着突然事变发生的时候，才不至于措手不及。

过去土地革命战争时期、抗日战争时期、解放战争时期，晚上是我们的，抗美援朝战争也是这样。今后的战争，我们还是要在晚上和敌人打。

战争来了，还是靠近战、夜战，还是靠两条腿，靠炸药，靠炮兵。要发扬我军近战、夜战的优良传统。

将来打仗主要还是靠步兵。坦克要有公路，空军要有机场，海军要有海。步兵有两条腿，要到哪里就到哪里。当然，坦克、空军、海军还是要的。但我们要从最困难的地方着想，完成任务最可靠的还是步兵。

敌人越凶越不要怕它。蒋介石过去不凶？美国不凶？具体到每个战斗的打法就不同了，就要重视它。军队无非是要学会两个东西，一个是会打，一个是会走。会打，会走，军队都要学会。打就吃它一口，吃不了大的吃小的，吃了一口再吃一口。

单单武器的使用和训练士兵不需要很长时间。训练炮兵一个月就行，训练驾驶员、飞行员，几个月就够了，最多一年。主要是在战场上训练。和平时期要在夜里练习，战争时期，战争就是学习。

要注意多搞夜战、近战。在很黑的夜间搞，什么也看不见，训练部队晚上行军，晚上打仗。

毛泽东要求全党、全军和全国人民“要准备打仗。打起仗来不要慌张，打原子弹也不要慌张。对帝国主义不要怕，越怕越被动，有了准备，就不怕”。还说：“我们要有准备，打起仗来靠中国顶住，靠修正主义是不行的。敌人打进来，我们可以打出去。”同时指出“要抓民兵工作，只靠解放军不够。各级地方组织也要抓军事，不但要搞文，还要搞武，要制造枪”。

在会议上，毛泽东还郑重提出了培养无产阶级革命接班人的任务，并规定了5条标准。他说：

苏联出了修正主义，我们也有可能出修正主义。如何防止出修正主义，怎样培养无产阶级的革命接班人？我看有5条：

第一条，要教育干部懂得一些马列主义，懂得多一些更好。就是说，要搞马列主义，不搞修正主义。

第二条，要为大多数人民谋利益，为中国人民大多数谋利益，为世界人民大多数谋利益，不是为少数人，不是为剥削阶级，不是为资产阶级，不是为地、富、反、坏、右。没有这一条，不能当支部书记，更不能当中央委员。赫鲁晓夫是为少数人的利益，我们是为大多数人的利益。

第三条，要能够团结大多数人。所谓团结大多数人，包括从前反对自己反对错了的人，不管他是哪个山头的，不要记仇，不能“一朝天子一朝臣”。我们的经验证明，如果不是“七大”的正确的团结方针，我们的革命就不能胜利。对于搞阴谋诡计的人要注意，如中央就出了高、饶、彭、黄等人。事物都是一分为二的。有的人就是要搞阴谋，他要搞，有什么办法，现在还有要搞的嘛！搞阴谋的人，是客观存在，不是我们喜欢不喜欢的问题。

一切事物都是对立的统一。5个指头，4个指头向一边，大拇指向另一边，这才捏得拢。

完全的纯是没有的，这个道理许多人没有想通。不纯才成其为自然界，成其为社会。完全的纯就不能成其为自然界，不成其为社会，不合乎辩证规律。不纯是绝对的，纯是相对的，这就是对立的统一。扫地，一天到晚扫24个钟头，还是有尘土。你们看，我们党的历史上哪年纯过吗？但是却没有把我们搞垮。帝国主义也好，我们党里冒出来的修正主义也好，都没有把我们搞垮。解放以后出了高岗、饶漱石、彭德怀，搞垮了我们没有？没有。搞垮我们是不容易的，这是历史经验。

人是可以改变的，有少数人变不了，吃了饭就骂人，各省都有一点，是极少数，不变也可以，让他们去骂。对那些犯错误的人，要劝他们改好。要帮助人家改正。只要他认真改正了，就不要老是批评没完。

要团结广大群众，团结广大干部，团结这两个95%。

第四条，有事要跟同志们商量，要充分酝酿，要听各种意见，反对的意见也可以让他讲出来。要讲民主，不要“一言堂”，一开会就自己讲几个钟头，不让人家讲话。不要开会时赞成，会后又翻案，又说不赞成。共产党人要搞民主作风，不能搞家长作风。

第五条，自己有了错误，要作自我批评。一个指挥员指挥打仗，三个仗，胜二个，败一个，就可以打下去。打主意，对的多，错的少一点，就行了。不要总是以为自己对，好像真理都在自己手里。不要总是认为只有自己才行，别人什么都不行，好像世界上没有自己，地球就不转了。自然界和人类社会都是按照自己的规律前进的，无产阶级的大人物，像马克思、恩格斯、列宁、斯大林不是都逝世了吗？世界革命还是在前进。

但是，接班人的问题还是要部署一下。要准备好接班人。无产阶级的革命接班人总是要在大风大浪中成长的。

帝国主义说，对于我们的第一代、第二代没有希望，第三代、第四代怎么样，有希望。帝国主义的话讲得灵不灵？我不希望它灵，但也可能灵。

现在有许多地方不落实，要做政治工作，做人的工作。政治落实要有政治机构，有政委、教导员、指导员。政治工作就是做人的工作。

6 月 17 日，开了一个月零两天的中央工作会议结束了。

会议期间，中共中央在转发甘肃省委、冶金工业部党组《关于夺回白银有色金属公司的领导权的报告》时写下批语，把企业中的问题都看做了阶级斗争，认为是地主、资产阶级等篡夺了领导权，企业已经成了地主、资产阶级的所有制了。除此，毛泽东和刘少奇、周恩来、邓小平等人还在一起共同研究了如何“答复”苏共中央来信的问题。

6 月 19 日，毛泽东在人民大会堂观看了话剧《南海长城》。

进入 6 月下旬，江青几次向毛泽东汇报了她在戏曲舞台上所做的“大量工作”，以此来表明她为中国的社会主义舞台争夺了无产阶级的“阵地”……

6月21日，毛泽东在人民大会堂福建厅主持召开了一次政治局常委扩大会议。参加会议的人员除中央政治局常委毛泽东、刘少奇、周恩来、邓小平外，还有彭真、陆定一和吴冷西。

会议一开始，毛泽东即对在座的吴冷西说："今天找你来是要批评你，批评《人民日报》提倡鬼戏……"

吴冷西说："请主席明示！"

毛泽东说："《人民日报》1961年发表了赞扬京剧《李慧娘》的文章，一直没有检讨，也没有批判'有鬼无害论'！1962年八届十中全会就提出了要抓阶级斗争，但《人民日报》对外讲阶级斗争，发表同苏共领导论战的文章，对内不讲阶级斗争，对提倡鬼戏不做自我批评。这就使报纸处于自相矛盾的地位……"

说到这里，毛泽东用手指着吴冷西继续说："你搞中苏论战文章，一年多没有抓报社工作。你一定要到报社去开个会，把这个问题向大家讲一讲，也同新华社讲一讲。"

周恩来对吴冷西说："今天你就回报社去，认真落实毛主席的指示！"

这时，毛泽东放缓了语气说："《人民日报》的政治宣传和经济宣传是做得好的，国际宣传也有成绩。但是，在文学艺术方面，《人民日报》的工作做得不好。《人民日报》长期不抓理论工作，从报纸创办开始我就批评这个缺点，但一直没有改进，直到最近才开始重视这个问题。你们的《学术研究》专刊是我逼出来的。过去《人民日报》不抓理论工作，说是怕犯错误，说报上发表的东西都要百分之百正确。据说这是学苏联《真理报》。事实上，没有不犯错误的人，也没有不犯错误的报纸。《真理报》现在正走向反面，不是不犯错误，而是犯最大的错误。《人民日报》不要怕犯错误，犯了错误就改，改了就好。"

6月23日，江青在京剧现代戏观摩演出人员的座谈会上，发表了《谈京剧革命》的讲话。

观看演出归来，毛泽东与陪同他观看演出的表侄孙女王海容谈话，指出《红楼梦》是一部好书，语言是古典小说中最好的。

次日，毛泽东在与越南客人谈话时，严厉批评了中国高级干部的保健工作："什么都搞特殊化，看病也搞特殊化，我很不赞成搞什么高级病房、高级病床，老百姓有了病怎么办啊？有那么多的工人、农民，有了病怎么办？你不给看？不给治？现在的这些医生，都喜欢给大官看病，还不如三国时期的华佗，华佗给老百姓看病是不收钱的，实行治病救人……"

同日，毛泽东还接见了马里客人，指出经济建设规模不能搞得过大。

6 月 25 日，毛泽东批阅了贫下中农协会组织条例修改稿和中央关于印发这个条例的指示稿。

晚上，毛泽东又在江青的陪同下观看了舞剧《义静烈火》。

第二天，江青在中宣部看到了由文艺局起草的那份《全国文联和各协会整风情况的报告（草稿）》，一把抓在手里，说是要拿给毛泽东过目一下，文艺局的人急忙阻拦，并解释说："这只是个没有修改过的草稿，还没有经过部里会议的讨论，请江青同志还是先别拿走……"

"你们想封锁主席吗？"江青极不满意地撇了撇嘴，硬是把这份报告草稿拿走了……

一回到中南海，江青改写了文件的标题，重新标明了是《中央宣传部关于全国文联和所属各协会整风情况的报告（草案）》。

一见到毛泽东，江青便晃动着她手中的那份文件说："主席，我今天去中宣部，给你搞来了一份他们不想让你看的材料，这里面多是些乌七八糟的东西，你好好看看吧！"

毛泽东伸手接了文件，只简单地说了句："先放下吧，晚上我再看。"

江青一时之间没有再催促毛泽东看文件，只是拉了张玉凤去谈别的事情了……

6 月 27 日，毛泽东在《中央宣传部关于全国文联和所属各协会整风情况的报告（草案）》上写下了批示：

这些协会和他们所掌握的刊物的大多数（据说有少数几个好的），十五年来，基本上（不是一切人）不执行党的政策，做官当老爷，不去接近工农兵，不去反映社会主义的革命和建设，最近几年，竟然跌到了修正主义的边缘。如不认真改造，势必在将来的某一天，要变成像匈牙利裴多菲俱乐部那样的团体。

毛泽东的这个批示把文艺界的问题提到了更加严重的程度。这一批示的及时传达和下发，引起了整个文艺界的震惊，而且使全党为之震惊。从此，导致了全国文联各协会和文化部的进一步深入整风。在整风学习中，文艺界的许多知名人士诸如齐燕铭、夏衍、陈荒煤、邵荃麟、阳翰笙、田汉等，都受到了不应有的指责和批评……

6 月间，毛泽东还利用他的表侄孙女王海容来见他的机会，同她进行了长时间的谈话，了解学校的情况，思考教学中存在的各种需要改革的问题。

毛泽东之所以要抓教育改革，目的是为了培养无产阶级革命事业的接班人，他认为，只有改革现行的诸多不合理的教育制度，才有可能培养出合格的无产阶级革命事业的接班人。

34. 青年教育是大事　中共中央发《九评》

1964 年 7 月初，根据毛泽东的意见，中共中央决定成立以中央政治局委员、书记处书记、北京市市长彭真为组长的文化革命 5 人小组：组长彭真，副组长陆定一，成员康生、周扬、吴冷西。

7 月 4 日，毛泽东向新闻界发出指示，要求注意报道提拔新生力量。

这时候，在哈尔滨军事工程技术学院学习的毛泽东的侄儿毛远新来到了北京。

毛远新生于 1941 年 2 月，比毛泽东和江青的女儿李讷仅小 6 个月，是毛泽民和朱旦华在新疆迪化[①]结婚后生的小儿子。他苦难的童年是在新疆监狱里度过的。毛泽民 1943 年被新疆军阀盛世才杀害后，直到 1945 年初，在周恩来的多方营救下，张治中释放了关押在新疆的共产党人，毛远新才同母亲回到了延安。后来，朱旦华改嫁了方志敏烈士的弟弟方志纯，毛远新一直生活在他们的身边。1951 年，朱旦华带着毛远新到北京来开会，会后把毛远新留在了毛泽东的身边。从此，毛远新就一直跟随伯父毛泽东生活在北京中南海。毛泽东在各方面都很关心他的这个侄儿，两人犹如父子一般，可以无话不谈。毛远新中学毕业后考入了中国人民解放军哈尔滨军事工程技术学院，学习很认真，就是不大关心政治，这一点，经常得到毛泽东的训诫和教诲。

7 月 5 日，毛泽东在中南海的游泳池家中很高兴地同毛远新谈话。他问他的这个侄儿："你看过《九评》没有？"

---

① 迪化，1954 年 2 月改名为乌鲁木齐。

毛远新回答说："只看过《八评》，第九评还没有看到。"

"哦，第九评也已经写出来了。"毛泽东说，"在我的办公桌上，过一会儿你可以拿去看。"

"我一定认真看。"毛远新说。

"接班人的五条看了没有？"还没等他回答，毛泽东又问，"懂不懂？"

"基本都懂。"毛远新点了点头。

"这五条是互相联系不可分割的。"毛泽东强调说，"第一条是理论也是方向；第二条是目的，到底是为谁服务，这是主要的，这一条学好了什么都好办；三、四、五条是方法问题。要团结多数人，要搞民主集中制，不能一个人说了算，要有自我批评，要谦虚谨慎。这不都是方法吗？"

"这些我都懂。"

"懂就好。"

"伯父……"毛远新再问，"到底什么是'四个第一'？'四个第一'说是林彪提出来的，还说什么'人的思想工作第一'和'活的思想工作第一'，那么什么样的思想才叫'活思想'？为什么在具体工作中总是抓不住？"

"什么是'四个第一'？"毛泽东说，"知道了为什么还不抓活思想？听说你们学校政治干部很多，就是不抓基层，当然思想就抓不住。"

"那么怎样理解阶级斗争呢？"毛远新又问。

"阶级斗争是你们的一门主课……"毛泽东说，"你们学院应该去农村搞'四清'，去工厂搞'五反'。从干部到学员全都去，一个不留。今年冬天或明年春天就去，早去比晚去好，一定要去。对于你，不仅要去参加5个月的'四清'，而且要去工厂搞上半年'五反'。你对社会一点也不了解么！不搞'四清'就不了解农民，不搞'五反'就不了解工人。这样一个政治教育完成了，我才算你毕业，不然军工学院让你毕业，我是不承认你毕业的。"

毛远新笑着说："反正到时候有哈军工的毕业证书就行了！"

毛泽东也微微一笑："阶级斗争都不知道，怎么能算大学毕业？你毕业了，我还要给你安排这一课。"又说，"你们学院就是思想工作没落实。"

说到这里，毛远新乖巧地去给毛泽东点燃了一支香烟，毛泽东吸着烟，继续说："你要学习马列主义，还是要学习修正主义？"

毛远新立刻说："当然是学习马列主义了！"

"谁知道你学什么。"毛泽东却说，"什么是马列主义，你知道吗？马列主义的基本思想就是要革命。什么是革命？革命就是无产阶级打倒资本家，农民推翻地主，然后建立工农联合政权并把它巩固下去。现在革命任务还没有完成，到底谁打倒谁还不一定。"

毛远新反问："我们不是早把阶级敌人打倒了吗？"

毛泽东说："苏联还不是赫鲁晓夫当权？资产阶级当权？我们也有资产阶级把持政权的，有的生产队、工厂、县委、地委、省委都有他们的人。有的公安厅副厅长也是他们的人。文化部是谁领导的？电影、戏剧都是为他们服务的，不是为多数人服务的。"

毛远新说："那让组织上把他们的权夺了不就完了！"

毛泽东说："问题不是那样简单呢！阶级敌人到处都有，有的就睡在你的身边你都不晓得。"又说，"学习马列主义就是学习阶级斗争。阶级斗争到处都有。你们学院就有。你们学院出了一个反革命知道不知道？他写了19本反动日记，天天在骂我们，这还不是反革命分子！你们不是感觉不到阶级斗争吗？你们旁边不是就有吗？没有反革命，哪还有什么革命。哪里都有反革命，工厂里怎么没有？国民党的中将、少将、县党部书记长，都混进来了，不管他们改变成什么面貌，现在就是要把他们清查出来。什么地方都有阶级斗争，都有反革命分子。你们学院揭发的几个材料我都看了。你与反革命睡在一起还不知道。"

毛远新"嘿嘿"一笑："他们的脑门上又没有写着'反革命'3

个字，我怎么会知道……”

“要警惕呢！”毛泽东继续说，“你们的政治课主要是讲课，光讲课能学习到多少东西，最主要的是要到实际中去学习。你们为什么光对专业感兴趣，对马列主义不感兴趣？”

“谁说的？”毛远新说，“我就对马列主义感兴趣！”

“那是你现在对我说……”毛泽东又说，“你们学院最根本的是四个第一不落实，你不是说要学习马列主义吗？你们是什么个学法？只听讲课能学到多少东西？最重要的是要到实际中去学。”

这时候，毛远新从他坐的沙发上站起身来，想再一次去给毛泽东点烟，被毛泽东摆手势制止了：“你老实坐下来听我讲么！”

毛远新只得又重新坐下去听他伯父讲：“全国都大学解放军，你们就是解放军，为什么不学？学院有政治部吗？那是干什么的？有政治教育没有？”

毛远新肯定地说：“这些都有……”

“你就是喜欢舒服，怕艰苦。”毛泽东责怪说，“你就知道为自己着想，考虑的都是自己的问题。”

毛远新争辩道：“我也考虑党和国家的事……”

毛泽东不容争辩地说：“你父亲在敌人面前坚强不屈，丝毫不动摇，就是因为他为大多数人服务。要是你还不是双膝跪下，乞求饶命了！”

毛远新再次争辩道：“我才不会呢！”

毛泽东接着说：“我们家许多人都是被国民党和帝国主义杀死的。你是吃蜜糖长大的，从来不知道什么是苦。你将来不当右派，当个中间派我就满足了。你没吃过苦，怎么能当上左派呢？”

毛远新保证说：“我下农村、进工厂，摸爬滚打，争取当左派……”

毛泽东点一点头说：“有希望，超出我的标准就更好。”

接下来，毛泽东又对毛远新讲起了在校学习的事：“整个教育制度就是那样，公开号召去争取那个5分。你不要去争那个全优，那样会把你限制死了的，你姐姐[1]也吃了这个亏。就有那么一些人把分数看透了，大胆主动地去学。据说某大学有个学生，平时不记笔记，考试时得3分半到4分，可是毕业论文在班里水平最高，人家就把那一套看透了，学习也主动了。就有那么一些人，把分数看透了，大胆、主动地去学。你们的教学就是会灌，天天上课，有那么多可讲的？”

“不去上课还行？”毛远新说，“我们学院就是部队，是有纪律的。”

“教员应该把讲稿印发给你们。”毛泽东不以为然地说，“怕什么？应该让学生自己去研究讲稿。”

毛远新说：“学院才不会把讲稿发给我们呢！”

“讲稿还对学生保密？”毛泽东有些生气地说，“到了讲堂上才让学生抄，把学员束缚死了。”又说，“我过去在抗大讲课时就是把讲稿发给学员，我只讲了30分钟，让学生自己去研究，然后提出问题，教员再答疑。”

毛远新喃喃地说：“要是你当我们的院长就好了……”

毛泽东说：“大学生，尤其是高年级，主要是自己去研究问题，讲那么多干什么？过去公开号召大家争全优。在学校是全优，工作上不一定就是全优。中国历史上凡是中状元的，都没有真才实学，反倒是有些连举人都没有考取的人有点真才实学。唐朝最大的两个诗人连举人也未考取。不要把分数看重了，要把精力集中在培养分析问题和解决问题的能力上，不要只是跟在教员的后面跑，自己没有主动性。”

毛远新说：“那我要是总不听老师的，还不是总要挨批评……”

“所以教育要改革么……”毛泽东继续讲道，“教改的问题，主要是教员问题。教员就那么点本事，离开讲稿什么也不行。为什么不把讲稿发给你们，与你们一起研究问题？高年级学生

---

① 你姐姐，指毛泽东的小女儿李讷。

提出的问题，教员能回答出50%，其他的说不知道，和学生一起商量，这就是不错的了。不要装着样子去吓唬人。反对注入式教学法，连资产阶级教育家在五四时期就早已提出来了，我们为什么不反？只要不把学生当成打击对象就好了。教改的关键就是教员。”

毛泽东和毛远新的这一长时间的谈话内容，都被毛泽东的秘书张玉凤在一旁认真地记录了下来……

1964年7月7日，解放军空军某部在华东地区上空再次击落美制蒋军U–2型高空侦察机一架。

消息报到中南海，毛泽东高兴地对即将出访缅甸的周恩来说：“我们的部队打出经验来了……”

7月10日，《毛泽东著作选读》甲乙两种版本开始出版发行。

7月14日，《人民日报》编辑部、《红旗》杂志编辑部联名发表文章：《关于赫鲁晓夫的假共产主义及其在世界历史上的教训——九评苏共中央的公开信》。

这篇文章，运用马克思列宁主义的观点和理论，着重讲述了如何防止资本主义复辟和“反修防修”的问题。文章包括了中苏两党展开论战以来的对赫鲁晓夫假共产主义的最猛烈的抨击。

文章认为，赫鲁晓夫在苏联实行了一系列的修正主义政策，为资产阶级的利益服务，使苏联的资本主义势力急剧地膨胀起来。文章还指出：“赫鲁晓夫在‘反对个人迷信’的幌子下，丑化无产阶级专政和社会主义制度，这实际上是为在苏联复辟资本主义开辟了道路”。扶植那些占据领导地位的蜕化变质分子，加剧苏联社会的阶级分化。“赫鲁晓夫破坏社会主义的计划经济，实行资本主义的利润原则，发展资本主义的自由竞争，瓦解社会主义全民所有制。”

文章断定，“赫鲁晓夫宣扬资产阶级的意识形态，宣扬资产阶级的自由、平等、博爱和人性论，向苏联人民灌输资产阶级的唯心主义和形而上学以及资产阶级的个人主义、人道主义、和平主义的反动思想，败坏社会主义的道德风气，腐朽的西方资产阶级文化成了时髦，社会主义文化受到排斥和打击”；“广大的苏联工人、集体农民和知识分子，对于特权阶层的压迫和剥削是十分不满的……”

文章针对赫鲁晓夫在苏联推行的“和平演变”政策，以及中国如何吸取教训、防止资本主义复辟等15个方面进行了详尽、严肃地论述：

第一，必须用马克思列宁主义的对立统一的规律来观察社会主义社会……

第二，社会主义社会是一个很长的历史阶段……

第三，无产阶级专政，是工人阶级领导的，是以工农联盟为基础的……

第四，社会主义革命和社会主义建设，必须坚持群众路线，放手发动群众，大搞群众运动……

第五，不论在社会主义革命中，还是在社会主义建设中，都必须解决依靠谁、争取谁、反对谁的问题……

第六，必须在城市和农村中普遍地、反复地进行社会主义教育运动……

第七，无产阶级专政的基本任务之一，就是努力发展社会主义经济……

第八，全民所有制经济，同集体所有制经济，是社会主义经济的两种形式……

第九，百花齐放、百家争鸣的方针，是促进艺术发展和科学进步的方针，是促进社会主义文化繁荣的方针……

第十，必须坚持干部参加集体生产劳动的制度……

第十一，绝不要实行对少数人的高薪制度……

第十二，社会主义国家的人民武装部队必须永远置于无产阶级政党的领导和人民群众的监督之下，永远保持人民军队的光荣传统，军民一致，官兵一致。坚持军官当兵的制度……

第十三，人民公安机关必须永远置于无产阶级政党的领导和人民群众的监督之下……

第十四，在对外政策方面，必须坚持无产阶级国际主义，反对大国沙文主义和民族利己主义……

第十五，作为无产阶级先锋队的共产党必须同无产阶级专政一起存在……

文章还特别强调指出：

阶级斗争、生产斗争和科学实验，是建设社会主义强大国家的三项伟大革命运动，是使共产党人免除官僚主义、避免修正主义和教条主义，永远立于不败之地的确实保证，是使无产阶级能够和广大劳动群众联合起来，实行民主专政的可靠保证。不然的话，让地、富、反、坏、牛鬼蛇神一齐跑了出来，而我们的干部则不闻不问，有许多人甚至敌我不分，互相勾结，被敌人腐蚀侵袭，分化瓦解，拉出去，打进来，许多工人、农民和知识分子也被敌人软硬兼施，照此办理，那就不要很多时间，少则几年、十几年，多则几十年，就不可避免地要出现全国性的反革命复辟，马列主义的党就一定会变成修正主义的党，变成法西斯党，整个中国就要改变颜色了。

为了保证我们的党和国家不改变颜色，我们不仅需要正确的路线和政策，而且需要培养和造就千百万无产阶级革命事业的接班人。

培养无产阶级革命事业接班人的问题，从根本上来说，就是老一代无产阶级革命家所开创的马克思列宁主义的革命事业是不是后继有人的问题，就是将来我们党和国家的领导能不能继续掌握在无产阶级革命家手中的问题，就是我们的子孙后代能不能沿着马克思列宁主义的正确道路继续前进的问题，也就是我们能不能胜利地防止赫鲁晓夫修正主义在中国重演的问题。总之，这是关系我们党和国家命运的生死存亡的极其重大的问题。这是无产阶级革命事业的百年大计，千年大计，万年大计。帝国主义的预言家们根据苏联发生的变化，也把“和平演变”的希望，寄托在中国党的第三代或者第四代身上。我们一定要使帝国主义的这种预言彻底破产。我们一定要从上到下地、普遍地、经常不断地注意培养和造就革命事业的接班人。

在接下来的文章中，还认真谈了无产阶级革命事业接班人所必须具备的5个条件。在每一个条件中，都把苏联的赫鲁晓夫当成反面教员来加以论述：

他们必须是真正的马克思列宁主义者，而不是像赫鲁晓夫那样的挂着马克思列宁主义的招牌的修正主义者。

他们必须是全心全意为中国和世界的绝大多数人服务的革命者，而不是像赫鲁晓夫那样，在国内为一小撮资产阶级特权阶层的利益服务，在国际上为帝国主义和反动派的利益服务。

他们必须是能够团结绝大多数人一道工作的无产阶级政治家。不但要团结和自己意见相同的人，而且要善于团结那些和自己意见不同的人，还要善于团结那些反对过自己并且已被实践证明是犯了错误的人。但是，要特别警惕像赫鲁晓夫那样的个人野心家和阴谋家，防止这样的坏人篡夺党和国家的各级领导权。

他们必须是党的民主集中制的模范执行者，必须学会“从群众中来，到群众中去”的领导方法，必须养成善于听取群众意见的民主作风。而不能像赫鲁晓夫那样，破坏党的民主集中制，专横跋扈，对同志搞突然袭击，不讲道理，实行个人独裁。

他们必须谦虚谨慎，戒骄戒躁，富于自我批评精神，勇于改正自己工作中的缺点和错误。而绝不能像赫鲁晓夫那样，文过饰非，把一切功劳归于自己，把一切错误归于别人。

最后，文章指出：

无产阶级革命事业的接班人，是在群众斗争中产生的，是在革命大风大浪的锻炼中成长的。应当在长期的群众斗争中，考察和识别干部，挑选和培养接班人。

至此，中共中央已经发表了9篇评论苏共中央的理论性文章。经过这场斗争，在各国共产党和工人党的相互关系上，逐渐地开拓了以独立自主、平等协商的原则处理各种问题的局面，摆脱别国党的控制和指挥逐渐成为了历史潮流。由于中苏两党的这场大论战，也自然而然地导致了各国共产党和工人党提出根据马克思列宁主义的原理结合自己国家的实际情况，领导本国人民开展革命斗争和经济建设，反对一个中心、一种模式、一条道路，这种局面的开始出现不能不说是这场论战的一个最显著的收获。

这场论战从表面看来像是发生在中苏两党之间，但它直接影响着国际共产主义运动的发展方向，同时也反映了社会主义国家的建立和发展，必须根据各自国家的实际情况和具体条件来进行，必须将马克思主义与本国实际紧密地结合起来，认真走自己的道路，绝不能够按照哪一种“既定模式”来进行。在处理社会主义国家相互之间的关系上，必须是独立自主、相互平等、相互尊重、共同协商，绝不能像赫鲁晓夫那样采取大国沙文主义，以强欺弱、以势压人，占据别国领土，损害别国利益。正是这场论战，使得社会主义各国开始走上了根据本国情况进行社会主义建设的新道路，并且开始独立自主地处理自己党和国家的重大问题和具体问题，这也不能不说是这场论战的又一个积极的成果。

这场长达数年的论战，也充分暴露了苏共中央在赫鲁晓夫一伙人的控制下对外政策上的大国沙文主义。他们想用“指挥棒”干预世界上的一切事物，然而，这样的时期已经一去不复返了……

7 月 17 日，毛泽东在人民大会堂接见了全国京剧现代戏观摩演出的全体演出观摩人员。当毛泽东出现在大家的面前时，整个大会堂里立刻爆发出了雷鸣般的掌声。许多人按捺不住激动不已的心情，脸上淌着幸福的热泪，一遍又一遍地高呼着：

“毛主席万岁！”

“毛主席万岁！”

……

接见结束后，毛泽东观看了现代京剧《智取威虎山》。

7 月中旬末，越南驻中国大使馆向中国外交部递交了一份美国在越南加紧侵略的紧急通报……

7 月 19 日，中国政府发表声明，支持越南人民反对美国侵略。

第二天，北京各界 1 万多人在人民大会堂举行隆重集会，纪念《日内瓦协议》签订 10 周年，支援越南人民的反美斗争。

7 月 23 日，毛泽东在人民大会堂亲切接见了击落美制蒋机 U –2 型飞机的空军指战员，并再次观看了现代京剧《沙家浜》（即《芦荡火种》）。

演出结束后，毛泽东走上舞台亲切地接见了参加演出的全体人员，并同大家合影留念。当人们满怀着幸福、激动的心情再一次紧紧地围拢了毛泽东的时候，毛泽东向大家提出了他对《沙家浜》这出戏的意见：

要突出武装斗争的作用，强调武装的革命消灭武装的反革命，戏的结尾要正面打进去，加强军民关系的戏，加强正面人物的音乐形象。

临近 7 月下旬末，毛泽东前往北戴河。

一天，毛泽东的小女儿李讷刚刚在海滨浴场游泳归来，带着一身的水珠，不管不顾地一头扎进了她爸爸的怀中，故意撒着娇说：“我想你也去游泳呢！”

毛泽东疼爱地用手轻抚着女儿湿漉漉的脸蛋说："我也想去啊！看你这一身水，快去洗一洗么……"

李讷这才站直了身子说："我去洗了脸，回来听你给我讲《九评》！"

江青走进来见到他们父女俩这副亲热的样子，嗔怪女儿说："你也不小了，都二十好几了，还这样没规矩……"

李讷面向毛泽东"求援"："爸，你看我妈说的……"

毛泽东立刻表态说："女儿再大也是女儿么，我喜欢她这样。"

见毛泽东这样说，江青只得闭了口……

7 月 28 日，中共中央复信苏共中央，断然拒绝了苏共中央 6 月 15 日复信中要求尽早召开共产党国际会议的建议，指出：

中国共产党坚持主张召开经过充分准备的，在马克思列宁主义的基础上团结的兄弟党国际会议，坚决反对你们开分裂会议。中共中央庄严地声明：我们决不参加你们分裂国际共产主义运动的国际会议和它的筹备会议……

信中还颇具辛辣地指出：

你们既然已经下定了决心，大概就得开会吧。如果不开，说了话不算数，岂不贻笑千古吗？不开吧，人们会说你们听了中国人和各个马克思列宁主义政党的劝告，显得你们面上无光。要是开吧，从此走入绝境，再无回旋的余地。……亲爱的同志们：我们愿意再一次诚恳地劝告你们，还是悬崖勒马的好，不要爱惜那种虚伪的无用的所谓"面子"。如果你们不听，一定要走绝路，那就请便吧！

7 月 30 日，苏共中央不顾中共中央的劝告，决定采取断然措施，邀请在 1960 年莫斯科会议上组织筹备会议的其他 25 个党，于 1964 年 12 月 15 日派代表团到莫斯科开始为 1965 年的国际会议做准备。同时，苏共中央把他们的这一决定写信通知了中共中央……

7 月 31 日，《人民日报》发表了中共中央 7 月 28 日给苏共中央的复信和苏共中央 6 月 15 日给中共中央的复信。

这一天，1964 年的全国京剧现代戏观摩演出大会在北京落下帷幕。

35. 北部湾风云突变　中央发“桃园经验”

1964 年 8 月 2 日，位于中国南部疆域的雷州半岛与越南之间的北部湾海域风平浪静，一只只渔船飘荡在宽阔的海面上，进行着同往常一样的捕鱼作业。不远处，有越南人民军海军的炮舰在沿海巡逻……

突然，美国的两艘军舰——驱逐舰“马多克斯”号和“特纳·乔伊”号径直闯入了越南领海，面对这突如其来的事态，越南海军向美国军舰发出了严正警告……

美国的两艘驱逐舰竟不顾警告，仍然如入无人之境似的高昂着舰首，继续在越南的海域内快速向前行驶，越南巡逻舰被迫采取行动，向美国军舰开炮示警。顿时，北部湾海域炮声轰鸣，被炮弹击起的水柱冲天，美军驱逐舰见势不妙，只得仓皇逃窜……

这时候，美国政府利用他们的军舰被越南海军驱逐一事，开始大做文章。声称他们的军舰遭到了越南海军的“袭击”，为了美国的“荣誉和尊严”，美国政府要向越南实施必要的“报复”行动。

一时间，美国海军开始调兵遣将，从台湾海峡和香港调动了大批军舰，云集到了越南民主共和国的领海海面上……

8 月 4 日夜，北部湾海雾茫茫，海潮涌着海浪发出一阵阵海的喧啸。夜里海上的能见度很低，美国的军舰又一次侵入越南北方海域，并将罪恶的炮口对准了巡逻在自己领海的越南军舰……

海战突起，不可避免的激战在夜色笼罩的海雾中荡起了北部湾的更大的喧嚣。美国政府立刻向全世界声称：美国海军“无故”遭到了越南海军的“突然袭击”，有两艘军舰被越南胡志明的军舰击沉……

当日夜间，美国总统约翰逊召集了紧急会议，在这样的一个紧急会议上，约翰逊发表了一系列的讲话和声明，要求立即召开联合国安理会紧急会议。为此，美国国会批准了约翰逊调动美军在东南亚采取进一步军事行动的决定权。

约翰逊随即在电视上发出了战争叫嚣，说他已经命令美国的空中力量“对向美军实施军事挑衅的越南北方”进行报复性的轰炸，声称“对那些对美军的敌对行动不但要以戒备、防御来对付，而且必须给予积极的回答。在我向你们说话的时候，正在作这种回答。现在正对北越的这些敌对行动中使用的炮舰和某些辅助设备采取空中行动”。

许多国家的新闻记者们，将他们手中的摄影、录像器材对准了不可一世的约翰逊，无数的闪光灯在约翰逊的面前一阵接一阵地闪烁。这时的约翰逊似乎感觉到了全体美国人民“赋予他的神圣使命”，继续声嘶力竭地叫喊着“这次事件使全体美国人深刻认识到了在东南亚为自由和安全而进行的斗争的严重性”，“将使全体美国人加倍努力履行我们对南越人民和政府所承担的义务”。

8 月 5 日，美军出动了大批的飞机，对越南北方进行了疯狂的轰炸和扫射。英勇的越南军民在胡志明的坚强领导下，奋起反击，防空部队当即击落美军飞机 8 架，击伤 3 架，并俘虏了一名美军飞行员。

战况迅速传到美国，美国国防部长麦克纳马拉连夜举行记者招待会宣布，美国当天下午先后出动了 64 架次飞机袭击了越南北方的鸿基、禄昭、福利、广溪等 4 处“鱼雷艇基地”和“油库”；同时，他还向参加记者招待会的人宣布，美国将采取一系列加强太平洋地区兵力的紧急步骤：“一、把第一舰队的一个攻击航空母舰特混群即刻调往西太平洋；二、把截击机和战斗轰炸机调到南越；三、把战斗轰炸机调到泰国；四、从美国直接调遣截击机和战斗轰炸机中队到太平洋前进基地；五、把反潜艇的特种部队调到南中国海；六、使经过挑选的陆军和海军陆战队进入戒备状态，准备随时出动。”

这就是震惊世界的“北部湾事件”。

8 月 6 日，正在北戴河的毛泽东指示就“北部湾事件”发表声明。

即日，中华人民共和国政府发表声明，强烈谴责美国对越南北方的侵略行径，中国政府郑重声明：

美国政府点起了侵略战火，越南民主共和国就取得了反侵略的行动权力，一切维护日内瓦协议的国家也取得了支援越南民主共和国反侵略的行动权力。越南民主共和国是社会主义阵营中的一员，没有一个社会主义国家能够坐视它遭受侵略。美国对越南民主共和国的侵犯，就是对中国的侵犯，中国人民绝不会坐视不救。

毛泽东当天审阅了这个声明稿，并在声明稿件上面给汪东兴写下批示：

汪东兴同志阅后，即交江青阅。要打仗了，我的行动得重新考虑。

毛泽东之所以这样写，是因为前几天他曾经说过他有一个愿望，就是想骑着马从黄河的入海口沿黄河向西逆行而上，对整个黄河流域特别是黄河源头进行一次考察。为了实现这个愿望，他还特意让人给他带来了一匹军马，工作之余每天都练习骑一骑马。毛泽东在战争年代是经常骑马的，新中国成立以后就很少有时间再骑马了，所以他要练习练习。在马背上，他精神抖擞、意气风发，好像又恢复了当年骑马行军、打仗时的样子，完全不像是一个年龄已逾 70 岁的人……

美国一手制造了“北部湾事件”，发动了侵越战争，使毛泽东不得不放弃了他要沿黄河进行一次实地考察的计划。

根据毛泽东的指示，总参谋部作战部很快起草了一份关于国家经济建设如何防备敌人突然袭击的报告。

8月8日，北京上百万的工人、农民、机关干部、民兵、街道居民走上街头，举行了声势浩大的反对美帝国主义侵略越南的示威游行。

8月10日，北京天安门广场再次举行了有10万人参加的盛大集会，表示全力支援越南人民反对美国武装侵略的抗美正义斗争。中共中央副主席、国务院总理周恩来，中共中央政治局候补委员、副总理陆定一，中共中央书记处书记、副总理兼中国人民解放军总参谋长罗瑞卿，中国人民保卫世界和平委员会主席郭沫若和越南劳动党中央政治局委员黄文欢、越南驻中国大使陈子平等出席了集会。

当日晚，毛泽东在北戴河观看了反映抗美援朝战争内容的现代京剧《奇袭白虎团》，当剧中响起《中国人民志愿军战歌》的音乐时，毛泽东眼里饱含着热泪起身鼓掌。这使侍卫在他身边的卫士张景芳想到，这时的毛泽东是不是又想起了当年的战争岁月，抑或又想起了他的牺牲在朝鲜战场上的大儿子毛岸英呢？

《奇袭白虎团》是由山东省京剧团演出的，当剧中人严伟才说“我们必须用革命的两手对付反革命的两手，这叫做谈谈打打，打打谈谈”时，坐在台下看戏的毛泽东笑了，对坐在他身边的小女儿李讷说：“这些话不都是我讲的吗？”

李讷高兴地说：“我也听出来了！”

演出结束后，毛泽东上台接见全体演员。接见中，毛泽东对有关人员说：“有些地方还需要改一下，要做到声情并茂。”

次日，毛泽东批阅了《国家经济建设如何防备敌人突然袭击》的报告。

8月12日，毛泽东审阅并批准了总参谋部作战部起草的关于国家经济建设如何防备敌人突然袭击的报告，要求“精心研究，逐步实施”，同时还催问国务院组织专案小组是否已经成立并开始工作……

晚上，毛泽东在北戴河观看了现代京剧《红嫂》。《红嫂》是由山东省淄博市京剧团和青岛市京剧团联合演出的。演出结束后，工作人员征询毛泽东意见：“主席，上不上台接见演员？”

毛泽东爽朗地说：“省里剧团我上了台，地区来的怎么能不上呢——上！”

接见中，毛泽东问：“你们团还有没来的人吗？”

有人回答：“还有几个道具工人。”

毛泽东即说：“来！都叫来，见见面嘛！”

这一夜，两个剧团的人高兴得一夜都没合眼……

8月14日，中宣部根据康生下达的指令，向中央书记处写了《关于公开放映和批判〈北国江南〉〈早春二月〉的请示报告》。

8月中旬的一天，李讷到淄博市京剧团和青岛市京剧团去玩，演员们问她：“毛主席喜欢不喜欢我们的戏？”

李讷微微一笑：“我听爸爸讲，山东一下子出了两个好戏，不简单！”

就这一句话，两个剧团的人像是着了魔似的，人人奔走相告：“毛主席说我们的戏是好戏！”

8月16日，在广州的刘少奇写信给毛泽东，对农村中社会主义教育运动的部署问题提出了一个新建议。即改变原先以县委领导为主的做法，采取在省委、地委领导下集中力量搞一个县的办法……

8月18日，毛泽东约集康生、陈伯达、关锋、吴江、龚育之、邵铁真等人座谈哲学问题。商讨中，毛泽东点了杨献珍的名：“杨献珍提出‘合二而一’，说综合是两种东西不可分割地联系在一起。世界上有什么不可分割的东西？有联系，总要分割的，没有不可分割的事物。”

座谈会上，毛泽东就哲学问题发表谈话，指出“有阶级斗争才有哲学”：

有阶级斗争，才有哲学（脱离实际谈认识论没有用）。学哲学的应当下去，参加阶级斗争，身体不好的死不了，多穿点衣服就行了。大学文科这样搞法不成，从书本到书本，从概念到概念不成，书本怎么能出哲学呢？马克思列宁主义有三部分：科学社会主义，哲学，政治经济学。基础是科学社会主义。空想社会主义者想说服资本家发善心不行，要依靠无产阶级斗争。

研究哲学的人，认为第一位是哲学。不是，第一位不是哲学，是阶级斗争。因为有压迫者，被压迫者就要反抗找出路，从这一点出发，才有马列主义，才找到了哲学。文科大学生，今冬明春都下去。理工科不动，动一动也可以，其他统统下去。学政治经济学、哲学、法律、历史的统统下去。今冬明春分期分批下去，去参加阶级斗争；只有这样，才能学到阶级斗争，学到革命。不搞阶级斗争，搞什么哲学。

现在知识分子穿暖吃饱住好，养尊处优，身体有病，思想有病。因此知识分子必须参加阶级斗争，参加“四清”才有生气。

要读些书，为需要而读书，为现在斗争去读书，与无目的地去读书不相同，有知识很重要。

社会主义也得灭亡，不灭亡就不行，就没有共产主义。共产主义至少搞个百把万年、百把千年，就不分质的阶段？我不信。完全一个性质，几百万年不变，我不信。按照辩证法，这是不可设想的。一个原则，“各尽所能，各取所需”，就搞一百万年，就是一种经济学？辩证法的生命，就是不断走向反面……

这一天，毛泽东还对刘少奇 8 月 16 日的来信《关于集中力量进行城镇五反和农村社会主义教育运动的建议》写出复信：

八月十六日来信收到，我于昨天（十七日）看了一遍，觉得很好，完全赞成。今天（十八日）即与中央各同志商量，照此办理，迅速实行。十月工作会议还应该讨论此事一次，取得一致同意，统一党内思想。在此以前，各中央局、各省、市、区党委、各地委、各县委先行讨论一次，收集各种意见，以利十月中央工作会议讨论。八月中旬至十月中旬，中央、各中央局、各省、地、县委、各中等城市市委，以两个月时间，即照你的办法，立即训练工作队，以利秋冬实施。

同一天，毛泽东还在中宣部 8 月 14 日报送的《关于公开放映和批判〈北国江南〉〈早春二月〉的请示报告》上写下批示，要求对所有所谓修正主义材料进行批判：

不但在几个大城市放映，而且应在几十个至一百多个中等城市放映，使这些修正主义材料公之于众。可能不只这两部影片，还有别的，都需要批判。

毛泽东的这个批示一经传达，一时间在全国造成了一批电影、戏剧、小说被定为“毒草”加以批判，而且从此由文艺界的政治批判逐渐扩展到哲学、经济学、历史学诸方面。单是在电影界，就有一大批影片被定为了修正主义的毒草，《北国江南》和《早春二月》首当其冲，其他像《刘志丹》《不夜城》《抓壮丁》《怒潮》《红日》《苦斗》《三家巷》《逆风千里》《林家铺子》《兵临城下》《革命家庭》等影片，统统受到了严厉的批判。这还不算，影片受批判，影片的作者导演演员，也都受到了不应有的批判和打击。

对电影的批判，必然扩大到对戏剧的批判，一时之间，形成了新中国成立以来对电影、戏剧最广泛的“口诛笔伐”，报纸、杂志和广播电台几乎天天都有批判文章刊登和播发，使文艺界人士出现了等待批判、惶惶不可终日的局面。

在文艺界开展大批判的同时，哲学界、经济学界、历史学界等学术领域的批判斗争也随之开展起来。其中，在哲学界批判杨献珍的所谓“合二而一”论，批判冯定的所谓错误哲学观点；在经济学界批判孙冶方的所谓“利润挂帅”“物质刺激”的错误观点；在历史学界批判吴晗、翦伯赞的所谓“非阶级观点”“让步政策”。这时的点名批判大多不着边际地上纲上线，无论谁写什么样的批判文章，想要批判哪一个人或者是哪一部作品，几乎不用组织批准，很快一窝蜂似地占据各类报刊的绝大部分版面。在文艺、哲学、经济学、历史学等学术领域中开展起来的过火的批判过程中，康生、江青等人利用他们的职务、地位和特殊身份，推波助澜，起了极坏的作用。他们四下里煽风点火，八方串联，上蹿下跳，唯恐天下不乱。在这场大批判风中，姚文元、关锋、戚本禹等人初露锋芒，以左派的面目出现，他们十分活跃，也很猖狂，到处发表文章，八方出击，一会儿批判这个，一会儿批判那个，好像一切理论界和文艺批评界的阵地统统都要被他们占领似的，似乎哪一个人也不是他们的对手。他们之所以能够如此嚣张气盛，其根本原因是在他们的背后有毛泽东的支持。毛泽东曾多次称赞他们，认为他们是革命的左派，要支持他们，保护他们，让他们更好地发挥“战斗作用”。

意识形态领域的错误的过火的批判，反映了党内阶级斗争扩大化的错误日益严重，形成了后来发生的“文化大革命”的前奏……

这时候，北戴河的海风还像以往那样吹着，海浪滔滔。

8 月 19 日，刘少奇再次写信给毛泽东，推荐王光美带“四清”工作队下乡蹲点的“桃园经验”报告。刘少奇在信中说：“王光美同志的这个报告，陈伯达同志极力主张发给各地党委和所有工作队的同志们。”同时写道，“现在中央拟了一个批语，请中央审阅，如果中央同意，请中央发出。”

刘少奇在为中央起草的转发王光美“桃园经验”的批语中说，这个报告“是在农村进行社会主义教育的一个比较完全、比较细致的典型经验总结”，“是有普遍意义的”。

同日，李富春和薄一波、罗瑞卿 3 人联名提议成立国家经济建设防备敌人突然袭击专案领导小组，小组成员 13 人，由李富春担任组长，薄一波和罗瑞卿任副组长。对此，毛泽东表示赞同。

这时，跟在刘少奇身边的田家英，已经带着刘少奇推荐“桃园经验”的信和刘少奇对《后十条》的修正草案稿回到北京，即刻又赶赴北戴河转呈毛泽东。

8 月 20 日，毛泽东召集在北戴河参加华北学习会的李雪峰、乌兰夫、陶鲁笳、刘仁、刘子厚等人谈话，向大家征求对刘少奇 8 月 16 日来信的意见。

讨论中，李雪峰率先表示不同意刘少奇的建议。他说“大家认为那样做牵涉面太大……”

陶鲁笳也表示不同意。他说“现在我们在全国范围内，已经铺开了将近 4000 个点，如果今冬一个地委集中搞一个县，已经铺开的点，大部分都要把工作队从半路上撤回来，这样做贫下中农很不满意……”

毛泽东见大家都不同意刘少奇的建议，只得问：“少奇同志的信，我已经批了，中央讨论后发了，你们不赞成，怎么办？”

李雪峰提出：“是否拿到 10 月中央工作会议上再议？”

毛泽东当即打电话给邓小平，说文件缓发，立即派飞机把各大区书记找到北京开会，重议刘少奇同志的意见，华北有不同意见。

即日，毛泽东返回了北京。

8 月 22 日，毛泽东将刘少奇 8 月 19 日报送的“桃园经验”和其代中央写的那份批语稿，一并给了邓小平，并告诉说，可以等各大区的书记们开过会议以后再行处理……

8 月 24 日，毛泽东特意邀请了周培源、于光远等人到中南海，就日本科学家坂田昌一提出的基本粒子新概念及哲学认识论的问题，进行了广泛的交谈。

在游泳池的会客室里，毛泽东一边吸着烟，一边对几位科学家说：

列宁讲过，凡事都可分。举原子为例，不但原子可分，电子也可分。可是从前认为原子不可分。原子核分裂，这门科学还很年轻。近几十年来，科学家把原子核分解了。有质子、反质子，中子、反中子，介子、反介子；这是重的，还有轻的。至于电子同原子核可以分开，那早就发现了。电线传电，就利用了铜、铝的外层电子的分离。电离层，在地球上空几百公里，那里电子同原子核也分离了。电子本身到现在还没有分裂，总有一天能分裂的。“一尺之棰，日取其半，万世不竭”，这是个真理。不信，就试试看。如果有竭，就没有科学了。世界是无限的。时间、空间，是无限的。空间方面，宏观、微观，是无限的。物质是无限可分的。所以科学家有工作可做，一百万年以后也有工作可做。听了些说法，看了些文章，很欣赏《自然辩证法研究通讯》上坂田昌一的文章。以前没有看过这样的文章。他是辩证唯物主义者，引了列宁的话……

这时的毛泽东已经是71岁的人了，仍然在孜孜不倦地学习。在交谈中，他的视野开阔，思想精深，语言生动，令听他谈话的几位科学家感慨不已、钦佩不已。接下来，毛泽东继续谈论着世间万物，从太阳到地球、从水的合成到细胞的产生，举了许多事例来论述自然界的运动、变化和发展。

毛泽东说：

一切个别的、特殊的东西都有它的产生、发展与死亡。每一个人都要死，因为他是产生出来的。人必有死，张三是人，张三必死。我们见不到两千年前的孔夫子，因为他一定要死。人类也是产生出来的，因此人类也会灭亡。地球是产生出来的，地球也会灭亡。不过我所说人类灭亡、地球灭亡，和基督教讲的世界末日不一样。我们说人类灭亡、地球灭亡，是说有比人类更进步的东西来代替人类，是事物发展到更高的阶段。我说马克思主义也有它的产生、发展与灭亡。这好像是怪话。但既然马克思主义说一切发生的东西都有它的灭亡，难道这话对马克思主义本身就不灵？说它不会灭亡，是形而上学。当然，马克思主义的灭亡是有比马克思主义更高的东西来代替它。

这里，毛泽东所说的是彻底的辩证法……

8 月 25 日，新华社连续发出两条报道：国防部最近发布命令，授予沈阳部队某部九连“学习毛主席著作的模范红九连”的称号；授予沈阳部队某团四连“神枪手四连”的称号。

毛泽东在中南海听了由中央人民广播电台播音员播报的新华社的报道后说：“部队既要抓思想政治工作，又要抓紧抓好军事训练，这样做是对的。”

8 月 27 日，毛泽东再次看了刘少奇的夫人王光美带领工作组在河北省抚宁县卢王庄公社桃园大队蹲点搞“四清”的经验报告——即“桃园经验”报告，并再次考虑了刘少奇和陈伯达的肯定意见，改变了几天前对邓小平讲过的话，重新写下批示：

此件先印发此次到会各同志讨论一下，如果大家同意，再发到全国去。我是同意陈伯达和少奇同志的意见的。

请小平办。

毛泽东

八月二十七日

同时指示邓小平：将《后十条》的修正草案印发给中央局

第一书记会议，“请他们研究，并提意见，再加修改”。

刘少奇得到消息，并得到毛泽东请他回北京主持中央局第一书记会议的电话，随即放弃了在昆明的视察工作，中断行程，赶回北京。

8 月 29 日，毛泽东到人民大会堂亲切接见友好邻邦尼泊尔教育代表访华团，并同他们进行了坦诚真挚的谈话。在谈话中，毛泽东首先讲了中国普及教育的基本情况。他说：“比解放以前的情况好，城市基本上普及了，但是乡村还没有。”

接下来，毛泽东继续讲了许多有关中国教育的内容：

以教育制度来讲，我们正在进行改革。现行的学制年限太长，课程太多，教学方法有很多是不好的，考试方法有很多也是不好的。学生读了课本还是课本，学了概念还是概念，别的什么也不知道。四体不勤，五谷不分。许多学生不知道什么是马、牛、羊、鸡、犬、豕，也分不出什么是稻、粱、菽、麦、黍、稷。学生要读到二十几岁才能读完大学，学制太长了。课程太多。采取的方法是注入式而不是启发式。考试的方法是把学生当敌人看待，举行突然袭击。所以我劝你们千万不要迷信中国的教育制度，不要以为它是好的。现在要改革有很大的困难，有许多人就是不赞成。目前赞成新方法的少，不赞成的多。这可能泼了你们的冷水，你们希望看好的，而我专门讲坏的。

清华大学有工厂。它是一所理工科学校，学生如果只有书本知识而不做工，那是不行的。但是，大学文科不好设工厂，不好设什么文学工厂、历史学工厂、经济学工厂，或者小说工厂。文科要把整个社会作为自己的工厂。师生应该接触农民和城市工人，接触工业和农业。不然，学生毕业，用处不大。如学法律的，如果不到社会中去了解犯罪情况，法律是学不好的。不可能有什么法律工厂，要以社会为工厂。

我们也学了一点马列主义，但是光学马列主义还不行，要从中国特点和事实出发来研究中国的问题。

大体上可以说，搞工业的知识分子比较好些，因为他们接触实际。搞理科的，也就是搞纯科学的差一些，但是比文科还好一些。最脱离实际的是文科。无论学历史的也好，学文学的也好，学哲学的也好，学法律的也好，学经济的也好，都太脱离实际，他们最不懂得世界上的事情。

力量的来源是人民群众。不反映人民群众的要求，哪一个也不行。要在人民群众那里学得知识，制定政策，然后再去教育人民群众。所以要想当先生，就得先当学生，没有一个教师不是先当学生的。而且当了教师之后，也还要向人民群众学习，了解自己学生的情况。所以在教育科学中有心理学、教育学两门学科。

在人民大会堂，毛泽东还同薄一波、李富春、陈伯达等人谈了计划工作等问题。

同日，中央局第一书记会议在刘少奇的主持下召开。邓小平宣布这次会议的目的，是要解决“四清”工作的部署问题。他说：“对社教运动的部署，少奇同志有个意见，主席为了慎重起见，找大家商量一下。为什么现在开会，不等 10 月中央工作会议呢？因为现在时间比较紧了，社教 11 月就要开始了。另外，修改了第二个 10 条，主席批了个意见，可以议一下，定下来用，以后需要改时再改。”

会议进程中，每人手上都拿到了一份王光美带队下乡蹲点的“桃园经验”报告，刘少奇进一步阐述了自己的意见。陶铸、王任重、李井泉、柯庆施都表示支持刘少奇的意见，这样一来，原先持不同意见的李雪峰被迫作了检讨性发言……

在这次会议上，大家结合王光美带队蹲点搞“四清”的“桃园经验”，认真讨论了各省农村社会主义教育运动的进展情况，并根据这些情况进一步讨论了《关于农村社会主义教育运动中一些具体政策的规定（草案）》（即《后十条》）的修正草案。

在此期间，毛泽东连续批阅了 10 多份文件，其中包括关于印发《中共中央关于农村社会主义教育运动中一些具体政策的规定（修正案）》，关于改变计划工作方法，关于印发《关于一个大队的社会主义教育运动的经验总结》，刘少奇关于转发湖南和江苏两省社会主义教育运动两个文件的指示信，《杨献珍等同志关于否认思维和存在的同一性的论点》和《冯友兰继续散布资产阶级教育思想和唯心主义思想》两份资料……

8月30日，毛泽东出席了正在进行中的中央局第一书记会议，并就前一阶段的工作情况表态说："有分歧，不一致，怎么办？不是什么路线之争，不是彻底革命和改良主义的问题，不是搞资本主义和搞社会主义的问题，是个部署问题，是个办法问题。"

当他看到李雪峰一脸的愁绪时，便点燃了一支香烟吸着，继续说："我同意少奇同志的意见，发了电报，没有先征求他们的意见，这是个缺点。雪峰说，粮食、棉花、经济作物主要在落后地区，怎样做好？派一万多人的工作队下去，倾盆大雨，是不是径流太大？"

李雪峰说："贫困地区经受不住太多的人下乡……"

这时大家感觉到：毛泽东对派一万多人的工作队下乡蹲点的做法，是有意见的。

为了防止"四清"工作中出现打击面过宽的"左"的倾向，毛泽东还就党内外的团结方法问题谈了自己的意见：

对同志不管是什么人，只要不是敌对分子、破坏分子，那就要采取团结的态度，对他们要采取辩证的方法，而不能采取形而上学的方法。一切加以分析，承认人总是要犯错误的，不因为一个人犯了错误就否定他的一切。对犯错误的同志，第一是要斗争，要把错误思想彻底肃清；第二就是要帮助他，从善意出发帮助他改正错误，使他有一条出路。对待另一种人就不同，像托洛茨基那种人，对他们无法采取帮助的态度，因为他们不可救药，只能打倒。

同日，新华社发表了中共中央即日给苏共中央的复信和苏共中央 7 月 30 日给中共中央的来信。在写给苏共中央的复信中，中共中央十分明确地指出：

你们在这次来信中蛮横地规定：不经过中苏两党和其他有关兄弟党进行各种双边的和多边的会谈，达成一致的协议，就召开起草委员会。起草委员会的成员只能是你们所指定的26个党，多一个也不行，少一个也不行……

你们甚至等不及你们所指定的起草委员会开始，就规定国际会议要在明年年中举行……

你们的来信还悍然宣布，不管兄弟党参加不参加，你们指定的起草委员会都要如期开张，你们片面召开的国际会议都要如期举行。这样，你们在今年12月召开起草委员会的那一天，就将作为国际共产主义运动大分裂的日子，记载在历史上……

你们同全世界的马克思列宁主义者之间还有什么共同的东西呢？今天，摆在全世界共产党人和革命人民面前的最迫切的共同的任务，是反对美帝国主义及其走狗。而你们却一心一意地勾结美帝国主义，寻找使你们同美帝国主义联合起来的共同的东西。你们一再向美帝国主义表白，你们要从所有的反对美帝国主义的斗争前线上脱身出来。当美帝国主义武装侵略社会主义的兄弟国家越南民主共和国的时候，你们不但没有明确宣布支持越南反对美国侵犯，反而助纣为虐，积极支持美帝国主义通过联合国干涉越南。在你们执行这种反共、反人民、反革命路线的情况下，马克思列宁主义者怎么能够同你们达成什么协议，采取什么共同行动呢？

我们已经多次说过，关于国际会议的筹备、召开和参加成员等所有问题，必须由全世界所有的兄弟党，包括原有的、重建的和新成立的兄弟党，通过协商取得一致的意见。否则，不论你们召开什么样的起草委员会，什么样的国际会议，统统都是非法的……

至此，中苏两党、两国关系到了彻底决裂的边缘。

这时候，莫斯科广播电台加强了它的对华广播，以每周70个小时的时间用中文播出；北京中央人民广播电台也以每周63个小时的时间，用俄语向广大的苏联人民进行广播……

9月1日，中央局第一书记会议结束。会议同意了刘少奇关于社会主义教育运动部署的意见，决定派大批工作队下乡蹲点搞“四清”；同时同意将王光美“桃园经验”的报告作为中央文件下发全党，并通过了刘少奇起草的转发批示。

这样一来，王光美带队蹲点搞“四清”的“桃园经验”，附在中央制定的《后十条》修正草案中作为“四清”工作队的必学文件，很快发向了全国农村。这两个文件把农村的形势估计得十分严重，认为阶级敌人用拉拢腐蚀干部的办法，建立了反革命的两面政权，所以这次“四清”运动是“比土地革命运动更为广泛、更为深刻的大规模的群众运动”，有些地区还要“认真地进行民主革命的补课工作”。这样一来，整个“四清”运动改变了原来依靠基层组织和基层干部的规定，都由工作队领导，工作队要先搞“扎根串连”，然后搞“四清”，再搞对敌斗争……

36.“四清”摸底下江南　中国爆炸原子弹

1964年9月1日，正当越南北方遭受到美帝国主义的飞机狂轰滥炸时，中国共产党和国家领导人毛泽东、刘少奇、朱德、周恩来联名电贺越南民主共和国成立19周年。

同一天，中国外交部发表声明，强烈谴责美帝国主义加紧扩大对刚果（利）[①]的侵略和干涉活动，悍然派遣飞机和军事人员镇压刚果（利）人民。

当天下午，毛泽东为了解和掌握农村社会主义教育运动的进展情况和《后十条》修正草案下发后的落实情况，带了不多的一些随行人员，乘专列离开北京，开始了又一次南下视察。

夕阳西下，落日的余晖映红了华北大地的山山水水，这时候，毛泽东的专列停在了邯郸以南的磁县车站。

在专列上，毛泽东听取了邯郸地委和磁县县委同志们关于前一段时间开展“四清”工作的进展情况，并认真了解了《后十条》修正草案下发后的情况。

次日凌晨3时，毛泽东离开磁县继续南下，夜色中，列车呼啸着驰过了黄河铁路大桥，在黎明的朝霞辉映中直赴郑州……

9月3日，毛泽东到达武汉。此次到武汉，毛泽东带着他的一行人习惯性地住在了东湖宾馆。

当天晚上，毛泽东听取了湖北省委的“四清”工作情况汇报。

第二天，毛泽东在东湖宾馆会见了来华访问的老挝爱国战线党文工团团长、副团长和主要团员，并同他们进行了亲切友好的谈话。在谈话中，毛泽东向老挝爱国战线党文工团的成员

① 刚果（利），1971年曾更名，1997年更名为刚果民主共和国，简称刚果（金）。

具体讲了许多中国的教育情况。他说：

“政治教育是一切教育的中心。

“教育青年是个大问题。如果我们麻痹睡大觉，自以为是，资产阶级就会起来夺取政权，资本主义就会复辟。马克思主义不克服修正主义，修正主义就克服马克思主义，资本主义进行复辟，挂共产主义的招牌，实行资本主义政策。你们要知道，这个问题十年几十年也不好解决。

“旧社会的知识分子不改造不行，过去我们没有抓紧。

“有几百万人，都是国民党留下来的资产阶级知识分子。教育界大学教授、中学教师、小学教师也有不少资产阶级知识分子。文化界唱戏的、画画的、唱歌的都有，新闻界好一些，电影界也有。现在他们受不了了。现在又整风，把资产阶级知识分子整他一年、两年睡不着觉。”

会见结束后，王任重和负责翻译的同志一起问毛泽东：“主席，我们党对资产阶级知识分子的整风，是不是时间长了些？”

“不长。”毛泽东不以为然地说，“与其让他们安安稳稳地睡觉，不如让老百姓安安稳稳地睡觉，让共产党踏踏实实地工作……”

同一时间，正当毛泽东在东湖宾馆亲切地会见老挝爱国战线党文工团团员的时候，苏联的赫鲁晓夫在布拉格却信口雌黄地说什么“我们的对手正在利用中国政治上的异端分子的活动来制造新的困难……”

对赫鲁晓夫的这种颠倒黑白的恶意攻击，毛泽东接到内情通报后只是付之一笑，他在东湖宾馆对王任重说：“我们不去参加他们召开的那个什么国际会议，他是要骂人的。”又说，“由他去骂，反正老子也不怕他们！”

9 月 6 日，毛泽东在东湖宾馆同前来看望他的王任重再次谈话，希望认真总结经济工作方面的经验。

随后，毛泽东离开武汉前往长沙。

第二天下午，毛泽东在长沙听取了张平化和李瑞山、华国锋等人关于湖南农村深入开展“四清”工作的情况汇报，并同他们进行了长时间的谈话。

9月8日，毛泽东到达南昌，听取江西省委同志汇报贯彻落实中央开展农村“四清”工作《后十条》修正草案的情况。

次日凌晨，毛泽东的专列停车杭州。

毛泽东离不开书，无论走到哪里总要带许多方面的书籍随时拿来看，有时，一时之间没有称心的书可看，他又总是找人或者托人找了书来看。

眼下，毛泽东又想看他想看的书了，无奈身边没有。为此，毛泽东在专列上给康生写了一封信，要他去北京图书馆或者北京大学图书馆，找一些如《美国全史》之类的有关世界历史方面的书籍来……

在杭州，毛泽东听取了浙江省委同志关于深入开展“四清”工作的情况汇报。

9月10日上午，周恩来给毛泽东打来电话，说是苏联政府和印度政府同时散布了中国军队“侵入”南部邻邦锡金的谣言。毛泽东倚躺在住地房间内的床上说：“这是帝修反在南亚问题上的一次反华大合唱，不要理它，发一个声明辟谣就是了。”

打完电话，毛泽东起身下床，边走边说：“这个赫鲁晓夫，还真不想让老子睡觉了……”

张景芳侍卫在一旁说：“他捣他的乱，主席只管睡觉好了！”

毛泽东穿着睡衣迈步走出房间，伸展双臂做了几下扩胸运动，然后才说：“帝修反是不会让我们睡安稳觉的……”

当天，毛泽东同法国技术展览会的负责人进行了谈话。

第二天，毛泽东同国内负责经济工作的计划领导小组成员进行了谈话。

9月14日，毛泽东去杭州湾钱塘江口看了钱塘潮，可惜当日的潮势不大，毛泽东有些扫兴地说：“来早了，再过一个礼拜来就好了……”

跟随在毛泽东身边的张玉凤说：“那过一个礼拜我们再来？”

毛泽东开始往停在附近的汽车走去："下个礼拜我们就回北京了。"

9 月 15 日，毛泽东离开杭州前往上海。

在上海，毛泽东叮嘱柯庆施说："上海方面的事情就交给你了，一定要掌握好政策，认真抓工作；还有，要多注意身体健康，不然的话，华东方面的事情还很难办呢……"

"感谢主席的关心……"柯庆施说，"中央有主席掌舵，华东方面的工作我一定认真抓紧抓好。"

毛泽东又说："你们也要注意培养接班人。"

柯庆施说："我们已经按照中央的指示做了。"

毛泽东问："有合适的人选吗？"

"有……"柯庆施说，"我们认为宣传部的张春桥还可以，主席知道这个人，很能写……"

"哦……"毛泽东没有进一步表示什么，只是说了句，"我晓得这个人。"

在谈到社会主义教育运动是搞得好还是搞得不好时，毛泽东再一次谈了他所总结的 6 条标准：

第一，要看贫下中农是真正发动起来了，还是没有发动起来。

第二，干部中的四不清问题，是解决了，还是没有解决。

第三，干部是参加了劳动，还是没有参加劳动。

第四，一个好的领导核心是建立起来了，还是没有建立起来。

第五，发现搞破坏活动的地、富、反、坏分子，是将矛盾上交，还是发动群众，认真监督，就地改造。

第六，要看是增产，还是减产。

同日，毛泽东致电日本共产党中央，邀请他们派代表团来参加中国国庆。

9 月 17 日，毛泽东看了中联部报送的一份有关赫鲁晓夫大肆攻击中国共产党的谈话材料，极其轻蔑地在材料上批写了两个字——放屁！

9 月 18 日，毛泽东离开了上海。

在毛泽东离开北京期间，他原来的卫士长李银桥遵照他的指示，回自己的家乡河北省安平县东河町村和妻子韩桂馨的家乡同省同县的北苏村，认真了解了那里的社教运动情况，做了详细的笔记。回到天津后，他又将从家乡带回来的笔记重新整理了一遍，写成汇报材料，赶到北京去想面交毛泽东。不巧，毛泽东南下视察了，他只好将材料交给了中央办公厅主任杨尚昆，请他代为转交毛泽东，同时向杨尚昆讲了林铁夫妇“借走”毛泽东写给他的那首题诗后一直不归还的事，杨尚昆答应李银桥向毛泽东反映这件事……

1964 年 9 月下旬初，在毛泽东南下视察回到北京的第二天，康生给毛泽东送来了许多关于世界历史方面的书籍。

康生离去后，杨尚昆来游泳池见毛泽东，汇报了毛泽东离开北京的这一段时间中央办公厅的工作，顺便转交了李银桥写给他的农村社教情况调查汇报材料，毛泽东很高兴地接过材料，称赞说：“银桥很会办事，我不该放他走……”

杨尚昆问：“再把他调回来？”

“不要，那样不好……”毛泽东说，“人已经走了，而且在天津工作得很好，没必要多此一举。”继而又说，“当初他来我身边工作，是我从恩来身边‘借’来的，说好是‘借用’半年，不想他到我身边来，一干就是 15 年，辛苦他了。他人是个好人，肯干，守纪律，就是太老实……”

杨尚昆笑了：“老实了还不好？”

毛泽东也笑了，说：“人太老实了，有时候也办傻事，吃大亏……”

杨尚昆又说：“前年李银桥临走时，主席写给他的那首《长征》诗，在天津被林铁两口子借走了，一直不还给他……”

“竟有这样的事？”毛泽东有些生气地说，“这个林铁，去年他请我给他写一首诗，我没写，不想他把我写给银桥的那首长征诗拿跑了！告诉李银桥，去向他要回来！”又说，“这个银桥啊，说他老实，他也太老实了，办了傻事，吃了大亏……”

杨尚昆走后，毛泽东在游泳池的住所邀见了周恩来、贺龙、聂荣臻、李富春和李先念，向他们详细询问了关于中国原子弹实验基地的情况。

周恩来汇报说，中央15人专门委员会在毛泽东离开北京期间的9月16日、17日接连开了两次会，讨论关于核爆炸及其有关问题，急需毛泽东回来后当面报告，以便中央早做决定，时间以不迟于9月29日为好。因为如果决定今年爆炸，以10月中旬到11月上旬为最好，而事先准备时间至少需要20天。

毛泽东认真听取了汇报，当即表态说：“好嘛！就这样定下来，10月中旬爆炸！”

9月21日，毛泽东正式作出立即准备进行核试验的指示。

9月27日，毛泽东意外地收到了中央音乐学院一个学生的来信，信中对实行音乐革命化、民族化、群众化等提出了意见。毛泽东很重视这个学生的来信，决定将这封信转给中央宣传部，并给中央书记处书记、中宣部部长陆定一写了一封信：

此件请一阅。信是写得好的，问题是应该解决的。但应采取征求群众意见的方法，在教师、学生中先行讨论，收集意见。

古为今用，洋为中用。

此信表示一派人的意见，可能有许多人不赞成。

连日来，陆续到达北京前来参加中华人民共和国国庆15周年庆祝活动的有来自亚洲、非洲、欧洲、拉丁美洲友好国家的代表团和众多的国际朋友……

10月1日，北京天安门广场上人山人海，鼓乐喧天，彩旗飘舞，气球腾飞，毛泽东、刘少奇、朱德、周恩来、宋庆龄、董必武等党和国家领导人健步登上天安门城楼，和各国来宾一起检阅了由中国人民解放军陆海空三军、首都民兵师分别组成的受阅方队和各群众团体组成的游行队伍……

这一天，歌声、军乐声、欢呼声、口号声响彻整个天安门广场。入夜时分，万紫千红的礼花在天安门广场上空簇簇开放，将整个首都北京的夜空装点得分外灿烂……

在中南海的大院里，各中央首长的孩子们大多回到了他们父母的身边。这时候毛泽东的二儿子毛岸青和他的妻子邵华、毛泽东的两个女儿李敏和李讷早都回家来了，毛泽东的侄儿毛远新和毛泽东的表侄孙女王海容也来了，再加上江青的外甥王博文，整个游泳池的各个房间里都住上了毛泽东的一家人，可真是热热闹闹地“乱腾”了两三天……

10月5日，柬埔寨国家元首西哈努克亲王偕夫人莫尼克[①]公主再次会见了毛泽东和刘少奇、周恩来，并授予这3位中国领导人柬埔寨国家的最高级勋章“独立勋章”。

10月6日，毛泽东和刘少奇、朱德、周恩来等人在一片热烈的欢呼声中，一起走进人民大会堂，和驻京解放军官兵一起观看了大型音乐舞蹈史诗《东方红》。

在观看演出的过程中，每当剧中的场景上出现毛泽东的伟大光辉形象时，全场都爆发出一阵热烈的经久不息的掌声。每当这时，毛泽东又都总是站起身来鼓掌，向大家表示亲切的问候和良好的祝愿……

10月7日，毛泽东在周恩来等人的陪同下，在人民大会堂亲切接见了朝鲜劳动党中央委员会副委员长、最高人民会议常任委员会委员长崔庸健及朝鲜党政代表团的全体成员。

谈话中，崔庸健向毛泽东、周恩来转达了金日成首相的衷心祝贺和良好祝愿，毛泽东、周恩来对此表示由衷的感谢。接

---

① 莫尼克，1993年改称莫尼列。

1964年10月，毛泽东、刘少奇、周恩来、朱德等接见大型音乐舞蹈史诗《东方红》全体人员。（新华社稿）

下来，毛泽东含蓄地说："我也可以告诉你们一个消息——这个消息对朋友来说是好消息，但对敌人来说可是个坏消息哟……"

崔庸健问："是什么样的消息呢？我们是真正的朋友……"

周恩来插话说："对所有的朝鲜同志来说，肯定是好消息！"

崔庸健再问："究竟是什么？"

毛泽东想说，看了看周恩来而最终没有说，崔庸健也不便再问……

10月8日，毛泽东在周恩来和江青等人的陪同下，在人民大会堂观看了上海芭蕾舞剧团来京演出的芭蕾舞剧《红色娘子军》。

在观看演出的过程中，周恩来悄悄地向毛泽东汇报了有关中印边界上的一些事情。演出结束后，毛泽东评论芭蕾舞剧《红色娘子军》说："方向是对头的，革命是成功的，艺术上也是好的。"

10月11日，新华社报道，卫生部、教育部最近联合发布了《中小学校保护学生视力暂行办法（草案）》，通知各城市学校试行，农村学校参照试行。

这一天，毛泽东宽大的办公桌上也摆放有一份这样的“暂行办法草案”，他看了以后对张玉凤说：“这样一来我想会好一些，娃娃们的眼睛是他们人生中的第二个生命呢！”

张玉凤问毛泽东：“主席一天到晚看这么多的书，眼睛为什么也不近视呢？”

毛泽东说：“可是我的眼睛花了……”又说，“这里面有个道理，就是近视的眼睛不会花，花眼不近视呢！”

张玉凤又问：“那要是想既不近视又不花眼该怎么办？”

毛泽东显得无可奈何地说：“那就是医学上的事情了……”

10月12日，中共中央批转了华北局第一书记李雪峰给刘少奇的一封信。在批示中明确提出：

在目前情况下，不向党内各级干部明确地指出当前的主要危险是右倾危险，是不利的。各中央局、各省、市、区党委应当参照李雪峰同志的经验，根据各地干部的思想情况，及时地要地委书记和县委书记提出反对右倾的问题，怕左不怕右，宁右勿左的问题，进行认真的讨论，以便为当前的社会主义革命打好思想基础。

对于已经烂掉了的地委、县委、区委、公社、大队和厂矿企业及其他机构，应当在调查证实以后，采用信阳经验、小站经验、白银厂经验，进行夺权斗争，发动群众，迅速加以解决。

10月13日，毛泽东到人民大会堂观看了大型歌剧《江姐》。

剧中，当江姐被敌人押赴刑场时，侍卫在毛泽东身边的工作人员发现，毛泽东的眼睛湿润了。工作人员们心想，他是不是观剧生情，又想起了杨开慧呢？抑或还有毛泽民、毛泽覃及诸多为革命而牺牲了的先烈们？不得而知……

10 月 14 日，苏共中央委员会主席团通过选举，列昂尼德·勃列日涅夫出任苏联共产党第一书记，阿列克谢·柯西金接任苏联部长会议主席的职务。

10 月 16 日，苏联驻华大使契尔沃年科向伍修权通报了一个消息——赫鲁晓夫下台了。

下午 3 时，中国在自己的西部地区成功地爆炸了第一颗原子弹。巨大的蘑菇云冲天而起，极其强烈的冲击波迅即荡毁了试验场上事先布置好的所有的一切。顷刻间，中国步入了拥有核武器的行列！

随着中国第一颗原子弹的爆炸成功，北京街头的新闻《号外》撒得满天飞，人们手拿《号外》奔走相告：中国有了原子弹！中国政府即时向全世界宣布并发表声明：中国在任何时候、任何情况下，都不会首先使用核武器；同时建议召开世界各国首脑会议，讨论全面禁止和彻底销毁核武器问题。

同一天，毛泽东、刘少奇、朱德、周恩来联名致电苏共中央，“热烈祝贺”勃列日涅夫和柯西金当选为苏共中央第一书记和部长会议主席，并希望“能够继续发展中苏两国人民牢固不破的友谊”；同时对苏联“上升”号宇宙飞船最近的成功发射和顺利着陆，表示“衷心的祝贺”。

10 月 17 日，周恩来总理致电各国政府首脑，转达中国政府关于召开世界各国首脑会议讨论禁止和销毁核武器的建议。

随着赫鲁晓夫的下台，中苏关系虽然没有多大的改善，但中国对苏共的评论文章就此只发到了第九篇，中苏两党之间的论战也逐渐缓和下来。

10 月 19 日，毛泽东在中南海紫光阁听取了国家计划委员会领导小组关于计划工作革命问题与 1965 年计划安排的汇报，并作了重要讲话。

10 月 21 日，北京国际乒乓球邀请赛在北京结束。中国选手徐寅生获男子单打冠军，庄则栋、徐寅生获男子双打冠军。

听到广播，毛泽东表示说：“这些都是好消息啊！”

10 月 24 日，刘少奇根据天津市委关于社会主义教育运动中小站地区夺权斗争的报告代表中央起草了《关于社会主义教育运动夺权斗争问题的指示》，同时写了信阳、贵阳、白银等地进行社会主义教育运动的经验：

凡是被敌人操纵或篡夺了领导权的地方，被蜕化变质分子把持了领导权的地方，都必须进行夺权的斗争，否则，要犯严重的错误。这种斗争的经验，在一个地委和县委，有信阳的经验；在一个农村或镇子，有小站地区的经验以及其他农村的不少经验；在一个大企业，有白银厂的经验；在一个城市，将会有贵阳市、白银市的经验。

……

不论在信阳、小站、白银厂和贵阳，在夺权以前，都由上级派人进行了长期的工作，才确定地认识这些地方的领导权不在我们手里，才下决心进行夺权斗争。一下决心进行夺权斗争，局面就迅速打开，群众立即发动，表现了我们料想不到的革命热情。在这种群众革命热情的基础上，只要我们给以正确的马克思列宁主义的领导，就一切困难都可以克服，一切工作都可以做好。最落后的地方就可以迅速地走向它的反面，变为最先进的地方。这里也有一个教训，就是在下决心进行夺权斗争以前，必须进行深入细致的调查研究工作，才能确定领导权是否在敌人手里，才能确定这个地方的领导核心是否已经变质，才能决定是否应当进行夺权斗争。不进行调查研究工作，就在许多地方套用信阳经验，盲目地进行夺权斗争，那是要犯错误的。如果我们认真地进行调查研究工作，调查研究的方法又对头，那我们就不会如信阳问题、小站问题、白银厂问题、贵阳问题那样，拖延很久才去解决，就可以比较及早地加以解决，并在基本上不会犯错误。

在《关于社会主义教育运动夺权斗争问题的指示》中，刘少奇根据天津小站地区的经验，提出了这样一个观点：当前我们国内的敌我矛盾有一部分在形式上是以人民内部矛盾出现的，甚至是以党内矛盾出现的；敌我矛盾同人民内部矛盾、同党内矛盾交织在一起……

10 月下旬的一天，毛泽东来到中南海工作人员体育活动室，脱掉上身的外衣，精神焕发地打起了乒乓球，高兴中，他每打一个球嘴里都要说一句：

“打你个美国侵略者！打你个苏联修正主义！打你个印度反动派……”

37. 勃列日涅夫上台　毛泽东发表声明

临近 11 月，北京的天气已经变得凉爽起来。每天早上，工作了一夜的毛泽东总要习惯性地走出他工作的房间，围绕着游泳池的边沿散步。这时候，工作人员就会立刻去打开毛泽东房间所有的门窗，让清新的空气流进房间驱走满屋子的烟味……

在散步过程中，毛泽东常常会伸展开双臂做一做扩胸运动，或者是甩动着双臂、晃动着双肩、扭动着腰身在那里大幅度地活动全身。有时，他又会静静地站在游泳池旁，双手叉腰或是一只手叉腰、另一只手就那样自然地垂放着，低声吟诵古人的诗句。还有的时候，毛泽东会情不自禁地高声背诵他以前曾经写过的诗词：

东方欲晓，莫道君行早。踏遍青山人未老，风景这边独好……

人生易老天难老，岁岁重阳。今又重阳，战地黄花分外香……

1964 年 11 月 3 日，周恩来来见毛泽东，谈了要去上海会见印度尼西亚总统苏加诺的事。毛泽东招呼周恩来在客厅的沙发上坐下来，对他说："苏加诺是资产阶级的一个代表人物，具有他的两面性。对他，我们要掌握好政策，充分调动他革命的和反对美帝国主义的积极性……"又说，"他还是很有印尼人的民族精神的。"

周恩来点头表示赞同毛泽东的见解。

毛泽东又说，"恩来啊，你快去快回，再过一天你还要去莫斯科呢！"并叮嘱说，"要注意空中安全。"

周恩来再次点头表示:“请主席放心，我会注意的……”

11月5日，周恩来总理率领中国党政代表团飞赴莫斯科，参加十月社会主义革命47周年的庆祝活动，并会见新任苏共中央第一书记勃列日涅夫和苏联新任部长会议主席柯西金……

这一天，毛泽东、刘少奇、朱德、周恩来联名向苏共中央新任领导人发去了庆祝十月社会主义革命47周年的贺电:

十月革命是人类历史上最伟大的革命，它改变了整个世界历史的方向，划分了整个世界历史的时代，为全世界人民开辟了争取解放的道路。

11月6日，在中国的首都北京，毛泽东利用白天的时间审阅并修改了《人民日报》纪念十月革命47周年的社论稿，同时对刘宁一在庆祝十月革命47周年大会上的讲话稿做了修改。

晚上，毛泽东在夫人江青的陪同下来到中南海小礼堂，和来京参加国庆典礼的群众代表们一起观看了现代京剧《红灯记》。

当身穿灰色中山装、红光满面的毛泽东出现在小礼堂时，在场的观众立刻激动地欢呼起来。人们一个劲地鼓掌，争相翘望着自己的领袖步入到前排座位，直到一再向人们挥手致意的毛泽东坐下来……

新华社摄影记者江宁生负责给毛泽东拍摄，他注意到，毛泽东看戏很专注。当剧情发展到“痛说家史”时，毛泽东的眼睛里挂上了泪花。中场休息时，工作人员请毛泽东到休息室去，依然沉浸在剧情当中的毛泽东摇一摇头说:“你们休息吧……”

戏重新开始后，剧情发展到“刑场斗鸠山”，江宁生发现毛泽东的眼角再一次淌出了泪花……

11月7日，苏联政府举行庆祝十月革命47周年招待会，勃列日涅夫发表了讲话。在此之前，周恩来和作为中共中央代表团成员之一的彭真都注意到，刚刚上任苏共中央第一书记的勃列日涅夫竟亲自走到大会主席台前，为刚刚到场的国防部部长摆弄麦克风，而其国防部长在苏共中央内部充其量只是一名中央委员。身为苏共中央第一书记的勃列日涅夫的这一异乎寻常的举动，自然引起了周恩来和彭真等中共代表团成员的注意。

更有甚者，苏联国防部部长在讲话之后，竟自举着酒杯走到中共代表团的座位前，极其狂妄地对周恩来说："赫鲁晓夫和毛泽东是一样的人，他们谁也不喜欢谁。他们两个人把他们自己的个人意愿强加给我们两党，这是错误的！现在，我们把赫鲁晓夫搞掉了，希望你们在适当的时候，也能把毛泽东搞掉……"

中共代表团的翻译听了这样的话，心中不免大吃一惊，立刻跨前一步，想把苏联国防部部长的这些话翻译给周恩来。正在这时，负责翻译的同志觉察到背后有人拍了他一下，回头看时，发现大厅不远处有美国记者正在录音，便止住了翻译的话。即使这样，周恩来还是听明白了苏联国防部部长说话的全部内容，因为，周恩来毕竟是懂俄语的。在这样的一种情况下，周恩来的脸上明显地表露出了无比愤怒的神情，只是考虑到是在这样的一种国际场合，没有当面提出抗议……

周恩来面目表情的这一明显变化，同时也被细心的勃列日涅夫及苏共中央政治局的米高扬等人注意到了。勃列日涅夫在讲话中，呼吁国际共产主义运动的团结，同时却指出苏共将继续遵循赫鲁晓夫的外交政策。他说，苏联领导人认为，加强共产主义世界的团结是自己的责任；他还说，"迫切需要"召开一个由各国共产党参加的新的国际会议。不过，他没有提到赫鲁晓夫曾经提出的于 1964 年 12 月 15 日召开一个由 26 个政党组成的筹备会议的建议。他指出，任何一个共产党或政府都没有权力把自己的意志强加在其他党或国家身上，可能存在不同形式的社会主义社会，不同形式之间的选择可以由有关国家的政治条件和经济条件来决定。

勃列日涅夫把苏联的外交政策说成是"始终一贯的，不可改变的"，提出把社会主义阵营的团结、支持民族解放运动、与不结盟国家合作、和平共处以及"拯救人类免于世界战争"作为苏联外交政策的主要特点。他提出警告，反对“侵略势力”，并说，只要还没有达成裁军协议，苏联将把自己的防御力量保持在尽可能高的水平上。

11 月 8 日，勃列日涅夫等苏共领导人在回拜中国党政代表团时，勃列日涅夫主动找到周恩来表示道歉，借口说他们的国防部部长喝酒喝多了，说的全是“醉话”，并不代表苏共中央的真实意见，而周恩来并不这样认为，同时挑明了说：“中国有句古语，叫做‘酒后吐真言’——我想，你们的国防部部长说出了他的心里话！”

为了缓和气氛，勃列日涅夫和米高扬等人只得岔开话题而言其他，在与苏共领导人的谈话中，周恩来明确表示：中国共产党是讲原则的，尤其在重大问题上更是如此；中国共产党从不拿原则做交易，更不会拿原则开玩笑。就其国防部部长“酒后吐真言”这件事，他将向中共中央政治局和中共中央主席毛泽东本人如实汇报！

11 月 12 日，毛泽东审阅了关于贯彻军委办公会议第七次扩大会议精神的情况报告……

在赫鲁晓夫下台后的几周内，中苏两党都互相避免直接攻击对方；然而，两党之间的论战仍然以间接的形式继续着。中国和阿尔巴尼亚的新闻界指责苏联的新领导集团所奉行的是“没有赫鲁晓夫的赫鲁晓夫主义”，苏联的新闻界则维护了苏共过去曾经被中国共产党所谴责的政策。

11 月 13 日，周恩来结束了他在苏联庆祝十月革命 47 周年的活动，离开莫斯科启程回国。在北京，毛泽东率领在京的所有中央政治局委员亲自到首都机场迎接中共代表团的归来。

同日，中共中央发出《关于农村社会主义教育运动中工作团的领导权限的规定（草案）》，提出“今后的农村社会主义教育运动，多数地方已经决定组织强大的工作团，按照集中力量打歼灭战的原则进行”，“中央认为，有必要加重工作团的责任，把所在县的党和政府的各级组织交由工作团领导”。这样一来，

1964年11月，毛泽东、刘少奇、朱德迎接从莫斯科归来的周恩来。（新华社稿）

在中国广大农村中开展起来的社会主义教育运动从此出现了一种新的组织形式，即由从中央单位派出的和省、地、县数千名干部组成的极其强大的工作团，集中在一个县的区域内，用打歼灭战的方式组织运动，并包揽了该县各级组织的领导大权。

11 月 14 日，在中南海颐年堂，当吸着烟的毛泽东听了周恩来代表中共代表团向政治局作的详细汇报后，只是不动声色地弹一弹手上的烟灰说："苏联亡我之心不死，这是可以预见的。他们要搞没有赫鲁晓夫的赫鲁晓夫主义，也在我们的预料之中，是需要我们认真对付的。"

11 月 21 日，《人民日报》刊登了由新华社播发的《红旗》杂志社论《赫鲁晓夫是怎样下台的》。

在这篇社论中，《红旗》杂志强烈谴责了赫鲁晓夫所奉行的 12 条修正主义政策：

1. 他借口所谓"反对个人迷信"，大肆辱骂苏联共产党和苏联人民领袖斯大林。

2. 他公然追求同美帝国主义实行“全面的合作”。

3. 他为了阻止中国建立自己的核力量，不惜损害苏联本国的国防力量，签订了所谓部分停止核试验条约。

4. 他在和平过渡的名义下阻挠资本主义国家人民的革命运动。

5. 他反对和破坏民族解放运动。

6. 他替“叛徒铁托集团”翻案。

7. 他想尽办法打击和破坏阿尔巴尼亚。

8. 他造谣诬蔑中国共产党。

9. 他在“经济互助”的名义下，反对兄弟国家的发展。

10. 他公然收买蜕化变质分子、叛徒、变节者来进行反对兄弟党的分裂活动。

11. 他以老子党自居，破坏兄弟党协商一致的原则，决定召开分裂国际共产主义运动的非法会议。

12. 他实行了一系列企图使苏联向资本主义倒退的政策。

文章中引用了毛泽东的一段话：

帝国主义和一切反动派都是纸老虎，修正主义者也是纸老虎。

社论还指出，赫鲁晓夫在与中国的交往中，撕毁了几百个协定和合同，撤走了数以千计帮助中国建设的苏联专家，制造了边境纠纷，在新疆进行了颠覆活动，支持印度反动派对中国发动武装进攻。最后，社论说，实行“没有赫鲁晓夫的赫鲁晓夫主义”的路，是走不通的。

1964 年 11 月 22 日，毛泽东在中南海紫光阁听取了周恩来、陈毅等人关于巴西当局非法判决 9 名无辜的中国人员 10 年徒刑的详情汇报，指示说：“先发声明提抗议，然后通过外交途径，再想办法把这些中国人员弄出来。”并说，“这件事一定要办，一定要办好；这是关系到中国的脸面问题，也是关系到实力和国际影响的大问题。”

11 月 23 日，中国政府发表声明，对巴西当局非法判决 9 名无辜的中国人员 10 年徒刑，向巴西当局提出强烈抗议。

11 月 26 日，毛泽东同刘少奇出席了三线建设工作情况的汇报。

会议进行中，毛泽东插话说：“整个文化部系统不在我们手里。究竟有多少在我们手里？ 20%？ 30%？或者是一半？还是大部分不在我们手里？我看至少一半不在我们手里。”

说到这里，毛泽东面对周恩来又说：“齐燕铭也不好，听说他是你的秘书长。”

周恩来证实说：“是的，他是我的秘书长。”

“这个人不能当秘书长。”毛泽东摆了一下手说，“你还不如到解放军找一个头脑清醒的人。”随即又对参加会议的人们说，“整个文化部都垮了！”然后将脸对向刘少奇，说：“还是少奇挂帅，四清、五反、经济工作，统统由你管。”

刘少奇面向毛泽东说：“你是我们党的主席……”

毛泽东再摆了一下手，对刘少奇说：“我是主席，你是第一副主席——天有不测风云，不然一旦我死了你接不上，现在就交班，你就做主席，做秦始皇。”

“有主席健在，我不能这样做。”刘少奇明确表态说，“再说，我们还有党的章程……”

不等刘少奇把话说完，毛泽东又说：“我有我的弱点，我骂娘没有用，不灵了，你厉害，你就挂个骂娘的帅，你抓小平、总理。”

同一天，全国少数民族群众业余艺术观摩演出会开始在北京人民大会堂举行，全国 50 多个少数民族的代表团，将在一个多月的时间里，为首都人民演出他们各自的优秀节目。

入夜时分，毛泽东在中南海游泳池住地批阅了林彪关于军训工作的讲话稿，同时批阅了一份反映香港观众赞赏芭蕾舞剧《红色娘子军》的材料，并对王任重关于县区社机关“四清”具体做法的意见作出批语，对广东省的两个老贫农与省委书记赵紫阳多次谈话的记录写了批语……

由于毛泽东在听取三线建设工作情况的汇报会议上讲了一些话，会后，齐燕铭很快被调动了工作，文化部也进行了大的人事调整。

第二天，毛泽东又批阅了陈家庚关于支持刚果（利）人民反美斗争的几点建议……

11 月 28 日，毛泽东发表了他的《关于支持刚果（利）人民反对美国侵略的声明》：

美帝国主义武装侵略刚果（利），是一件非常严重的事情。它到处横行霸道。美帝国主义的手伸得太长了。它每侵略一个地方，就把一条新的绞索套在自己的脖子上。它已经陷入全世界人民的重重包围之中。刚果人民的正义斗争不是孤立的。全中国人民支持你们。全世界一切反对帝国主义的人民支持你们。全世界人民团结起来，打败美国侵略者及其一切走狗！全世界人民要有勇气，敢于斗争，不怕困难，前仆后继，那么，全世界就一定是人民的。一切魔鬼通通都会被消灭。

11 月 29 日，北京 70 多万人在天安门广场举行盛大集会和示威游行，严正声讨美帝国主义、比利时的侵略行径，坚决支持刚果（利）人民的反对美帝国主义侵略、争取民族解放的正义斗争。毛泽东和刘少奇、周恩来等党和国家的众多领导人一起参加了这一盛大的反美示威游行集会……

这时候，天安门广场上又是红旗飘飘，反对美帝国主义侵略的愤怒的口号声一阵压过一阵、响彻云霄……

就在这个月中，苏联共产党中央委员会向世界各国共产党和工人党发出了邀请信，说是“在兄弟党进行协商的基础上，为了对起草委员会及共产党和工人党国际会议作出更好的准备，起草委员会第一次会议已定于 1965 年 3 月 1 日举行”。这一宣布，是赫鲁晓夫原来建议的由26个党参加的会议被推迟后第一个由新的苏联领导人主动召集的集会。

但是，中国和阿尔巴尼亚、罗马尼亚、朝鲜、越南、印度尼西亚、日本的共产党和工人党拒绝了苏共中央的这一邀请；而另外有几个国家的共产党和工人党，主要是古巴、波兰、意大利、英国虽然表示“接受”了邀请，却又都有保留地给予了勉强的答复。

新的苏联领导人或许根本没有想到，这些国家的兄弟党或断然拒绝他们发出的这一邀请或对此持“保留意见”的态度。面对如此尴尬的情况，苏共中央被迫放弃他们自己原先打算准备一个会议草案纲领的意图，而计划在1965年3月1日举行的会议也被苏联的报纸说成只是一个“协商会议”。

在20世纪60年代的国际共产主义运动中出现这样一种新的情况，对于新的苏共中央领导人来说，确实是始料未及的。而对于根据新的国际形势和各自国家具体情况来制定自己政策的各国共产党和工人党来说，情况正如毛泽东所讲过的那样，各国的共产党和工人党应该根据自己的国情决定他们自己的对内和对外政策，应该坚持原则，在国际共产主义运动中，国家不分大小，人数不分多少，国力不分强弱，都应该是平等的，一切问题的解决都应该在相互协商、共同讨论的基础上加以解决。各国人民有权利决定他们自己的命运，那种由一两个“大国”控制和操纵国际事务中的一切的时代，已经一去不复返了！

这，也正应了毛泽东曾对朝鲜领导人金日成说过的一句话：天下大事分久必合，合久必分。

截止到12月3日，中国各大城市共有800万人举行了示威游行和集会，愤怒声讨美帝、比利时侵略刚果（利）所犯下的血腥罪行。

第五篇

东风吹战鼓擂，世界革命风起云涌
山雨欲来风满楼，毛泽东豪情满怀

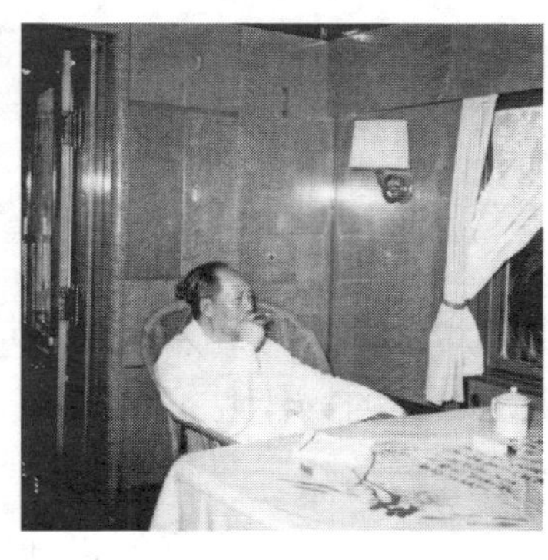

◎ 与会人员都在聚精会神地听毛泽东讲话，刘少奇低着头，默默地做着笔录。他知道毛泽东是在批评自己，但在这种情况下，他只能冷静下来耐心地听毛泽东继续讲。

◎ 1965 年 11 月 10 日，上海《文汇报》在第一版上发表了姚文元的文章《评新编历史剧〈海瑞罢官〉》……虽然许多人凭经验猜测到姚文元的这篇文章绝非是一般的学术争论，肯定有着很深的政治背景，但是谁也没有想到这是在毛泽东的亲自布置下进行的，而且除毛泽东外中央政治局的其他人竟无一人知晓哪怕是一点点消息……

◎ 炮弹打出去了，毛泽东不动声色地静观等待。

38. 毛泽东相信群众 《二十三条》亲手定

1965 年 1 月 1 日，南京紫金山天文台发现了一颗彗星。

消息报到北京中南海，毛泽东在中央办公厅举办的元旦迎新春联欢晚会上，一边跳舞一边对前来报告消息的汪东兴说："这是个好兆头，'开门见彗'，大吉大利！"

陪着毛泽东跳舞的是空政文工团一位从事舞蹈的年轻女兵，这时她听了毛泽东的话，扬脸笑道："毛主席还迷信？"

毛泽东随即也笑了："这不是迷信，只是取一个吉祥之意罢了……"

刘少奇和王光美也出席了晚会，只是两个人这次没有像往常一样结伴下场跳舞。毛泽东注意到了刘少奇和王光美的这一"变化"，一边跳舞一边有意识地对他的舞伴说："跳舞是一项很好的活动，既可以活动身体，放松情绪，又可以接近群众，了解到下边的一些情况，要比坐在办公室里听汇报强得多呢！"

文工团的女兵不明白毛泽东话中的含义，只是既高兴又深感幸福地尽心陪着毛泽东迈着不合节奏的舞步……

新年的第二天，中国人民解放军空军部队在我国东南地区上空，再次击落入侵的美国军用无人驾驶高空侦察机一架。

当周恩来向毛泽东打电话汇报这一捷报时，毛泽东高兴地说："我昨天说'开门见彗'，今天就应验了，也真是大吉大利呢！"

当日，毛泽东重新审阅了自己的一篇旧作《关于 1931 年 9 月至 1935 年 1 月期间中央路线的批判》，并写了批语。

次日，毛泽东主持召开中央政治局常委扩大会议，继续讨论并重新改写《农村社会主义教育运动中目前提出的一些问题》。会议进程中，毛泽东再一次不点名地批评了刘少奇在指导农村社会主义教育运动中的一些做法。他极不满意地说："有同志提出打歼灭战，怎么打？集中了15000人，搞一个小县，28万人口，搞了几个月还搞不开。学习文件40天，不进村。我看是搞了繁琐哲学。我不赞成这种学习，到农村去可以学嘛！"

毛泽东在这里所说的"一个小县"，是指王光美最近带领中央"四清"工作队去搞社会主义教育运动的新城县。毛泽东明确地提出这个县，所有在座的同志心里都清楚，这是对刘少奇的不点名批评……

他还说："我跟前的一个警卫员写信来说，学了40天文件，根本没有学懂。下去两个礼拜之后，才弄懂了一些问题。听说还有好多怕，怕扎错根子，怕住错人家，怕干部捣鬼，怕这个，怕那个，那怎么行？"并进一步说，"你一个新城县，28万人口，下去15000人，还说人少了。哪里来这么多的人？哪里要这么多的人？我看是人多了。你只依靠工作队，为什么不依靠那个县里的二十几万人？比如28个人中有一两个是坏的，还有二十六七个是好的嘛！为什么不依靠这些人？如果依靠好了，我看十几个人就行了。可能十几个人不行，但我们革命从来不是这么革的。你15000人扎根串联，什么扎根串联！冷冷清清！"

毛泽东在这里所说的"扎根串联"，也是王光美带领"四清"工作队搞社会主义教育运动所取得的一条"经验"——即工作队下到农村以后，首先访贫问苦，挑选一户在旧社会里苦大仇深的贫下中农人家先行住下来，同这家人实行"同吃、同住、同劳动"，逐步建立感情，取得信任，以便深入了解该村、该地的实际情况和掌握情况，为接下来开展的"四清"工作打下基础。

毛泽东继续说："扎根串联，冷冷清清，这个空气太浓厚了。这样集中力量打歼灭战，我看歼灭不了敌人。现在这个搞法同我们过去搞的不一样。我看方法要改。"

怎么改呢？毛泽东说："一进村就宣布几条，开门见山。一条是对社员宣布，我们不是来整你们的，我们是整党、整干部队伍，不是整社员。对干部也要宣布来意，小队、大队、公社干部，无非是大、中、小、无，多吃多占，有多的，有少的，也有没有的。贪污几十、百把块，两百块的，你们自己讲出来，能退就退，不能退的，群众批准，拉倒！其他贪污盗窃、投机倒把，大的怎么办？坦白退赔好的，不戴帽子，千把块的也可以赦免。表现好的，群众同意的，还可以当干部。”

毛泽东讲话后，会议开始议论。毛泽东又陆陆续续地讲了下面一些话：“真正的领导人要在斗争实践中才能看出来，不是‘访、问’出来的。你在‘访贫问苦’中看得出来？我不相信。要开大会搞斗争。地、县、社三级开大会搞斗争，而不是读文件。总之，要相信群众，依靠群众，领导群众起来斗争，让群众在斗争中自己教育自己，自己锻炼自己，他们会选出自己的领袖来。要充分相信群众。一是不要读文件，二是不要人多，三是不要那样扎根串联；一去就开会，有事就开，无事就散；开会不要太长，有话则长，无话则短。要让群众自己去搞，放手发动群众。不相信群众，只相信工作队，不好。四清，要给群众讲清楚，是清干部，清少数人，不清社员。有不清者清之，无不清者不清。没有虱子就不要硬找。要革贪污盗窃、投机倒把分子的命，要搞大的，小的要刀下留人。即使是反革命分子，也要整那些最坏最厉害的。”

所有参加会议的人都表示同意毛泽东的这些意见……

1月4日，第三届全国人大第一次会议在北京胜利闭幕。

会议期间，选举刘少奇为中华人民共和国主席，宋庆龄、董必武为国家副主席，朱德为全国人大常委会委员长。会议还根据刘少奇的提名，决定周恩来为国务院总理。

1月5日，四届政协一次会议在北京闭幕。毛泽东被推举为名誉主席。

当日，毛泽东再次主持召开中央政治局常委扩大会议，继续不点名地批评刘少奇。毛泽东说：“我听说有六怕，一怕扎错根，二怕沾干部等，所有的怕，都是怕右倾来的。怕右倾成为一种框框。还是江苏那句话，有啥反啥，有多少反多少，有右反右，有‘左’反‘左’。现在的问题是工作队的人数很多，按兵不动，人海战术。”

与会人员都在聚精会神地听毛泽东讲话，刘少奇低着头，默默地做着笔录。他知道毛泽东是在批评自己，但在这种情况下，他只能冷静下来耐心地听毛泽东继续讲：“现在，有些人好像马克思主义都是对别人的，对自己就一点马克思主义都没有了。完全否定一切，不是一片漆黑嘛！干部贪污几十元、百把元的还是多数嘛，千元以上的不多嘛。有百分之七八十是好的，是可以争取的。王光美去的那个大队，我数来数去，贪污上千元的只有 4 个人，没有第 5 个人嘛！”

毛泽东公开点了王光美的名字，是表明了他对王光美下乡“蹲点”所采取的方法的一种否定,也是最直接的公开批评。在继续讨论改写《农村社会主义教育运动中目前提出的一些问题》文稿的进程中，有人提出运动的时间是否能够缩短一些，毛泽东说：“时间问题，全国六七年搞完不要改了，可以提早。这句话写上去是为了防止急躁。事实上，一个单位只要用几个月就行了。你还是教育嘛！搞运动首先是依靠群众，再就是依靠放了包袱的大多数干部，第三才是依靠工作队。工作队也要依靠前两者。一个县 28 万人，总要依靠二十几万人才能搞起来。”

会议进程中，宋任穷讲现在的形势是一年比一年好。毛泽东摆一摆手说：“在人代会上讲的一片光明，在工作会议上讲的一片黑暗，对不起头来嘛！”

陶铸在发言中讲到了当前形势的新特点。毛泽东说：“七届二中全会指出，国内主要矛盾是资产阶级同无产阶级、资本主义同社会主义的矛盾。那个时候还没有修正主义。八大一次会议、二次会议都是这样说的，杭州会议制定十条，一直都是搞社会主义，整个运动是搞社会主义教育。怎么来了个四清与四不清的矛盾、敌我矛盾与人民内部矛盾的交叉？哪有那么多交叉？

什么党内外交叉？这是一种形式，性质是反社会主义嘛！重点是整党内走资本主义道路的当权派。”

这样一来，所有与会者都一致认识到，毛泽东从根本上否定了刘少奇所提出的“四清”运动的性质……

次日，中国—印度尼西亚直达民用航空线开航。在中南海紫光阁的小会议室里，周恩来向毛泽东谈起了中国和印尼已经开航的事。毛泽东表示说：“苏加诺几次来北京，都向我们表示了不屈服于帝国主义压力的坚强决心，我们应该尽力帮助印尼人民。”

这时候，中央政治局在中南海颐年堂召开的全国工作会议仍在进行中。由于毛泽东否定了刘少奇对农村社会主义教育运动中存在的“四清”与“四不清”矛盾的看法，同时也就基本否定了会议制定的《中央政治局召集的全国工作会议讨论纪要》17 条；根据毛泽东的讲话和会议中提出的各种问题，重新制定了《农村社会主义教育运动中目前提出的一些问题》共 23 条，即后来形成的进行“四清”工作的指导性文件《二十三条》。

1 月 9 日，毛泽东在人民大会堂亲切接见了他的老朋友、美国进步作家埃德加·斯诺，并同他进行了亲切友好的谈话。

谈话中，毛泽东问他：“这次你到中国来了 3 个多月了，到了不少地方，都有些什么看法、想法呀？”

斯诺说：“中国的发展变化很快、很大，你们是我在世界各国看到的发展变化最快、最大的一个国家了。”

“是吗？”毛泽东笑着问，“还有哪个国家的发展变化比较大啊？”

斯诺说：“从历史上看，一个中国，一个日本，是全世界发展变化最快、最大的两个国家。”

毛泽东再问：“为什么这样讲啊？”

斯诺回答：“日本的‘明治维新’，新中国的‘第一个五年计划’，是彻底改变这两个国家经济状况和社会面貌的最伟大的创举，世界上还没有哪一个国家能够同你们这两个国家的这两个大的举措相提并论……”

毛泽东说：“中华民族和日本民族，都是世界上十分伟大的民族，我们同日本从唐朝开始就有交往了，只是近年来发生了很不愉快的战争，日本军国主义奉行侵略政策，杀了成千上万的中国人。我们并没有到日本去，是日本的军队到中国来杀人的嘛！这样的历史教训对于我们整个中华民族、对整个亚洲乃至全世界，都是很深刻的……”

斯诺说：“现在好了，新中国成立以后，中国人民完全获得了自由，每一个普通劳动者都有了基本的生活保障，这在别的国家是很难做到的。”

“我们也有困难啊……”毛泽东说，“现在有人不希望我们好起来，想卡我们，我们就是要争这一口气呢！”

斯诺十分坦诚地说：“共产党的领导很成功。”

“这在中国是必然的。”毛泽东说，“人类在这个地球上的环境，变化越来越快了。从现在起一千年之后，所有我们这些人，甚至马克思、恩格斯和列宁在内，大概会显得相当可笑吧！”

斯诺说：“我一直都很关注中国的事情。早在1956年，我从许多国家的报纸上都看到了有关中国的报道，那时候的中国人民就已经很崇拜您了……”

1月11日，巧得很，南京紫金山天文台再次发现了一颗新彗星。

次日，毛泽东看了乒乓球运动员徐寅生对国家女子乒乓球队运动员的一篇讲话稿《关于如何打乒乓球》，认为很应该支持年轻人的这一敢想敢干、打破常规的讲话内容，便亲笔写下了一段按语：

讲话全文充满了辩证唯物论，处处反对唯心主义和任何一种形而上学。多年以来，没有看到过这样好的作品。他讲的是打球，我们要从他那里学习的是理论、政治、经济、文化、军事。如果我们不向小将们学习，我们就要完蛋了。同志们，这是小将们向我们这一大批老将挑战了，难道我们不应该向他们学习一点什么东西吗？

毛泽东写的这段按语和徐寅生的这篇讲话稿，很快被送去了《人民日报》社。

1月13日下午3时30分，刘少奇召集在京的部分中央政治局委员、中央委员和来京参加政治局常委扩大会议的部分省委第一书记开了一个党内民主生活会。参加此次生活会的人员有周恩来、邓小平、彭真、贺龙、陈毅、罗瑞卿、陈伯达、李井泉、李雪峰、刘澜涛、宋任穷、谢富治、王任重、魏文伯、李葆华、谭启龙，包括刘少奇在内共17人。

在这次民主生活会上，刘少奇带头做了自我批评，大家也都相互开展了诚恳的批评与自我批评，这是一次真正的党内民主生活会。

在继续进行的中央政治局常委扩大会议期间，朱德、贺龙等人分别找了刘少奇，希望他顾全大局，要谨慎，要尊重毛泽东。而对于刘少奇来说，有些问题依然想不通……

同日，中国政府发表声明，强烈谴责美国政府指使朴正熙集团，派遣韩国伪军参与美国在南越的侵略战争。

第二天，在中央政治局全国工作会议上，毛泽东进一步指出了刘少奇所一再坚持的关于“四清”“四不清”和党内外矛盾的交叉、敌我矛盾与人民内部矛盾的交叉的意见是根本错误的，而只有承认和坚持是“社会主义和资本主义的矛盾”，才是唯一正确的认识，才是符合党的七届二中全会以来关于整个过渡时期存在着阶级矛盾、存在着无产阶级和资产阶级的阶级斗争，存在着社会主义和资本主义两条道路的斗争的论断的；忘记十几年来这一基本理论和基本实践，就会要走到邪路上去。

毛泽东的这些讲话精神，被写进了修改后的《农村社会主义教育运动中目前提出的一些问题》，即《二十三条》：

几种提法：

1.四清和四不清的矛盾。

2.党内外矛盾的交叉，或者是敌我矛盾和人民内部矛盾的交叉。

3.社会主义和资本主义的矛盾。

前两种提法，没有说明社会主义教育运动的根本性质。这两种提法，不说什么是社会里的四清四不清矛盾，也不说是什么党的内外矛盾交叉，也不说是什么历史时期、什么阶级内容的敌我矛盾和人民内部矛盾的交叉。从字面上看来，所谓四清四不清，过去历史上什么社会里也可能有；所谓党内外矛盾交叉，什么党派也可能有；所谓敌我矛盾和人民内部矛盾交叉，什么历史时期也可能用。这些都没有说明今天矛盾的性质，因此不是马克思列宁主义的。

文件中虽然没有点名批判刘少奇，但实际上已经把刘少奇推了出来，也就是把毛泽东与刘少奇之间的矛盾和斗争公开了，这是参加会议的人们都十分明了的。

中央政治局全国工作会议根据会议所反映的问题和毛泽东的讲话总结整理的《农村社会主义教育运动中目前提出的一些问题》，即《二十三条》，对1964年下半年“四清”运动中出现的“左”的偏差进行了适当纠正，要求正确地对待基层干部，把基层干部分为“好的，比较好的，问题多的，性质严重的”四种，而“好的”和“比较好的”占多数，要求尽快解放干部，对干部一定要用一分为二的方法去对待；采取严肃、积极、热情的态度，对犯错误的干部，也要采取“惩前毖后，治病救人”的方针，从而实现群众、干部、工作队的“三结合”。

同时，《二十三条》中还提出了搞好“四清”运动的6条标准，把增产还是减产作为标准之一，是完全正确的和十分必要的。但是，《二十三条》也存在着在处理问题方法上的严重的不足和

"左"的倾向，对城乡中的阶级斗争形势估计得过于严重，并提出了"这次运动的重点是整党内的那些走资本主义道路的当权派"这一论断，强调抓阶级斗争这个纲，抓社会主义和资本主义两条道路斗争这个纲。

《二十三条》基本上是按照毛泽东讲话的内容列的条文，有的地方做了文字加工，有许多地方根本就是毛泽东的原话。从整体上看，这个文件没有形成一个完整的结构。

在讨论中，彭真插话说："农村'四清'，中央搞了一个《前十条》，又搞了一个《后十条》，应该说是……"

"不要讲那个《后十条》！"毛泽东毫不客气地打断了彭真的插话，"1963年5月，杭州会议写出第一个10条；为什么刚刚过了3个月，9月北京又搞出一个10条？只有3个月，有那么多经验？我看北京就是有两个独立王国在那里明显地存在着！"

毛泽东还说："你只要不触及全面问题，枝枝节节、修修补补不行。"

这时的毛泽东，已经确认自己的见解和判断是完全符合中国国情的，他已经不能容忍别人再反驳他的正确意见了。从根本上说，毛泽东已经完全否定了与王光美搞的"桃园经验"有直接关系的《后十条》。他已经把刘少奇作为了中国最大的走资派，认为他是睡在自己身旁的"中国的赫鲁晓夫"式的人物，下决心要打倒刘少奇。在《二十三条》中，虽然没有点名批评刘少奇，但毛泽东的真正用意已经明明白白地写在上面了。而且，只要人们仔细阅读《二十三条》，就可以清楚地知道，在党中央主要领导人毛泽东和刘少奇之间存在着严重的分歧和斗争。毛泽东已经认定刘少奇坚持的是一条资产阶级路线，甚至认定中国从上到下出现了修正主义。毛泽东的这一判断，导致他提出了这次运动的重点是"整党内那些走资本主义道路的当权派"，同时也导致了党内"左"倾思想的膨胀和发展。

那么，什么是党内的走资派呢？毛泽东没有明确说明。但人们理解，所谓走资派，主要是指那些热衷于搞修正主义，企图复辟资本主义，而又在党内掌握着一定权力、担任着一定职务的人。这样一来，在“左”倾思想的指导下，人们自然就把党内那些犯有这样那样的错误，或者根本就没有犯错误而担任着领导职务的同志统统划成了所谓的“走资派”。“走资派”的提出，使一些人想：如果不是苏联出了一个赫鲁晓夫，如果美国没有封锁中国，如果蒋介石不是趁火打劫地叫嚷着要“反攻大陆”，如果印度也没有派兵入侵中国的边境地区，如果刘少奇从一开始就完全站在毛泽东的立场上看问题，那么情形又会是怎样的呢？但是，一切客观事物是不以人们的主观意志为转移的。苏联就是出了一个赫鲁晓夫，而且又出了一个勃列日涅夫，可能还会出别的比赫鲁晓夫还赫鲁晓夫的人；美国封锁、敌视中国大陆由来已久，这是他们国家的既定政策；蒋介石与共产党为敌，这辈子注定是难以改变的了；印度入侵中国边境，是他们狭隘的民族主义和狂妄的扩张主义所决定了的；只是，刘少奇同毛泽东共事几十年，从领导安源煤矿罢工到坚持武装夺取政权，从遵义会议到走完两万五千里长征路，从延安坚持抗日持久战到解放区开展土地改革，从西柏坡指挥三大战役到中华人民共和国成立后的抗美援朝，从施行第一个五年计划到1959年的庐山会议，他都是和毛泽东站在一起的，怎么现在两个人的观点、意见，对一些问题的根本看法都不一致了呢？刘少奇之所以一再坚持自己的意见，是因为他在广大农村的社会主义教育运动中自认为掌握了第一手真实的材料，认为要想使中国的广大农民真正富裕起来，必须解放生产力，必须调动广大农民的生产积极性；要做到这一点，吃大锅饭是绝对不行的，解放后农民刚刚分得了土地，刚刚调动起来的生产积极性还没有充分发挥出来，广大农民潜在的巨大能量还没有真正释放，就被“人民公社”的“共产风”刮得晕头转向，农民爱惜自己土地的热情遭到打击，再加上“一平二调”和发生在许多农村干部身上的“瞎指挥风”，严重挫伤了广大农民的生产积极性，这样严重的问题没有得到真正解决，是由于发生在党内的“左”

倾思潮起着主导作用，他要尽全力扭转这种局面，但却力不从心。而用毛泽东的话来说，那就是“人的正确思想，只能从社会实践中来”，广大农民的生产积极性在于走集体化道路，任何个人的力量总是有限的，只有走集体化道路才有可能实现中国农业生产的机械化和现代化；国际上帝国主义和修正主义的外界压力以及国内三年自然灾害的教训更加证明了只有万众一心，才能战胜世界上的任何艰难险阻。同时，毛泽东还认为刘少奇长期以来不抓阶级斗争，是与自己对立的根本原因之所在，他不能容忍党内意见的不统一，尤其是党内主要领导人意见的不统一。

《二十三条》就这样制定出来了，中共中央还为此专门写了一个通知：

中央政治局召集全国工作会议，讨论了农村社会主义教育运动中目前提出的一些问题，并写出了讨论纪要。现在就把这个文件发给你们。中央过去发出的关于社会主义教育运动的文件，如有同这个文件抵触的，一律以这个文件为准。

孰是孰非，参加中央政治局全国工作会议的人们无法明确地判断，只能是留待历史给予客观的证明。但在这次会议上，人们都举了手，同意了毛泽东的意见。这就是说，《二十三条》是“绝对正确”的。

此次中央工作会议结束后，刘少奇主动找毛泽东谈话，做了自我批评。

1965 年 1 月 15 日，全国青联第四届二次会议和全国学联第十八届代表会议同时在北京举行。为此，毛泽东打电话给胡耀邦，要他在出席会议时向青年同志们好好地讲一讲社会主义的总路线和他们参加三大革命实践的深远意义……

同一天，毛泽东批阅了河北省保定地委“四清”工作团关于新城县贫下中农代表会的报告，并且批阅了中央军委贯彻执行林彪关于当前部队工作指示的通知。

晚上，毛泽东阅读了薄一波转交给他的一封信。信是第八机械工业部部长陈正人写给薄一波的，陈正人带领“四清”工作队下到河南省洛阳拖拉机厂蹲点，发现问题后给薄一波写信说：

开始发现了厂里从不知道的许多严重问题。这些问题，如果再让其继续发展，就一定会使一个社会主义的企业蜕化为资本主义企业。

特别值得重视的是：一部分老干部在革命胜利有了政权以后，很容易脱离群众的监督，掌管了一个单位就往往利用自己的当权地位违反党的政策，以至发展到为所欲为。而像我们这些领导人，官僚主义又很严重，对下面这些严重情况又不能及时发现，这就是在夺取了政权之后一个十分严重的危险。

干部特殊化如果不认真克服，干部和群众生活距离如果不逐步缩小，群众是必然会脱离我们的。

薄一波在陈正人的信件上写下批语：

这是个问题。所以成为问题，主要是由于我们多年来没有抓或很少抓阶级斗争的缘故。

1月17日，《人民日报》发表了《关于如何打乒乓球——徐寅生同志对中国女子乒乓球运动员的讲话》一文，并在文章前以毛泽东的批示为内容加写了按语。

1月19日，第三届人大常委会第一次会议通过关于军士和士兵的现役期限的决定。刘少奇作为国家主席同日发布命令，公布了这项决定。

当天晚上，周恩来、陈毅向毛泽东汇报了老挝的最近局势……

第二天，中国外交部发表声明，强烈谴责美帝国主义对老攻解放区狂轰滥炸的侵略行为。

这时候，文化部召开了印制《毛泽东著作选读》工作会议，布置大量印制选读本。

同一时间内，美国政府向苏联表示，希望通过苏联的影响去说服越南胡志明停止对越南南方共产党的军事支援，并停止对越南南方城市的袭击。这些要求由苏联政府转达给了胡志明，胡志明又将这一切通过中国驻越南大使馆转达给了北京。毛泽东得到消息后说：“这就是苏联新一代修正主义者的最生动表现！”

随后，中共中央致信苏共中央，把美国的这一要求和苏联政府为美国政府向越南政府传递消息斥之为是“十分荒谬的”。

刚刚进入1月下旬，天下雪了。飘飘洒洒的飞雪很快迷漫了北京市区的每一个角落。白了房屋，白了街道，白了紫禁城，也白了中南海。毛泽东平生爱雪，对雪有着一种特殊的感情，可以说爱雪爱到了无以复加的地步。他爱雪的洁白，爱雪的晶莹，爱雪的纯净，更爱雪在寒冷的气候中、在严酷的条件下能够结出精巧的雪花来……

雪后的中南海披上了一层银装。起床后的毛泽东披了一件大衣漫步在雪中，踏着脚下两三寸厚的积雪一步一步地向前行进。在他身边工作久了的几名卫士都知道他的这种习惯和爱好，不便上前也不敢上前去阻拦他，只是跟在他的身后亦步亦趋地慢慢走着。时间长了，几个人见毛泽东还没有停下来的意思，只得硬着头皮近前去提醒说：“主席，时间不短了，该回去了！”

“哦……”毛泽东答应一声，抬了手腕看看表，接着再深深地呼吸几口凉凉的空气，这才折转了身躯往回走，一边走还一边说，“是该回去了……”

大家总算松了一口气。看着毛泽东往回走的背影，跟在他身后的几名卫士互相看看，每个人的脸上都流露出欣慰的笑容。如果时间长了，万一毛泽东着了凉，那可不是闹着玩的！大的不说，只小的方面，单毛泽东的护士长吴旭君知道了就轻饶不了他们，更不用说毛泽东的秘书张玉凤了……

一连几天，毛泽东的心情看上去一直很好。

1 月 27 日，毛泽东在人民大会堂亲切会见了来华访问的印度尼西亚外交部部长苏班德里约，并同他进行了友好的谈话。

谈话中，当谈到中国的军事教育和军事训练时，毛泽东很自豪地说："过去没有军事院校可好了，打了几十年仗，就是没有军事院校。我们的军队 90% 以上是不识字的和只有小学文化程度的。国民党尽办军事院校，什么陆军大学毕业生，就是被我们这些不识字的兵打倒了。我们各军区的司令员过去都是大老粗嘛！"

听翻译讲了毛泽东的话，苏班德里约表示理解，同时也表示钦佩。毛泽东又说："解放后我们也办了几所军事学院。进军事院校的时间太长了，严重脱离实际，不好呢！书可以读一点，但读多了害人，的确害人。是革命斗争培养干部。好的拿来，坏的丢掉。无论是本国的或外国的都一样，只能批判地接受，不能教条主义地照搬。"

1 月的最后一天，毛泽东批阅了赵朴初针对被苏共中央罢黜了一切职务的赫鲁晓夫而写的散曲《某公三哭》，并称赞说："元代的散曲，朴初先生可以说是既得要领，又得血肉，可以同关汉卿①、马致远②一比高下了！"

---

① 关汉卿，我国元代伟大的剧作家、词曲家，其代表作包括戏曲《窦娥冤》《望江亭》《单刀会》等，散曲有《〈双调·沉醉东风〉别情》《〈南吕·四块玉〉别情》等。

② 马致远，号东篱，我国元代著名的戏曲家，杂剧散曲兼长，与关汉卿、白朴、郑光祖一起被称为"元曲四大家"，其代表作包括戏曲《汉宫秋》，散曲《〈越调·天净沙〉秋思》《〈双调·夜行船〉秋思》等。

39. 莫斯科镇压学生　中共中央驳苏共

1965 年 2 月 3 日，毛泽东对国务院呈报中央的一个文件写下批语：

欢迎李宗仁回国。

2 月 4 日，毛泽东写信给中国人民解放军副总参谋长兼北京军区司令员、北京地铁建筑施工领导小组组长杨勇：

你是委员会的统帅。希望你精心设计、精心施工。在建设过程中，一定会有不少错误、失败，随时注意改正。

2 月 6 日，苏联部长会议主席柯西金开始访问越南。

第二天，就在柯西金在越南访问期间，美国开始了对越南北方的有规律的空袭和轰炸。

这一天，越南南方人民武装取得波来古大捷。打死打伤美国侵略军 234 名，击落击伤美军飞机 31 架，摧毁和严重破坏美军营地宿舍 52 所。侵越美军司令威斯特摩兰乘汽车急速赶到波来古机场，映入他眼帘的已是一片破败景象，一架架被炸毁的飞机残骸腾着火烟仍在那里凄楚地熊熊燃烧。他的脸色顿时变得蜡黄，哀叹道："糟了，糟了！真是太糟糕了……"

随后两天，美国出动了大批飞机并动用了他们的军舰采取"报复"行动，大规模地轰炸、扫射了越南北方的洞海市和广平省的其他地区，以及昏果岛和永灵地区……

消息传到北京，毛泽东高兴地对向他反映情况的周恩来说："越南南方人民打得好呢！"并说，"我们要发一个声明，谴责美帝国主义对越南人民犯下的新的罪行！"

2 月 9 日，中国政府发表声明，强烈谴责美国约翰逊政府扩大南越战争的强盗行为。

同日，毛泽东在北京人民大会堂接见了来华访问的新西兰共产党总书记威尔科克斯。谈话中，毛泽东再次批评了“三和一少”的口号。

次日，北京 150 万人在天安门广场举行规模盛大的集会示威，表示坚决支持越南人民的反美爱国斗争。毛泽东同党和国家的其他领导人一起登上天安门城楼，参加了这一盛大的反美集会。

这时北京的天安门广场上和东西长安街上人山人海，吼声震天，红旗飘飘，标语林立。许多个巨大的红色气球飘悬在人民大会堂和革命博物馆与历史博物馆的前方上空，醒目的巨幅标语从气球上垂挂下来。天安门城楼的正前方，几幅数十米长的标语牌上写着：

反对美帝国主义侵犯越南民主共和国！
美帝国主义从越南南方滚出去！
美国从印度支那滚出去！
美国从亚洲滚出去！
美国从非洲滚出去！
美国从拉丁美洲滚出去！
美国从它侵占的一切地方滚出去！

刘少奇、周恩来、邓小平、彭真、刘宁一等人陪同毛泽东在天安门城楼上，分别热情地同越南驻华大使馆临时代办黄北、越南南方民族解放阵线常驻中国代表团团长阮明芳等握手，亲切交谈。大家同声谴责美国约翰逊政府的侵略罪行，表达着中越两国人民永远并肩战斗的坚强意志。这时人们注意到，毛泽东红光焕发的脸上挂满了从容自信的笑容，那神情、那神态，仿佛是在说：你美国人敢来，无非是再打一场“朝鲜战争”……

这一天，柯西金结束了他在越南的访问，乘飞机抵达北京。周恩来总理代表中国政府到机场迎接柯西金。

当天，柯西金在北京富丽堂皇的人民大会堂见到了中国人民的伟大领袖毛泽东，陪同毛泽东会见柯西金的还有周恩来。这是自赫鲁晓夫 1959 年 10 月访问北京以来，毛泽东与苏联领导人的第一次会晤。

会见中，柯西金强调“需要帮助美国找到一条离开越南的出路”；周恩来则代表毛泽东和中国政府回答说：“既然美帝国主义正在加紧对越南的侵略，那么还有什么时间进行谈判呢？”

柯西金表示同意周恩来的观点，但又明确指出“新的苏联领导人不会在这个问题上与其他人讨价还价”。

毛泽东也明确地告诉柯西金：“我们不参加你们想召开的那个 3 月会议，不停止争论，不停止支持左派。要停止，你们收回公开信，收回苏斯洛夫攻击我党的报告，取消二十大和二十二大的路线。否则，要争论一万年。”

1965年2月，毛泽东、刘少奇、周恩来、邓小平等中共中央领导人会见途经北京的苏联部长会议主席柯西金（前排左5）。前排右5为苏共中央书记安德罗波夫。（新华社稿）

柯西金说：“那不是要永远争论下去吗？”

毛泽东微微笑了一下，伸出一个手指头说：“减少一千年，剩九千年，这是最大的让步，一让步就是一千年。”

2月11日，柯西金“失望”地离开北京回国。

次日，回到莫斯科的柯西金在广播讲话中说，他在北京同毛泽东和周恩来的会谈“帮助澄清了进一步发展两国关系的可能性”。

2月13日，毛泽东、刘少奇、朱德、周恩来致电祝贺中苏友好同盟互助条约签订15周年。

同日，中国政府再次发表声明，强烈谴责美国出动150多架飞机，对越南民主共和国进行疯狂的扫射和轰炸，把侵略越南南方的战火引向越南北方。

2月16日，苏联政府向中国和越南建议：举行一次关于印度支那的国际会议。

当周恩来向毛泽东提及苏联的这一建议时，毛泽东明确表示说：“不要理他们，这是苏联人的一个圈套呢！他们想套住我们，可是我们不那么蠢！”

2月22日，毛泽东在接见一些专业会议代表时谈话，指出：

四个第一好

2月23日，苏联政府在没有得到中国政府答复的情况下，便又急急忙忙地向法国政府提出了意欲举行一次关于印度支那的国际会议的建议。

两天后，得到消息的美国政府宣布，称苏联的这一建议“不是期望中的谈判”。

这时候，为了反修防修的需要，将苏联的赫鲁晓夫作为一个很好的反面教员，中共编辑了《赫鲁晓夫言论》。

3月1日，并不是所有被邀请的共产党和工人党都参加的只有二十几个代表团出席的国际会议的筹备会议，在苏联的一手操纵下在莫斯科召开了。

就在这一天，中国的《人民日报》发表文章，对苏联最近出版的由鲍里斯·波诺马廖夫编辑的《工人阶级的国际革命运动》这本书的内容提出了严重抗议和极其强烈的指责。

文章指出，这本书对中国共产党进行了“全面的、系统的和恶毒的攻击”，同时写道：“这本书竭力鼓吹赫鲁晓夫修正主义，也再次说明，赫鲁晓夫的下台，只是改换招牌，贩卖的仍是赫鲁晓夫修正主义的老货色。”这本“反华新书，再一次暴露出那些满口说是要加强国际共产主义运动团结，而实际上却在加强分裂；说的是要停止公开论战，做的是加紧反华宣传”。

3 月 4 日，《人民日报》特意发表了许多最近苏联报刊支持的“‘三和’‘两全’路线”等方面的摘录。所谓“三和”，是指苏联政府奉行的“和平共处、和平竞赛、和平过渡”政策；所谓“两全”，是指苏联政府曾经宣称的“全民国家和全民的党”。

文章指出，这是“赫鲁晓夫修正主义的主要内容”。并进一步评论说，“既然还是要搞赫鲁晓夫那一套，为什么要把赫鲁晓夫赶下台呢？”……

同一天，中国政府发表声明，强烈谴责美国及作为其傀儡的南越空军，又一次对越南民主共和国进行规模空前的狂轰滥炸。

也就在这一天，大约 2000 名中国、越南和其他一些国家的留学生在美国驻苏联的大使馆外面举行抗议美国侵略越南的游行示威，愤怒的口号声响彻了莫斯科的整个使馆区。苏联当局很快派了 1000 多名全副武装的骑警和步警赶来保护美国大使馆，这更加激起了学生们的愤怒。这时莫斯科的气候还很冷，抗议的学生们团结起来，手挽手地前进。他们挤过苏联步警设置的拦阻人墙，穿过骑警横冲直撞的马队，愤怒地向美国大使馆里面投掷石块，却遭到了挥舞着警棍的苏联军警的无情镇压。手无寸铁的学生们与苏联的军警们纠缠在一起，莫斯科又紧急出动了 500 名士兵赶来驱逐学生们的示威队伍，致使许多学生被打得头破血流……

消息很快被报送到了北京中南海。正在审阅关于攀枝花钢铁企业建设问题报告的毛泽东一听就发了脾气，在颐年堂里拍了桌子说：“这就是苏联的所作所为呢！什么人才镇压学生？只有帝国主义和反动政府才会这么干！还派了骑兵和士兵，这和旧中国的北洋军阀政府有什么两样？和段祺瑞、冯国璋、蒋介石有什么两样？修正主义当权，就是这个样子……”

周恩来说：“我马上通知我们的大使馆，积极组织人力救护受伤的学生……”

坐在一旁的陈毅也恨恨地说：“苏联政府这样做，已经是与人民为敌了！”

毛泽东继续说：“古今中外，凡是镇压学生运动的人，都绝对不会有好下场！”

3月5日，中国驻苏联大使馆照会苏联外交部，就我国留苏学生参加各国学生反对美国侵略越南的示威游行遭到苏联军警镇压一事，向苏联政府提出抗议。

这一天，只开了5天的所谓世界共产党组织的国际会议的莫斯科筹备会议，草草地收场了。会议进程中，一些追随苏联的代表团要求通过一个确定国际会议日期和指责中国共产党与其他党冲突的决议，却遭到了意大利和英国代表团的强烈反对；意大利和英国共产党的代表团认为，这样做的结果只能是造成国际共产主义运动中的更大分裂。最后，会议通过了一个声明，建议召开一个由参加1960年会议的81个共产党和工人党组成的预备协商会议，来讨论新的国际会议问题；同时还呼吁停止“对兄弟党在名声上不好的和卑劣的公开攻击”，并通过了一项谴责美国派飞机轰炸越南北方的决议。

3月6日，中国政府照会苏联政府，对苏联当局出动军警和士兵无情镇压学生们的反美示威活动提出了强烈抗议，要求苏联政府向学生们道歉和惩罚那些负有责任的人。中国政府在照会中还特别提出，虽然有许多受伤的留学生需要医护和治疗，但他们却被驱逐出了莫斯科的医院。

这一天，以北京大学为代表的首都各大专院校的学生们聚集在苏联驻北京大使馆的外面，举行了一次抗议苏联政府在莫斯科残酷镇压留学生的示威游行。这是自新中国成立以来，发生在首都北京的第一次这种类型的示威游行。

几天后，在中央政治局的一次常委会议上，林彪提出："部队工作要突出政治，突出政治首先要突出毛主席著作的学习。"

3 月 11 日，毛泽东在中南海颐年堂召开的中央政治局常委会议上说："中苏公开论战很好，许多问题大概要用公开论战的方式才能搞清楚。"并说，"公开论战不过打笔墨仗而已，一个人也死不了。第一，天塌不下来；第二，树木照样生长；第三，河里的鱼照样游；第四，女人照样生孩子。"

周恩来笑着补充说："地球照样转。"并且向大家通报说，"越南大使馆对我们讲，最近美国又派遣了 3500 名海军陆战队员进入越南南方，进一步加剧了越南南方的紧张局势。"

直到这时，一直没有讲话的刘少奇终于讲话了："胡志明已经向我们提出了援助的问题，现在越南的局势越来越紧张，美国人不会轻易罢手，苏联人又不明确表态，我看我们应该及早拿出一个具体的措施来。"

毛泽东表态说："过两天我去南方看一看，有机会的话，请胡志明来见一见，当面谈一谈。"

这样一来，中央常委的人心里都有了底数，知道是要大力支援越南了……

即日，毛泽东批阅并修改了《评莫斯科的分裂会议》一文。

3 月 12 日，中国政府发表声明，强烈谴责美国约翰逊政府悍然派遣 3500 名海军陆战队员进入南越。

同一天，苏联政府写信答复中国政府 3 月 6 日的照会，表示"不接受"中国的抗议并完全否认中国的指责，同时还警告说："外国人扰乱公共秩序的罪行应当受到审讯和惩罚。"

周恩来拿了苏联这一复信的正本和译本去见毛泽东，毛泽东在中南海的颐年堂里只听了周恩来的简单汇报，至于苏联的复信连看都没看一眼，便说："怕什么！"

1965年3月14日下午1时，毛泽东乘专列离开北京，开始了又一次南下视察。

下午6时，毛泽东此次南下首停邯郸。

晚风一道春意近，又是桃花吐蕊时。

这一夜，毛泽东在专列上睡了一个难得的安稳觉……

3月15日上午，华北局的李雪峰和河北省委的林铁、刘子厚等人到专列上来，向毛泽东汇报了他们的工作情况。毛泽东向他们明确指出："我们已经和苏联人彻底闹翻了脸，你们要有思想准备，如果我们的中央出了修正主义，你们这些人该怎么办……"

下午3时15分，毛泽东的专列离开邯郸继续南下。

夜深时，毛泽东在郑州临时停车，听取了河南省委刘建勋等人的汇报后，向刘建勋等人说了他在邯郸时说过的话。

3月16日，毛泽东到达武汉。

这一天，中国政府答复苏联政府3月12日的来信，不仅完全拒绝了苏联政府给中国政府的照会，同时指出苏联政府3月12日来信中所说的一切都是"歪曲事实和颠倒黑白"。

1965年3月23日，经毛泽东多次亲自审阅后定稿的《人民日报》和《红旗》杂志编辑部文章《评莫斯科三月会议》发表。文章强烈谴责了苏共中央的分裂行为，这也是中国共产党截止到1965年3月23日对苏联新一届领导人的最为猛烈的抨击。

文章指责莫斯科会议是"非法的"和"分裂的"会议，强烈要求苏联新的领导人应当立即公开抛弃自己的"错误"。文章说，苏联新领导人"换掉了赫鲁晓夫，只不过是换一块招牌，想用更巧妙的手法，更带欺骗性的花样，来更好地贯彻和发展赫鲁晓夫主义"，他们"继续坚持赫鲁晓夫的苏美合作主宰世界的反动政策"；他们的政策可以被称作"三假三真"——"假反帝、真投降；假革命、真出卖；假团结、真分裂"。文章说，中国不打算接受这种“非法的”和“分裂的”莫斯科会议对中止论战的呼吁，“九千年批评不完，就批评它一万年”。

文章把莫斯科会议发表反对美帝国主义侵略越南的声明斥责为“莫大的讽刺”，指出“现在，苏共新领导叫嚷支持越南人民反抗美帝国主义及其走狗的革命斗争，实际上是为了捞取同美帝国主义做交易的政治资本，玩弄‘和平谈判’的阴谋，妄图扑灭越南人民反对美帝国主义及其走狗的革命斗争”。文章还引用了毛泽东在北京会见柯西金时的谈话，指出“我们不参加3月莫斯科会议，不停止争论，不停止支持左派。要停止，你们收回公开信，收回苏斯洛夫攻击我党的报告，取消二十大和二十二大的路线。否则，要争论一万年”；文章继而要求苏联领导人公开承认这次莫斯科会议是“非法的”，公开抛弃“赫鲁晓夫主义”，公开抛弃苏共中央1961年制定的党的纲领，公开承认苏共领导反对中国和阿尔巴尼亚以及其他马克思列宁主义政党的“言论和行动都是错误的”，公开保证重新回到马克思列宁主义和无产阶级国际主义的轨道上来，回到1957年宣言和1960年声明的革命原则的轨道上来。

1965年毛泽东在湖北武昌东湖宾馆内。（新华社稿）

文章写道：

全世界，包括苏联在内，

占人口绝大多数的人民群众是要革命的。在国际共产主义运动中，包括苏联共产党在内，绝大多数的共产党人和干部是要革命的。像赫鲁晓夫那样的花岗石脑筋，顽固地坚持修正主义道路，决心反共、反人民、反革命的，只不过是一小撮人，只不过是极少数。有些人在一个时期之内，可能认识不清楚，也可能被蒙蔽，也可能犯些错误，但是，只要他们要革命，在他们知道事实的真相，认识了修正主义的真面目以后，在革命实践的过程中，最后总是会同修正主义决裂，站到马克思列宁主义方面来的。占全世界人口90%以上的人民群众和革命干部，是一定能够团结起来的。

3 月 24 日，中国政府发表声明，谴责西德政府擅自决定从 1965 年 5 月 8 日起，对所有纳粹战犯不再进行追诉，并指出："西德政府或议会已经或者可能作出的关于限制纳粹战犯追究期限的任何决定都是非法的、无效的。"

同日，毛泽东在武汉得到消息：尼古拉·齐奥塞斯库就任罗马尼亚工人党中央第一书记。毛泽东即同刘少奇、朱德、周恩来联名向尼古拉·齐奥塞斯库发去了祝贺电。

这一天，毛泽东在武汉的东湖宾馆还亲切接见了巴勒斯坦解放组织代表团，并同代表团的成员们进行了友好的谈话。在谈话中，毛泽东指出："打仗的根本办法是打运动战。"

他对巴勒斯坦解放组织的朋友们说："战场就是学校，军事学校我不反对，可以办，但不要学得太长了，一读两三年，太长了，几个月就行了，什么海、陆、空学校，不那么高明。"并说，"有些外国人在中国上学，学军事。我劝他们回去。不要学得太长。几个月就行了，课堂上讲，没有什么用处。回去参加打仗最有用，有些道理只要讲点就行了，不讲也可以。大多数时间可在本国，或者根本不出国……"还说，中国共产党打败日本侵略者和国民党反动派的根本战法就是"你打你的，我打我的；打得赢就打，打不赢就走；根本的办法是打运动战"……

40. 援越抗美议出兵　胡志明见毛泽东

1965年4月1日，按照原定安排，周恩来总理结束了在阿尔及利亚的访问后，又开始访问阿拉伯联合共和国。途中，周恩来与身在武汉的毛泽东通了专线电话，向毛泽东汇报了他此次出访各国的诸多情况。毛泽东则叮嘱周恩来，要他在访问各国期间一是要多注意身体，二是要认真掌握好原则政策，三是要大力宣传中国坚持反帝反修、积极支援世界各国人民独立自主和反侵略反压迫的革命正义斗争……

4月3日，我空军部队的两架歼击机奉命紧急起飞，在中南地区上空再次一举击落美国军用无人驾驶高空侦察机一架。

战报报到武汉东湖宾馆，毛泽东十分高兴地对侍卫在他身边的张耀祠等人说："我们的空军打得好呢！美国的无人驾驶飞机飞得再高，终归还是逃脱不掉被我们击落的命运，看来还是人有办法……"

同一天，苏联政府向中国建议举行苏联、中国和越南三国领导人的最高级会议，坚持认为"所有社会主义国家——尤其是苏联和中国的统一行动这一事实，将对越南民主共和国形成重要的支持，并冷却美国军国主义的热情"。中国政府遵照毛泽东的指示，果断地拒绝了苏联政府的这一建议。中国政府向苏联政府明确指出，因为"你们企图通过这样一个会议把我们诱入你们的圈套，这样你们就可以在你们的国际策略中代表越南和中国说话，提高你们与美帝国主义进行政治交易的地位"。

3天后的一个下午，在武汉东湖宾馆的会客室里，毛泽东对湖北省委的几位同志说："勃列日涅夫想得很美呢，做梦去吧！再也不是从前了，要想同我们坐下来真正谈一些什么问题的话，必须丢掉他们的修正主义政策，放下他们的一切臭架子，彻底抛弃赫鲁晓夫的修正主义路线，那还是可以的……”并说，“支援越南，是我们义不容辞的国际主义义务，用不着同谁商量，也用不着听谁的指挥！”

此时，越南劳动党中央第一书记黎笋、政府副总理兼国防部部长武元甲等越南党政领导人，受胡志明的委托，率领越南党政代表团飞抵北京，要求中国扩大援助越南的规模和派出援越部队。

刘少奇在北京接待了越南党政代表团，并将越南的要求及时转达给了身在武汉的毛泽东。毛泽东在电话上对刘少奇说：“越南我们肯定是要支援的。要我们出兵，主动权在他们手上，他们不请，我们不去，他们请我们哪一部分，我们哪一部分去……”

这时候，毛泽东得知了柯庆施病情危重的消息，立刻给四川省医务界的同志打去电话，要他们想尽一切办法尽力医治和极力挽救身在成都的柯庆施的生命……

4 月 8 日，刘少奇在北京代表中国政府向越南领导人明确表示，抗美援越是神圣的国际主义义务，是中国人民义不容辞的责任；中国的方针是，凡是越南人民抗美救国所需要的，中国这里有的，中国将尽力援助。同时，刘少奇还向越南党政代表团转达了毛泽东在武汉所说的关于支援越南的原话……

第二天上午，毛泽东在东湖宾馆的休息室里一连看了 10 多份由空军报送的《空情通报》，见通报说美国的军用飞机在北部湾上空活动频繁，并经常做机动飞行伺机侵入中国的海南岛上空，随即打电话指示中央军委，坚决打击入侵海南岛上空的美机：“向广州军区下命令，要采取一切必要手段，坚决打击一切敢于入侵中国领空的美国飞机！”并指示说，“要加紧组建援越部队，有什么情况，随时向中央报告……”

4 月 15 日，第二十八届世界乒乓球锦标赛在南斯拉夫的卢布尔雅那举行。中国派出了男女乒乓球队组团参加。为此，毛泽东在武汉打电话给国家体委主任贺龙，并问：“贺老总啊，这次有庄则栋和徐寅生吗？”

当毛泽东得到了贺龙的肯定答复后，说：“希望他们能够拿回好的成绩，希望女子队也能够取得好成绩。”

贺龙很快将毛泽东对中国乒乓球队的希望电传给了身在赛场上的中国乒乓球队，使运动员们受到了极大的鼓舞……

4 月 17 日，遵照毛泽东主席发出的命令，中央军委调动中国人民解放军有关部队开始组建支援越南的高射炮兵第一、二、三支队……

这一天，在毛泽东、党和国家其他领导人的一再关注与我国外交人员的积极努力下，被巴西当局于 1964 年 4 月 7 日逮捕的 9 名中国贸易、新闻工作者王耀庭、侯法曾、王唯真、马耀增、王治、苏子平、鞠庆东、宋贵宝和张宝生在受尽折磨达 1 年零半个月之久后，终于获得自由胜利地离开了里约热内卢……

4 月 21 日，中国人民解放军总参谋长罗瑞卿在北京开始同越南国防部部长武元甲举行会谈。

同一天，被巴西当局非法监禁 1 年多的 9 位中国贸易、新闻工作者回到了首都北京，受到了北京人民的热烈欢迎。

为此，毛泽东在武汉对王任重等人说：“‘儿行千里母担忧’，我们中国人在外国饱受欺辱的日子，已经一去不复返了！”

4 月 28 日，周恩来总理离开缅甸回国，到达昆明。周恩来给毛泽东打了专线电话，详细汇报了他这次出访的诸多情况和确定了几个周边国家与中国划定边界的消息。毛泽东得知周恩来已经顺利回国，很高兴地说：“恩来呀，你快些回来么，我去长沙见胡志明，越南人还在北京等着你呢……”

同日，贺龙、罗瑞卿、杨成武到武汉来向毛泽东汇报备战计划，毛泽东对他们说：

世界上的事情总是那样，你准备不好，敌人就来了；准备好了，敌人反而不敢来。

现在蒋介石是想保住老本钱，什么反攻大陆都是假的。

不仅蒋介石是机会主义，美国也是机会主义。它才不那么冒险哩！第一次、第二次世界大战，它都是等人家打得差不多了才出兵。当然，我们要准备他们冒险。

当贺龙等人谈及改变人民解放军的帽徽、领章问题时，毛泽东说：“我赞成走回头路，恢复到老红军的样子，只要一颗红星，两面红旗，其他的统统都吹了。”还说，“过去搞什么将、校、尉那一套，我是不感兴趣的。”

4 月 29 日，毛泽东再一次听取了贺龙等人的备战情况汇报。随后，毛泽东离开武汉前往长沙。

当日夜里 11 时，毛泽东的专列停在湖南长沙市郊。

5 月 1 日傍晚，当落日的余晖染红了湘江两岸的山山水水时，毛泽东接了周恩来打来的一个电话。周恩来向毛泽东通报了柬埔寨王国政府于当日发表的一项关于举行柬埔寨问题国际会议的三个条件的声明，同时报告说最近在非洲的许多国家出现了一本肆意歪曲中国对非洲政策名为《非洲革命》的杂志，是有人故意挑拨和破坏非洲国家同中国之间的友好关系；同时还汇报了最近美国已经出兵入侵多米尼加……

5 月 2 日，中国政府发表声明，完全赞同并且坚决支持柬埔寨王国政府头一天的声明中提出的关于举行柬埔寨问题国际会议的三个条件。

次日，中国政府发表声明，坚决反对美国武装侵略多米尼加。

这时的长沙正是风和日丽的好时节。

碧绿的湘江水荡漾着清澈的波浪顺势北流，无数条扬着风帆的渔船悠然地飘荡在大江中，远远望去像是撒在一条银色飘带上的无数颗珍珠。湘江岸边郁郁葱葱。

这天上午 10 时，工作了一个通宵的毛泽东早早地起了床，洗漱完毕后，迈步走出房间，开始了他每天起床后习惯做的扩胸运动，借以舒展一下筋骨。这时，中央警卫团的张耀祠近前问毛泽东：“主席，今天怎么起得这么早？”

毛泽东一边继续做着扩胸运动，一边说：“过一会儿胡志明要来呢！”

胡志明这次来中国是极其“秘密”的，中越两国没有向外界透露任何一点这方面的消息。10时30分，习惯穿着一身米黄色卡其布中山装的胡志明按时来到了毛泽东在长沙的住所。一见到胡须飘然的胡志明，毛泽东立刻快步迎上前去，同这位越南人民尊敬的领袖紧紧地握手，热情地拥抱在一起……

胡志明是毛泽东的老朋友了，中国人民对这位同中国保持友好关系的越南人民的领袖也并不陌生。宾主双方在陈设简单的会客室里坐下之后，早已清楚了越南局势并很清楚对方这次来长沙的目的的毛泽东不等对方开口，便开门见山地说：“胡主席，你来自越南，我来自湖南，咱们是一家人嘛！有什么困难？你尽管讲。要人有人，要物有物！”

胡志明是位“中国通”，早年领导越南人民抗击日本侵略和反击法国占领军时，就曾多次来到中国的广西和广东，并曾多次前往上海、武汉和北京，同中国共产党和中国人民结下了深厚的战斗友谊。新中国成立后，他更是多次直飞北京去见毛泽东，毫不隐讳地同毛泽东商谈他们国家的许多大事。尽管毛泽东说话的湖南口音很重，但胡志明已经听习惯了，很能听得懂。这次，他向毛泽东简单地述说了近来越南的一些基本情况，然后从上衣口袋里取出来一张纸条递给了毛泽东。

这是一张绘制着越南河内以北需要抢修抢建的6条公路的示意图。

毛泽东仔细地看着这张示意图，眉宇间微微紧皱了一下；这时，卫士张景芳立刻上前去给胡志明换沏茶水……

没等胡志明喝下几口茶水，毛泽东便将拿在他手上的那张示意图放在了身前的茶几上，满面笑容地对胡志明说：“就按胡主席说的办！”

胡志明立刻放下手中的茶杯，看着毛泽东笑了。交谈中，毛泽东还提前向胡志明“透露”了一个“军事秘密”：“我想，这次我们的军队到你们那里去时，就都没有军衔了……”

交谈中，胡志明留意到靠房间的一角有一根竹拐棍，竹拐棍的上端已经被磨得很光滑了。当他和毛泽东分手时，提出用自己手上拿的一根漂亮拐杖换了那根竹拐棍，并找借口说："留个纪念吧！"

毛泽东却坚持不换，风趣地说："不换！你的太漂亮了，我还是用我的讨饭棍好！"

5 月 5 日，新华社就最近在许多非洲国家出现的那本肆意歪曲中国对非洲政策的《非洲革命》杂志一事，授权发表声明，指出这本杂志是由帝国主义编印的彻头彻尾的伪宣传品，其在非洲广为散发的目的是阴谋转移非洲人民反对帝国主义斗争的矛头，挑拨和破坏非洲国家和中国之间的友好关系。

5 月 7 日，毛泽东得到消息：中共中央委员、国防部副部长、空军司令员刘亚楼同志因病在上海逝世，年仅 55 岁。当周恩来打电话来请示空军司令员的继任人选时，毛泽东说："先让林彪和军委拿个意见吧。"

5 月 12 日，《人民日报》发表了毛泽东的《支持多米尼加人民反对美国武装侵略的声明》：

中国人民坚决支持多米尼加人民反美爱国的武装斗争。我深信，只要依靠广大人民群众，团结一切爱国力量，坚持长期斗争，多米尼加的反美爱国斗争，在全世界人民的支持下，是一定能够取得最后胜利的。

美国对多米尼加共和国的侵略，使多米尼加人民和拉丁美洲各国人民进一步认识到，为了维护民族独立和国家主权，必须同侵略成性的美帝国主义进行针锋相对的斗争。

5 月 14 日，中国在自己国家的西部地区上空又爆炸了一颗原子弹，成功地进行了第二次核试验。

一天深夜，毛泽东悄然离开长沙，乘专列返回武汉。这次毛泽东到武汉，是特意来游长江的……

这时长江的水还很凉，但毛泽东执意要游。人们知道，凡是毛泽东决定了的事情，是任何人也难以改变的。

这天武汉的天气很好，阳光灿烂，基本无风。毛泽东乘着游艇下到江中，只穿了一条短裤奋身跃入激流，护泳的警卫人员紧紧地围游在毛泽东的四周，大家劈波斩浪，跟随毛泽东在大江中畅游。

毛泽东已经是 72 岁的人了，但他在江中的游姿是那样地舒展，那样地自如，令一些护游在他身边的小伙子们一个劲地自叹弗如。3 位护游的女青年来自武汉体育学院，她们的参加也给了护游的人们以很大的勇气和信心……

一个多小时以后，毛泽东终于在大江中游尽了兴，重新登上游艇，毛泽东挂着满身的水珠对跟上游艇来的人们说：

你们要走出游泳池呢！在江河游泳，有逆流，但可以锻炼意志和勇气。

毛泽东的话，给了人们以极大的鼓舞……

5 月 21 日，已经返回长沙的毛泽东乘专列启程前往江西，这次他要重返阔别达 36 年之久[①] 的井冈山……

这一天，中国外交部发表声明，揭露美国约翰逊政府玩弄所谓对越南民主共和国“暂停轰炸”的把戏，是为了实现他的所谓“无条件停火”和“无条件讨论”的阴谋。

这时的胡志明已经在董必武副主席的陪同下，上黄山去做短期休息疗养，住进了环境清幽的观瀑楼。

巍巍黄山，涧水潺潺，奇峰高耸；劲松挺拔，满目青翠，浮云如海。

胡志明还是穿着他那身米黄色的卡其布中山装，脚上踏着

---

① 阔别达 36 年之久，毛泽东 1929 年 1 月 14 日和朱德率领红四军主力离开井冈山进军赣南，到 1965 年 5 月，整整过去了 36 年零 4 个月的时间。1927 年 9 月，毛泽东领导秋收起义失败后，于当年 10 月率部踏上井冈山，到 1965 年 5 月重返井冈山，已经 38 年了。

他那双穿惯了的“解放鞋”和董必武并肩散步在黄山的松涛涧流之间。刚才临上山时两个人在汽车上还都觉得有些发闷，这时候已经被徐徐的山风吹拂得心旷神怡，更为能置身在这美好的大自然的奇景中而发出声声由衷的赞叹：“壮哉！”胡志明笑对董必武说，“黄山奇景壮美如此，实为天下之最啊！”

董必武说：“请胡主席再去看一看那边的瀑布……”

说着话，两个人又走到了一处飞流直下的瀑布前。二人背向一株高高的山松，伫立在一块长满了苔藓的巨石旁，面对激腾着滚滚水雾的白色瀑布，静听瀑布发出的撞击声响……

不一会儿，心念祖国的胡志明放大了声音对董必武说：“好了……董老，咱们走吧！”

董必武也深知胡志明的心事，便陪同胡志明一起回到了为他在黄山安排的寓所……

5 月 22 日，第三届人大常委会第九次会议召开，会议决定取消中国人民解放军的军衔制度。国家主席刘少奇于当日发布命令公布了这项决定。

5 月 24 日，新华社报道，国务院发布决定，中国人民解放军将从 6 月 1 日起，一律改佩新的红五星帽徽、红色领章，改穿新样式的陆海空三军军服。

5 月 25 日上午，在北京中南海内的西花厅门前，站立着高个子的罗瑞卿和身材魁梧的杨成武。微风中，阳光下，围墙内，阵阵米兰花飘香。

这时的罗瑞卿和杨成武，正在等待着周恩来总理的归来。来了，周恩来迈着矫健的步伐向他们走来了，浅灰色中长毛料裤的两条裤腿在主人双腿的急速摆动下发出“呼呼”的声响……

罗瑞卿立刻大步迎了上去：“总理来了，总理好！”

周恩来握了罗瑞卿的手问：“都到了吗？”

罗瑞卿答道：“都到了。”

“那么好……”周恩来一边说着，一边招呼大家步入房间，“我们现在开会。”

“刷”地一下，刚才还在殿堂里坐着的人们一见到周恩来进来了便都立刻起立注目迎接着。周恩来只是极其简单地向大家点点头，摆动了一下左手说：“坐，大家都坐下吧！”

在座的人们都习惯了周恩来讲的淮安普通话。这些人，是将要同越南交通代表团进行会谈的中国代表团的全体成员。

大家大多认识，有几个不太熟悉的，杨成武一一为周恩来做了介绍。

中越两国交通代表团的这次会谈，根本起因来自胡志明在长沙递给毛泽东的那张纸条。毛泽东既然答应了胡志明为越南修建河内以北的公路，第二天便将这一任务嘱托给了周恩来，让他具体负责落实。周恩来接了毛泽东的电话，马上与罗瑞卿和杨成武商定，将这样一项艰巨而光荣的援外任务具体交由解放军工程兵来担任。

杨成武第一副总参谋长会同李天佑副总参谋长同工程兵的人充分协商后，很快拿出了一个初步方案。之后，杨成武将代表团的准备工作情况向周恩来做了简单扼要的汇报。周恩来告诉杨成武，这次“意义重大、任务重大、责任重大、影响重大”。要他会同罗瑞卿、李天佑再做进一步的认真研究，拟订方案，呈报中央和国务院最后决断。杨成武遵照周恩来的指示，很快将诸多具体情况向周恩来做了进一步的详细汇报，并请求指示。

现在周恩来召集大家来开会，他首先向大家分析了国际形势和越南的时局，然后向大家具体交代了实质性问题。他说：

“关于交通问题，越南的范文同总理曾经谈过，由于美帝国主义的军事封锁和轰炸破坏，现在支援南方的海运减少，公路运输也减少，一方面要千方百计地继续组织海运，同时必须扩大下寮[①]走廊，扩修支援南方的公路。他们的部队需要南下修路，

---

① 下寮，指老挝南部；老挝简称寮，在地域划分上，习惯上分为北部上寮、中部中寮、南部下寮。

所以要求我们帮助修建中国与越南接壤的公路。

“这次胡志明主席带来一个公路图，要我们帮他修6条公路。这些公路，肯定不能同时并举，应该按照经济建设和作战需要综合考虑，但应以作战需要为主，这是轻重的问题。还有因为地形地质不同，存在好修和不好修这个难易不同问题。为了应急，有的道路可以先修简易公路，粗通即可。但又不能太简易，一下雨就冲毁。以后再逐步加固。

“总之，是按‘轻重、难易、快慢、粗固’八字方针来考虑安排计划，交通部等有关部门要用支前精神来办事。由总参谋部挂帅，中央、国务院各有关部门积极支持，由罗总长和杨成武、李天佑副总长抓总……”

讲到这里，周恩来开始喝水。他既是喝水，也是给大家考虑、明确任务的时间。接下来，周恩来继续说：

“修路的施工力量，抽调工兵部队为主。支前公路、作战公路都要考虑到敌人轰炸破坏，要随时抢修。关于反对敌人轰炸的经验，我们交通部、铁道部等有关部门可以把我们抗美援朝的经验介绍一些给他们，还要不断总结新的经验。美国的轰炸技术会有进步，我们不能满足过去的经验，还要派一些专家去，帮助越南研究抢修技术。这是个大战斗，要抢时间作出点样子。就由罗总长挂帅，李天佑副总长主持具体工作，计委、经委等有关部门要听调用。还有水路，对越方要求，要予以满足。敌人总不能都封锁住，不管是陆路、水路，损失都会有，但只要想办法，总是可以送东西过去的。

“总之，要改变认识，就是支前。一旦决定，就要坚决执行。一定会学到许多新东西，拿出我们的勇气和智慧来学会反对敌人轰炸的新本领。”

在交代任务的过程中，周恩来的面目表情一直很严肃，他的讲话句句掷地有声，没有丝毫迟疑和半点马虎。当周恩来的讲话告一段落后，坐在一旁的杨成武在一张长桌上摊开了越南北部抢修公路的示意图，提出了两种兵力部署方案：“现在具体现场勘察团还没去，但目前分析，一种方案是6条公路同时展开作业，派兵10万。另一种是先抢修抢建主要的3至4条公路，派兵8万，视以后进展情况酌定增减兵力。”

周恩来从沙发上站起身来，和罗瑞卿、杨成武一起围在地图前再次研究起来。最后，周恩来决定：“与越南代表团会谈后再定，我们倾向于后一方案，抓住主要的线路先突击抢修。”

杨成武向周恩来提议：“总理，能否由中央、国务院出面成立一个专门负责支援越南的小组或者什么机构，以便统一组织行动？”

罗瑞卿认为应该尽快成立一个这样的机构：“总理，总参早就有这样的想法，也议过，请总理定。”

“怎么样啊？”周恩来面视了在座的几位国务院各部委的领导同志，像是问他们也像是在问自己，“我看可以嘛！”

“行啊，行！”大家几乎是异口同声地回答。

周恩来见大家意见一致，当即决定：为了统一组织支援越南和统一处理有关援越的涉外事宜，即由中央、国务院和军队的有关部门组成“中央国务院支援越南小组”，直接负责经常性的具体组织工作。同时明确这个小组由外交部、铁道部、交通部、邮电部、物资部、外贸部、国家经委、计委、解放军总政治部、总后、海军、空军、铁道兵、工程兵和总参作战部、军务部、装备部、军交部、通信部、情报部等有关单位的负责同志组成。杨成武任组长，李天佑任副组长。

另外，由李先念、薄一波、罗瑞卿、刘晓、杨成武、李强、李天佑等7人组成领导小组，对中央负责，掌握援越的方针政策和重大支援任务的决定与新增项目的审批事宜。

一切研究确定之后，周恩来给毛泽东打去了专线电话。胡志明在长沙从他的上衣口袋里掏出来递给毛泽东的那张纸条，一下子调动了中国的8万大军……

41. 毛泽东返井冈山　英雄跨出友谊关

1965 年 5 月 21 日，正当周恩来在北京中南海的勤政殿里主持召开援越会议时，毛泽东已经在江西省委、湖南省委和井冈山市委、永新以及莲花、遂川和宁冈、吉安、酃县县委诸同志的陪同和迎候下，来到了他阔别已经达 36 年之久的革命圣地井冈山。

一听说毛主席回来了，井冈山的人民群众沸腾了。尤其是茅坪、茨坪、大龙寨和黄洋界的人们更是欢喜、高兴得不得了，大家纷纷奔走相告："毛主席回来了！毛主席又回到咱们井冈山来了！"

1965年5月，毛泽东重上井冈山。（新华社稿）

一踏上井冈山的红土地，望着依然是满山遍野盛开着的杜鹃花，毛泽东的眼睛不由得湿润了……

汪东兴和吴连登等人紧紧跟随着毛泽东，陪伴他走过每一处山间故地，而每一处故地都能引起毛泽东许多回忆，每一处都是他深深追思的地方。当地的老百姓们簇拥着他，众多的男女老少高兴地喊着、笑着、欢呼着，像迎接久别的亲人一样盛情地迎接着毛泽东。无数的小孩子根本就没有见过毛泽东，就连三四十岁的人们也很少有人真正见到过毛泽东。但他们还是从心底里感到毛泽东就是他们这里的人，毛泽东和他们心连着心……

巍巍井冈，山高林密，竹繁花盛，树茂草深。一处处涧水像往常一样在万绿丛中潺潺地流淌着，更有莺歌燕舞，令重返井冈山的毛泽东思绪万千、感慨万千。当天，毛泽东住在了他当年曾经多次到过的茶陵。

这时候，安装在茶陵县委办公楼顶上的高音喇叭里，正播放着激动人心的歌曲：

雄伟的井冈山，
八一军旗红；
开天辟地第一回，
人民有了子弟兵。
从无到有靠谁人？
伟大的共产党，
伟大的毛泽东！
伟大的毛泽东！
……

第二天，毛泽东乘坐着由赵毅雍驾驶的吉姆牌轿车，从茶陵出发，绕道江西永新至宁冈。毛泽东从车内向外望去，但见群峰叠翠，满目葱郁。毛泽东深知，这里就是他领导开辟的中国革命的第一个根据地啊！

银灰色的苏制吉姆牌汽车和司机赵毅雍都是由湖南省委派出的。吉姆车驶进了茅坪的八角楼大院。汪东兴等警卫人员都提前下了车，当赵毅雍也想停车时，却被毛泽东制止了。赵毅雍见机行事，驾车在场坪上围着八角楼绕了一个大圈。毛泽东隔着车窗玻璃深情地向外张望着，随后指示赵毅雍驾车离开……

毛主席这是要到哪儿去呀？汪东兴等人立刻奔上了各自的汽车，紧随而去。在汪东兴和其他警卫人员的侍卫下，毛泽东乘坐着吉姆车驶上了井冈山五大哨口之一的黄洋界。这里，是他曾经亲自指挥过激烈战斗的地方。遥想当年：

山下旌旗在望，山头鼓角相闻。敌军围困万千重，我自岿然不动。

早已森严壁垒，更加众志成城。黄洋界上炮声隆，报道敌军宵遁。

在黄洋界口，毛泽东下车休息，并与随行人员合影留念……

临近中午，毛泽东住进了茨坪宾馆一楼的115号房间。在房间内，宾馆的工作人员请毛泽东在一张宽大的沙发上坐下来，稍事休息。毛泽东环视四周，脸上流露着喜悦的神色，连连夸赞说："这可和当年大不一样了！那时敌人前堵后追，我们靠两条腿拼命走，上山一千多里路走了半个月，这次坐汽车两天就到，还是机械化好……"

就在毛泽东休息时，汪东兴去查看宾馆为毛泽东准备的饭菜。这不看不要紧，一看，汪东兴大为摇头。原来，宾馆人员觉得毛泽东一路来到井冈山太辛苦、太劳累了，特意准备了一桌丰盛的菜肴及茅台酒、香烟、苹果。汪东兴深知毛泽东的生活习惯和生活作风，更知道毛泽东的脾气，立刻吩咐工作人员将烟、酒、苹果和鸡、鸭、鱼、肉等菜肴统统撤下去："你们赶快将烟、酒、水果都收进去吧！"并告诉说，"首长每餐四菜一汤，每天两元五角的伙食标准……"

1965年5月，毛泽东重上井冈山，亲切会见老革命根据地的群众和干部。（新华社稿）

吃午饭时，餐桌上为毛泽东准备了4个小碟的菜、一瓷碗汤。饭后，汪东兴走进115号房间，询问毛泽东休息得如何、吃得怎么样，毛泽东说："可以，休息也好。现在这里的气候适宜，不冷不热。"并问，"大家休息得怎么样啊？"

汪东兴回答："都好，吃得好，住得也好……"

晚上，毛泽东向茨坪人民公社的社员们了解了井冈山地区的水利、公路建设和大家的生活情况，还亲切地会见了当年的老红军、烈士家属、机关干部和众多的群众。座谈中，大家都说非常想念毛泽东，并说如今的生活比过去强得多了，只是农村中缺医少药，人们一旦生了病得不到及时、很好的治疗，大城市里的医院老百姓们根本去不起……

毛泽东听了这些，深感愧疚地对大家说："是我们的工作没有做好呢，主要是我，对不起乡亲们。以后，相信我们的党会认真做好农村的医疗保健工作……"

大家纷纷表示说："我们相信，我们相信！"

几天中，湖南省委第一书记张平化、江西省委书记刘俊秀和随行的汪东兴等人一直陪伴着毛泽东。几个人发现毛泽东每到一地，手上总是拿着他那根一直舍不得丢掉的竹拐棍，几乎走遍了早年他曾经在这里战斗过的每一个地方。每一处，都引起他对过去战争岁月的无限追思。他的思绪、他的感情，一直不能自已……

一次，毛泽东兴致勃勃地对张平化、刘俊秀和汪东兴等人说："我离开这里已经38年了，这次旧地重游，回忆起38年前的这段历史，心情总是很激动的。为了创建这块革命的根据地，不少革命先烈牺牲了他们的生命。我早想回井冈山来看看，一别就是38年啊！"

又一次，毛泽东在山间散步，望着叠翠的青山再一次讲了起来：

1965年5月毛泽东在井冈山。（新华社稿）

“井冈山是座好山哩！地形条件好，群众基础好。当年我们在井冈山生活条件是很艰苦的，住的是破草房，吃的是红米饭、南瓜汤……”讲到这里，毛泽东突然转过脸问陪同人员，“井冈山现在还产红米吗？”

在场的汪东兴清楚，毛泽东在中南海一直吃红米饭，吃红薯、芋头、玉米、马齿菜等，可来井冈山好几天了，还没见到他吃红米饭呢！便赶紧回答说：“有，有！”并补充说，“主席，去年你吃的红米，就是从江西买回去的。”

“哦……”毛泽东不再讲话，继续散步……

第二天，毛泽东的餐桌上增添了一碗红米饭。

在井冈山期间，毛泽东的日常工作依然很忙。他叫汪东兴随时与中央政治局和周恩来保持联系，并让汪东兴转告中央和周恩来，他在井冈山的一切情况都很好，中央如有重要文件，可派飞机送南昌后转送井冈山……

5 月 25 日，毛泽东写词一首：

水调歌头·重上井冈山

久有凌云志，重上井冈山。千里来寻故地，旧貌变新颜。到处莺歌燕舞，更有潺潺流水，高路入云端。过了黄洋界，险处不须看。

风雷动，旌旗奋，是人寰。三十八年过去，弹指一挥间。可上九天揽月，可下五洋捉鳖，谈笑凯歌还。世上无难事，只要肯登攀。

全词上半阕既表现了毛泽东对井冈山的深切怀念，又赞美了井冈山的崭新面貌和饱经风雨而决不为任何艰难险阻所吓倒的革命精神；下半阙更是表现了毛泽东永不衰竭的革命斗志和宽广博大的胸怀，并明确指出了在革命的实际斗争中要敢于藐视各种困难、树立必胜信心，坚定不移，脚踏实地地向前迈进……

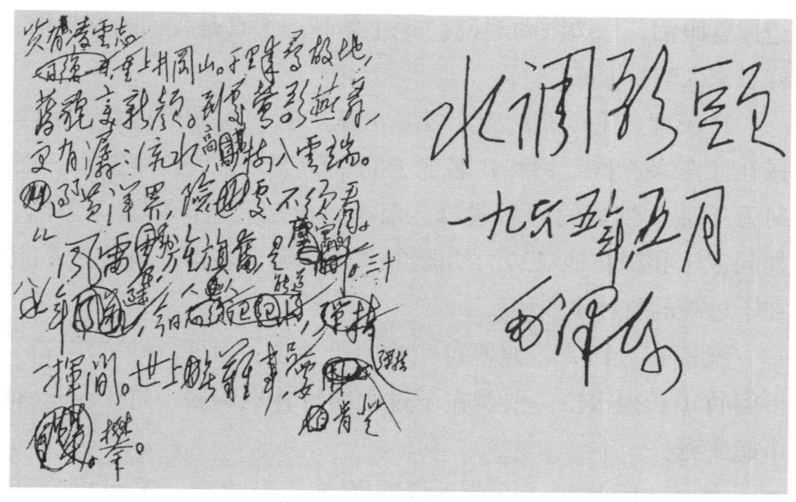

毛泽东手书《水调歌头·重上井冈山》

当天晚上，毛泽东对报送来的中央常委接见军委工作会议全体同志时的指示纪要写了批语。

在茨坪的日子里，毛泽东改变了他夜间工作、上午休息的习惯，而是每天早上吃完早饭就去散步。在满目青翠的山林中，他大步流星地走着，常常把跟随他的卫士和护士长吴旭君等人落下很远，大家都赞叹毛泽东的身体真是棒极了。有时，他会用他手上拿着的那根竹拐棍当成“开路棍”，比比画画地在前趟路，就好像是回到了38年前似的，那样生气活泼，那样豪情满怀……

一天吃午饭时，吴连登从菜中吃出了一只小虫子。为这事，饭后吴连登去找了宾馆的炊事员。炊事员是位老同志了，觉得自己没有照顾好毛主席，难过得直掉眼泪……

事后，吴连登向毛泽东做了汇报，毛泽东责怪说：“吃了虫子算什么？不要去找，一找人家就得挨批评。另外，你是我身边的工作人员，千万不可以盛气凌人……”

离开毛泽东后，吴连登再去找了炊事员，向炊事员讲了毛泽东说的话，竟令炊事员的眼泪滚淌得更多了。这位炊事员一边掉着眼泪，一边激动地说：“毛主席啊，您真是我们的好领袖、好当家人啊！”

在茨坪，毛泽东赶上了几场大雨。有一次大雨过后，毛泽东在汪东兴、张耀祠和几名卫士的跟随下又去竹林中散步。面对万竿蓬蓬勃勃的雨后翠竹，毛泽东像是有些陶醉了。忽然，他问卫士和跟在他身边的胡殷红：“你们哪个晓得，为什么不能在下过雨的竹林里屙屎？”

没等有人回答，他便自我哈哈笑着说：“雨后春笋节节高，形容竹子长得很快。要是在下过雨的竹林里屙屎，竹子会把你串起来呢！”

大家一听都笑了，而毛泽东的笑声最响亮，笑得也最开心……

几天下来，毛泽东深深感叹着新旧社会的巨大变化，他缅怀当年在这里的诸多往事，更深邃地思考着中国的现在和未来。为此，他在临离井冈山之际，又写了一首感情丰富、气势宏伟的长词：

念奴娇·井冈山

参天万木，千百里，飞上南天奇岳。故地重来何所见，多了楼台亭阁。五井碑前，黄洋界上，车子飞如跃。江山如画，古代曾云海绿。

弹指三十八年，人间变了，似天渊翻覆。犹记当时烽火里，九死一生如昨。独有豪情，天际悬明月，风雷磅礴。一声鸡唱，万怪烟消云落。

5 月 29 日，毛泽东惜别了井冈山。临行前，吴连登去到宾馆的会计室，找会计雷良钊结算毛泽东的伙食费。可雷良钊说什么也不收：“38 年前，毛主席在我们这里吃红米饭、南瓜汤，为穷人打天下；如今他老人家故地重游，是对我们井冈山人民

1965年5月29日，毛主席在离开井冈山前，同当地群众告别。（新华社稿）

的最大关怀。我们没有什么好东西招待他老人家，仅仅严格按照你们的规定为他做点普通饭菜，也就十几块钱，叫我们怎么忍心收下？”

吴连登觉得雷良钊说得在理，但他不敢违背毛泽东的“规定”，只得再三解释：“首长和我们工作人员外出有严格的约法和开支规定，这是纪律，我必须遵守……”说着，他拿出一个小本子，给雷良钊读起了上面写的内容：

凡首长需要的一切东西，托当地代办的，必须货款两清，对方不要钱，我们就不收东西。

严格认真地执行中央关于不准请客送礼的通知中的五条指示，不得大吃大喝、请客送礼、公私不分、铺张浪费，不得用任何名义向地方要东西不付钱。

吴连登耐心对雷良钊说：“托你们为首长做饭菜，钱和粮票必须付清，请你收下吧！”

雷良钊还是不收。吴连登只得再说：“毛主席最反对搞特殊化。前几年，他身边的个别工作人员随他外出巡视时，曾向一些地方索取过东西，后来我们在中南海院内整风时对这位同志进行了批评和帮助。毛主席知道被揭露的事实后，非常气愤，不顾这个人在他身边工作多年，仍然果断决定将其调离了中南海，另行分配工作……”接下来又说，“随后，毛主席从自己的稿费中拿出近两万元钱，派人到各地一一退赔并道歉，以挽回造成的不良影响。你说，我能不交清钱和粮票离开井冈山吗？”

听了这些，雷良钊还能说什么呢？他只得两眼饱含着热泪，开出了两张发票：

井冈山管理局交际处1965年5月29日00006482号
伙食费/7天——每天2.5元——合计17.50元/收款人雷良钊
井冈山管理局交际处1965年5月29日00006484号
首长交粮票23斤/收款人雷良钊

就要离开井冈山了。毛泽东穿着一身浅灰色的中山装，满面红光，健步走到茨坪宾馆的餐厅大门前，这时候，等候在场坪上的人们立刻激动地欢呼起来：

“毛主席万岁！”

“毛主席万岁！”

……

毛泽东首先接见了站在人群队伍前排的老红军、老赤卫队员和茨坪宾馆管理局的党政军干部及宁冈县委成员。接下来，他挥动着手臂、微笑着走向欢呼的群众。在人民群众中，毛泽东向大家鼓掌，红润的脸上始终挂满了微笑……

次日凌晨，毛泽东的专列到达江西省樟树市。

在樟树市，毛泽东再次听到了人民群众反映农村缺医少药和看病难的诸多实际情况……

下午，毛泽东命令停车南昌。

在南昌，面对着滚滚北去的赣江水和葱郁、苍茫的大地，毛泽东感慨有加，随题诗一首：

七律·洪都

到得洪都又一年，祖生击楫至今传。
闻鸡久听南天雨，立马曾挥北地鞭。
鬓雪飞来成废料，彩云长在有新天。
年年后浪推前浪，江草江花处处鲜。

6 月 1 日，毛泽东的专列驶往杭州。

在专列上，吴旭君为惯于夜间工作的毛泽东准备好了醒来后要用的洗漱用具。临近中午，只休息了两三个小时的毛泽东醒来后，见到了吴旭君为他准备好了的洗漱用具，问：“小吴啊，为什么给我用‘中华’牙膏呀？”

吴旭君近前回答说：“主席，你也该用一用好一点的牙膏了，你看你的牙齿都被烟熏黄了……”

“哦……”一向节俭的毛泽东将牙膏挤了一点在牙刷上，放在鼻子下嗅了一嗅，说：“这味道比盐末好闻些……”随后又说，“就要支援越南了，我们自己能省一点就尽量省一点吧！”又说，“农村的许多事情还很不尽如人意，老百姓们看病难啊……”

毛泽东说完这些话以后，才开始慢慢地刷牙。吴旭君在旁边听了、看了，不知为什么，直感到鼻子一阵阵发酸……

当天，毛泽东到达杭州。还没有走下专列，就接了周恩来打来的一个电话。周恩来先是向毛泽东汇报了印度尼西亚国会议长阿鲁季·卡塔威纳塔和夫人已经抵达我国进行友好访问的情况，然后又向毛泽东报告说他明天将要按计划率团出访亚洲的巴基斯坦、印度尼西亚和非洲的坦桑尼亚、阿拉伯联合共和国等国家……

6 月 7 日，毛泽东批示江青，请她看《山西省农民讲习所办得很好》等 4 份材料。

这时身在黄山的胡志明由于不惯于清静，早已经移出了环境清幽的观瀑楼，而住进了便于接触人民群众的温泉宾馆。在这里，他由于思念着祖国的一切而不甘于寂寞，便经常打一打太极拳，还不时走出去同当地的茶农们谈家常，同黄山小学的学生们一起照相留念……

这天，他散步到温泉的小卖部去，可巧在门口遇上了安徽省黄梅剧团的著名演员严凤英和同她们在一起的几个人。胡志明请严凤英等人一起去到绿荫茶庄，大家在一起品茶聊天，相互间问长问短。胡志明想听一听严凤英唱的《天仙配》选段。盛情难却，严凤英和她同来的团员即席为胡志明唱了起来：

树上的鸟儿成双对，
绿水青山带笑颜；
从此再不受那奴役苦，
夫妻双双把家还；
你耕田来我织布，
你挑水来我浇园；
茅屋虽破能避风雨，
夫妻恩爱苦也甜；
你我好比鸳鸯鸟，
比翼双飞在人间。
……

听着严凤英那充满了感情的甜润唱腔，胡志明竟动容地淌下了热泪。原因是，他早年曾经有过一位感情深厚的革命女友，不幸被敌人残酷地杀害了，从此终身未娶……

就在胡志明在黄山听严凤英唱《天仙配》的时候，中国人民解放军所属的工程兵部队奉命组成的援越一、二、三支队和两个高炮师、一个高炮加强团，已经向中越边界集结。随后，中央军委又作出决定，组建了下属四、五、六支队的援越抗美修筑公路指挥部。

6月9日，在黄山住了18天的胡志明就要离开了。一直陪同他的董必武特意作《别黄山四绝》诗以赠。其中的两首是这样写的：

美帝横行侵越南，三军十万逼凶顽。
披发缨冠将往助，哪能闲逸看青山。

胡公更是当事人，好整以暇斗强横。
既荷子肩不愿卸，定将纸虎付牺牲。

胡志明也将他写的《游黄山日记诗》回赠董必武。其中有这样一首：

董公赠我以长诗，我欲作诗奉和之。
可是抗美救国事，完全占领我心思。

看了胡志明的诗，董必武告诉他说：“告诉胡主席一个好消息，中国的援越部队奉命今天出关！”

“这就太好了！”胡志明立刻高兴起来，马上紧握了董必武的手，激动地说，“真要感谢你们！感谢毛主席，感谢中国人民……”

风萧萧，一路征尘；

车隆隆，万众一心。

中国广西边陲重镇凭祥，是一处青山环抱、绿水围绕的秀丽之地。仅有的一条半街头绿树成荫，流经镇上的一条小河水清见底，岸边芭蕉树成林、翠竹片片。

往日，这里不太宽的街道上没有多少行人，有的只是当地身穿黑衣服出来劳作的壮族妇女，还有一些从越南过边界来购物的边民，再有就是不多见的偶尔来这里的内地人了。如今，街上行人多得不得了，且大多是外地人，更多的则是身着戎装的一群群的解放军战士们。他们是来这里集结，准备出友谊关到越南去同兄弟的越南人民一起，抗击美帝国主义侵略的。

由凭祥再向西南方向 18 公里，在大青山和金鸡山的山口，就是巍峨耸立的友谊关了。友谊关又名鸡陵关、界首关、大南关、镇夷关，明朝初年置镇南关，1953 年改为睦南关，1965 年才改为现在的名称友谊关。这里，高大的拱式城门上叠耸着雄伟的三层关楼，鲜艳的五星红旗在最高一层的城楼上迎风招展；郁郁葱葱的左岭山和金鸡山横亘在友谊关的东西两侧，树茂草盛的大青山由这里向北护卫着广西大地的锦绣山川。

此时此刻，从凭祥到友谊关的一条红色的沙石公路上，来来往往地行驶着众多的北京吉普车和解放牌军用汽车。车过处，带起的风尘摇晃着路边密密丛丛的芭蕉树，同时晃动了紧靠路边的一簇簇葱葱的荔枝树和一片片郁郁的甘蔗林。随风送入人们耳中的，是几处高音喇叭里接连播放的激动人心的革命歌曲。还有一首被译成中文的越南歌曲，也时时地在人们耳畔响起：

越南——中华，
山连山，江连江，
共临东海
我们的友谊像朝阳；
共饮一江水，
早相见，晚相望，
清晨共听雄鸡高唱。
啊——啊——
共理想，心相连，
胜利的路上红旗扬。
啊——啊——
我们欢呼万岁
胡志明——毛泽东！
……

这首歌，体现着中越两国之间山水相依、互为唇齿的紧密关系，表达了中越两国人民之间亲如一家的兄弟情谊和永远友好的共同向往。

歌声传友谊，健儿待出征。

几天来，准备出关支援越南的中国人民解放军的广大指战员们，都一律换好了颜色介于灰绿之间的越南军服，头上戴了盔型帽。他们将自己脱下来的中国人民解放军的军服整齐地包裹好统一存放起来，一个个都写好了各自部队的番号和本人籍贯、家庭详细地址及姓名。他们是要去同美帝国主义进行浴血奋战的，谁也没有准备活着回来！

向南，是英勇战斗的越南；向北，是自己伟大的祖国！为了支援越南，战士们宁愿前进一步死，决不后退半步生！

就在胡志明在中国的黄山给董必武写诗的时候，第一批入越的中国部队已经做好了一切行动准备：

军车烈烈，火炮凛凛；

军威浩荡，气壮山河！

1965年6月9日晚8时30分，整装待发的援越部队车行友谊关。临出关前，中国人民解放军总政治部副主任刘志坚和军委工程兵司令员陈士榘，代表中央军委和三总部，来为援越二支队第一梯队的全体将士们送行。

原中国人民解放军炮兵某基地副司令员兼工程建筑第53师师长王辉时年41岁，这次被任命为援越二支队指挥部的副主任兼参谋长。马上就要率队出关了，这时他直感到胸中的热血在冲涌，在向刘志坚和陈士榘敬礼“报告”时，竟激动得眼里含满了泪花：“报告，二支队第一梯队准备完毕，请指示！”

刘志坚紧握着王辉的手，对这位精神抖擞的战将说：“我代表中央军委和三总部，前来欢送你们，为你们壮行！你们去执行光荣的国际主义任务，援越抗美，希望你们为国争光！并预祝你们胜利归来！”

刘志坚的话，句句落地有声。陈士榘也近前握了王辉的手："我老了，不能随你们一道分享这个光荣。但我向你们保证，当好你们的后勤部长。只要你们为祖国争光，所需要的物资，我们一定送到。祝你们光荣而去，胜利而归！"

"保证完成任务，为祖国人民争光！"

出发了。军车隆隆，整齐的摩托化部队在晚霞中陆续驶出了友谊关。这一去，就同入侵越南的美帝国主义打了个天翻地覆……

消息很快报到了中央军委，罗瑞卿又分别向周恩来和毛泽东做了电话汇报。毛泽东放下电话以后，只说了句："风萧萧兮易水寒……"

6 月 14 日，经毛泽东亲自审阅并修改过的一篇猛烈抨击苏联新领导人的文章《把反对赫鲁晓夫修正主义的斗争进行到底》，以《人民日报》和《红旗》杂志为纪念《关于国际共产主义运动总路线的建议》发表两周年而发表编辑部社论的形式发表。这是中国共产党对自赫鲁晓夫被撤职以来的苏联新领导人进行的第一次直接抨击。社论指出：苏联新领导人"本质还是赫鲁晓夫修正主义，还是分裂主义和大国沙文主义，还是苏美合作主宰世界"……

6 月 16 日，已经在杭州住了半个月的毛泽东在听取余秋里、谷牧关于编制"三五"计划和三线建设问题的汇报时，对他们说：

农轻重的次序要违反一下，吃、穿、用每年略有增加就好。计划要考虑三个因素：第一是老百姓，不要丧失民心；第二是打仗；第三是灾荒。

当天下午，毛泽东乘专列离开杭州前往上海。

在专列的行驶途中，毛泽东向北京打去了一个专线电话："无论过去还是现在，苏联都是一个传统的欧洲国家。它的政治、经济、文化中心，一直是在欧洲嘛！”

6月18日，《人民日报》发表观察家文章《苏联没有资格参加亚非会议》。

同一天，中国外交部发表声明，强烈谴责美国约翰逊政府下令美国侵略军在南越直接参战；坚决响应并且完全支持越南南方民族解放阵线关于“在必要时，呼吁北方和友好国家的军队志愿进入南方以抗击美国侵略”的严正立场。同时表示：

我们已经做好一切准备，将在得到越南人民呼吁的时候，立刻派出志愿人员到越南去，同越南军民并肩战斗，直到把美国侵略者赶出越南。

6月19日，苏联《真理报》在它发表的一篇社论中表示，对中国共产党对他们的抨击“感到痛惜”，并呼吁国际共产主义政党“团结起来”，反对中国所说的“美国在越南的侵略”的言论。

苏联《真理报》这样一篇社论的发表，立刻引起了世界各国共产党舆论的大哗。毛泽东在上海说：“看嘛，这就充分暴露了苏联新修正主义者所奉行的还是旧的修正主义路线：对内镇压，对外投降……”

6月20日以后，毛泽东乘专列离开了上海。

这时祖国的江南大地一派葱茏、一派绿色。毛泽东的专列行驶在这山水互绕、绿色遮目的葱郁之中，犹如一条戏水的长龙在绿色的海洋中游泳。时而穿过翠峰叠起的绿涛，时而潜入一孔孔隧洞，时而在荡满了稻田和绿树的波涛中奋力前行……

车过南京，毛泽东命令临时停车。南京军区司令员许世友很快上专列来见毛泽东，毛泽东在同许世友的谈话中，要他“一定要做好打仗的准备”。

毛泽东在南京只逗留了两天，然后便命令专列径直北上了……

6月26日，毛泽东让张玉凤打电话叫来了汪东兴，同汪东兴谈了经济建设中的几个问题。毛泽东说：

一件事情，不能看得那么容易。有人想，“三线”建设好了再打仗。我看美帝国主义不会等你的。它是不以我们的意志为转移的。它等你建设起来才打？也可能建设不起来就打，也可能建设起来又不打，要有两手准备。

汪东兴离开后，毛泽东让人准备了一些鲜桃鲜杏，说是有用，然后，他提笔给章士钊写了一信：

大作收到，义正词严，敬服之至。古人云：投我以木桃，报之以琼瑶。今奉上桃杏各五斤，哂纳为盼！投报相反，尚乞谅解。含之同志身体如何？附此向她问好，望她努力奋斗，有所益进。

就在这一天，毛泽东极其严厉地批评了卫生部，并对全国的卫生工作发出了重要指示：

告诉卫生部：卫生部的工作只给全国人口的百分之十五服务，这百分之十五中主要还是老爷。而百分之八十的人口在农村，广大农民得不到医疗，一无医，二无药。卫生部不是人民的卫生部，改成城市卫生部或老爷卫生部或城市老爷卫生部好了。

医学教育要改革，根本用不着读那么多书。华佗读的是几年制？明朝李时珍读的是几年制？医学教育用不着收什么高中生初中生，高小毕业学三年就够了，主要在实践中提高。这样的医生放到农村去，就算本事不大，总比骗人的医生与巫医要好，而且农村也养得起。书读得越多越蠢。

现在医院那套检查治疗方法，根本不适合农村。培养医生的方法也只是为了城市，可是中国有五亿多人是农民。

那种做法脱离群众，中国百分之八十五的人口在农村，不为农村服务，还叫什么为人民服务。工作中，把大量的人力、物力放在研究所谓尖端高、难、深的疾病上，对一些多发病、常见病、普遍存在的病，如何预防，如何改进治疗，不管，或放的力量很小。尖端的问题不是不要，只是应该放少量的人力物力，大量的人力物力应该放在农村，重点在农村。

还有一件怪事，医生检查一定要戴口罩，不管什么病都戴，是怕自己有病传染给别人？我看主要是怕别人传染给自己。要分别对待嘛！干什么都戴，这首先造成医生与病人间的隔阂。

今后城市的医院应该只留下毕业一两年的医生，本事不大的医生，其余的都到农村去，把好的都放在农村。“四清”运动到一九六八年就扫尾结束了，可是“四清”结束，农村的医疗卫生工作并没有结束啊！把医疗卫生的重点放到农村去嘛！

42. 毛泽东致信陈毅　李宗仁海外归来

这时毛泽东的小女儿李讷已经从北京大学毕业了。在毛泽东和王海容的谈话中，自然而然地谈到了李讷的毕业分配问题。毛泽东告诉王海容说："她想到《解放军报》社去……"

王海容说："我毕业了不想去什么报社，我想去外交部当翻译，跟陈老总好好学一学……"

北京的夏天受蒙古高原干燥气候的影响，很闷很热。毛泽东在中南海的游泳池住地，几乎天天都要进到游泳池中去游泳，而且一游就是一两个小时，有时游得时间会更长。只要李讷在家，她总要陪着父亲游泳，直到游累了为止……

1965 年 7 月初的一天下午，毛泽东和女儿李讷、表侄孙女王海容一起在游泳池中游泳，一直游到了几近吃晚饭的时候。当毛泽东毫无倦意地走出游泳池时，李讷却爬在游泳池的边沿上"耍赖"不动了。毛泽东叫她："起来么，去冲一冲吃饭……"

李讷依然躺在原地不动，懒懒地说："累死我了，起不来了……"

王海容逗她说："有好吃的，我们可都吃了，一点也不给你留！"

毛泽东说："这是在家里，你耍赖；如果到了社会上，你这个样子不行呢，要锻炼呢！"

李讷被父亲这样一激，只得爬起身来说："真的到了社会上，我也不会比谁差！"

毛泽东笑了："这才像是我的女儿么！"

7 月中下旬的一天，毛泽东看了中央美术学院关于中国美术的传统画法如何与西洋画法相结合的一个报告。在吃晚饭的时候，他问江青："中国的国画和意大利的油画，你怎么看呢？"

江青不假思索地说:“当然是意大利的油画好呀!”并说,“一幅好油画,有的要画几个月呢!哪像咱们中国画,就是那么几笔,尽是瞎抹和……”

“也不尽然呢!”毛泽东很不赞成江青的看法,“西洋画自有西洋画的传统画法,中国画也有中国画的高深之处。《清明上河图》《八十七神仙卷》,你让西洋人去画,他也画不出来嘛!”

江青放下了拿在手中的筷子,用餐巾抹一抹嘴说:“人家西方画人物,那都是有模特的,不像咱们中国,几千年的老封建、老保守!”

毛泽东不再说什么,手中的筷子放在菜盘上,久久地没有动一下。江青见到毛泽东这副神情,知道他不爱听了,也就闭了嘴……

7 月 18 日,毛泽东在中央美术学院关于中国美术的传统画法如何与西洋画法相结合的报告上写下批示:

画男女老少裸体模特儿是绘画和雕塑必须的基本功,不要不行。封建思想,加以禁止,是不妥的。即使有些坏事出现,也不要紧。为了艺术学科,不惜小有牺牲。

齐白石、陈半丁之流,就花木而论,还不如清末某些画家。

中国画家,就我见过的,只有一个徐悲鸿留下了人体素描。其余如齐白石、陈半丁之流,没有一个能画人物的。徐悲鸿学过西洋画法。此外还有一个刘海粟。

毛泽东还就美术学院设立裸体模特一事写信给陆定一,肯定了发展中国的美术事业需用裸体模特的必要性,指出“不要不行”;但他将裸体模特的工作仍然看作是“不惜小有牺牲”,而不是说是对美术工作的一种崇高的献身精神和应当受到人们尊敬的对美术事业的必要的贡献……

同一天,毛泽东还就章士钊所著《柳文指要》及社会上对《兰亭序》草书真伪的一些不同见解给章士钊写信说：

各信及指要[1]下部，都已收到，已经读过一遍，还想读一遍。上部也还想再读一遍。另有友人也想读。大问题是唯物史观问题，即主要是阶级斗争问题。但此事不能求之于世界观已经固定之老先生们，故不必改动。嗣后历史学者可能批评你这一点，请你要有精神准备，不怕人家批评。又高先生[2]评郭文[3]已读过，他的论点是地下不可能发掘出真、行、草墓石。草书不会书碑，可以断言。至于真、行是否曾经书碑，尚待地下发掘证实。但争论是应该有的，我当劝说郭老[4]、康生[5]、伯达[6]诸同志赞成高二适一文公诸于世。柳文上部，即盼寄来。

给章士钊写信后，毛泽东又给郭沫若写了一信：

章行严先生一信，高二适先生一文均寄上，请研究酌处。我复章先生信亦先寄你一阅。笔墨官司，有比无好。未知尊意如何？

晚上，江青进毛泽东的书房，见到了毛泽东给章士钊和郭沫若写好的两封信，发牢骚说："什么大不了的事情，值得你给他们写信……"

毛泽东险些发了火："你懂什么？我的事情不要你管！"

"好，好！我不管……"说着，讨了个没趣的江青和侍候在

① 指要，指章士钊所著《柳文指要》。

① 高先生，高二适，时任南京市文史馆馆员。

② 评郭文，高二适写的《〈兰亭序〉的真伪驳议》，对郭沫若的《由王谢墓志的出土论到〈兰亭序〉的真伪》一文提出不同意见。

③ 郭老，即郭沫若，时任中国科学院院长。

④ 康生，时任中央书记处书记。

⑤ 伯达，即陈伯达，时任《红旗》杂志总编辑。

毛泽东身边的张玉凤简单打了个招呼，便怏怏地离开了……

7 月 19 日，毛泽东批阅了刘少奇关于转发湖北省 9 份材料的报告。

7 月 20 日，前国民党代总统李宗仁先生和夫人郭德洁女士，从海外归来抵达北京，周恩来总理前往机场迎接。李宗仁先生在机场发表了书面声明。

这位前国民党政府的代总统，国民党军队的桂系实权派首领，曾经在抗日战争中亲自指挥国民党军队同日军在山东展开过台儿庄激战的李宗仁先生的归来，在国际上引起了不小的反响，也给台湾的蒋介石以很大的震动。

当周恩来回到中南海，向毛泽东汇报他迎接李宗仁夫妇归来的详细情况时，毛泽东说："回来了就好。如果蒋介石现在能回来，我一定到机场去迎接他。"并说，"16 年了，当初他本不该走……"

周恩来说："李宗仁先生也很后悔。"

毛泽东再次说："回来了就好，我们要见一见。"

周恩来说："好的。"

1965 年 7 月 21 日，毛泽东为陈毅曾请他改诗的事，给陈毅写了一封长信：

你叫我改诗，我不能改。因我对五言律，从来没有学习过，也没有发表过一首五言律。你的大作，大气磅礴。只是在字面上（形式上）感觉于律诗稍有未合。因律诗要讲平仄，不讲平仄，即非律诗。我看你于此道，同我一样，还未入门。我偶尔写过几首七律，没有一首是我自己满意的。如同你会写自由诗一样，我则对于长短句的词学稍懂一点。剑英善七律，董老善五律，你要学律诗，可向他们请教。

西　行

万里西行急，乘风御太空。
不因鹏翼展，哪得鸟途通。
海酿千钟酒，山裁万仞葱。
风雷驱大地，是处有亲朋。

只给你改了一首，还很不满意，其余不能改了。

又诗要用形象思维，不能如散文那样直说，所以比、兴两法是不能不用的。赋也可以用，如杜甫之《北征》，可谓“敷陈其事而直言之也”，然其中亦有比、兴。“比者，以彼物比此物也”，“兴者，先言他物以引起所咏之词也”。韩愈以文为诗，有些人说他完全不知诗，则未免太过，如《山石》《衡岳》《八月十五酬张功曹》之类，还是可以的。据此可以知为诗之不易。宋人多数不懂诗是要用形象思维的，一反唐人规律，所以味同嚼蜡。以上随便谈来，都是一些古典。要作今诗，则要用形象思维方法，反映阶级斗争与生产斗争，古典绝不能要。但用白话写诗，几十年来，迄无成功。民歌中倒是有一些好的。将来趋势，很可能从民歌中吸引养料和形式，发展成为一套吸引广大读者的新体诗歌。又李白只有很少几首律诗，李贺除有很少几首五言律外，七言律他一首也不写。李贺诗很值得一读，不知你有兴趣否？

同日，毛泽东还因为中国科技大学副校长、中国科学院数学研究所所长华罗庚给他寄来的诗和信，给华罗庚回了一封短信。

7 月 27 日下午，在周恩来的陪同下，毛泽东在中南海游泳池的会客室里，热情地接见了从海外归来的李宗仁先生和郭德洁女士以及程思远先生。

在谈话中，毛泽东说：“跑到海外的，凡是愿意回来，我们都欢迎。他们回来，我们都以礼相待。”

周恩来说：“毛主席说，如果‘蒋委员长’现在回来，他是要亲自去迎接的！”

李宗仁说：“我想他蒋先生在台湾的日子也不好过，但他也不会捂着老脸主动回来……”

毛泽东说：“不要捂着脸么！大大方方地回来，堂堂正正地做人。我们欢迎他，欢迎每一位从台湾、从海外归来的国民党朋友！”

周恩来也说：“如果他真的想回来同我们一道共事，现在也不晚嘛！我可以去香港甚至去台湾迎接他！”

李宗仁感叹道：“我想现在他在台湾的处境也很尴尬，恐怕是‘有心归宋无力还’啊……”

毛泽东却风趣地说：“我看是‘至今思项羽，不肯过江东’吧？”

李宗仁首先笑了，毛泽东和周恩来也一起大笑起来……

谈了一会儿话之后，毛泽东提议大家到游泳池中去“凉快凉快”。

几个人游了一会儿，毛泽东率先上岸了。当程思远上岸准备更衣时，毛泽东的卫士对他说：“毛主席请你去！”

在会客室里，毛泽东先问了程思远的学历和工作经历，然后谈了美国的一些情况。程思远说，美国总统肯尼迪生前在他的办公桌上总摆着一部《毛泽东选集》，看来他是要他的手下人研究中国。近来还有一位国民党的朋友告诉说肯尼迪也用毛泽东思想办事，肯尼迪把毛泽东思想概括成两句话：“调查不够不决策，条件不备不行动。”

毛泽东吸着烟笑了，他问程思远：“你知道我靠什么吃饭吗？”

程思远一时之间不知道毛泽东问话的含意，只得回答说：“不知道。”

毛泽东说：“我是靠经验吃饭的。”然后又说，“以前我们人民解放军打仗，在每个战役后，总来一次总结，发扬优点，克服缺点，然后轻装上阵，乘胜前进，从胜利走向胜利，终于建

1965年7月27日，毛泽东亲切会见前国民党政府代总统李宗仁（右一）夫人郭德洁和秘书程思远。（新华社稿）

立了中华人民共和国。”

对于毛泽东的亲切接见，李宗仁和夫人郭德洁以及程思远都很受感动、很受鼓舞。事后，李宗仁对程思远说：“毛泽东的伟大，就在于他胸怀宽广，能容万物；不像蒋介石，就知道扩充他的实力，排斥异己，结果丢了大陆的万里河山，只能是跑到台湾去偏安一隅……”

程思远说：“人心向背，不是哪一两个人能左右得了的。”

“啊……”李宗仁重复着说，“落叶归根，还是落叶归根啊！”

43. 北京举办“邀请赛”　“八六”海战大告捷

夏风吹雨人清爽，长安街头万物新。

8 月 1 日，在庆祝中国人民解放军建军 38 周年的这一天，1965 年北京国际乒乓球邀请赛隆重举行。

中国乒乓球体育代表团派出了强大阵容参赛，这样就集天时、地利、人和为一体，一向热心关注中国体育事业发展的毛泽东希望中国乒乓球队这次能够取得比以往更大的成绩……

当周恩来和贺龙到中南海游泳池向毛泽东谈及此事和同一天在北京良乡由中国人民航空俱乐部举行的 9 单位航空模型创纪录测试赛时，毛泽东高兴地说：“好嘛，我国的体育事业已经有了一个比较大的发展，希望更好！”并祝愿说，“这次乒乓球赛，我想应该能够取得更大的成绩。”

贺龙说：“天时、地利、人和，我们都占了。赛前乒乓球队的训练很刻苦，应该能够达到一个新的水平。”

周恩来则说：“这次邀请赛共设了 7 个项目，贺老总是希望把这 7 个项目的冠军全部拿下来呢！”

毛泽东笑问贺龙：“有多大把握呀？”

贺龙回答说：“我有这个希望，运动员们有这样的决心。”

毛泽东点头说：“这就好，只要有希望，有决心，再加上赛场的用心发挥和积极努力，应该能够取得比以往更大的成绩。”

周恩来说：“以我们的实力和目前国际上的实际水平，我想我们是可以打好的……”

8 月 3 日，毛泽东在人民大会堂同来华访问的法国总统戴高乐的特使马尔罗进行了长时间的谈话。马尔罗在法国担任文化事务国务部长，在中国大革命时期曾经到过中国，可以说是一个“中国通”。他认为在中国，在毛主席之前没有任何人领导过农民革命获得过胜利。为此，他问毛泽东："你们是如何启发农民这么勇敢的？"

毛泽东吸着烟，笑着回答说："这问题很简单——我们同农民吃一样的饭，穿一样的衣，使农民们感觉我们不是一个特殊阶层。我们调查农村阶级关系，没收地主阶级的土地，把土地分给农民。"

在亲切友好的谈话中，马尔罗谈到苏联时说："我感到赫鲁晓夫和柯西金使人想到的似乎不是过去所理解的苏联了。"

谈到苏联，毛泽东的话更多了。他说：

它是代表一个阶层的利益，不是代表广大人民的利益。

党是可以变化的。普列汉诺夫和孟什维克过去都是马克思主义者，后来就反对列宁，反对布尔什维克，脱离了人民。现在是在布尔什维克内部发生了变化。中国也有两个前途，一种是坚决走马列主义的道路、社会主义的道路，一种是走修正主义的道路。我们有要走修正主义道路的社会阶层。我们采取了一些措施，避免走修正主义道路。但谁也不能担保，几十年后会走什么道路。

马尔罗问："现在中国修正主义阶层是否广泛存在？"

毛泽东说："相当广泛，人数不多，但有影响。"

8月4日，贺龙和罗瑞卿跟随周恩来到中南海的游泳池来见毛泽东。

在会客厅，一见面，毛泽东就问："贺老总啊，乒乓球队打得怎么样啊？"

"已经拿了男女团体两项冠军了！"贺龙汇报说，"还有男女单打和男女双打、混合双打五项赛事，估计冠军都将是我们的！"

"好嘛！"毛泽东招呼每个人在沙发上坐下来，又说，"我们要以小球带大球，尽量把排球、篮球、足球都带动起来，大力发展我国的体育事业，努力提高人民的健康水平。"

这时周恩来说："主席，贺老总和罗总今天来，是要向你汇报海军的一些情况……"

毛泽东问罗瑞卿："海上有什么事情吗？"

罗瑞卿简要地说："最近蒋介石经常派军舰到大陆的近海来活动，海军的同志们想打一下。"

毛泽东继续问："敌人来的是哪些舰呀？"

罗瑞卿说："主要是大型猎潜舰'剑门'号和小型猎潜舰'章江'号。"

周恩来补充说："这两艘敌舰经常到我广东、福建沿海的渔场活动，严重影响了我们渔民在那里的捕鱼作业。"

毛泽东问："带地图来了吗？"

"带了……"罗瑞卿说罢起身，从他拿来的一个黑色手提包里取出了一张近海图，放在会客厅的一张大桌子上摊开来，请毛泽东观看。

毛泽东手上拿了一个带柄的放大镜，在罗瑞卿的指点下认真看起了标有敌舰活动海域的地图。在看地图的过程中，毛泽东几次伏下身躯低头细看，并对贺龙和罗瑞卿说："以小舰打大舰，我们还是有一些经验的……"同时又说，"两个月前不是命名了'海上先锋艇'吗？这次正可以派上用场……"

周恩来说："海军已经有了一个作战方案……"

毛泽东坐回到沙发上，对周恩来、贺龙和罗瑞卿说："我还是那句话，叫作'你打你的，我打我的'。这次海战，首先要隐蔽出航，选择有利海域设伏待机，然后突然出击，打他一个措手不及！"

周恩来笑了："主席的决策同海军的作战方案，可以说是'英雄所见略同'啊！"

贺龙说："我军的战斗方案，历来都是以毛主席的军事思想为指针的嘛！"

罗瑞卿也说："海军的同志决心发扬我军近战、夜战的优良传统，发扬敢打敢拼、英勇顽强的战斗作风，下决心打沉'剑门'

号和‘章江’号！”

毛泽东吸了口烟说：“打沉‘章江’号我相信，可要打沉‘剑门’号，恐怕没那么容易吧？要多考虑一些困难……”

罗瑞卿继续汇报：“海军的同志已经分析研究过了，‘剑门’号原是美国‘海鸥’级舰队的扫雷舰，排水量1250吨，装有76毫米口径火炮两门，40口径炮4门，20口径的快速炮4门，还有一座反潜鱼雷发射管，一座24管的反潜刺猬炮，去年改造成了猎潜舰。比较而言它虽然算是大舰，但活动起来不如我们的快艇灵活，有它的固有弱点。”

“打！”毛泽东定下决心，“来而无往非礼也，一条舰也不让它回去！”

“是！”罗瑞卿起身向毛泽东保证，“一条舰也不让它回去！”

8月5日夜间9时24分，停泊在汕头5号码头的“海上先锋艇”在艇长石天定的指挥下，奉命紧急出航，“静悄悄”地驶向了夜色笼罩下的浩瀚海疆。紧随其后的，是601、598、611号3艘快速铁甲护卫艇。在此同一时间，另有11艘鱼雷快艇也悄然驶向了同一海域……

在“海上先锋艇”上，临出航时上来了汕头水警区的副司令员孔照年和他带来的4名作战参谋。孔照年等人的上艇，给艇上的人们发出了一个不是命令的信号：这次出航非同以往，肯定是有“重要任务”，抑或是要真的打了……

4艘舰艇劈波斩浪，在上级指挥所的命令下，急速驶向了夜海茫茫的南澳岛云澳湾。此次海上作战方案，预定在南澳岛以东、东山岛以南，或南澳岛以南、南澎岛以西海域，决定先打大舰“剑门”号，后打小舰“章江”号。按照上级指挥部传达的来自最高指挥部的作战意图，整个行动采取隐蔽接敌，靠拢近战，高速护卫艇先开炮，穿插分隔，掩护鱼雷艇的突然袭击……

8月6日，新华社广州电讯：

中国人民解放军海军担任护航任务的舰艇部队，今天在东南沿海前线，击沉了美制蒋帮军舰。

最近以来，美制蒋帮海盗舰艇，连续在我东南沿海进行骚扰活动，破坏我渔业生产，炮击和扣留我渔船，抓捕和打伤我渔民，严重地威胁着我渔民海上生产的安全。

今天凌晨，美制蒋帮大型猎潜舰“剑门”号和小型猎潜舰“章江”号，又窜入我广东省南沃岛和福建省东山岛附近渔场，进行破坏活动。经我多次警告无效，我担任护渔任务的海军舰艇部队，在忍无可忍的情况下，对蒋舰发动了攻击，当即将两艘蒋帮军舰击沉于波涛汹涌的大海之中。

当天，罗瑞卿向毛泽东打电话报捷：“报告主席，‘剑门’号和‘章江’一举被我们击沉了！”

“打得好！”毛泽东在电话上对罗瑞卿说，“给参战部队庆功！同时要认真总结经验，认真找出不足，以利再战！”

周恩来又给毛泽东打来电话，通报了美国总统约翰逊宣布继续增派5万名美国侵略军进入越南南方的消息。毛泽东告诉周恩来，中国要进一步做好支援越南的各项工作，同时自己也要做好可能同美国人再进行一次直接较量的准备……

8月7日，中国政府发表声明，强烈谴责美国总统约翰逊宣布增派5万名美国侵略军进入越南南方。声明指出：

六亿五千万中国人民已经多次表示全力支援越南人民，直到根据越南人民的需要派出自己的人员，同越南人民并肩作战，赶走美国侵略者。我们再一次警告美国侵略者，中国人民说话是算数的！

8月8日，毛泽东在人民大会堂接见了非洲几内亚教育代表团、几内亚总检察长及其夫人，并同他们进行了亲切友好的谈话。

在谈话中，毛泽东说：

我们的工作，无论哪一项工作，都正在改造过程中，教育工作也是如此。我们过去没有大学教授、中学教员、小学教员，我们把国民党留下的人统统收下来，逐步加以改造。有一部分人改造好了，另一部分人还是照他们的老样子。你们改造，他们不听你的。

办教育也要看干部。一个学校办得好不好，要看学校的校长和党委究竟是怎么样，他们的政治水平如何。

学校的校长、教员是为学生服务的，不是学生为校长、教员服务的。

犯了罪的也要教育。问题是方针和政策问题，还有方法问题。采取教育的政策，还是采取丢了不要的政策；采取帮助他们的方法，还是采取镇压他们的方法。采取镇压、压迫的方法，他们宁可死。你如果采取帮助他们的方法，慢慢来，不性急，一年、两年、十年、八年，绝大多数的人是可以进步的。

8月9日，1965年国际乒乓球邀请赛在北京圆满结束。中国乒乓球队获男子团体、女子团体、男子单打、女子单打、男子双打、女子双打、混合双打7项赛事的全部冠军。

对于这样一个“大满贯”的比赛结果，毛泽东是满意的……

8月11日，毛泽东在听取罗瑞卿关于备战问题的汇报时，着重谈了诱敌深入的战术原则和援助越南的问题，又谈及了中国的“修正主义”……

8月15日，毛泽东看了由刘少奇、周恩来等人批转的国务院副总理兼财政部部长李先念向中央和国务院写的关于纠正一些地区粮食征购任务过重问题的建议，随即给李先念写了一封信：

“还须下一番苦工夫”，你的意见很对。请你在这几年内抓紧检查督促，务必达到藏粮于民的目的，绝对不可以购过头粮。

同日，毛泽东还邀集了正在参加全国农村医学教育会议的卫生部和有关医学教育界的一些人谈话，进一步对全国的卫生工作发出了重要指示。

他首先指出解放前普遍存在于中国农村中的所谓“神医”：“保险，不会害人，没有毒；第二个好处是省钱，几个铜板就可以了；第三是给病人精神安慰，病也就好了。比骗人的医生要好。”

继而，他又谈到了现在的医学教育工作：

医生一定要政治好，这一点很重要。

城市医务人员下农村，每年去1/3。留校学生3年以后，一边工作，一边上课。护士也一边工作，一边学习，光会念书是不行的。要考虑打仗，你们分科那么细，打起仗来怎么办？只会内科不会外科怎么办？

不脱产卫生员，训练半个月太短了吧？这还可以待三四个月，学几十种病。半工半读，两年就是读一年书，3年就是读一年半，这方法好。

高等教育要读5年，读那么长时间，值得研究。

8月17日，毛泽东、刘少奇、周恩来、邓小平、董必武、彭真、贺龙、李先念、谭震林、薄一波、杨尚昆等党和国家领导人，在人民大会堂亲切接见了解放军海军击沉美制蒋军“剑门”号和“章江”号的有功单位和有功人员代表孔照年、徐寿祺等同志，并同他们一一握手，合影留念。

接见中，毛泽东指示军队干部要参加地方上的社会主义教育运动。

接见结束后，毛泽东又嘱托周恩来、贺龙和罗瑞卿留下来，再同立了战功的海军官兵们好好地谈一谈。周恩来回答毛泽东说：“好的，我们再去同大家认真谈一谈。”

周恩来、贺龙和罗瑞卿留下来，再一次接见了“八六”海战有功单位，有功人员代表孔照年、徐寿祺等同志。

代表们向中央首长详细汇报了击沉敌舰的战斗经过。

周恩来、贺龙和罗瑞卿听了都十分高兴。周恩来说他代表党中央、中央军委和国务院向参战人员表示亲切慰问，并赞扬他们说："大家打得好啊！打得坚决，发扬了我军英勇顽强的革命精神！"

陪同接见的海军首长们纷纷向周恩来、贺龙和罗瑞卿表示，海军一定继续发扬成绩，争取更大的胜利……

在接见中，周恩来满脸悦色地问孔照年："你是哪里人？"

孔照年回答："山东平阴人。"

周恩来再问："什么时候到海军的？"

孔照年再答："1952 年到海军的。"

"这次是哪些艇打的？"

"有 587 艇、598 艇……"

"你说这些我也记不住，你告诉我是什么型号的。"

"高速护卫艇 4 艘，快艇第一突击群 6 条，第二突击群 5 条。"

"主要是总结经验，海军获全胜是第一次……"

这时罗瑞卿插话："高速炮艇是我们自己造的，吨位小，速度快。近海作战，我们以小的、快的，整他的大的，行不行？"

孔照年确有把握地说："完全可以。"

"灵活机动的战略战术嘛！"周恩来爽朗地笑道，"我们总是以小的打大的，围住了消灭它。"又向坐在海军首长席上的人们发问，"在海南岛打鬼怪式飞机[①]不也是这样吗？"

海军政治部张主任回答："那一次如果准许打，能打下一两架。"

周恩来说："它自己把自己的打下来是一样的。"

周恩来的话，把大家都说笑了。因为大家知道，周恩来所说的那次在海南岛上空的空战，美国的两架 F –4 飞机被我军腾空拦截的战机吓破了胆，慌乱中发射空空导弹，却将自己的一

---

① 鬼怪式飞机，即 F –4 型飞机，是美国的一种高空快速战术轰炸机。

架飞机击中，沉入了茫茫大海……

笑声中，周恩来又说："空军、海军都是这样，开始总是以小的打大的，以弱的打强的。美国这么多兵力放在越南，运输、补给困难,像死的一样。今天《人民日报》登了,你们回去看一看。"

罗瑞卿对海军的同志们说："三军比起来，你们的战机最多，要抓住战机。"

周恩来再一次指出："不是每一次来都打，要有理有利。打起来不要急，要近战、夜战、群战，把敌人分隔开，先歼灭弱的，先打小的，后打中的，孤立大的、强的……"

在周恩来的讲话过程中，被接见的人们和陪同接见的人们都聚精会神地听着，大家的脸上都洋溢着非常自豪、非常幸福的神情……

周恩来问孔照年："这次不是有一个轮机兵，头部负了重伤，看不见，还坚持把艇开回来。现在怎么样啊？"

孔照年回答说："他叫麦贤得，还昏迷不醒。"

周恩来十分关切地说："一定要抢救！你们回去，向伤病员、牺牲同志的亲属，转达党中央、毛主席对他们的问候。"

被周恩来问及的这位名叫麦贤得的轮机兵，在"八六"海战中头负重伤脑脊液外溢，但仍坚持战斗了 3 个多小时。在鲜血模糊了视线的情况下，他仍检查出了一颗拇指大的松动的螺丝钉，并找到扳手把它拧紧，最终保证了炮艇的安全返航。

这次接见不久，国防部、海军和广州军区分别颁发了嘉奖令，奖励参加"八六"海战的有功部队和个人。嘉奖令同时要求大家"高举毛泽东思想伟大红旗，认真总结战斗经验，戒骄戒躁，争取更大胜利"。

对于"八六"海战的胜利，毛泽东满怀激情地赞誉说："这就是我们的海军，这就是我们人民的海军啊！"

8 月 21 日，受到毛泽东和党中央、中央军委、国务院大力表彰的我海军部队，更加在实战中发扬成绩。海军航空兵部队在华南地区上空，再一次击落美国的军用无人驾驶高空侦察机一架。

44. 填词致信邓颖超　陈毅怒答记者问

1965 年 8 月 24 日，毛泽东在中南海游泳池住地同几位音乐工作者谈话，指出艺术也要向外国学习，吸收外国的一切好东西，要“洋为中用”。

同日，毛泽东审阅了一份由湖南省委呈报中央的关于各级社教领导机构实行革命化的汇报材料。

几天后的一个深夜，习惯于夜间工作的毛泽东手上拿着一本马克思的著作，走出游泳池的房间来，在空地上独自散步。空中，月光洒洒，寥星高挂；地上，华灯闪烁，影随人移……

9 月 1 日，毛泽东、刘少奇、朱德、周恩来联名给英勇抗击美帝国主义侵略而处在浴血奋战中的越南民主共和国主席胡志明发出贺电：

越南人民正在抗击着美国的侵略，进行抗美救国的伟大斗争。这场斗争不仅是为了保卫越南的独立、主权和民族尊严，同时也是全世界人民反对美国的侵略和战争政策，保卫世界和平，共同斗争的一个组成部分。中越两国是唇齿相依的社会主义邻邦，中国人民坚决支持越南人民抗美救国的斗争。

9 月 2 日，国防部部长林彪的《人民战争胜利万岁》同时在《人民日报》和《解放军报》上发表，嘲笑赫鲁晓夫修正主义者坚持的“地球上任何星星之火都会引起世界核大战，会毁灭人类”的观点。林彪的文章揭露了赫鲁晓夫所推行的“和平共处、和平竞赛、和平过渡”总路线，指出“赫鲁晓夫修正主义总路线的实质，不是别的，就是要被压迫人民和被压迫民族放下武器，要已经取得独立的国家放下武器，而在全副武装的美帝国主义者及其走狗面前听任宰割……”

林彪的文章，发表前曾经毛泽东过目并得到了毛泽东的同意。

9月9日，报请全国人大常委会同意的西藏自治区正式成立，阿沛·阿旺晋美任自治区主席。

毛泽东就西藏问题曾说：

民族自治，人民选举，中央支持，这三项是统一的。现在西藏正处在抵御印度侵略的最前线，政府工作和民族政策都要做好，不要让敌人钻了空子。

9月11日，全国第二届运动会在北京工人体育馆隆重开幕。毛泽东、刘少奇、朱德、周恩来等党和国家领导人出席了开幕式。

9月中上旬，鉴于印度坚持的不断向周边国家实施侵略和领土扩张主义政策，中国在与印度接壤的一些地区重新增加了自己的防御部队……

9月16日，中国政府向印度政府发出了“最后通牒”，要印度政府3天之内拆除它在中(国)锡(金)边境上的一切军事设施，否则，它必须“对一切严重后果承担全部责任”。

9月18日，中国外交部发表声明，强烈谴责美帝国主义在越南南方对和平居民施放毒气的滔天罪行。

同一天，中共中央工作会议照例在北京中南海颐年堂召开。毛泽东出席并主持了第一天的会议。会议的主要议程是讨论对第三个五年计划和明年经济建设计划的建议，并准备批准国家计委提出的明年国民经济计划纲要。

第二天，毛泽东在外交部给印度政府的复照稿上写下批语。

同日，中国政府再次照会印度政府，要它拆除在中锡边境上的一切军事设施。

9月20日，新华社报道，解放军总参谋部、总政治部最近召开民兵政治工作会议，着重讨论了今后如何进一步贯彻毛主席关于民兵工作“三落实”指示的若干问题。

就在这一天，我海军航空兵部队在海南岛海口地区上空，击落美国的 F -104 型入侵战斗机一架，机号为 83 号，并活捉美军上尉飞行员史密斯，军号 4360。

毛泽东得到消息后，打电话给罗瑞卿说：“大力嘉奖有功部队和有功人员。”并说，“要组织部队认真研究各种打法，凡是敌人的飞机，只要它敢飞进来，我们就要有办法把它们打下来！”

22 日，新华社报道，中国现代化大型电影胶片厂——保定电影胶片厂最近建成投产。为此，毛泽东曾对周恩来说：“我第一次去莫斯科时，斯大林让我在他的别墅里看了好多传记影片。当时我就说，中国也要有自己的电影胶片厂。现在我们有了，斯大林同志却没能看到……”

这一天，就在毛泽东为着中国能够生产自己的电影胶片而缅怀斯大林时，苏联的《真理报》发表了一篇评论文章，对中国为防御印度的侵略而在自己国家境内加强军队部署和中国政府向印度政府发出的“最后通牒”等事宜，进行了歪曲事实真相的报道和别有用心的攻击。《真理报》在它的评论文章中指出：“据外国通讯社报道，在中国递交照会的同时，伴随着中国军队向印度边境的推进和集结。这种报道只能引起所有那些对尽早结束印度 - 巴基斯坦武装冲突，对加强所有反对美帝国主义力量的团结，对恢复南亚和东南亚和平以及对结束帝国主义在这一地区的阴谋（尤其是美国对越南的侵略）感兴趣的人们的关心。”

同一天，即将出任大三线建设副总指挥的彭德怀到中南海的游泳池来见毛泽东。毛泽东很热情地接待了他，并对他说：“我们共事几十年了，不要庐山一别，分手分到底；我们都是六七十岁的人，应当为后代多想事、多出力。”

彭德怀说：“我从心底里是尊敬主席的，现在我还是听主席的……”

面对彭德怀，毛泽东说：“庐山会议已经过去了，是历史了，现在看来，也许真理在你那边……”

毛泽东的话，使彭德怀的心头为之一振：“主席还是了解我的……”

毛泽东又说：“但你自己不要等，要振作，把力气用到办事情上去。”

9 月 24 日，毛泽东对中央高级党校关于杨献珍问题和处理意见的报告写了批语。

同日，新华社发表评论文章，谴责苏联《真理报》昨天的文章是“诽谤性的”。

就在这个月，时任中共中央委员、全国人大常委会委员、全国妇联副主席的周恩来的夫人邓颖超，先后两次请求毛泽东给她写一两首诗词，以便“拜读和学习”。出于诚意，毛泽东利用晚上的时间填写了一首长词，准备送给邓颖超。在这首长词中，毛泽东运用十分生动的比喻、对比和极其通俗的口语，生动、幽默而又尖锐、泼辣地嘲讽、痛斥了苏联修正主义集团：

念奴娇·鸟儿问答

鲲鹏展翅，九万里，翻动扶摇羊角。背负青天朝下看，都是人间城郭。炮火连天，弹痕遍地，吓倒蓬间雀。怎么得了，哎呀我要飞跃。

借问君去何方，雀儿答道：有仙山琼阁。不见前年秋月朗，订了三家条约。还有吃的，土豆烧熟了，再加牛肉[①]。不须放屁，试看天地翻覆。

词写好了，改了两次，又抄写了以前写过的另一首词，毛泽东再写一信，准备一并送给邓颖超：

---

① 土豆烧熟了，再加牛肉：赫鲁晓夫在 1964 年 4 月的一次演说中曾经说，“福利共产主义”是“一盘土豆烧牛肉的好菜”。

自从你压迫我写诗以后，没有办法，只得从命，花了两夜未睡，写了两首词。改了几次，还未改好，现在送上请教。如有不妥，请予痛改为盼！

毛泽东

9月25日

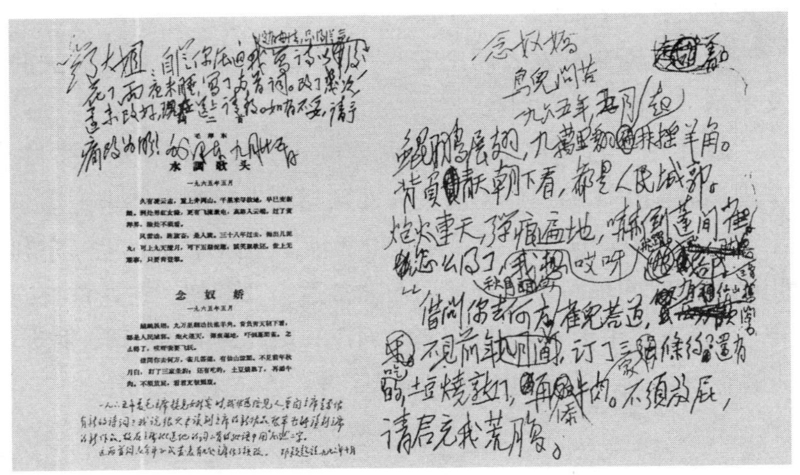
毛泽东

水调歌头

一九六五年五月

念奴娇

一九六五年五月

邓颖超接收到毛泽东的短信和《念奴娇·鸟儿问答》词以后，很高兴，同时又感觉到有很大的压力，便征询周恩来的意见，问是否可以找报社发表毛泽东的这首词。

周恩来慎重考虑后，说："主席的这首词政治含义很深，是否公开发表，还得征求主席的意见。"

邓颖超不再问了……

9 月 29 日，副总理兼外交部部长陈毅举行中外记者招待会，就中国政府的外交政策和国际局势中的许多问题，发表了重要讲话。

当有外国记者问及陈毅"中国好战"和陈毅本人是不是一些人所说的"好战分子"时，陈毅拍了麦克风、大义凛然地说："老子就是好战！老子就是好战分子！"并怒言，"我们中国人本来不想打仗，可有人要打，那就打好了！美帝国主义和世界上的一切反动派，总是想挑起战争。老子早就想打仗了！老子头发都等白了！打就早打，如果现在不打将来打，老子等不上，老子还有儿子，老子的儿子也要跟他们打！”

陈毅不用讲稿的讲话，充分显示了中国人民不怕任何敌人挑起战争威胁的民族志气，同时也充分表明和极大地鼓舞了中国人民解放军陆海空三军为保卫祖国而积极备战的决心和士气；

1965年9月，陈毅副总理兼外长举行中外记者招待会，就中国的外交政策和国际问题发表重要讲话，表达了中国人民捍卫国家主权和民族独立的决心，在国内外引起巨大反响。（新华社稿）

而对于世界上一切真正的好战分子，则起到了不小的威慑作用和实际的震慑作用……

当毛泽东在中南海中听了陈毅答记者问的录音后，竟高兴地夸赞说:“讲得好呢！陈老总这个外交部部长，是个真正的外交部部长。这一下外国人也晓得了，我们的这位外交部部长不大好惹哩！”

第二天，毛泽东在人民大会堂接见来华访问的印度尼西亚代表团时，再次称赞陈毅说:“我们有一位不大好惹的外交部部长……”并说，“他可是我们军队中一位了不起的元帅呦！”

45. 世界风云多变幻　神州大地蓄风雷

1965 年 10 月 5 日，遵照毛泽东发出的“提高警惕，保卫祖国”的指示和中央军委的一再强调与认真部署，我空军部队在广西地区上空再次击落美国战斗机一架。

同一天，新华社报道，国防部最近发布命令，授予解放军福建前线部队某团二连以“红色尖刀连”的光荣称号。命名大会于 10 月 5 日举行。

晚上，李讷手上拿着一份《解放军报》兴冲冲地回到了中南海的家中，一见到毛泽东，便大步跑上前去说：“爸，今天的《解放军报》发了命名‘红色尖刀连’的消息，是我发的稿呢！”

见到女儿高兴，毛泽东也高兴：“我已经看到了，我的乖女儿已经是大人了，25 岁了，不再是娃娃了……”

李讷近前倚在毛泽东的怀里，撒着娇说：“我就是 35 岁、45 岁了，也还是你的大娃娃，你还是我的小爸爸……”

毛泽东疼爱地抚摸着女儿的头说：“爸爸老了，以后的事情需要你们自己去干、去闯，多为人民办事情，多为老百姓办事情，全心全意地为人民服务。”

李讷乖乖地说：“你都说了上千遍了，我记着呢！”

说着话，李讷从自己的衣兜里掏出了一张小纸片，在父亲的眼前晃一晃说：“爸，你看，我有这个……”

毛泽东看了一眼，伸手说：“是什么？”

李讷将纸片递给父亲，毛泽东接过来一看，见是一张面值一角的军用代金券，笑了说：“我晓得，这是在越南用的。”

李讷说：“我想收集齐了呢！”

毛泽东说：“我们的部队在越南，打得很艰苦，也很顽强。你要保存几张代金券，也只是个纪念，没有什么不好……”

1965年10月1日，毛泽东、刘少奇同来访的柬埔寨国家元首诺罗敦·西哈努克亲王（左三）在天安门城楼上。（新华社稿）

李讷说：“我问了，这种军用代金券，一共是六元六角六分；一张五元的，一张一元的，一张五角的，一张一角的，一张五分的，一张一分的。”

毛泽东点头说：“这样方便些，对内对外都好用。”

李讷收回了父亲拿在手上的那张军用代金券，甜甜地笑了……

10月10日，毛泽东在中南海颐年堂同各大区第一书记谈话，对国家的政治形势看得更加严重了。他说：

小三线很重要。有人说分散了怕造反。我看两条：准备化为水，不怕造反。要备战。各省要把小三线建设好。不要怕敌人不来，不要怕兵变，不要怕造反。

我现在说造反问题了。如果中央出了修正主义，应该造反。英国革命、巴黎公社都是在中央搞起的。至于美国是在地方搞起的，日本也是在地方搞起的。

如果中央搞得不对，所谓不对，不是讲小不对，而是讲大的不对。如果出了赫鲁晓夫，那有小三线就好造反。另人好造反，我们这些人还不是造反？跟宋江差不多。

毛泽东又讲了10年内战时期中国共产党的路线错误，说：

那时有些人那么迷信，凡是国际的、中央的都迷信。现在也要提倡破除迷信，不管是中央的、中央局的、省的都要看对不对，小的迷信要破，大的更要破，比如修正主义。总之，要按实际情况办事。

10月12日，开了近一个月的中共中央工作会议结束。会议进程中，毛泽东在人民大会堂河南厅听取了余秋里、李先念、彭真、朱德、周恩来等人分别就全国的计划工作、财贸工作、党的建设、学习毛泽东思想和国际形势所作的发言。当余秋里讲到各省的小三线建设时，毛泽东多次插话：

我对这一条比较积极，我支持地方要搞5万吨左右的钢铁厂。左右者，可大可小。

我不怕你们造反。你们制造机器，制造武器，你们就造嘛！我提倡造反，是反对袁世凯称皇帝的那种反。

如果中央出了军阀也好，修正主义也好，总而言之，不是马克思主义，不造反就犯错误，要准备造反。你们不要年年造反哟，如果是马克思列宁主义，你们造反，那就吃亏哟！中央是马克思列宁主义，你造反，那你还不是修正主义吗？而一个省也造不起来。

彭真在发言中说："恐怕我们的各级党委就要把党一直抓下去。因为出不出修正主义，还是在党。党里面不出修正主义，别处出了也不大要紧。"

毛泽东插话说:“中央出了，你们地方不出，不要紧。”还说，“中央几个大人,把他一革,就完了。至于地方出了,中央照样出,那就不好了。”

当彭真进一步讲到党的基层组织时，毛泽东再次插话说:“靠老爷,不靠人民,你有饭吃呀？你有衣穿呀？而70%是贫下中农。工厂里也有这个问题。”

在大家的发言过程中，毛泽东多次插话，并说：“我快要去见马克思了，怎么交代？你给我留个修正主义尾巴，我不干！”

这一天，毛泽东再次发出指示：

备战、备荒、为人民。

10月中旬的一天，周恩来向毛泽东请示中国是否参加即将召开的第二次亚非会议的问题时，毛泽东说：“要协商一致嘛！如果各国的意见不能一致，就会开成一个分裂的会议；一个分裂的会议，与其参加，不如不参加。”

周恩来又向毛泽东请示，鉴于印度尼西亚的政治局势已经很不稳定，中国是否还要派出自己的代表团去雅加达参加会议。毛泽东果断地说：“为什么不去呢？越是在这个时候，我们越是要去呢！‘朋友有难，越海相帮’。我们去了，对苏加诺是一个不小的支持……”

10月17日，唐明照率领中国代表团出席了在印度尼西亚首都雅加达举行的消除外国军事基地国际会议。

第二天，唐明照在雅加达会议上讲了话。这个讲话，临出国前是经周恩来审阅后并报请毛泽东同意了的。

这时候，印尼的政治局势已经很不稳定，雅加达的街头已经出现了大量来自首都以外的反苏加诺总统的军队，成群结队、荷枪实弹的士兵随处可见，苏加诺已经很难控制局势……

10月20日，雅加达会议在急剧动荡的局势中匆匆结束。会议通过了总宣言和18个有关各项问题的决议。

即日，中国《人民日报》头版刊登了新华社发表的《印度尼西亚政局发生急剧变化》的长篇综合报道；同时，在《关于印度尼西亚目前政治局势的一批材料》的通栏标题下，用4个整版的篇幅，发表了10月1日以来有关印尼政治局势的大量材料。

同一天，毛泽东在北京人民大会堂同来华访问的越南民主共和国代表团进行了长时间的谈话。

这一天，中国外交部发表声明，强烈谴责美国－南越吴庭艳集团的飞机袭击柬埔寨的巴图村。

10月22日，遵照毛泽东的指示，周恩来总理给亚非国家和政府首脑发出了一封信，阐明中国政府对于延期召开第二次亚非会议的立场。指出：当前的形势比6月更加不利于第二次亚非会议的召开。还指出：如果违反协商一致的原则，硬要如期召开第二次亚非会议，中国政府将被迫不能参加这种导致分裂的会议。

10月26日，中国政府发表声明，指出筹备第二次亚非会议的常设委员会阿尔及利亚主席强行裁决在10月28日如期召开的第二次亚非会议，只能是一次分裂的会议，中国政府郑重宣布不参加这样的亚非会议。

10月27日，为了“回击”新华社9月24日发表的评论，苏联《真理报》发表了一篇表明苏联观点的详尽声明。

《真理报》在强调“不可能只用言语，甚至用最革命的话把群众争取到社会主义这边”之后指出：共产主义运动是由若干个小分队组成的，每个小分队都具有它自己的特殊使命，而且苏联和其他社会主义国家通过振兴自己的繁荣和力量而做出最有用的贡献。文章还煞有介事地说：“社会主义国家在解答民族解放运动的任务中不能代替年轻的民族国家的人民，或者说，在推翻资本主义的斗争中不能代替资本主义国家的工人阶级和劳动人民。因为那将是把自己的意愿强加在别人身上……”文章还危言耸听地指出：“这些行动将可能导致发动世界热核战争，导致对全体人类的一切严重后果。这对社会主义国家来说，在其对世界劳动人民的国际义务中，将会导致失败，并且会对国际共产主义事业造成不可弥补的损失……”

毛泽东在中南海看了《真理报》的翻译大样后，对周恩来和谭震林等人说：“勃列日涅夫是赫鲁晓夫第二，他们用核武器恐吓世界人民，企图保持他们两个核霸主的军事垄断地位，来反对我们和所有独立自主的国家。”并说，“我们不怕他们，世界人民也不会怕他们；越南是个经济落后的小国，美国在世界上是个经济强国和军事大国，越南人民也没有被美帝国主义吓倒嘛！”

10 月 28 日，毛泽东在中南海批阅了解放军总政治部 1965 年 10 月 14 日呈送的《关于突出政治、落实“四好”、加强战备的情况和意见报告》。

两天后，毛泽东批阅了一份向中央报送的全国第二批城市“四清”部署情况的简报。

11 月 4 日，《人民日报》发表题为《为亚非团结反帝事业而继续奋斗》的社论，指出：强行在阿尔及利亚召开的亚非国家外长会议做出的第二次亚非会议不定期延期举行的决定，是符合 20 亿亚非人民共同愿望的。

11 月 6 日，新华社报道，第一届全国妇产科学术会议最近在北京举行。遵照毛泽东关于“医疗卫生工作应当面向广大农村”的指示，会议认为，妇产科工作必须面向农村，做好农村妇产科常见病和急病重病的防治工作和加强农村妇幼保健工作。

同一天，解放军总政治部发出通知，号召全军学习济南部队装甲兵某部战士王杰同志。

在以后不几天的时间里，全国总工会、全国妇联、共青团中央和教育部分别发出通知，号召向王杰同志学习。

1965 年 7 月 14 日，王杰同志在辅导当地民兵进行爆破训练时，突然发生了意外爆炸，在这异常危急的紧要关头，他英勇地扑向了即将爆炸的炸药包，光荣牺牲。然而这件事当初是作为“责任事故”上报的，王杰被定为“事故责任人”。审查事故报告的部队首长发现，王杰的牺牲挽救了在场的12名民兵和干部的生命，是值得宣传的英雄行为，于是下令深入调查。调查结果表明，王杰一贯表现突出，特别是他的日记显示他有着高尚的品格。于是，又一位雷锋式的时代英雄就此产生了……

当毛泽东知道了王杰的英雄事迹后，曾在中南海游泳池住地对贺龙和刘志坚说：“这件事表明，我们的战士往往是好的。问题往往出在我们的干部身上。凡事要做深入细致的调查研究，粗心大意和推卸责任的官僚主义作风，是会害死人的。”

11月7日，《人民日报》刊登新华社发表的《印度尼西亚右派势力疯狂反共、反人民》的长篇综合报道，并在《关于印度尼西亚目前政治局势的第二批材料》的通栏标题下，用3个整版的篇幅，发表了10月20日以来有关印尼政治局势的第二批材料。

这时在北京、在全国大江南北的各个地方，由中央人民广播电台播出的几十首解放军歌曲正风靡一时。其中有新疆军区文工团创作并演唱的《毛主席的战士最听党的话》和《毛主席的话儿记在我们的心坎里》，歌中唱道：

毛主席的战士最听党的话，
哪里需要到哪里去哪里艰苦哪安家！
祖国要我守边卡扛起枪杆我就走，
打起背包就出发！
哎——祖国要我守边卡扛起枪杆我就走，
打起背包就出发！
……
毛主席毛主席，
您的话儿记在我们的心坎里！
喀喇昆仑冰雪封，

哨卡设在云雾中；
星星做伴月当灯，
盖着蓝天铺着地；
只要想起您毛主席，
只要想起您毛主席，
雪伴炒面甜如蜜甜呀甜如蜜！
毛主席毛主席，
亚夏亚夏毛主席，
雪伴炒面甜如蜜甜呀甜如蜜！
……

1965 年 11 月 10 日，上海《文汇报》在第一版上发表了姚文元的文章《评新编历史剧〈海瑞罢官〉》。

文章说《海瑞罢官》的作者是“要拆掉人民公社的台，恢复地主富农的罪恶统治”。文章武断地把《海瑞罢官》中“退田”和“平怨狱”的内容同 20 世纪 60 年代初期国内的政治形势联系起来，硬说该剧代表了大刮“单干风”和“翻案风”的牛鬼蛇神的阶级利益，是在诬蔑、咒骂社会主义制度和无产阶级专政，是一株大毒草。

《海瑞罢官》的作者是北京市委书记处书记、北京市副市长吴晗。如此公开地批判一位高级领导干部，并且无限上纲，其势之汹汹，其火力之猛，其目标之集中，立即引起了全国的震动。虽然许多人凭经验猜测到姚文元的这篇文章绝非是一般的学术争论，肯定有着很深的政治背景，但是谁也没有想到这是在毛泽东的亲自布置下进行的，而且除毛泽东外中央政治局的其他人竟无一人知晓哪怕是一点点消息……

炮弹打出去了，毛泽东不动声色地静观等待。江青、张春桥等人更是密切地关注着各种不同的反映……

同日，杨尚昆被免去中央办公厅主任职务，由汪东兴接任。

11 月 11 日，《人民日报》和《红旗》杂志发表编辑部文章《驳苏共新领导的所谓“联合行动”》。

文章猛烈抨击了苏共新领导“实行的还是赫鲁晓夫的老路线，只是采取了比赫鲁晓夫更加狡猾、更加虚伪的两面派手法”，他们“联合美帝”，“同美国积极酝酿所谓‘阻止核扩散’以及其他‘裁军’的新交易，企图保持苏美两个核霸主的军事垄断地位，来反对中国和所有独立自主的国家”。文章说，苏联新领导人“在中印边境问题上更是公开地联印反华”。

文章继续指出：“有人问，为什么马克思列宁主义者和革命人民可以团结民族主义国家的上层人士，争取同他们在反帝斗争中联合行动，而同苏共新领导却不能联合行动呢？”文章回答说，“在当代，反对还是联合美帝国主义，是鉴别一切政治势力能不能包括在反美统一战线之内的标志”，“苏共新领导根本不反对美帝国主义，而且同美帝国主义结成联盟，要同美帝国主义联合主宰世界”。

文章拒绝了苏联在越南问题上联合行动的要求，并重复了苏联企图进行和谈的详情。文章说，苏联对越南提供的经济援助“同苏联的国力很不相称。他们援助一些东西，是别有用心的，是企图欺骗国内外人民，企图控制越南局势，企图在越南问题上取得发言权，企图拿越南问题同美帝国主义做交易”。文章否定了苏联关于中国阻挠苏联援助越南军事物资运输的断言之后，拒绝了苏联提出的结束公开论战的建议，表示我们“一定要把这场论战进行到底”。

文章在答复苏联关于社会主义国家之间有“同一类型的社会经济制度”的声明时断言：“在最近举行的苏共中央全会上，苏联部长会议主席柯西金所作的关于工业问题的报告和会议通过的决议，标志着苏联经济在资本主义复辟的道路上跨了一大步。”“苏共新领导在农村中也加速发展资本主义，扩大私有经济，扩大自留地，扩大私养牲畜，扩大自由市场，鼓励自由买卖。他们利用各种经济的手段，来鼓励和扶植新的富农经济的发展。”“正因为苏共新领导同赫鲁晓夫一样，是苏联资产阶级特权阶层的政治代表，所以他们所实行的对外政策和对内政策，不是无产阶级的政策，而是资产阶级的政策；不是社会主义的政策，而是资本主义的政策。”

文章还说：“毛泽东同志经常对兄弟党的同志指出，如果将来中国发生修正主义者篡夺领导权的情况，各国马克思列宁主义者同样应当坚决揭露，坚决斗争，应当援助中国工人阶级和人民群众反对这种修正主义。根据同样的立场，我们认为，坚决地揭露苏共修正主义领导集团，这是我们应当履行的无产阶级国际主义的义务。”

当日晚，毛泽东乘专列悄然离京……

11 月 12 日，毛泽东停车天津。在天津，毛泽东没有向走上专列来汇报工作情况的河北省委的任何一位领导同志谈及《文汇报》的事,而只是简单地问了一些有关“四清”运动的事。

毛泽东问：“我有什么指示？”

河北省委的领导同志们说：“备战，备荒，为人民。”

对于这样的一个回答，毛泽东不是很满意：“为人民讲了多少年了！”又问，“你们看，搞四清好，还是不搞四清好？”

河北省委的领导同志们回答：“当然是搞四清好。”

毛泽东不再问了……

众人离开后，毛泽东走下专列乘汽车去到宾馆休息。

在宾馆，毛泽东向河北省委的同志问起了他当年的卫士长李银桥：“李银桥到哪儿去了？”

河北省委的同志见毛泽东打听李银桥，立刻通知天津方面的人派车去接李银桥来见毛泽东。李银桥来了，毛泽东笑了，问他：“你现在干什么呀？”

李银桥回答：“还在公安处……”

毛泽东一听，脸上露出了明显的不高兴：“我不是让你学工业去吗？怎么还在公安处？”

李银桥说：“这是他们的安排。”

毛泽东生气地说：“他们没有按我的意见办！”并说，“当初让你下来，我就说让你多学点知识，多经受些锻炼，要搞工业、农业，你总在公安战线上工作怎么行呀？搞社会主义，首先要懂经济工作，你要学会掌握这方面的知识和经验才行。”

李银桥老老实实地回答：“是，我听主席的。”

毛泽东离开天津不久，李银桥被调去天津国棉二厂担任了党委副书记……

11 月 13 日，毛泽东离开天津到达济南。

11 月 14 日，中国人民解放军海军担任护渔任务的舰艇部队，在福建崇武以东海域，击沉美制蒋军护航炮舰“永昌”号，击伤美制蒋军大型猎潜舰“永泰”号。当罗瑞卿给毛泽东打电话报告这一捷报时，毛泽东说：“打得好！一沉一伤，下次再来，统统把它们打到海底去！”

11 月 15 日，毛泽东乘专列到达蚌埠。

次日，毛泽东乘专列到达南京。

这一天，苏联《真理报》发表评论文章，将 11 月 11 日中国《人民日报》和《红旗》杂志编辑部的文章说成是“充满着不能容忍的、毫无根据的、造谣中伤的和挑衅性的捏造”。

11 月 17 日，毛泽东乘专列到达上海。

在上海，毛泽东看了苏联《真理报》评论文章的翻译大样，对陈丕显等人说：“笔墨官司，你来我往，各执一词，永无休止；对于苏联的新老修正主义分子，只能是不断揭露，不断批判，让苏联人民和全世界人民都知道他们究竟是些什么样的货色。”

11 月 19 日，毛泽东乘专列到达杭州。

次日，毛泽东在杭州对林彪所提军队的“五项原则”写了批语。

同日，《光明日报情况简编》第 367 期刊登了一篇批驳姚文元《评新编历史剧〈海瑞罢官〉》的综述《关于姚文元评〈海瑞罢官〉文章反应续闻》。文章说：“翦伯赞认为，现在学术界里的顾虑并未解除，姚文元乱来一通，不利于百家争鸣。”

毛泽东在杭州收看到了《光明日报情况简编》的第 362 期

和第367期，他在《吴晗看了姚文元批评〈海瑞罢官〉一文后的反映》的文章上面写下批语："我都已看过，一夜无眠。"并在《关于姚文元评〈海瑞罢官〉文章反应续闻》的文章旁边画了3个圈。

这次毛泽东在杭州只待了两天半的时间。

11月22日，毛泽东又返回了上海。

11月24日，毛泽东在上海锦江饭店接见了美国进步作家安娜·路易斯·斯特朗。

安娜·路易斯·斯特朗同毛泽东是老朋友了，早在延安时就相互认识并彼此互有好感。安娜·路易斯·斯特朗用她的笔积极热情地向世界人民宣传了毛泽东的诸多思想，毛泽东的"帝国主义和一切反动派都是纸老虎"的名言，就是通过斯特朗的笔传向了全世界的。

11月25日，在广东、广西察看地形和部队情况的罗瑞卿到了上海。

次日下午，罗瑞卿到锦江饭店去看望了毛泽东。

11月26日晚上，毛泽东乘专列离开上海，再次前往杭州。

在给毛泽东送行时，罗瑞卿对毛泽东说："主席，我准备明天去苏州看一看林副主席。"

毛泽东说："去看看好，要他好好养，要养得像开7000人大会的时候一样，能够作3个钟头的报告。"

罗瑞卿说："我一定把主席的话转达给林副主席。"

毛泽东再次说："告诉林彪，要他好好养，要养得像开7000人大会时一样，能够作3个钟头的报告。"

毛泽东的再三叮嘱，使罗瑞卿心中感到了某些困惑：毛主席这样重复同一句话，肯定有着不同寻常的意义……

毛泽东的专列徐徐地开动了，站在站台上的罗瑞卿见到毛泽东隔着列车的玻璃窗，习惯性地向他挥了挥手。罗瑞卿怎么也不会想到，毛泽东的这一次挥手，竟是他们二人之间的永诀……

11月27日，罗瑞卿到了苏州。担心被拒绝，他事先没有打电话，就径直去林彪在苏州的休养地，向这位平日里一贯深居简出的国防部部长报到了。

一进门，林彪的秘书就悄悄告诉罗瑞卿说："林副主席还没有吃午饭。"

罗瑞卿知道自己待的时间不宜过长。林彪先是同他拉了拉手，然后让座，并让秘书拿出糖来请罗瑞卿吃："吃几块糖吧，这是上海的'大白兔'。"

两个人的谈话进行了很长一段时间，罗瑞卿担心林彪的身体吃不消，几次起身表示告辞，并说明天可以再来。而林彪却一反常态地要罗瑞卿"多坐坐""多谈谈"，有什么问题"一次谈完"。罗瑞卿这才详细地讲了毛泽东一再要他转告的对林彪的嘱咐，同时汇报了他在广东、广西察看地形和部队的诸多情况。

最后，罗瑞卿问林彪："林副主席还有什么指示吗？"

林彪说："没有了。"

罗瑞卿起身告辞："那我先走了，过段时间我再来看望，再来向林副主席汇报……"

这时林彪问："你最近身体怎么样？"

罗瑞卿停住了脚说："还好，只是最近常闹牙痛。"

林彪像是很关心地说："牙痛要吃莲子

1965年毛泽东在上海。（新华社稿）

炖鸭子，一吃就好。豆豆[1]几次牙痛，一吃这个就好了。”

“感谢林副主席的关心……”罗瑞卿临离开时对林彪说，“我回去以后，一定按照林副主席说的方法办。”

罗瑞卿就这样离开了林彪，然后按计划飞到大西南去看地形了。他不知道，这是他一生中最后一次见到林彪……

11 月 28 日，北京市委书记邓拓在北京对彭真说：“吴晗很紧张，因为他知道这次批判有来头……”

彭真却说：“什么来头不来头，不用管，只问真理如何，真理面前人人平等。”

11 月 29 日，《北京日报》和《解放军报》同时转载了姚文元的文章。只是，《北京日报》在转载时，根据彭真的指示，加写了“编者按”，并把姚文元的文章放在了学术版，以此来表示姚文元的文章并非是政治批判，强调要允许“相互讨论”和“相互批评”。

次日，《人民日报》在转载姚文元的文章时，也加写了与《北京日报》同样内容的“编者按”，同样也把姚文元的文章放在了学术版的版面上。

《北京日报》和《人民日报》的做法，进一步引起了在杭州的毛泽东的不满……

当彭真等人为了保护吴晗、防止极“左”倾向，而一再强调“学术批判”之际，江青、张春桥等人却在极力地煽动着要搞“政治批判”。于是，一场“学术”与“政治”的大较量开始了……

① 豆豆，林彪的小女儿林立衡。

后　记

从 1921 年到 1949 年，从 1949 年到 1978 年，再从 1978 年一直到今天。

从风雨飘摇到遍地烽烟，从百废待兴到自力更生，再从改革开放到伟大复兴。

这就是近百年来的中国。这就是近百年来的中国在共产党的领导下一路走来的风雨历程。

我出生在 20 世纪的 70 年代，未曾经历之前那段残酷且艰苦的岁月应该算是我的幸运，但未能领略到那一代伟人的风采，未能亲身体会和见证那段历史以及那段历史中所蕴含的悲情、激情和豪情，总让我觉得是一种遗憾。

邸延生是我的父亲。他曾是一名军人，也是一位作家。从他最初决定要撰写一系列描写伟人历程的书籍开始，直到第一部关于毛泽东的传记《毛泽东和他的卫士长》出版，整整历时十年。那个时候我年纪尚小，还在上学。或许是因为出生在一个军人世家，从小就受家庭环境的影响吧，才十几岁的我居然会对那些红色故事产生远超同龄人的兴趣，并积极地去帮父亲搜集素材、整理资料，还多次陪父亲一起到那些经历了那段历史的老人家里去拜访，聆听他们讲述当年的那些革命故事。在我的印象中，去得最多的就是李银桥、韩桂馨夫妇家。李银桥曾是毛泽东的卫士组长、副卫士长、卫士长；韩桂馨 16 岁参加革命，从延安时期起就担任李讷的保姆阿姨，跟随毛泽东转战陕北，解放后进入中南海，在毛泽东身边工作了 17 年。因为他们是父亲的姨父、姨妈，这就让父亲和我能够更多更详细地获得一些关于毛泽东的更为具体的资料。记得那时每次去他家里，两位老人总会讲述他们在毛泽东身边工作时的许多永远不能忘怀的事情，有时甚至一直讲到大半夜。

父亲是在了解和掌握了大量的历史资料之后才最终开始动笔的。那个时候父亲还不会用电脑，几十万字全部都是用纸和笔一个字一个字写出来的，为了能让书中的内容更翔实也更生动，其间更是三易其稿。而我则担负起了将书稿转换成电子版的工作，还往往“擅作主张”进行一些修改。说起来应该也是受父亲的影响吧，我从小就爱好文学喜欢写作，也发表了一些作品，但受思想和阅历的限制，内容却仅限于风花雪月，文字中毫无“气势”可言。不过这并不妨碍我对父亲的书稿发表自己的意见，有时候父子二人甚至为了一个词、一个标点的使用而争得面红耳赤。

《毛泽东和他的卫士长》一经问世，便立刻获得了社会各界的好评。得到消息，所有那些曾对父亲写作这本书提供过帮助的人们或欣慰或激动，也都鼓励甚至要求父亲继续下去，写出更多更好的关于毛泽东的书籍来。正因他的笔耕不辍，一部部描写伟人的传记相继出版，有《毛泽东风雨沉浮五十年》《“文革”前夜的毛泽东》《毛泽东两访莫斯科》等等，渐渐摆满了他书房的整个书架。而我，也在陪同父亲创作的过程中对那段光辉的岁月、对老一辈无产阶级革命家的艰苦奋斗有了越来越多、越来越深的了解，并每每震撼于中、沉浸于中，也终于在

2011 年的时候和父亲一起出版了《毛泽东和他的儿女们》《历史的风采：毛泽东在 1947—1965》等书。随着父亲写的书越来越多，有人评价他是一个“高产作家”，但却很少有人知道父亲在动笔之前就已经经过了十年的积累、十年的沉淀。后来，又听说父亲被誉为中国当代“撰写毛泽东第一人”。对此，父亲的反应却是淡淡地一笑，并对我说：“自古文无第一、武无第二，虚名是别人给的，自己可当不得真。更何况我要写的不是书也不是人，而是精神，是思想。”

是精神，是思想。

2016 年初，由于长期伏案写作，父亲终于病倒住进了医院。此时，已是癌症晚期。然而父亲却固执地不让我守护在病床前：“是男子汉就该有所作为，就得胸怀四海，而不是只会床前尽孝。”依稀记得，这句话在我七八岁时父亲就曾对我说过。于是，我只得每天来回奔波百余公里，白天工作，晚上再到医院陪床。而那段时间，父亲对我说得最多的就是催促我：“上班去吧，工作第一。”

2016 年 3 月 3 日，父亲病逝。在他去世的前一天，保定市市长马誉峰到医院探望，并亲切地询问生活上有没有困难，孩子的工作是否需要帮助。因为病痛，父亲的回答很简单：“都好，不用，谢谢。”虽只六个字，却表达了想要表达的一切，然后又对我只说了三个字：“靠自己。”

思绪每触及此，总是很难管住自己的眼泪。现在，父亲已去世了。他在临终前念念不忘的，仍是他未完成的作品。母亲告诉我，父亲在病重时不止一次对她说：“我不甘心啊，我还有好多书没写……”我自问无论是文字的功底还是对那段岁月的感情和感悟，都远远达不到父亲的深度。但是我愿意去尝试，也必须去尝试，无论是为了继承父亲的遗志告慰他的在天之灵，还是为了让那段光辉的岁月更广为人知，让老一辈革命先烈的伟大精神和思想能够得到更广泛的传播、传承和传扬。

今天，我把父亲遗留下来的作品重新予以整理，并准备再次出版。在这里，我也诚挚地希望广大读者，亿万热爱毛主席、热爱我们伟大祖国的师者、前辈和朋友，能够多提宝贵意见，以使我能够写出更好的作品奉献给整个社会。

邸江楠

图书在版编目（CIP）数据

山雨欲来："文革"前夜的毛泽东 / 邸延生著. —长沙：湖南人民出版社，2020.7（2021.11）

ISBN 978-7-5561-1940-0

I. ①山… II. ①邸… III. ①毛泽东（1893—1976）—生平事迹 IV. ①A752

中国版本图书馆CIP数据核字（2020）第031183号

SHANYU YULAI："WENGE" QIANYE DE MAO ZEDONG

山雨欲来："文革"前夜的毛泽东

著　　者　邸延生
出版统筹　张宇霖
监　　制　陈　实
产品经理　傅钦伟
责任编辑　李思远　田　野
责任校对　曾诗玉
封面设计　谢俊平

出版发行　湖南人民出版社有限责任公司［http://www.hnppp.com］
地　　址　长沙市营盘东路3号，410005
　　　　　0731-82683313

印　　刷　长沙超峰印刷有限公司
版　　次　2020年7月第1版
印　　次　2021年11月第8次印刷
开　　本　640 mm × 960mm　1/16
印　　张　38.25
字　　数　400千字
书　　号　ISBN 978-7-5561-1940-0
定　　价　98.00元

营销电话：0731-82683348（如发现印装质量问题请与出版社调换）